EBENFALLS VON FRANZ SUESS
IM AVANT-VERLAG ERSCHIENEN:

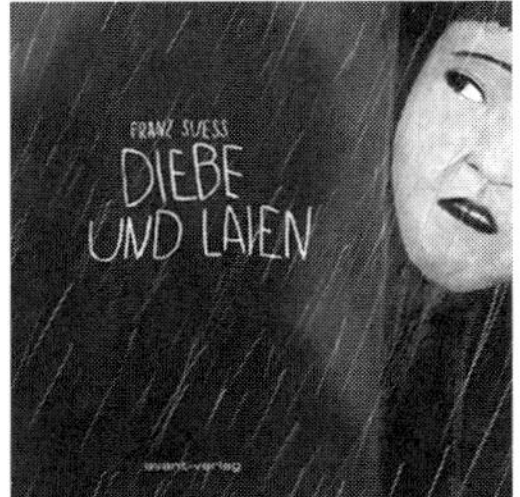

DIEBE UND LAIEN
ISBN: 978-3-96445-076-0

DREI ODER VIER BAGATELLEN

TEXT UND ZEICHNUNGEN: FRANZ SUESS
ISBN: 978-3-96445-114-9

ALLE ERZÄHLUNGEN AUS 2019-2022,
ÜBERARBEITUNG & ERWEITERUNG 2023.

DER AUTOR IM NETZ:
WWW.FRANZSUESS.COM

LEKTORAT: JOHANN ULRICH
PRODUKTION: TINET ELMGREN
HERAUSGEBER: JOHANN ULRICH

AVANT-VERLAG GMBH | WEICHSELPLATZ 3-4 | 12045 BERLIN
INFO@AVANT-VERLAG.DE

MEHR INFORMATIONEN & KOSTENLOSE LESEPROBEN FINDEN SIE ONLINE:
WWW.AVANT-VERLAG.DE
FACEBOOK.COM/AVANT-VERLAG
INSTAGRAM.COM/AVANT_VERLAG

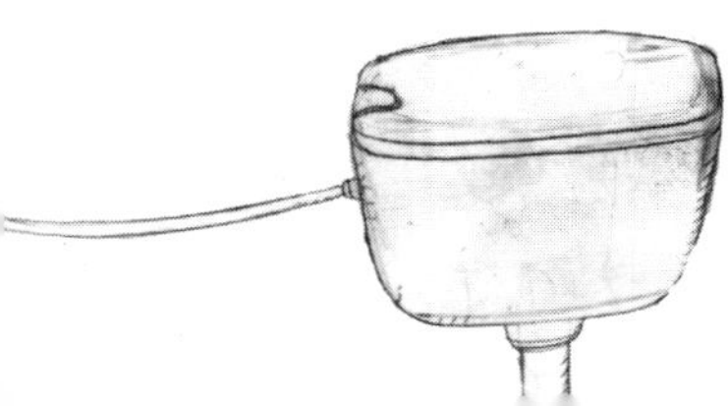

FRANZ SUESS

DREI ODER VIER BAGATELLEN

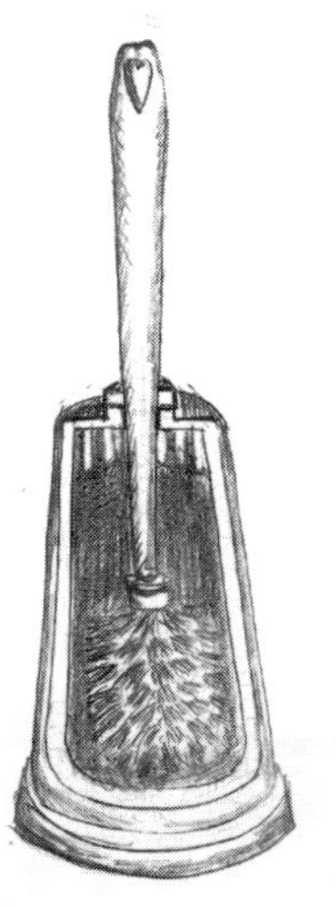

avant-verlag

DANK AN:
THE AMAZING MICK, 150 % INGO, SCHNUT, INGRID, THOMAS, FAMILIE DREAMTEAM, TISCH 14, FAMILIE NIEDERHAID, STEVSTOJ HIMMELSKÖRPER, BERTHOLD LEIBINGER STIFTUNG, BMKOS, OEGEC.

DREI ODER VIER BAGATELLEN

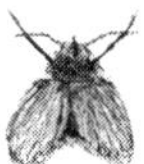

avant-verlag

1. ORT (1000%)

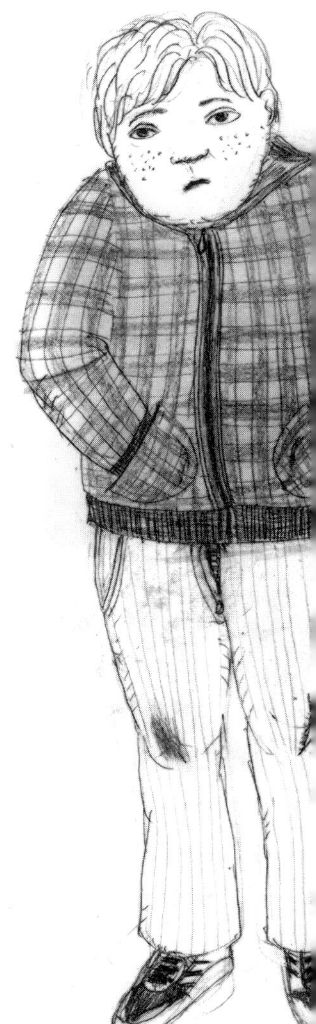

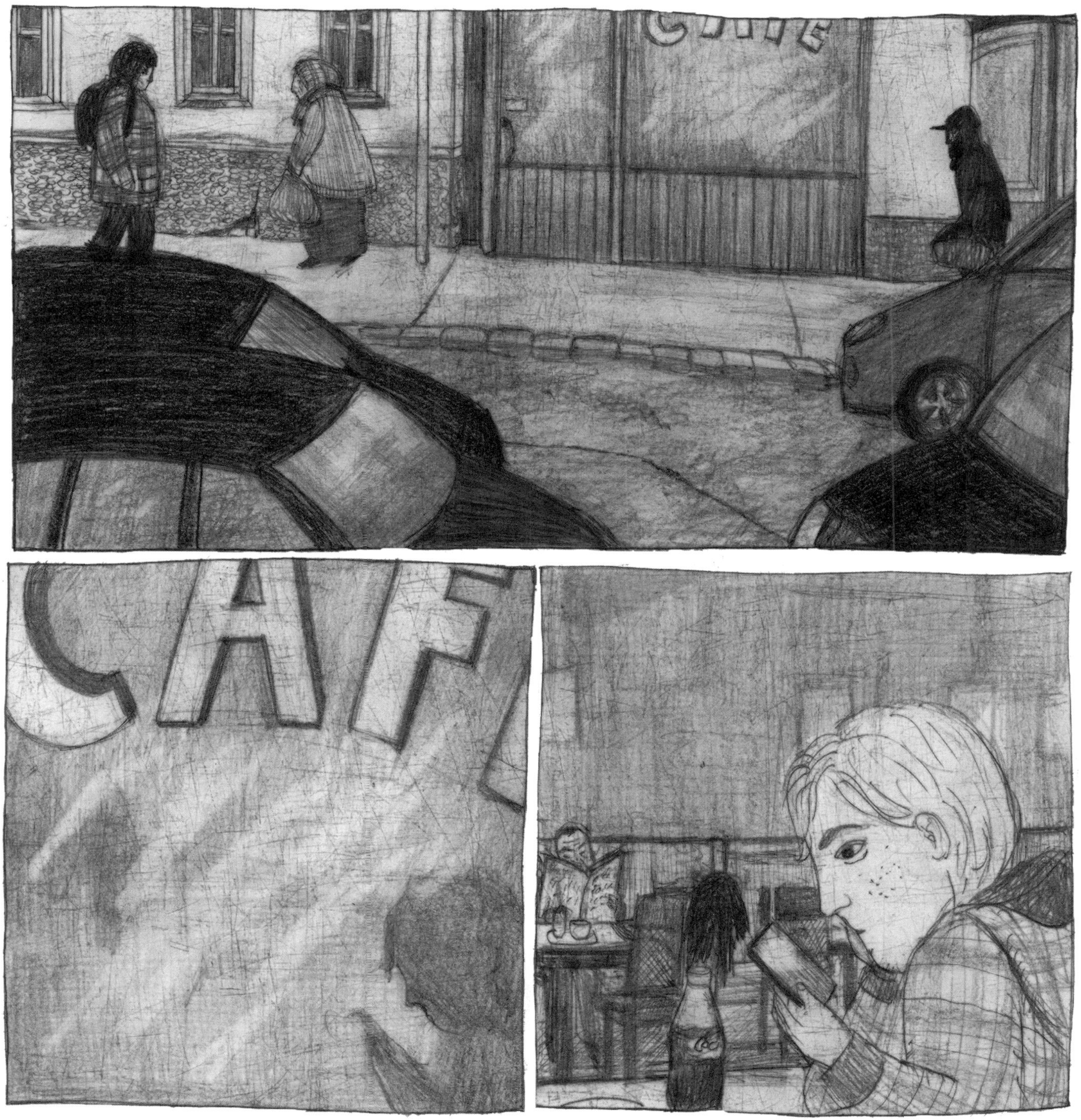

CAFE
CAF

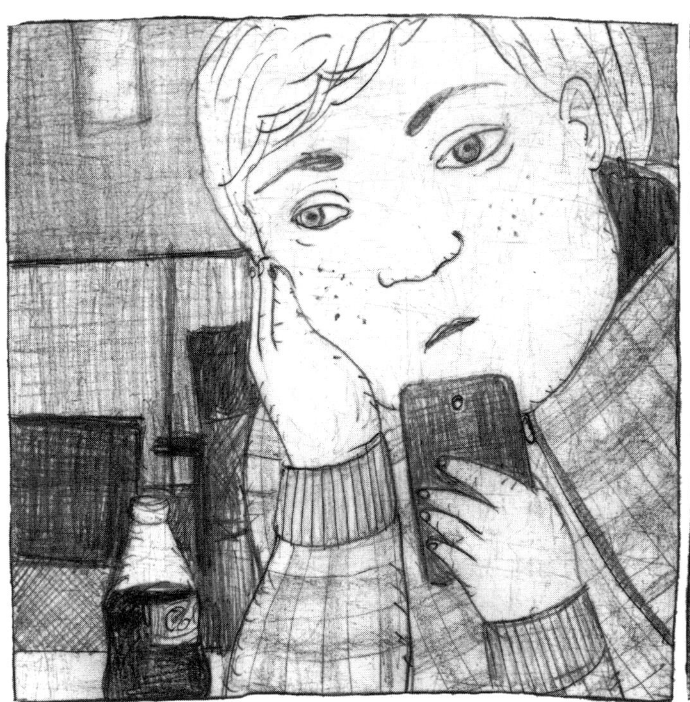

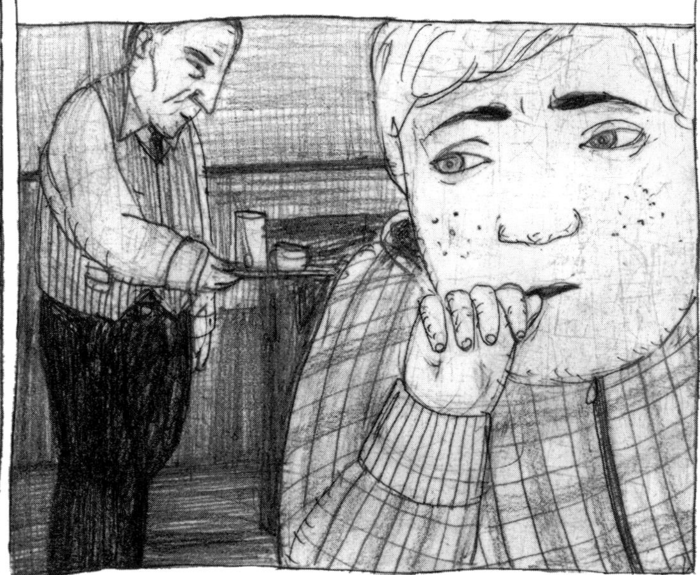
FÜR SEX UND LIEBE WAR ICH
EIN AUSGESPROCHENER FACHMANN.

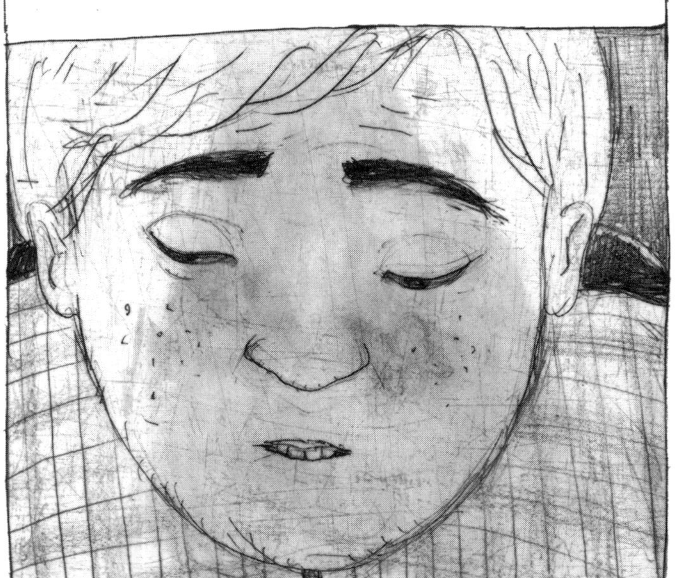
THEORETISCH.

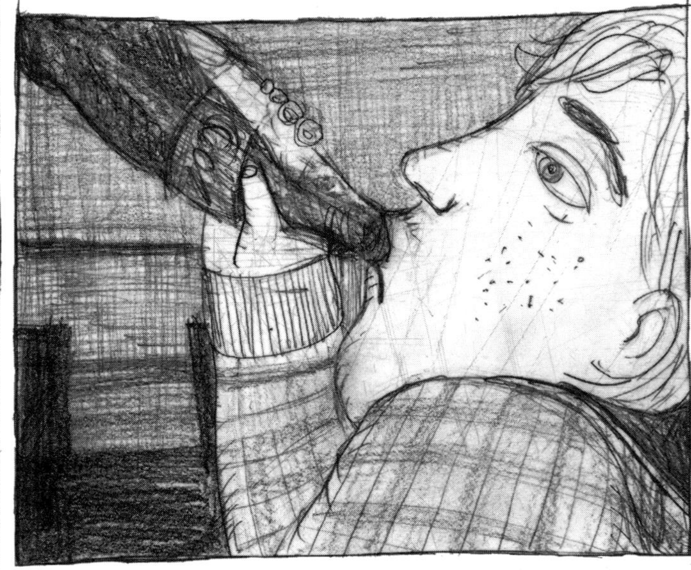
DAS PRAKTISCHE TUN WAR BEI
MIR EIN GROSSES, SCHWARZES LOCH.

WÜRDE HIER NOCH
ETWAS PASSIEREN?

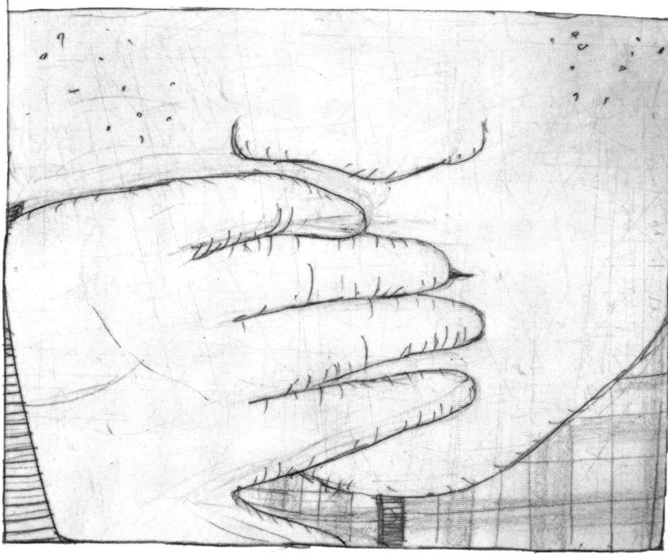

ETWAS ROMANTISCHES?
ETWAS LEIDENSCHAFTLICHES?

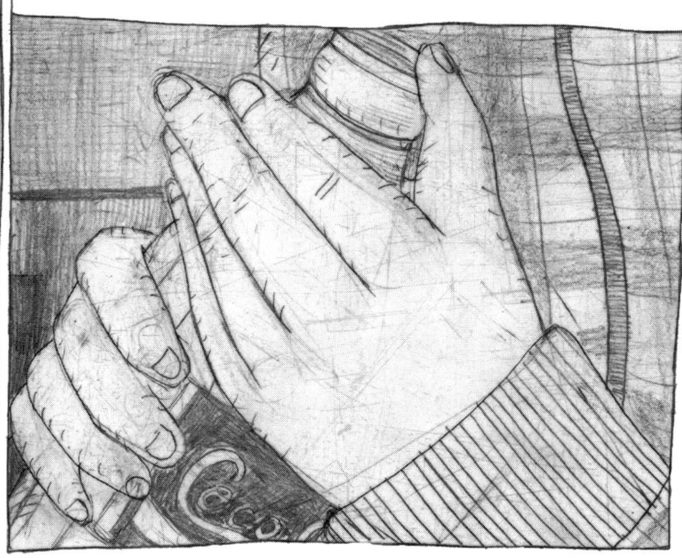

WAHRSCHEINLICH NICHT

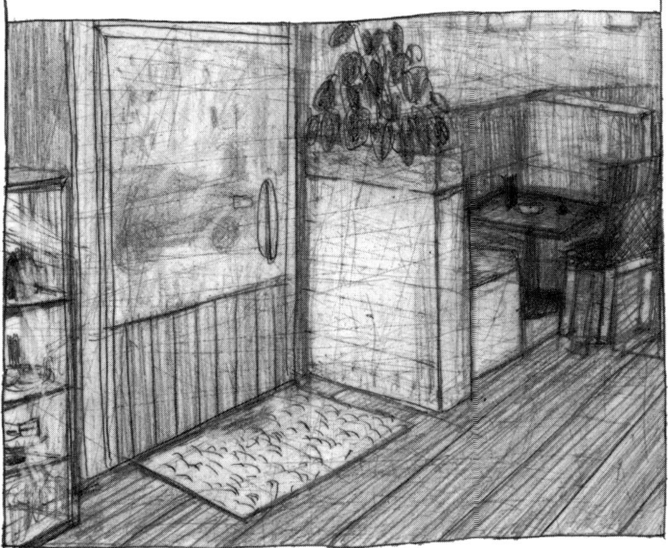

WORAUF ALSO WEITER WARTEN?
GEHEN WAR ANGESAGT.

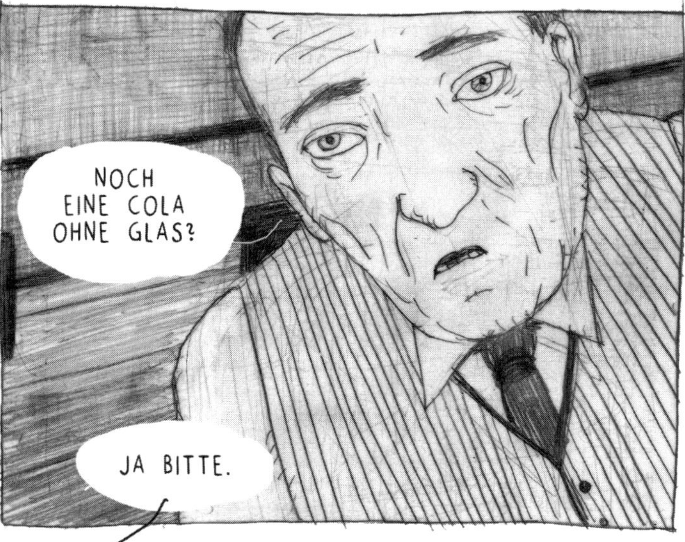

ICH HATTE SPAREN WOLLEN ...
DIE NÄCHSTEN WOCHEN WERDE ICH NUR MEHR SONDERANGEBOTE KAUFEN KÖNNEN.

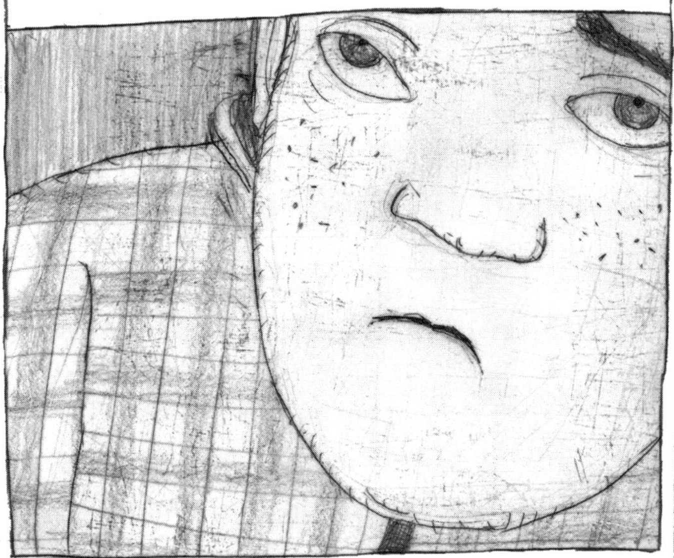

DIE NEUE HOSE WAR VIEL ZU TEUER GEWESEN. SEXY AUSSEHEN IST NICHT UMSONST ...

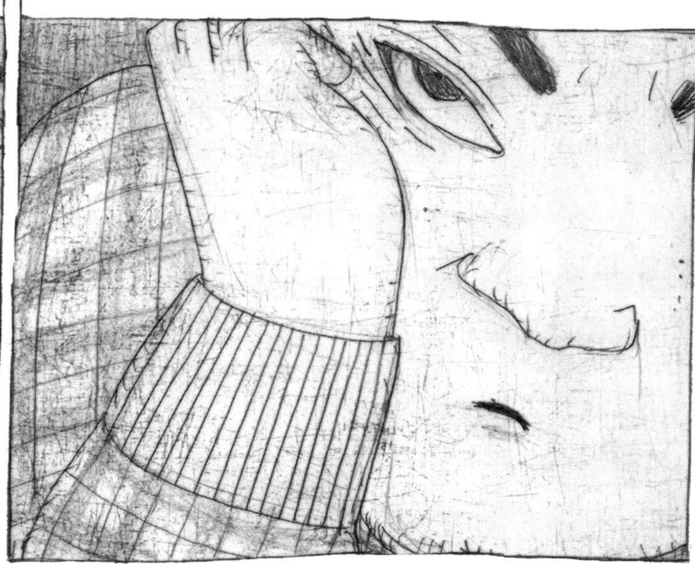

CAFÉ-DATES SIND HOCHPREISIG, DAUERN NUR KURZ UND FÜHREN ZU NICHTS. RALPH NACH DREIZEHN MINUTEN:

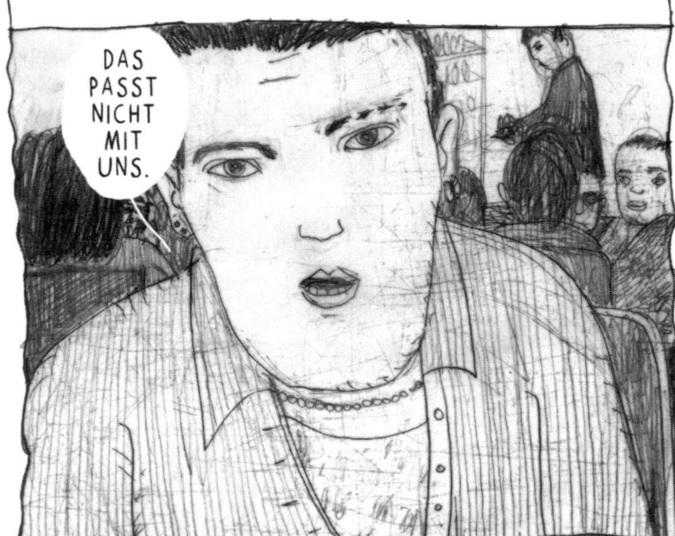

BENEDIKT NACH SIEBEN:

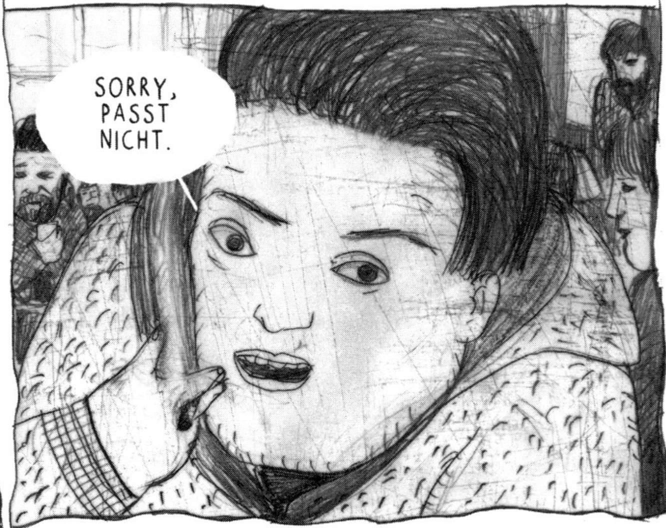

KIRAN NACH WENIGEN SEKUNDEN, ABER ERST NACH DEM BESTELLEN:

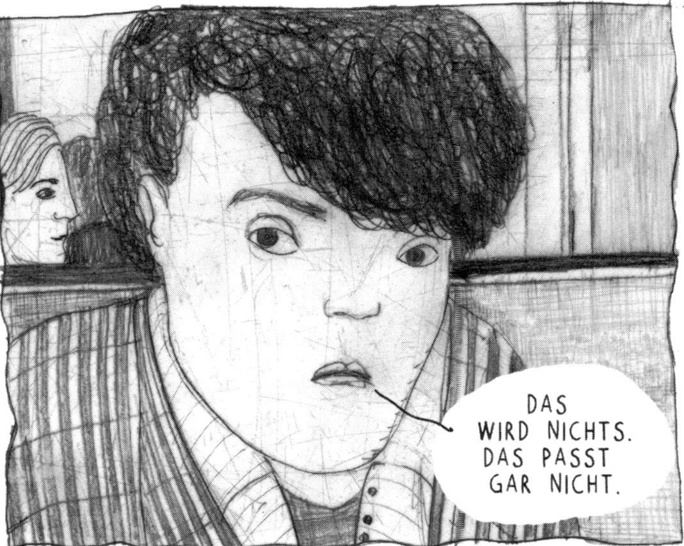

TOPPEN KANN MAN DAS NUR MEHR MIT DEM VERSETZTWERDEN UND EINEM UMSATZWÜTIGEN KELLNER.

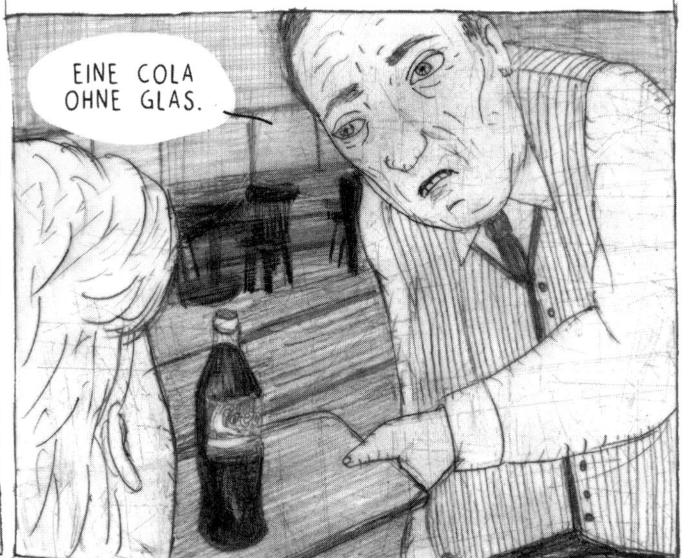

EIN PROTOTYPISCHER WIENER: GRANTIG, WORTKARG, AUF AUTOPILOT. DEM GEB ICH SICHER KEIN TRINKGELD.

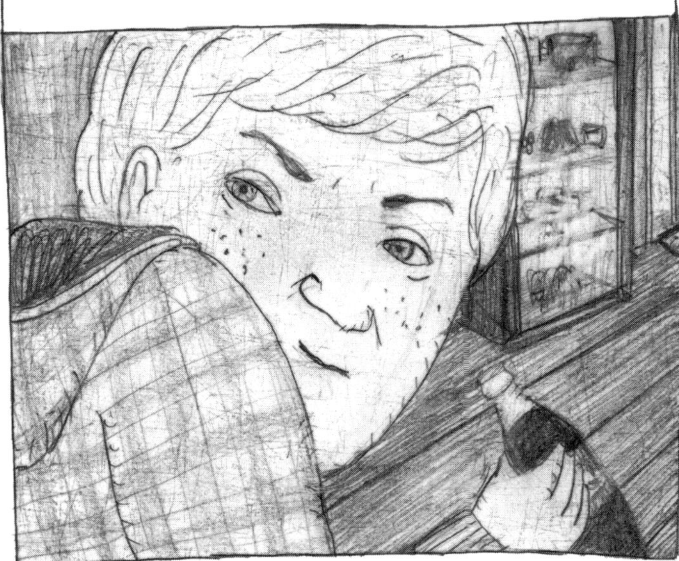

DER EINZIGE ANDERE GAST: EIN KELLNER-KLON, DIE DICKERE VERSION MIT KLOBRILLENBART.

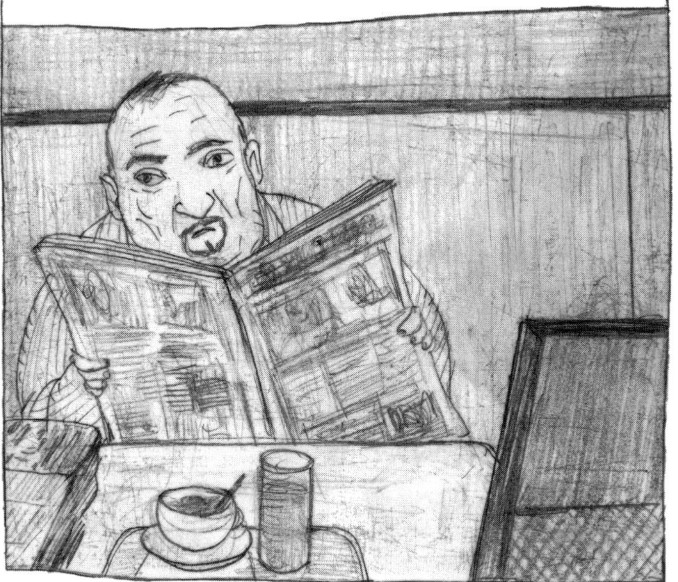

DER IST BESTIMMT DAUERND HIER.

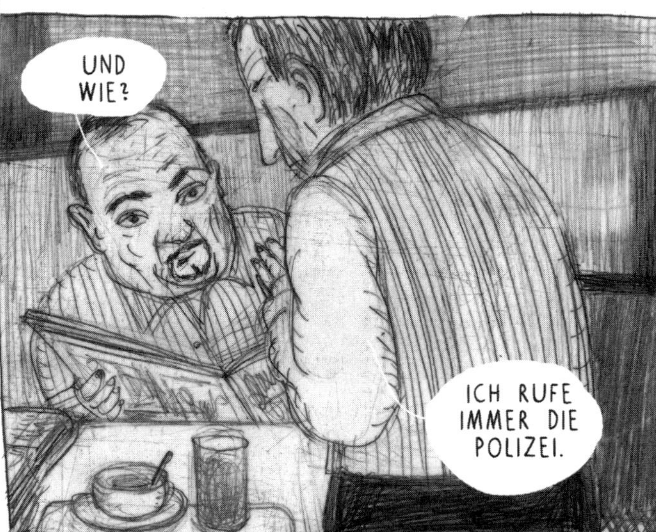

UND VERBRINGT SEIN LEBEN IN DIESEM MUFFIGEN LOKAL.

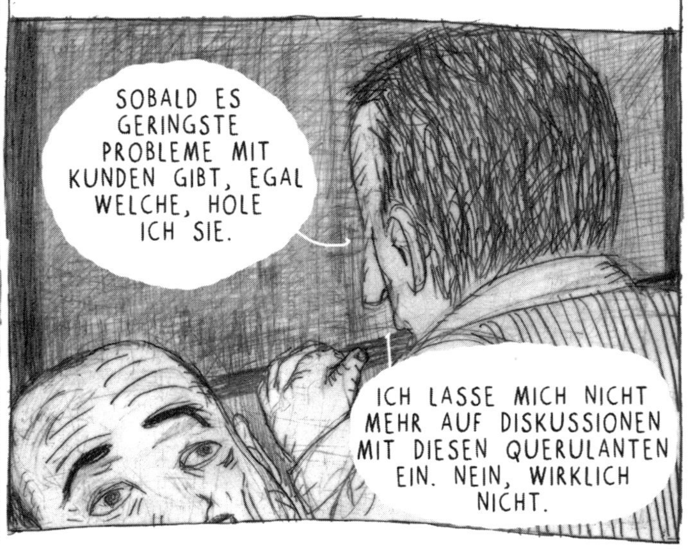

MIT DEM KELLNER MÖCHTE MAN KEINE TROUBLES HABEN.

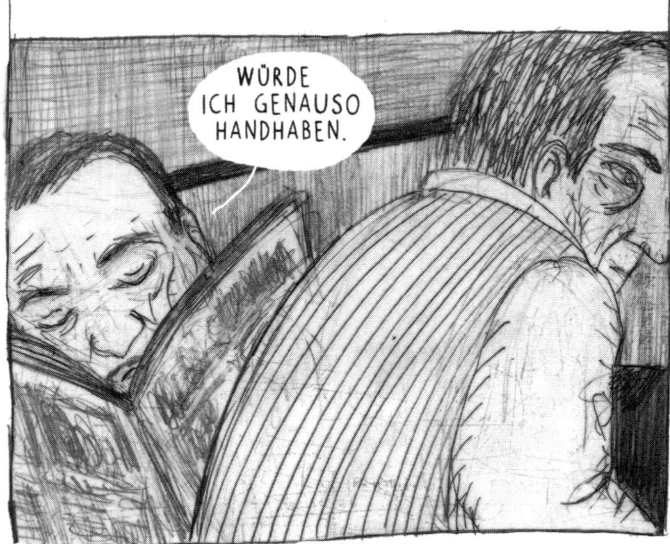

UND AUCH NICHT MIT DEM ÜBERGEWICHTIGEN STAMMGAST.

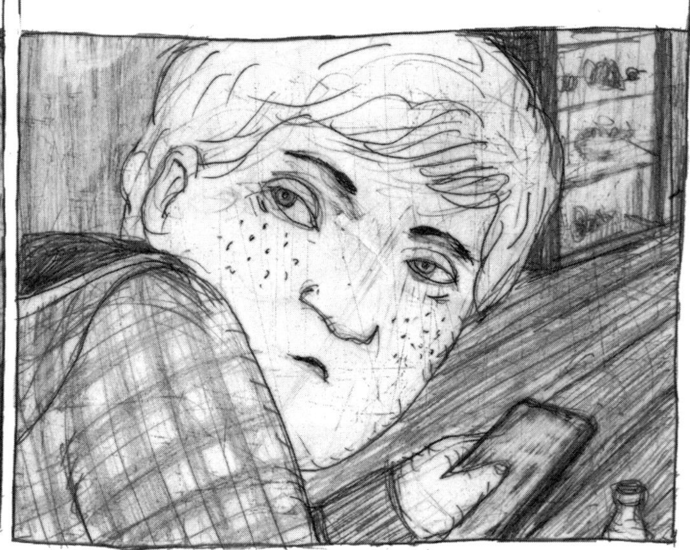

NOCH EINE NACHRICHT AN
IHN AUF WHATSAPP?

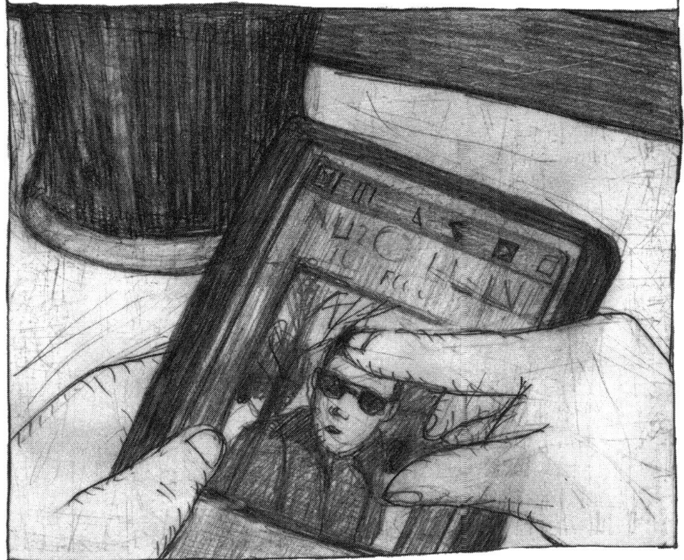

LIEBER NICHT.
ODER DOCH? LIEBER NICHT.

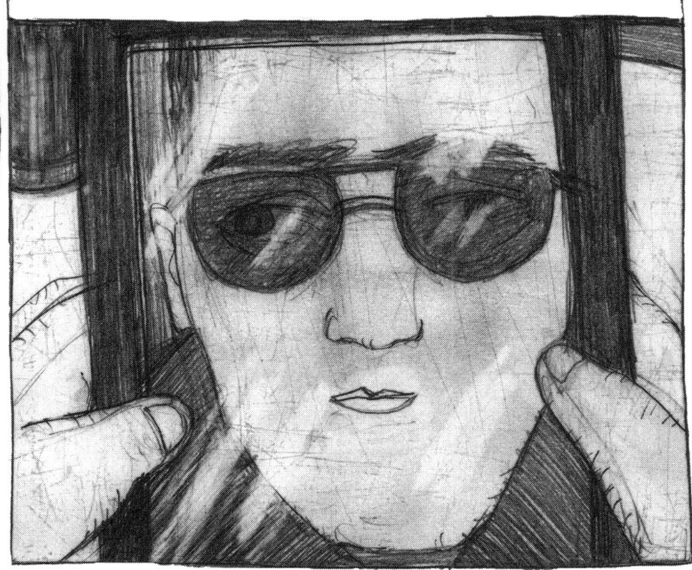

ICH ÄRGERTE MICH ÜBER DIE DRITTE COLA.
MIR WAR SCHON EIN WENIG ÜBEL.

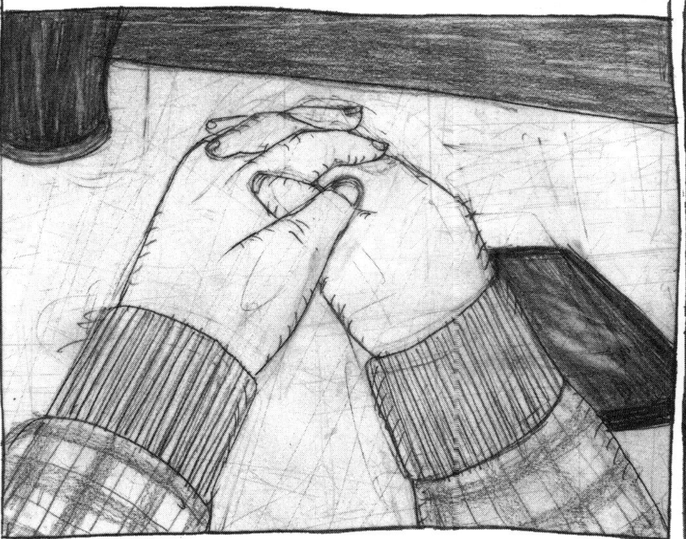

DRAUSSEN FING ES
ZU SCHNEIEN AN.

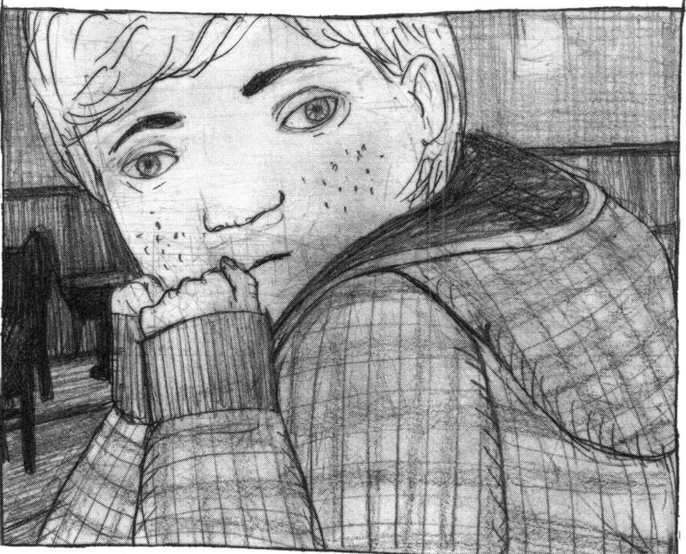

VIELLEICHT KOMMT SEBASTIAN DOCH NOCH.
DIESES MAL WÜRDE ES FUNKEN!
UND ICH HÄTTE EIN LIEBESLEBEN!
SEBASTIAN NACH DEM ERSTEN BLICK:

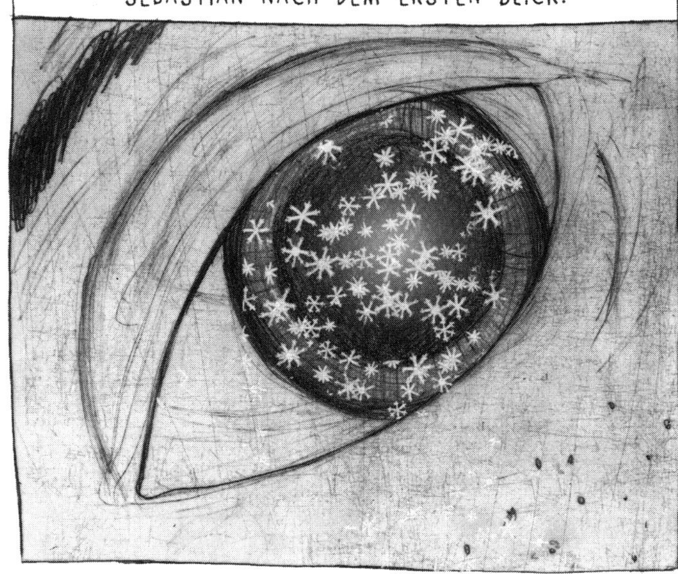

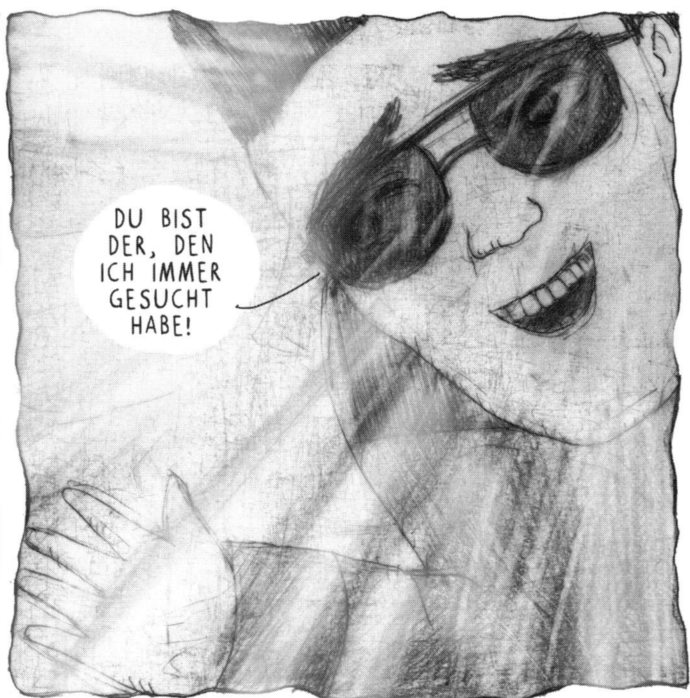

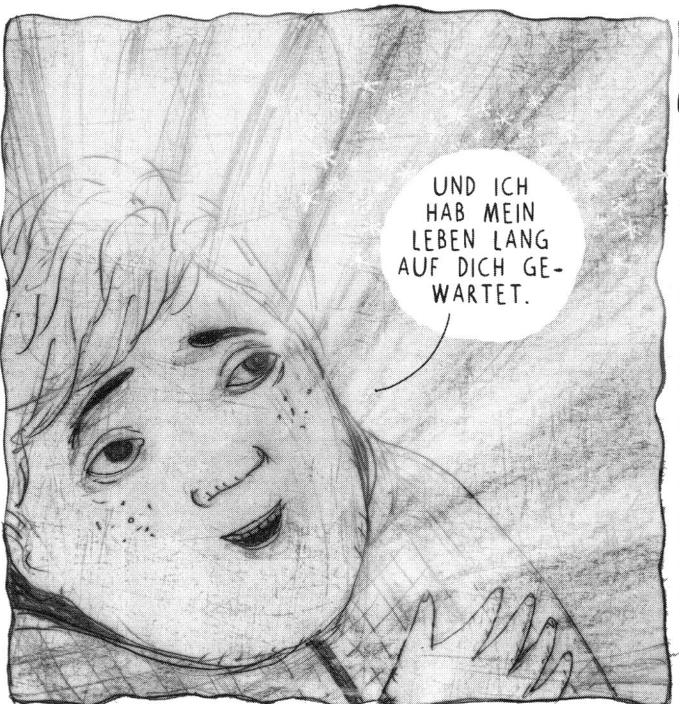

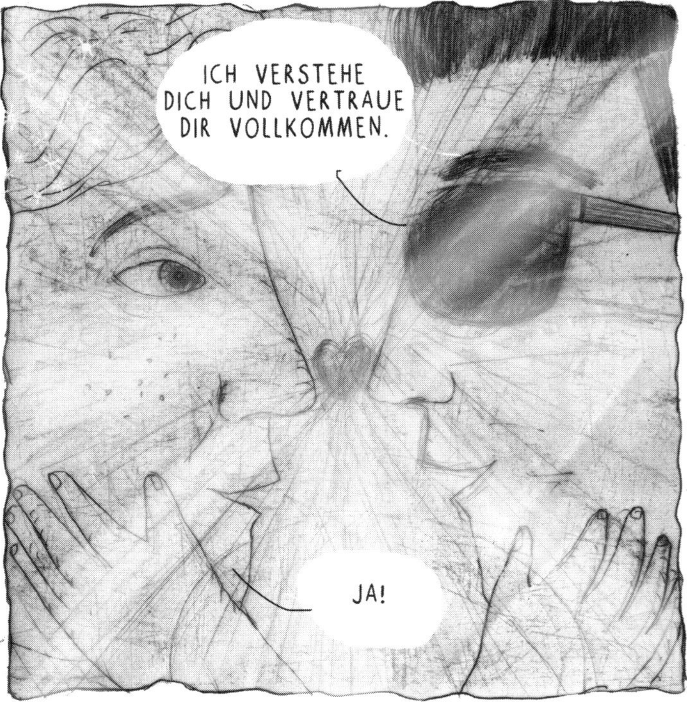

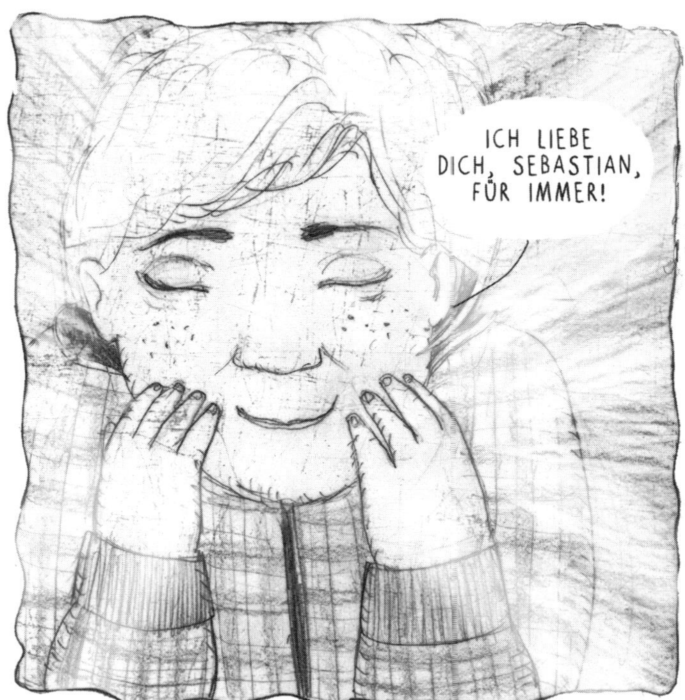
ICH LIEBE
DICH, SEBASTIAN,
FÜR IMMER!

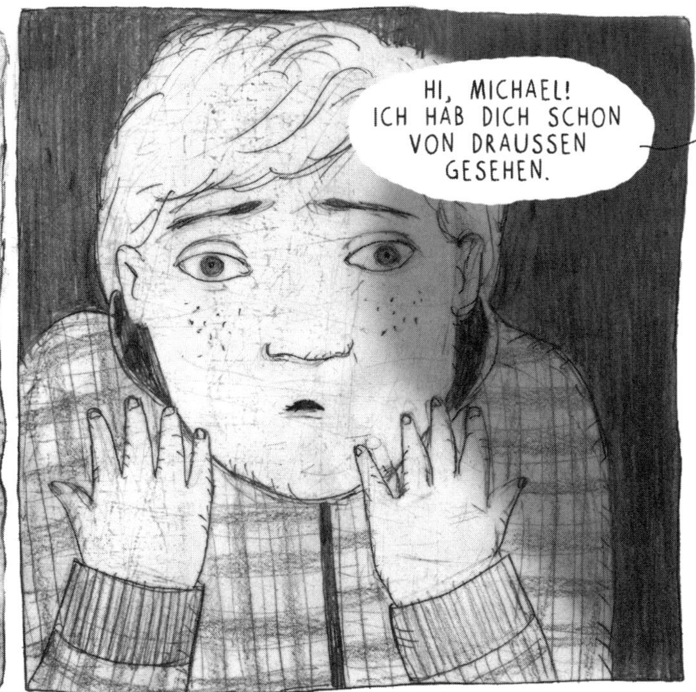
HI, MICHAEL!
ICH HAB DICH SCHON
VON DRAUSSEN
GESEHEN.

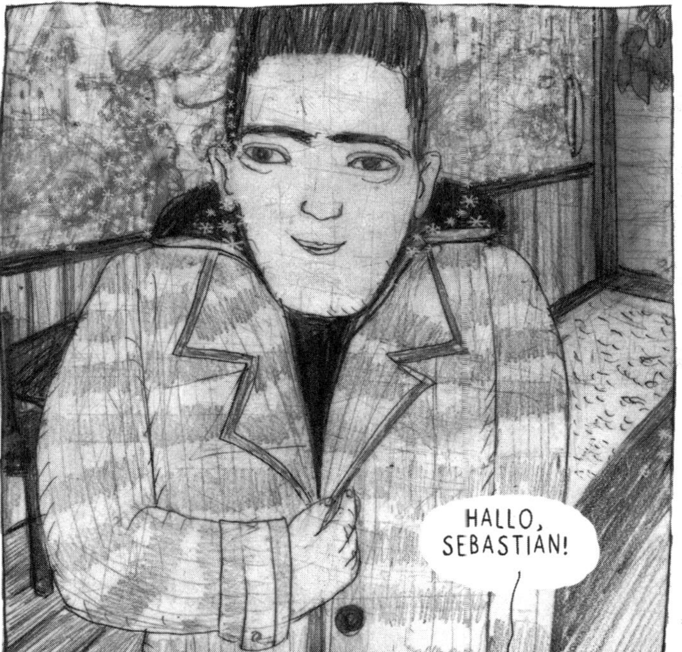
HALLO,
SEBASTIAN!

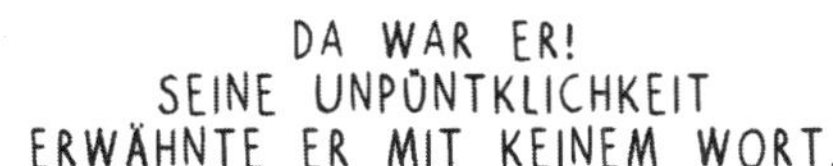
DA WAR ER!
SEINE UNPÜNTKLICHKEIT
ERWÄHNTE ER MIT KEINEM WORT.

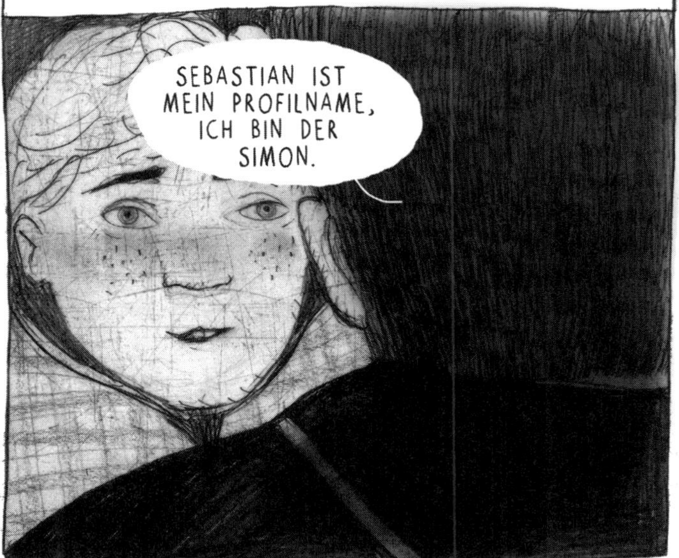
SEBASTIAN IST
MEIN PROFILNAME,
ICH BIN DER
SIMON.

ER SAH GUT AUS!
VIEL BESSER ALS AUF DEN BILDERN.

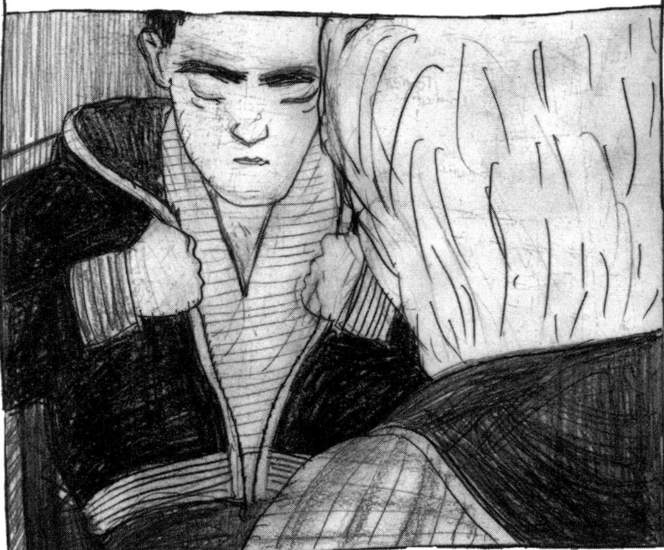

SCHNEEKRISTALLE GLÄNZTEN AUF
SEINEN BRAUEN UND WIMPERN UND
SCHMOLZEN LAUTLOS WEG.

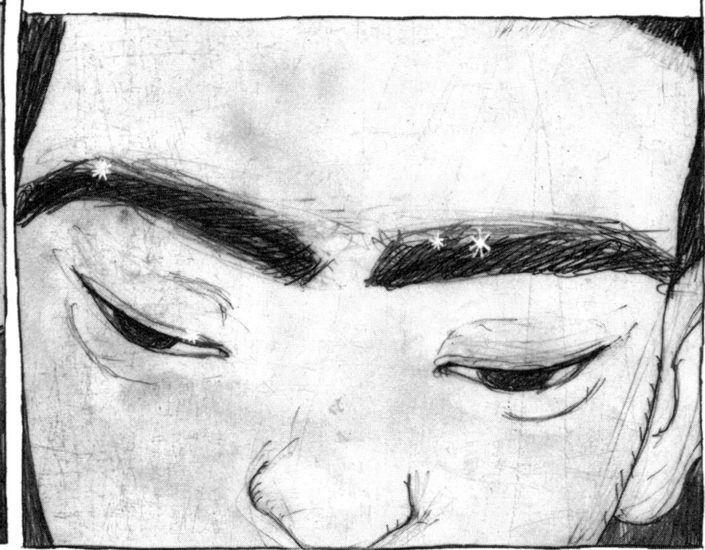

ER WIRKTE SO MÄNNLICH.

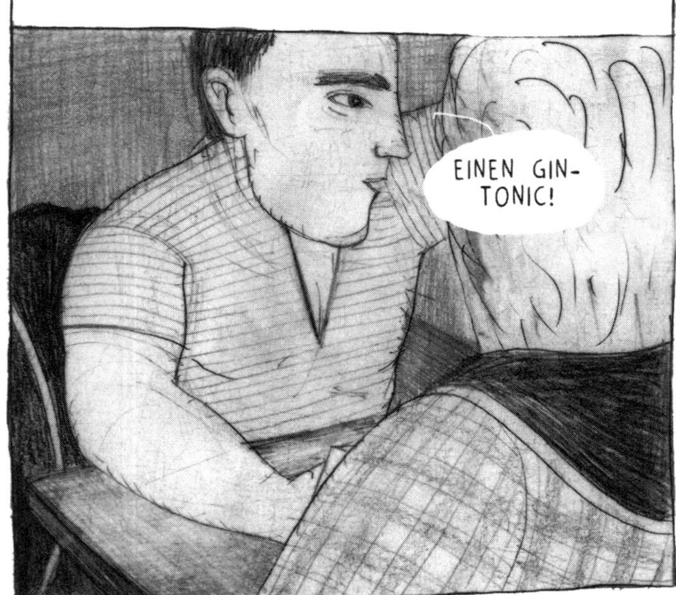

ICH WAR BESTIMMT NICHT SEIN TYP.
WIE LANGE WÜRDE DIESES DATE DAUERN?

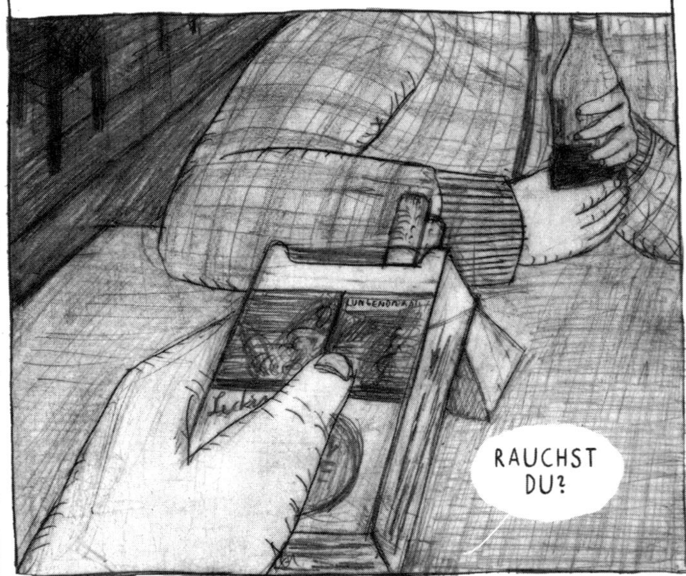

ER WAR COOL. ENTSPANNT.
ER LEHNTE SEIN BEIN
GEGEN MEINES.

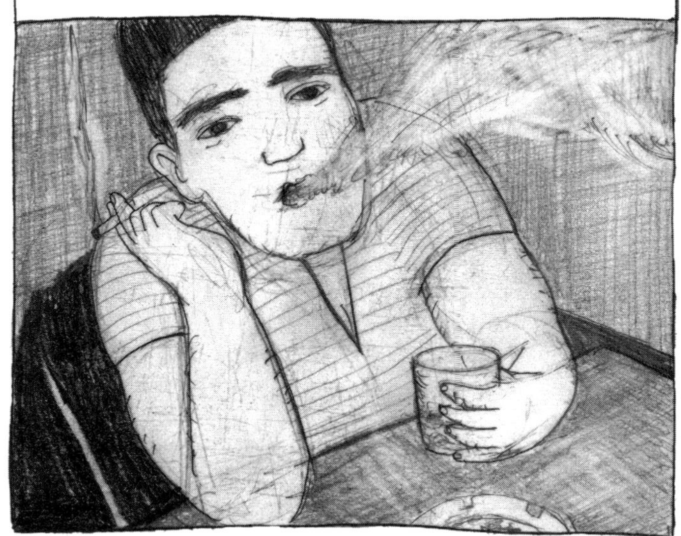

ER VERSTÄRKTE
DEN DRUCK.

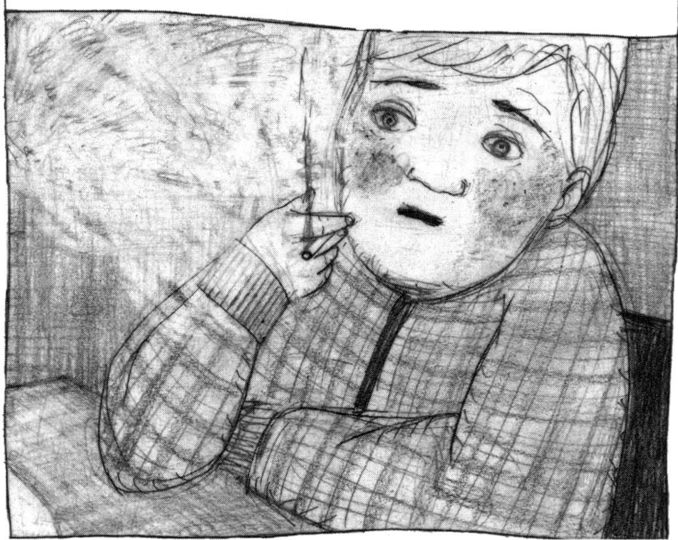

BIS ER MIT ALLER KRAFT GEGEN
MEIN KNIE DRÜCKTE. ES TAT WEH
UND FÜHLTE SICH HIMMLISCH AN!

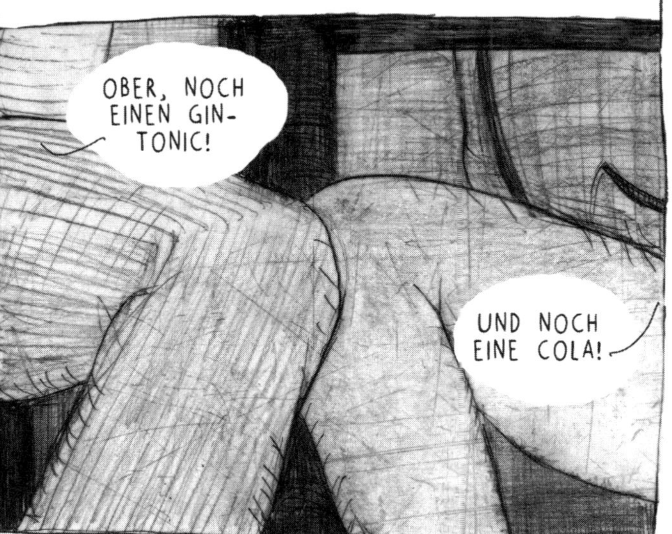

ALLES WAR SEXY
UND AUFREGEND.

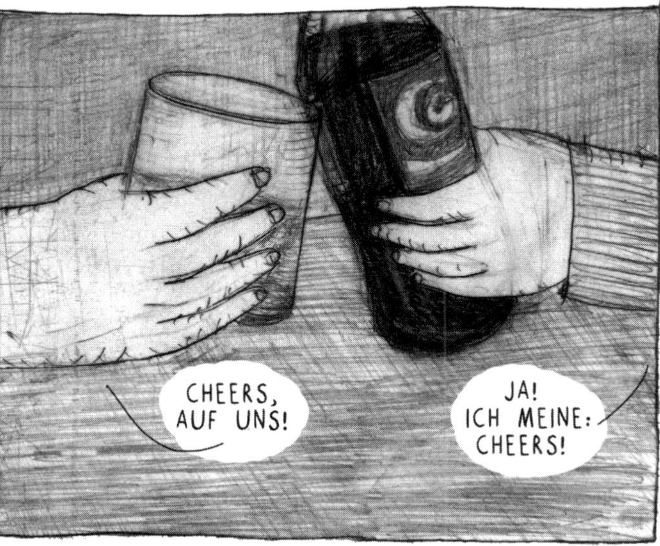

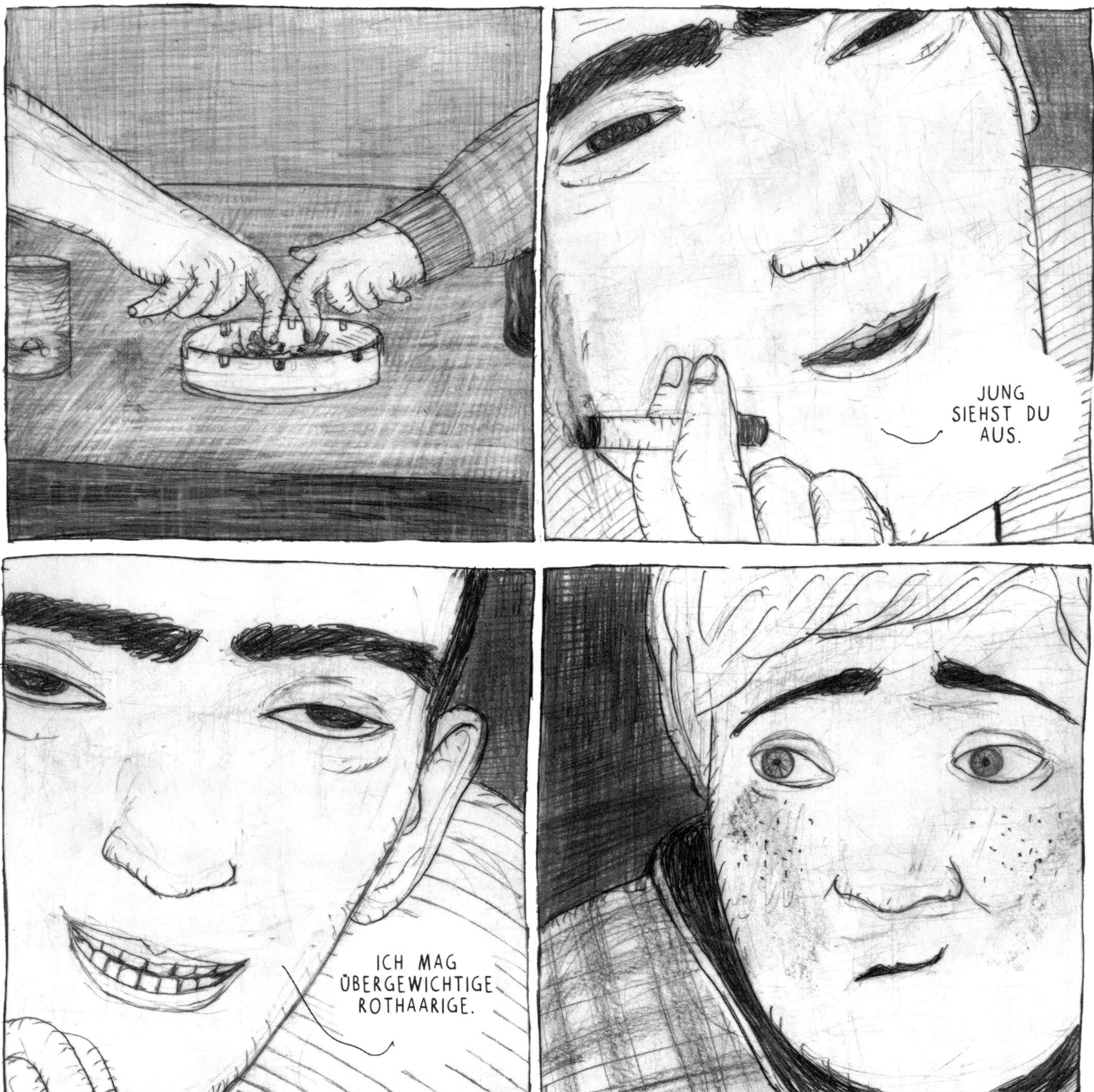
JUNG SIEHST DU AUS.
ICH MAG ÜBERGEWICHTIGE ROTHAARIGE.

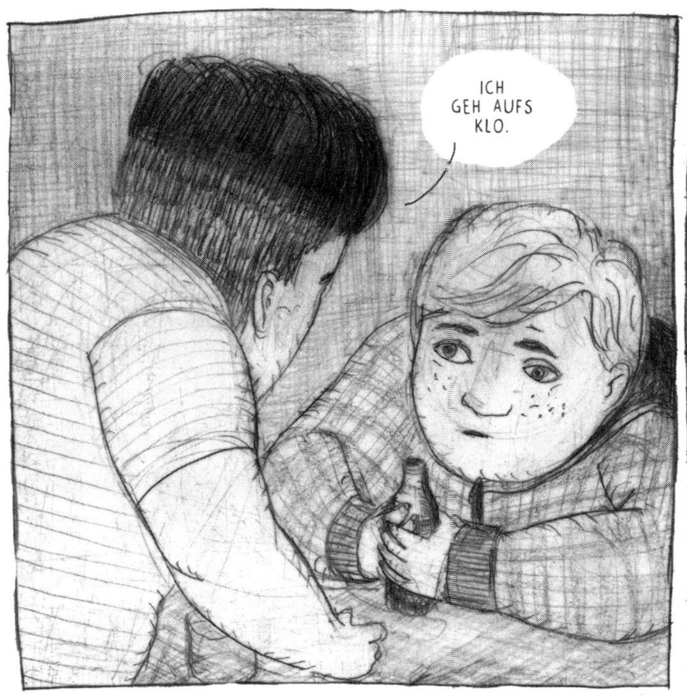
ICH GEH AUFS KLO.

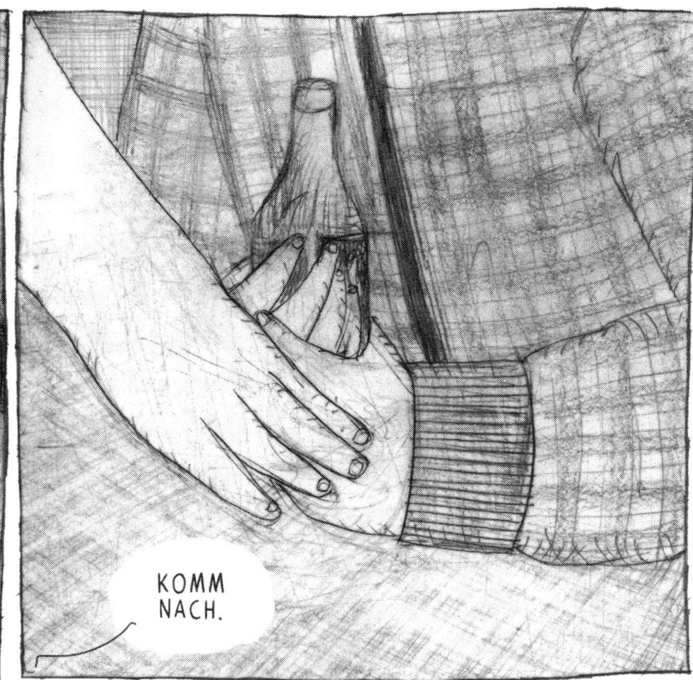
KOMM NACH.

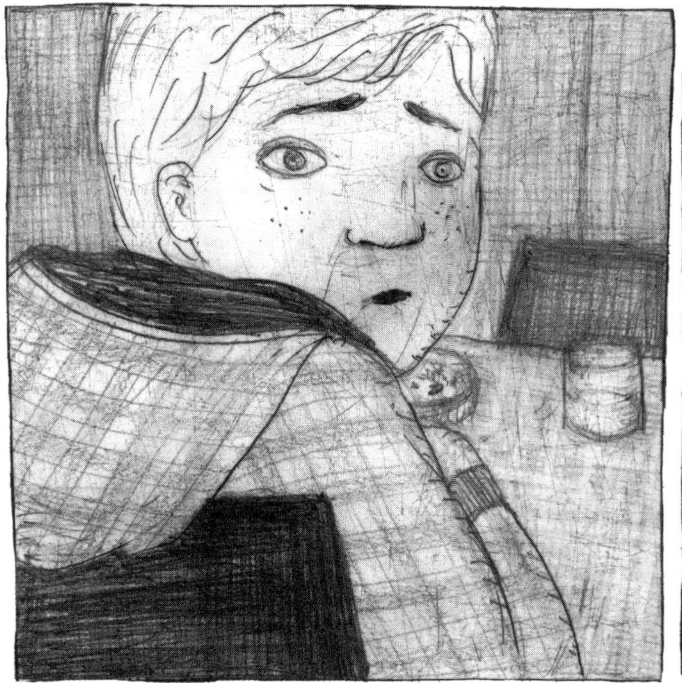

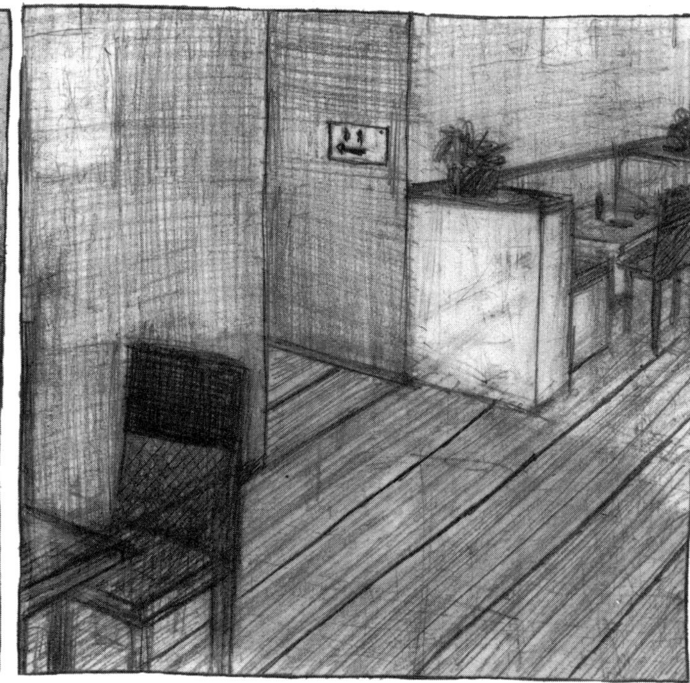

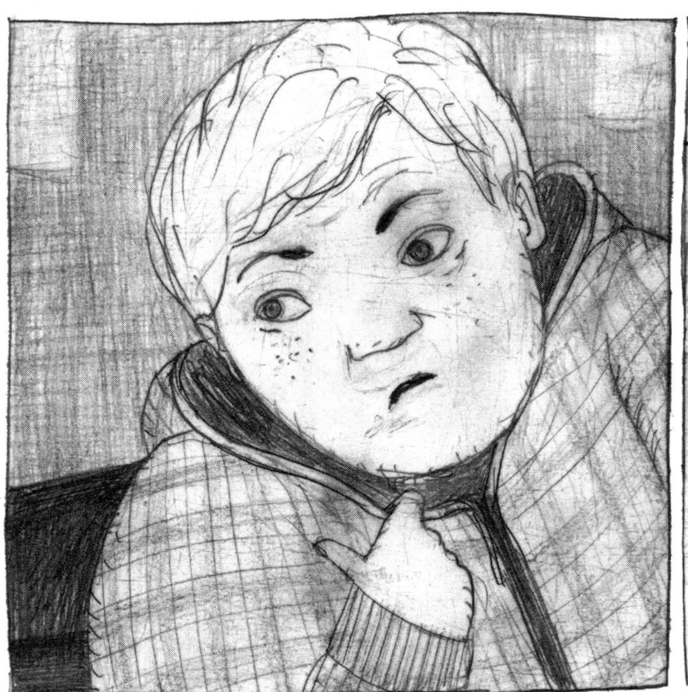

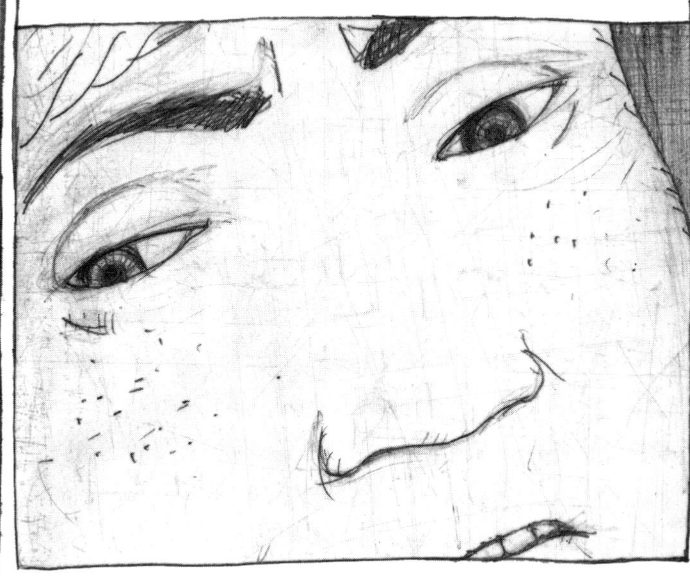
AUFS KLO! SICHER NICHT ...
FÜR WAS HÄLT DER MICH?

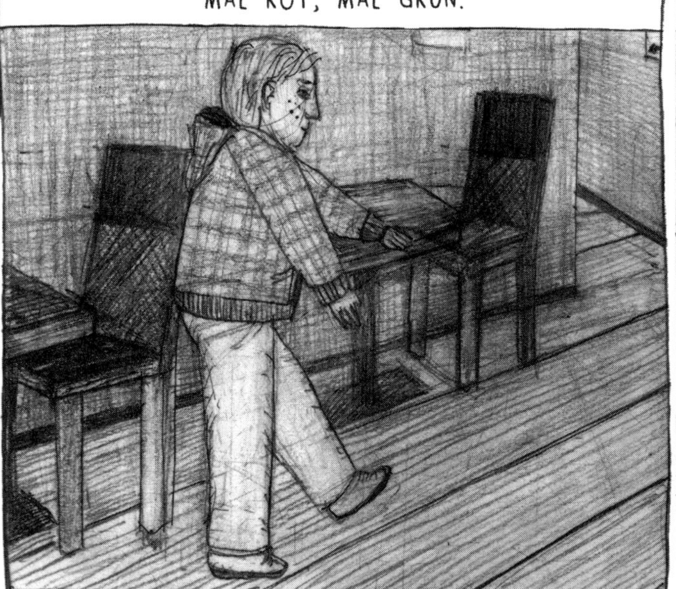
IN MEINEM KOPF BLINKTEN HUNDERTE
LICHTER WIE EINE FUSSGÄNGERAMPEL:
MAL ROT, MAL GRÜN.

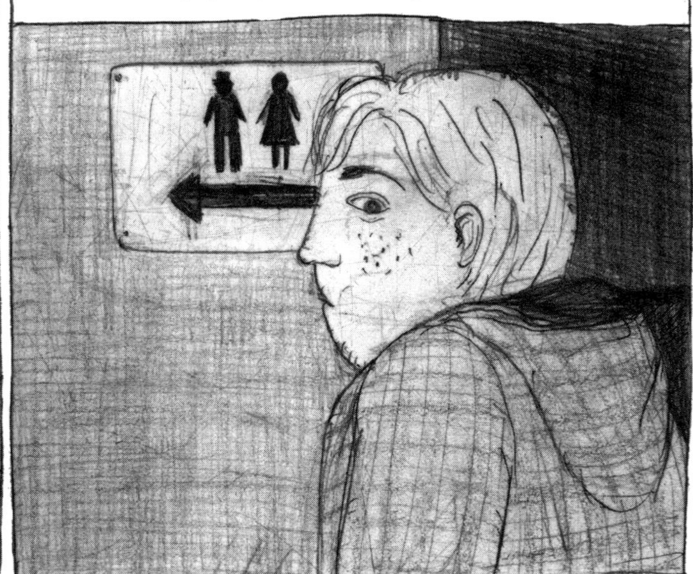
ICH GING FERNGESTEUERT.
HOFFENTLICH AHNTE DER KELLNER NICHTS.
UND AUCH NICHT DER GAST.

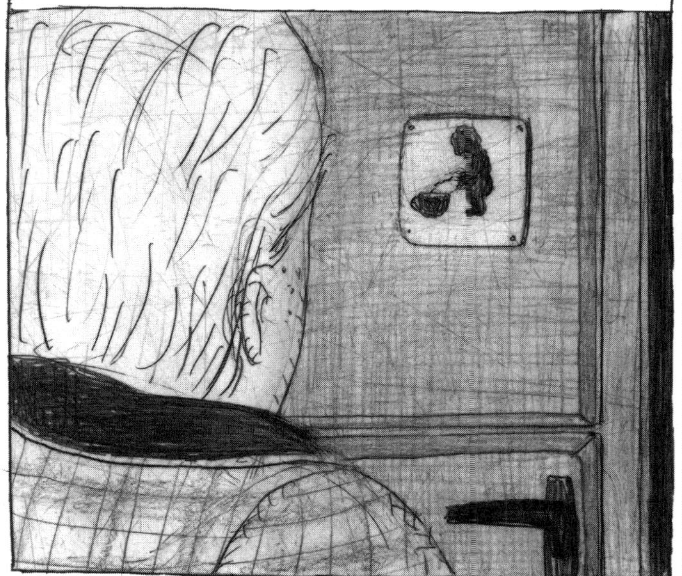
MEIN HERZ WANDERTE NACH OBEN
UND POCHTE HEMMUNGSLOS.
ICH HATTE FIEBER.

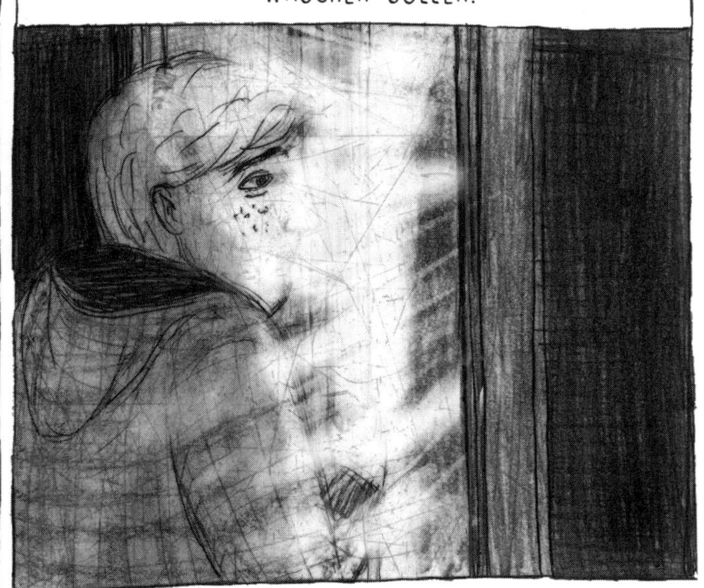
ES WAR UNERWARTET HELL.
ICH HÄTTE MEINE HAARE
WASCHEN SOLLEN.

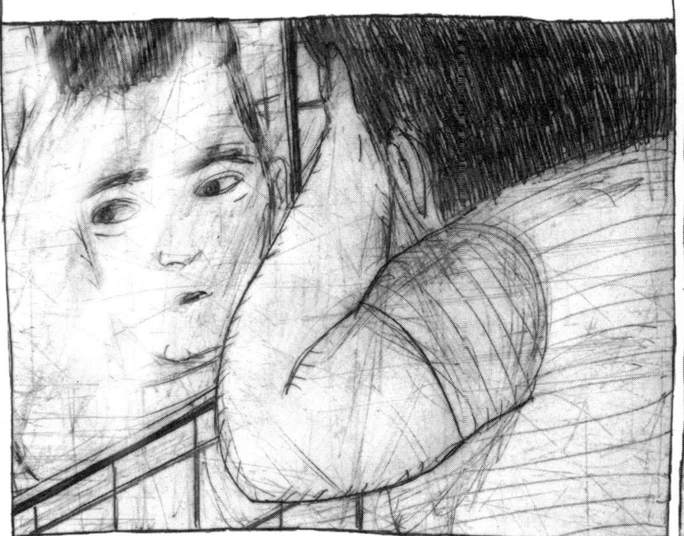
SIMON SAH MICH OHNE
ÜBERRASCHUNG AN.

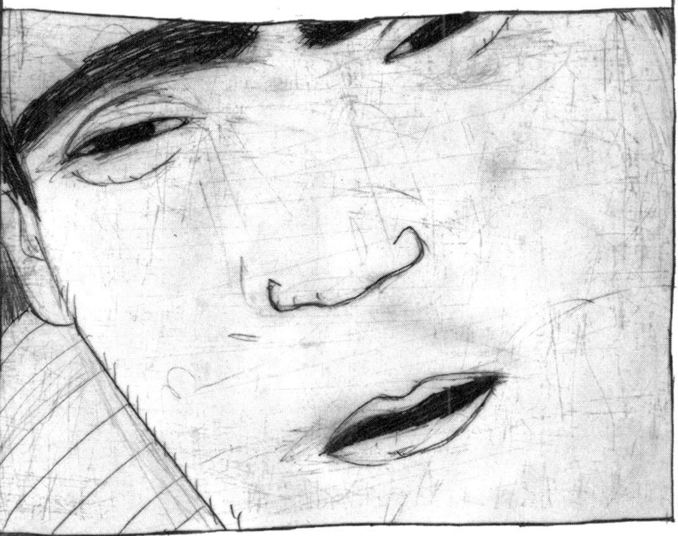
ER KAM NÄHER! MIR WURDE
SCHWINDELIG UND IM MAGEN FLAU.

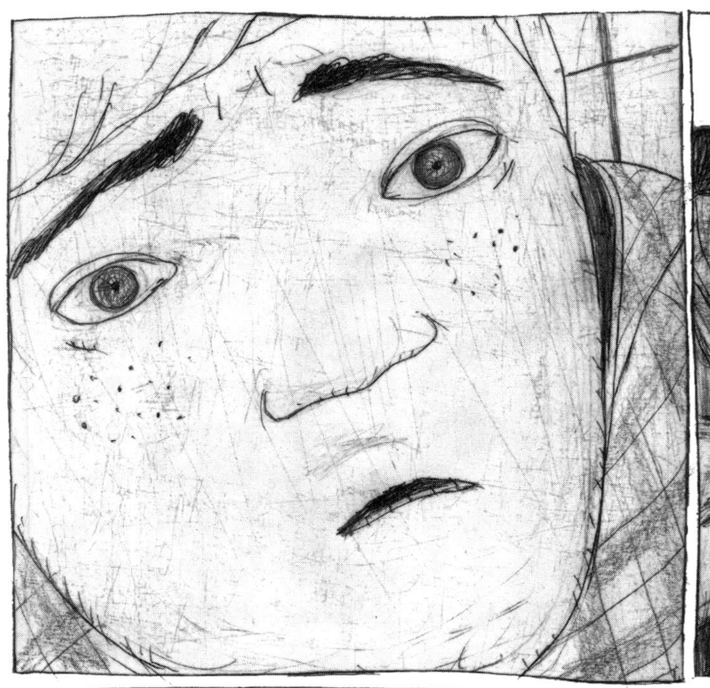

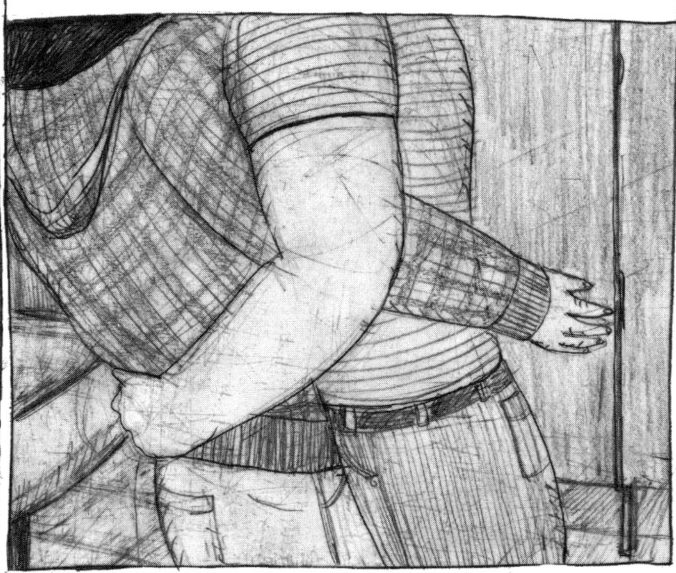
ER ROCH NACH
AXE GOLD TEMPTATION.

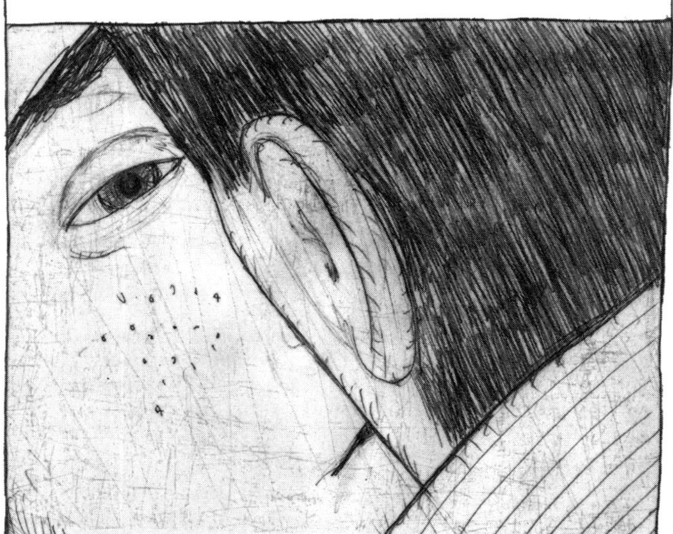
ER ROCH NACH GIN TONIC
UND ASCHENBECHER.

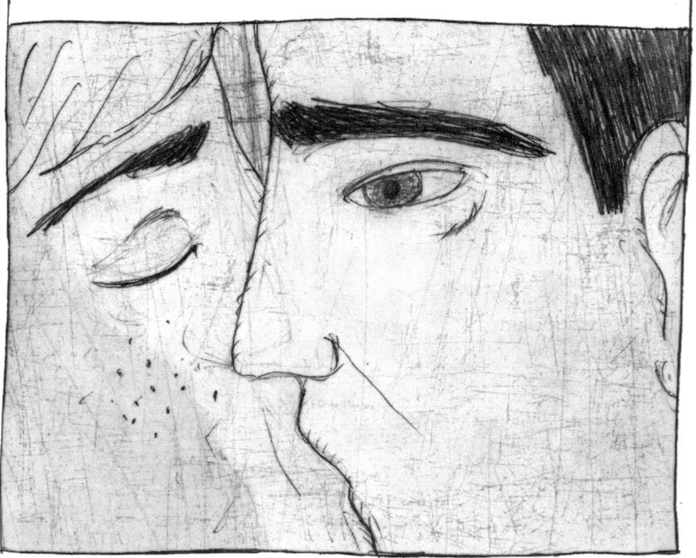
ER ROCH
NACH SEX!

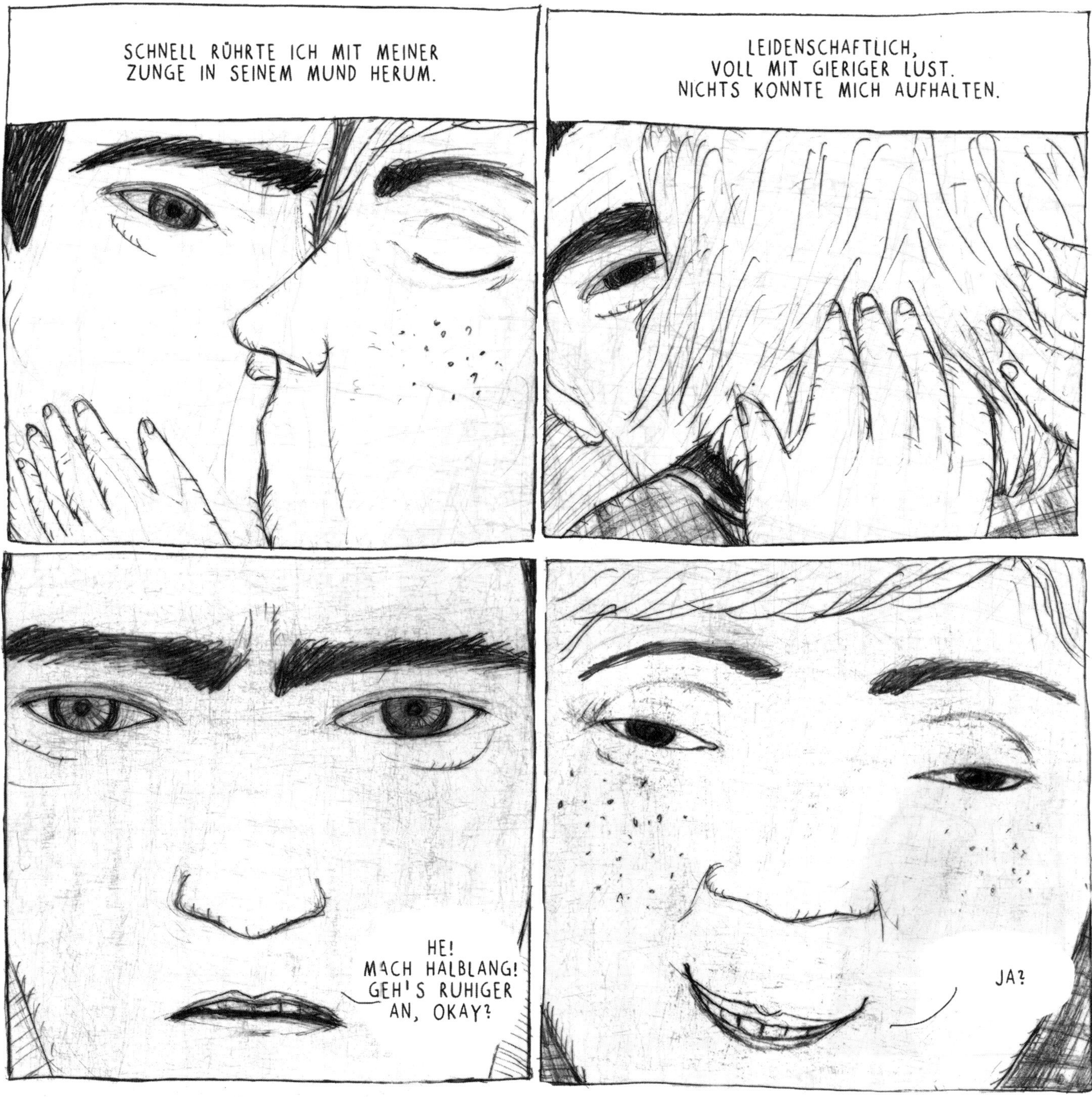
SCHNELL RÜHRTE ICH MIT MEINER ZUNGE IN SEINEM MUND HERUM.
LEIDENSCHAFTLICH, VOLL MIT GIERIGER LUST. NICHTS KONNTE MICH AUFHALTEN.
HE! MACH HALBLANG! GEH'S RUHIGER AN, OKAY?
JA?

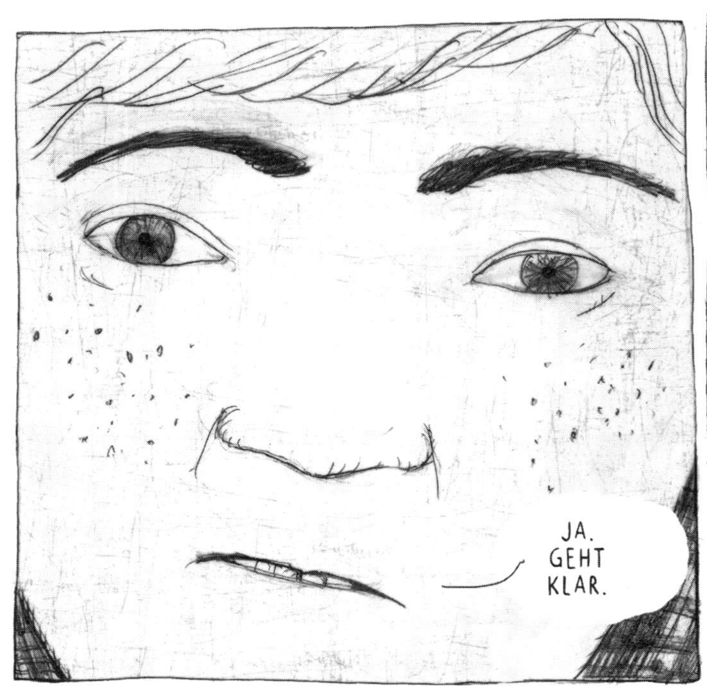
JA.
GEHT
KLAR.

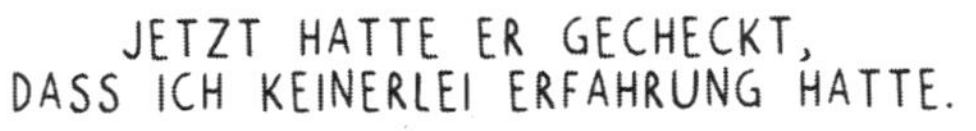
JETZT HATTE ER GECHECKT,
DASS ICH KEINERLEI ERFAHRUNG HATTE.

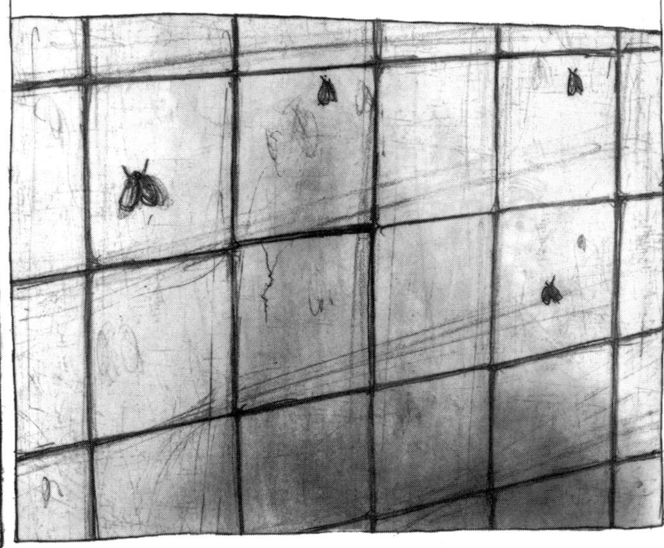

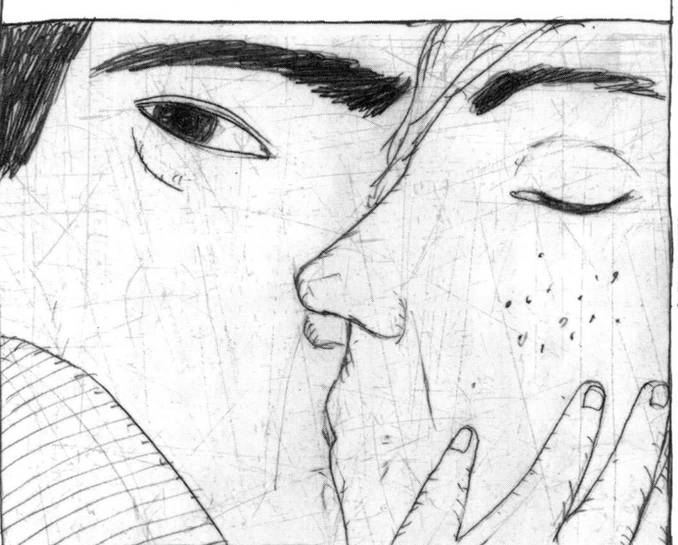
ER HATTE DIE AUGEN
BEIM KÜSSEN OFFEN.

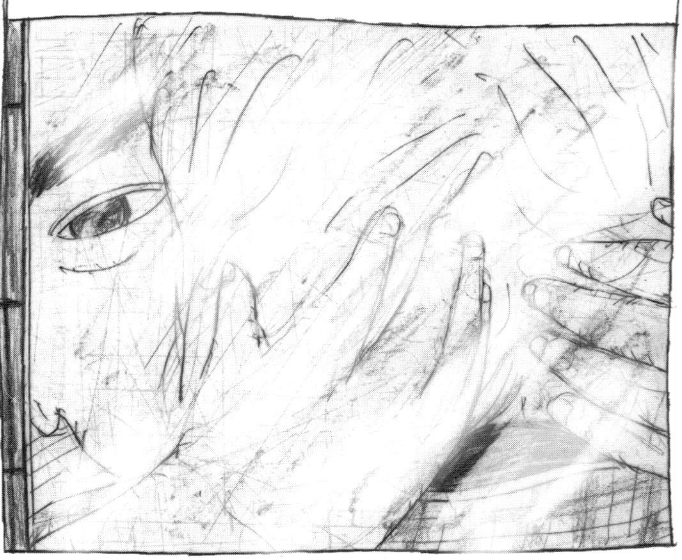
UND BETRACHTETE SICH
INTENSIV IM SPIEGEL.

SEINE HÄNDE WAREN ÜBERALL.
SIE FÜHLTEN SICH KALT AN. ER PACKTE MICH,
ER ZERRTE AN MIR, ER SCHOB MICH.

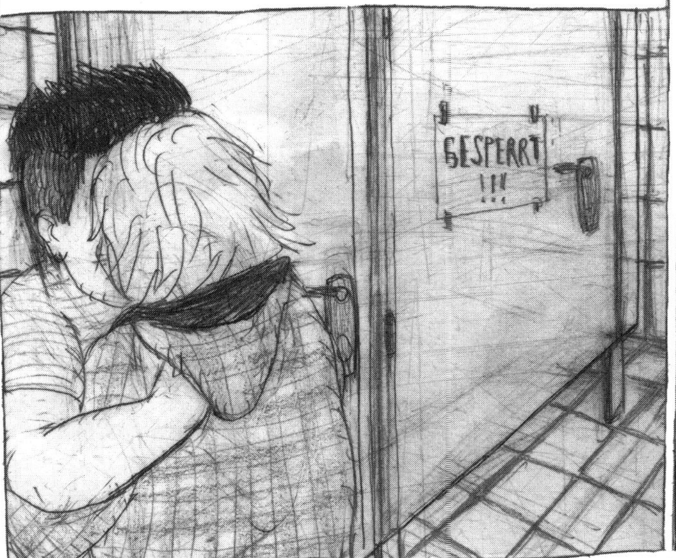

UNGESCHICKT TRIPPELTEN WIR
IN DIE OFFENE KABINE.

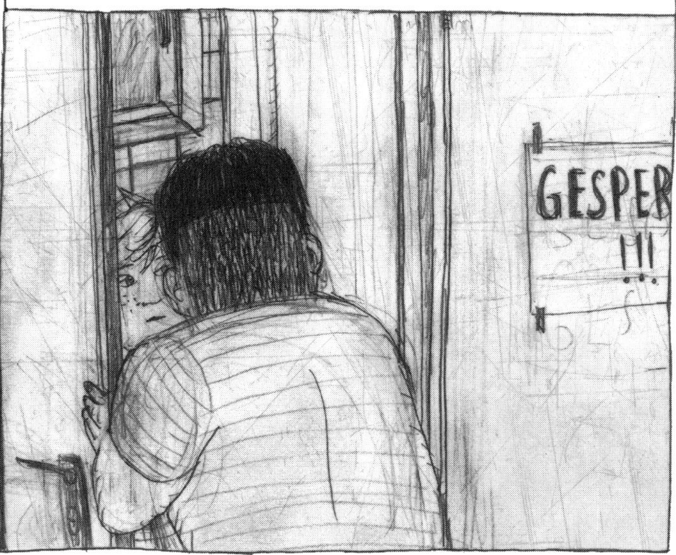

ER VERRIEGELTE DIE KLOTÜR.
ER ÖFFNETE MEINEN GÜRTEL.

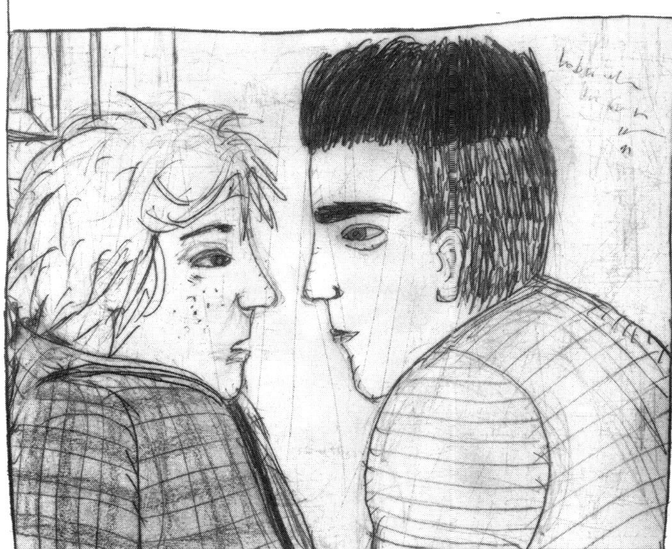

SEINE HAARE WAREN GELHART.
SIE STACHEN UND KITZELTEN.
MEIN REISSVERSCHLUSS KLEMMTE.

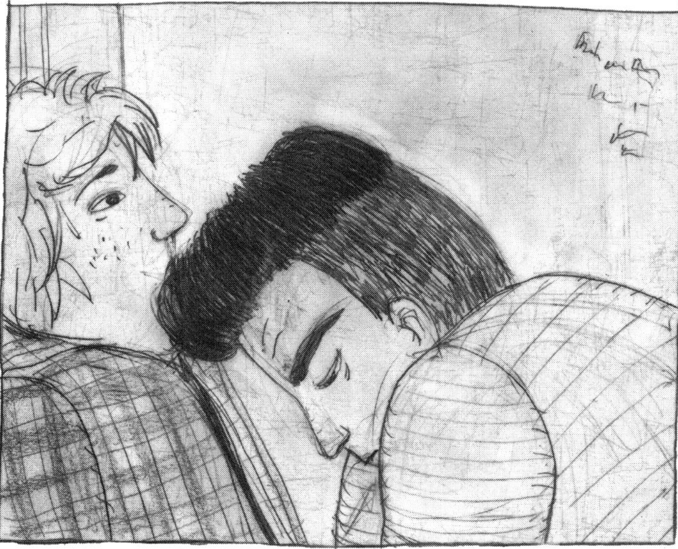

ICH HÄTTE DOCH EINE
ALTE HOSE ANZIEHEN SOLLEN.

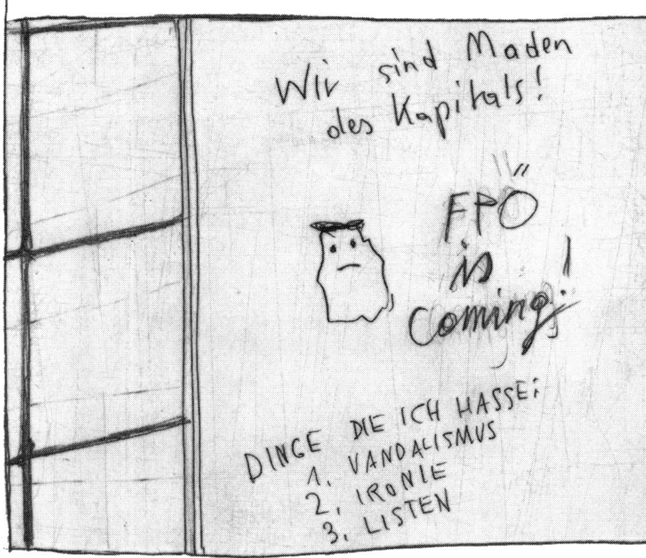

ES ROCH HIER DRINNEN NICHT
100-PROZENTIG SAUBER.
SCHLIEREN ÜBERALL.

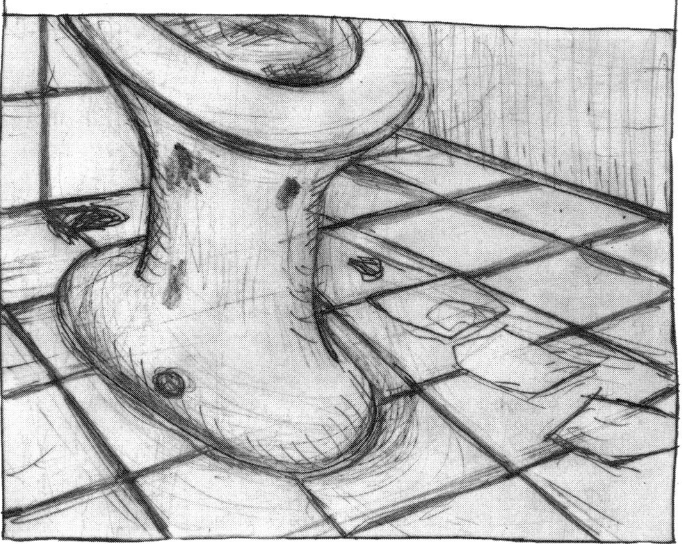

DAS WAR ZU 1000 PROZENT NICHT DER ORT,
DEN ICH MIR FÜR MEINEN ERSTEN ROMANTISCHEN
SEX VORGESTELLT HATTE.

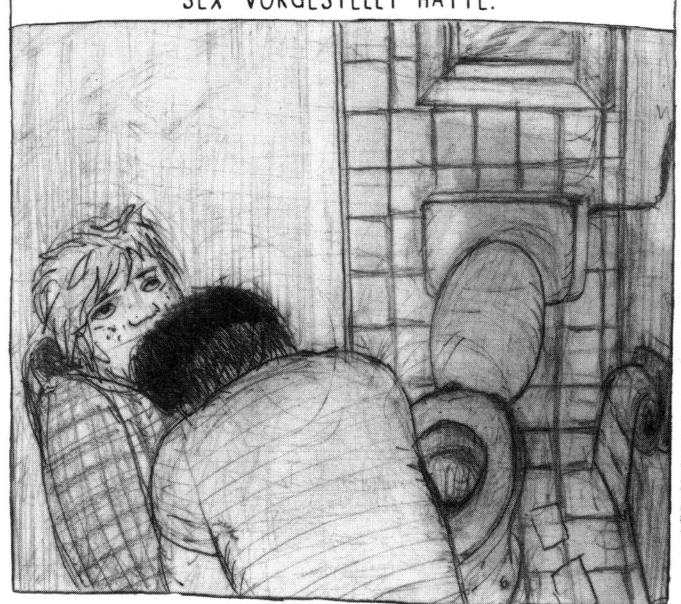

DER REISSVERSCHLUSS
GAB ENDLICH NACH.

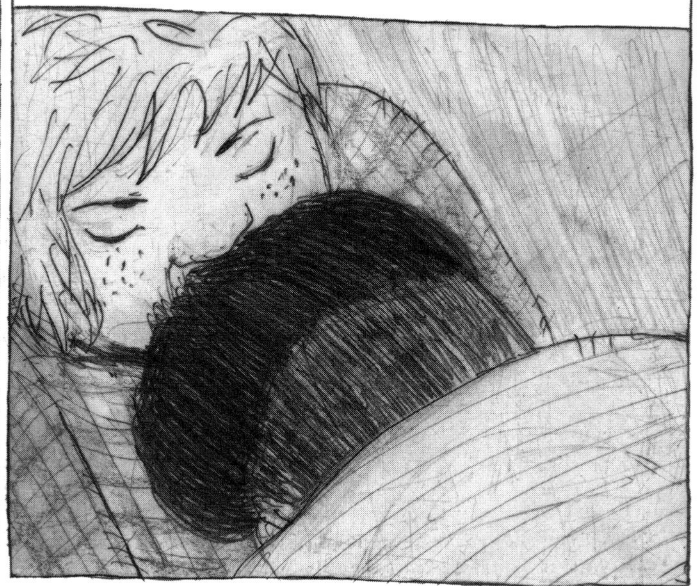

ER TASTETE SICH VOR, LANGSAM UND ZÄRTLICH. ER HIELT INNE UND MURMELTE ETWAS SANFT IN MEIN OHR.

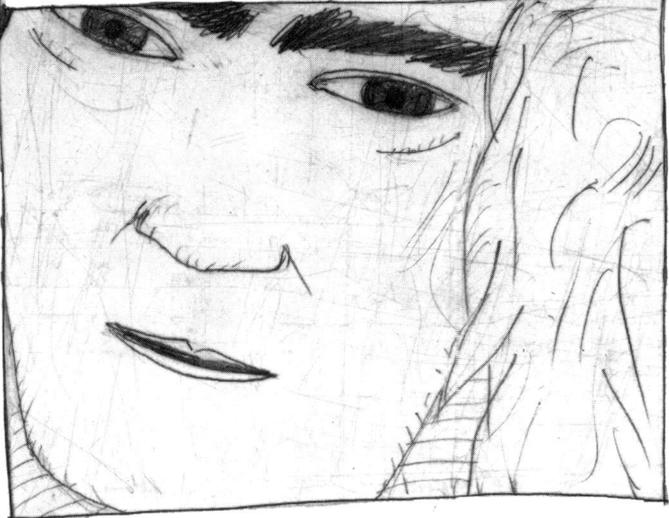

SPEICHELFÄDEN SPANNTEN SICH ZWISCHEN SEINEN LIPPEN. ICH VERSTAND IHN NICHT.

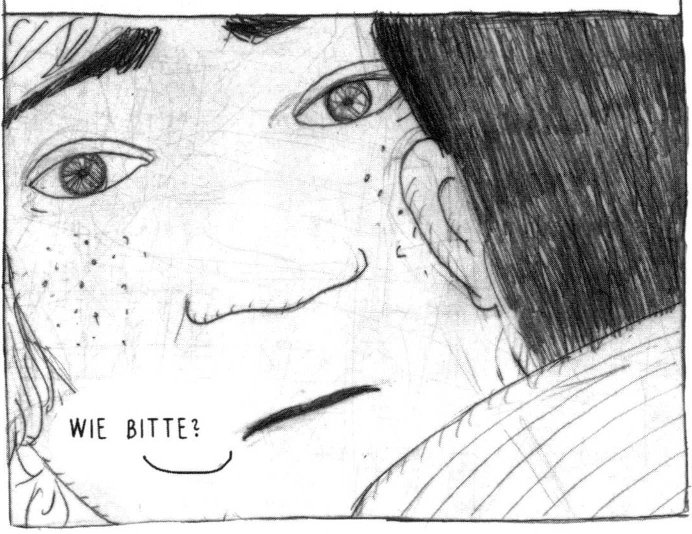

DIE TÜR ZUM KLORAUM FLOG AUF. HARTE SCHRITTE HALLTEN AUF DEN FLIESEN. JEMAND RÄUSPERTE SICH.

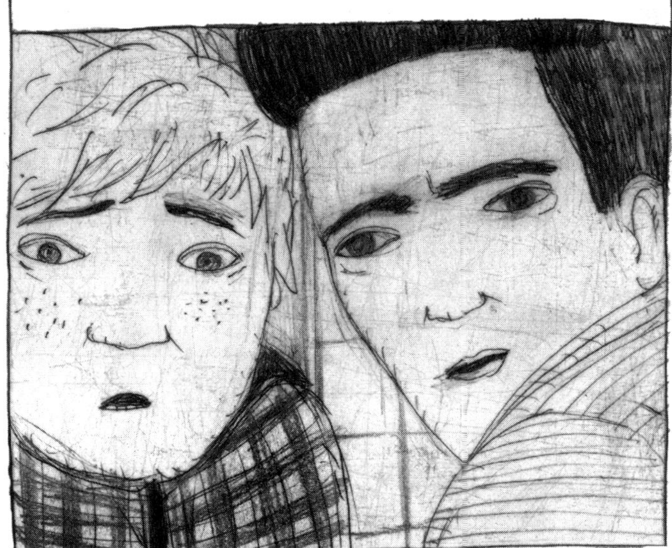

ER WOLLTE ZU UNS.

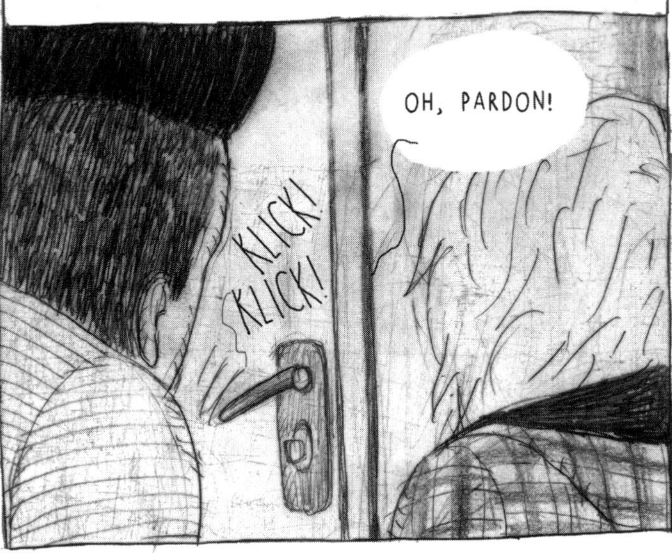

WIR ATMETEN FLACH UND STANDEN BEWEGUNGSLOS DA, OHNE EINANDER ZU BERÜHREN. DIE MAGIE WAR VERSCHWUNDEN, SIMONS SPEICHELFÄDEN GERISSEN.

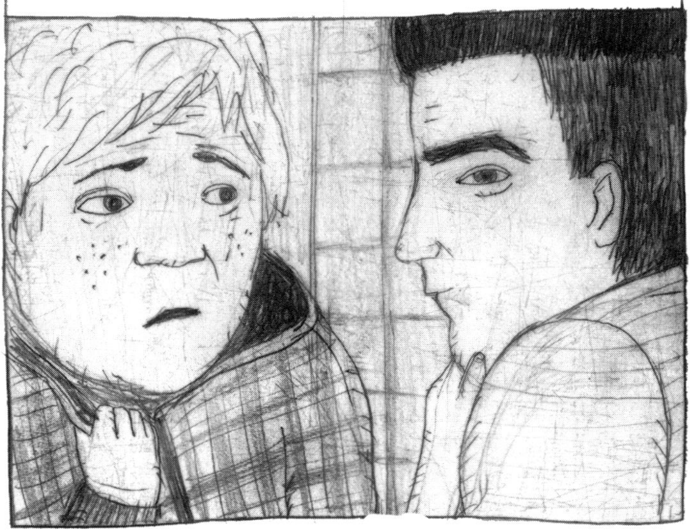

WIR STELLTEN UNS TOT. DIE ZEIT KLEBTE. ICH HOFFTE, DER MANN WÜRDE WIEDER GEHEN.

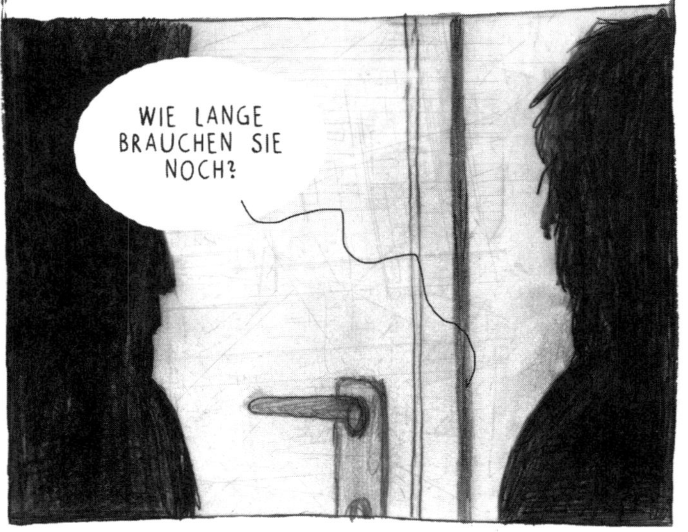

ICH SAH DEN KELLNER UND DIE POLIZEI SCHON IN GEDANKEN VOR MIR.

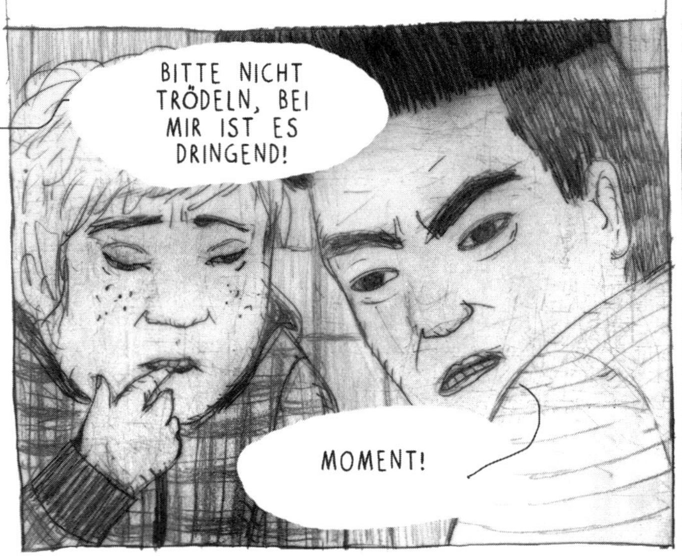

SIMON STIESS MICH AN.

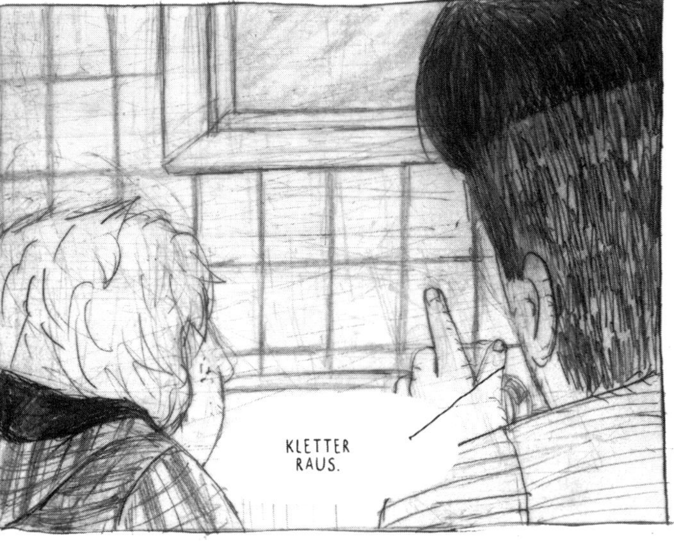

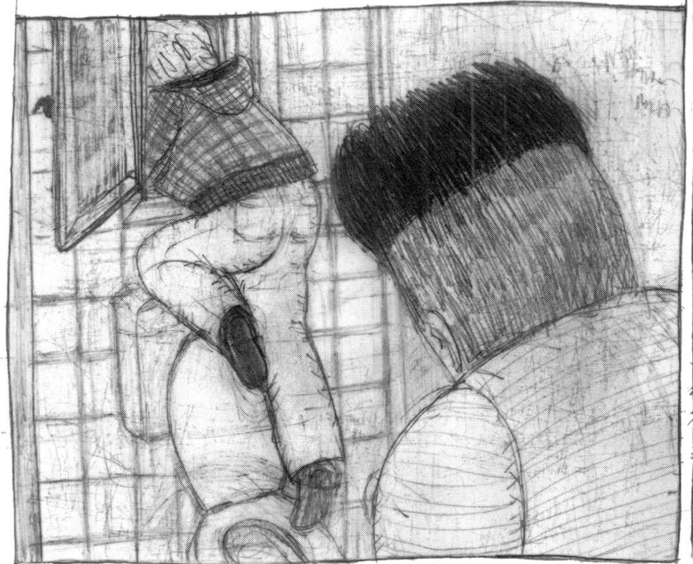
WINTERLUFT STRÖMTE HEREIN.
DER SPÜLKASTEN KNIRSCHTE UND GAB NACH, ABER ER HIELT.

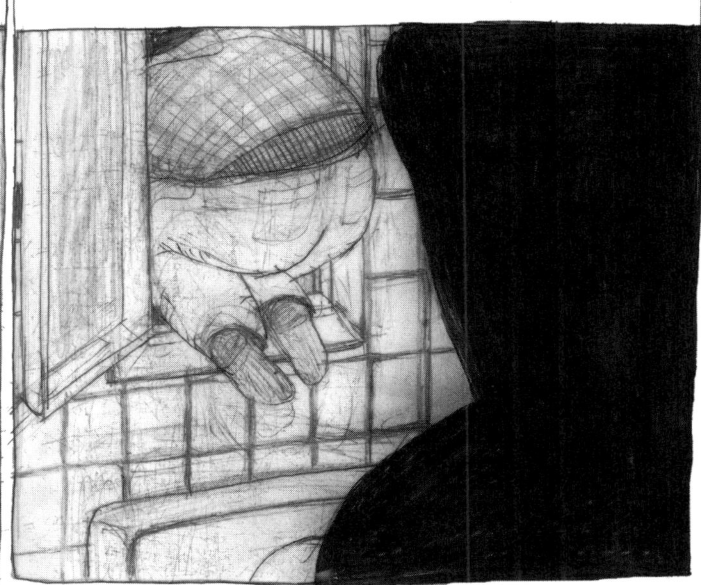
SIMON WISCHTE MIT DER KLOBÜRSTE GERÄUSCHVOLL HERUM.

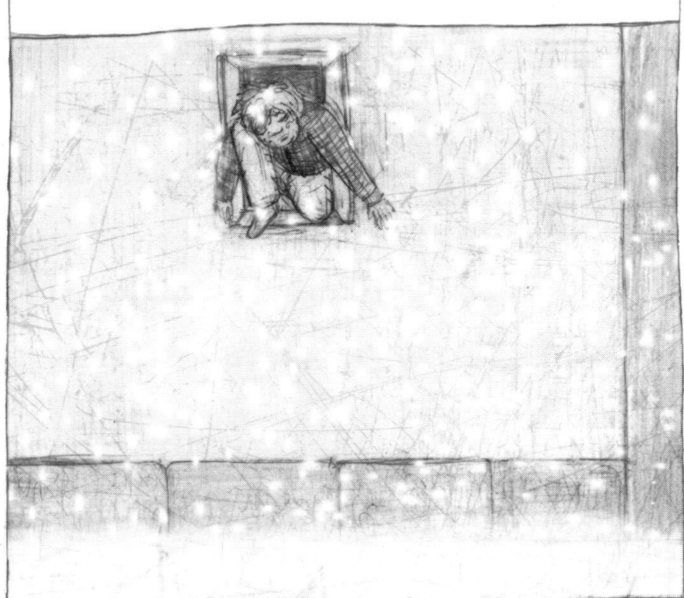
DER BODEN WAR IN WEITER FERNE!

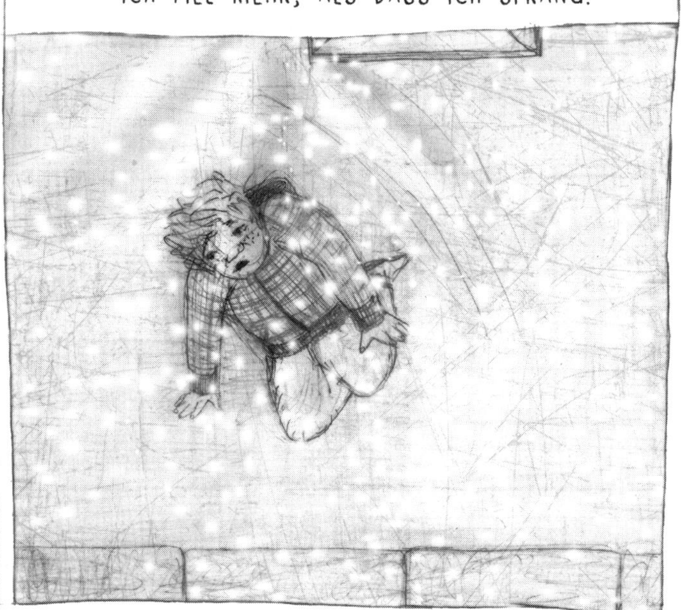
ES GAB KEINEN PLATZ ZUM ABSTOSSEN.
ICH FIEL MEHR, ALS DASS ICH SPRANG.

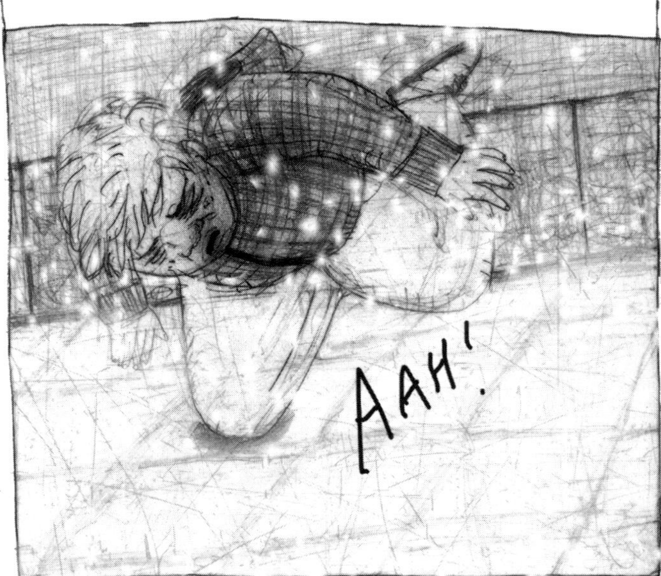
DIE COLA SCHWAPPTE HOCH.
UNTER DER DÜNNEN SCHNEEDECKE
LAG EIN KOPFSTEINPFLASTER.
AAH!

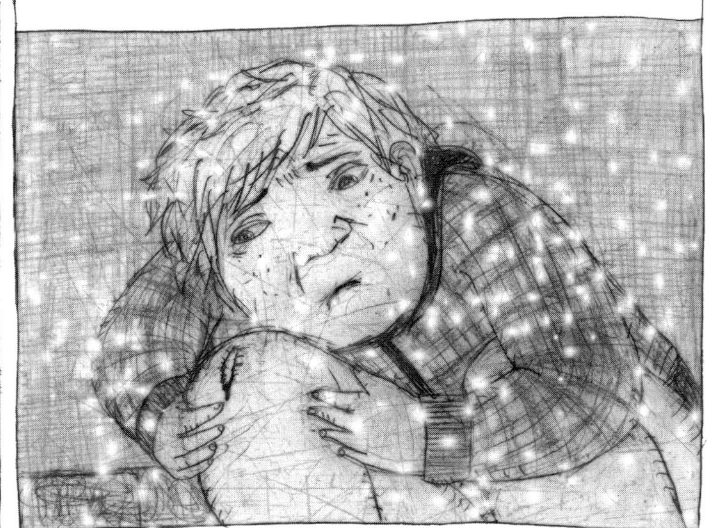
MEIN KNIE!
DIE NEUE HOSE!

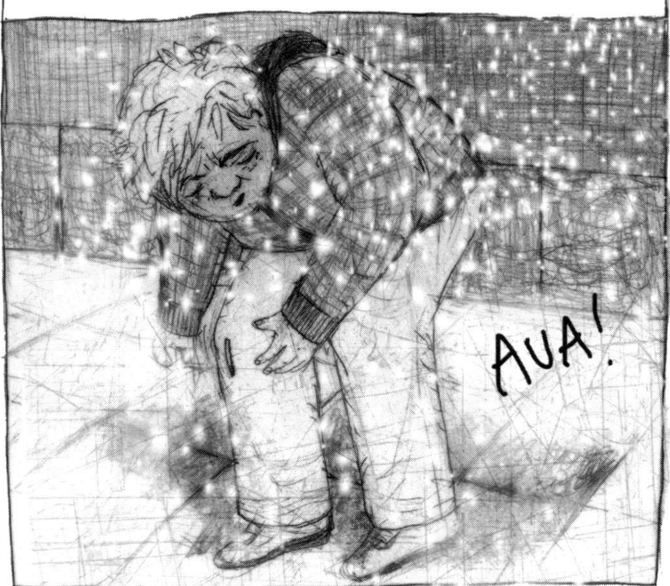
ICH KONNTE MEIN BEIN
NICHT RICHTIG BELASTEN.
AUA!

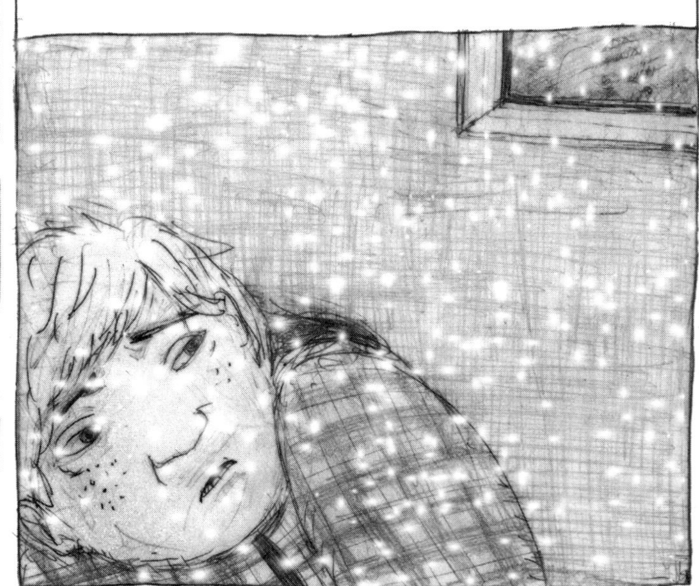
SIMON KNALLTE DAS FENSTER ZU.
ES KLANG WÜTEND.

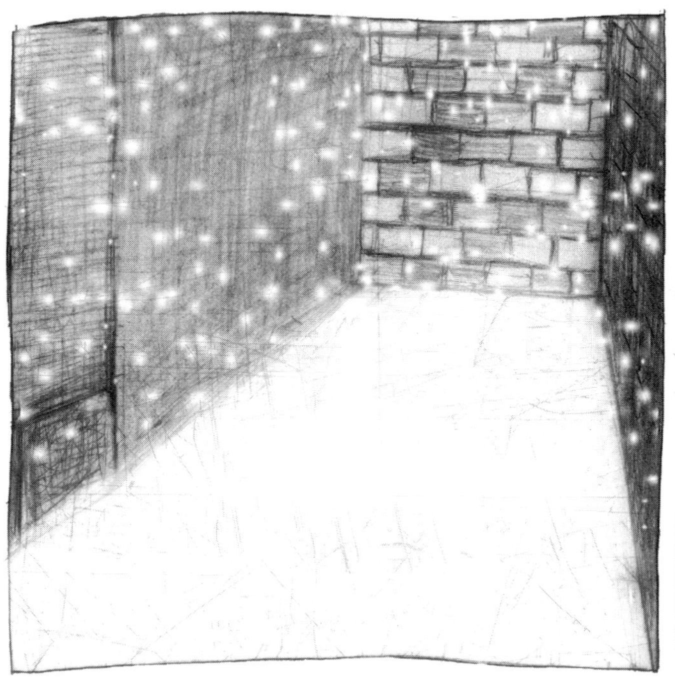

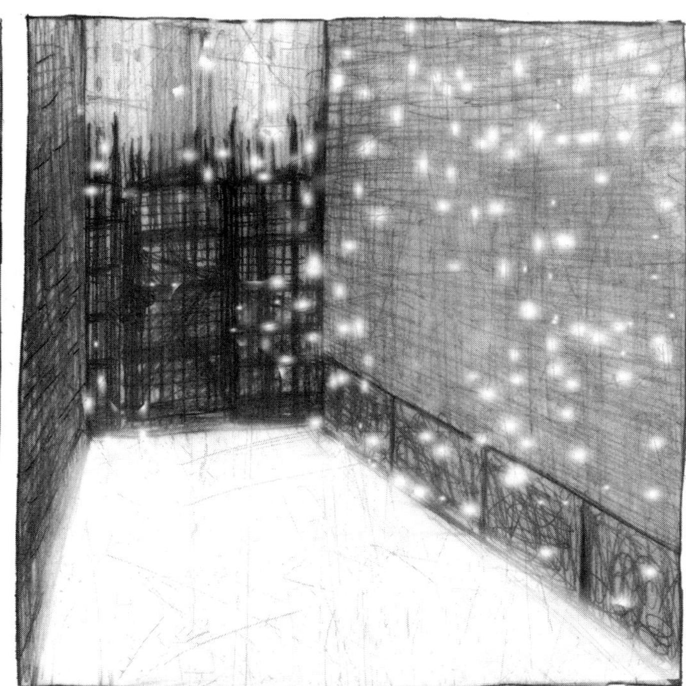

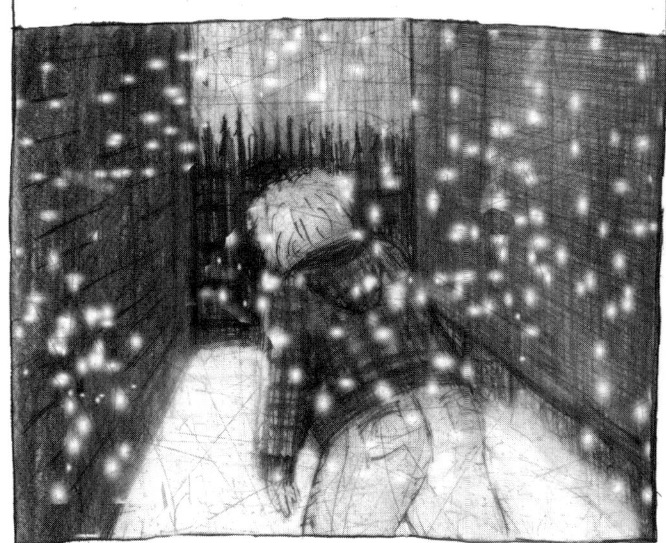
ICH ERSEHNTE EIN
OFFENES GITTERTOR.

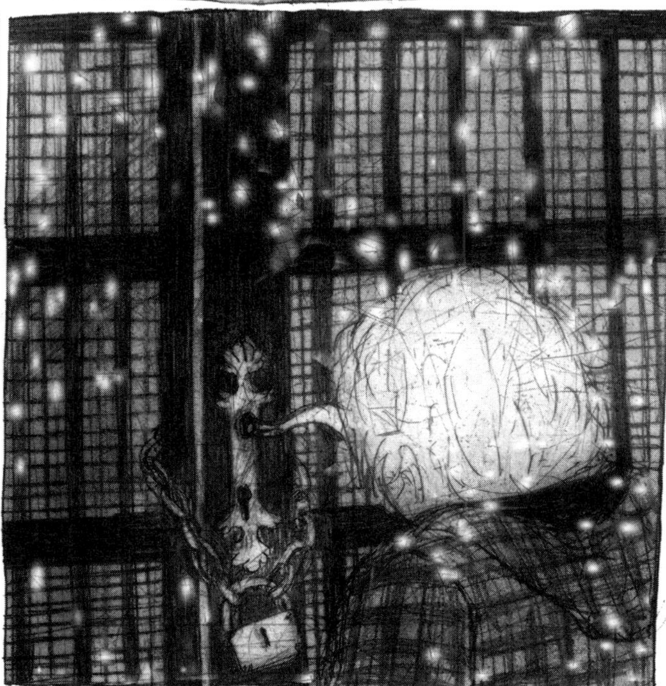

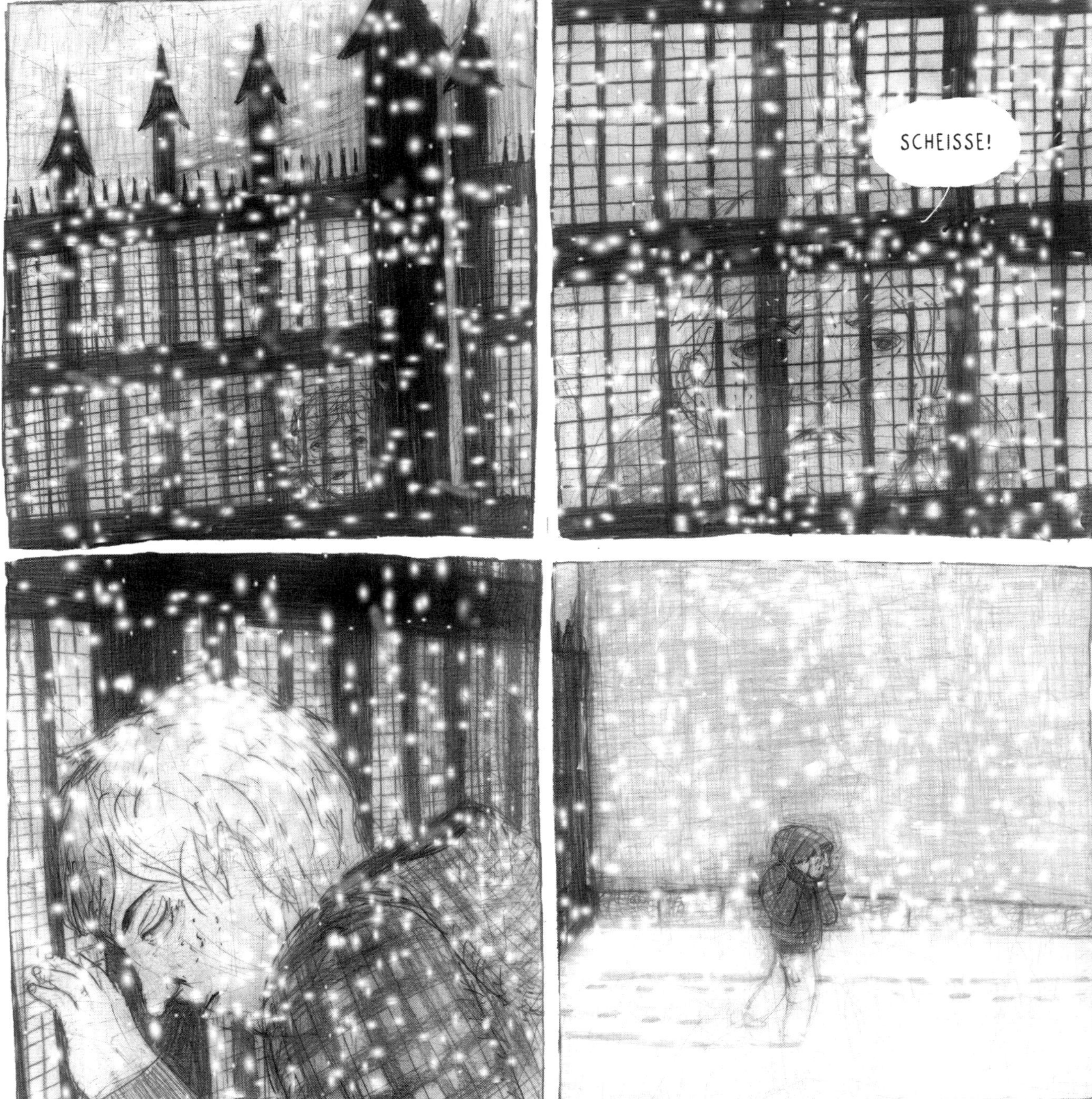
SCHEISSE!

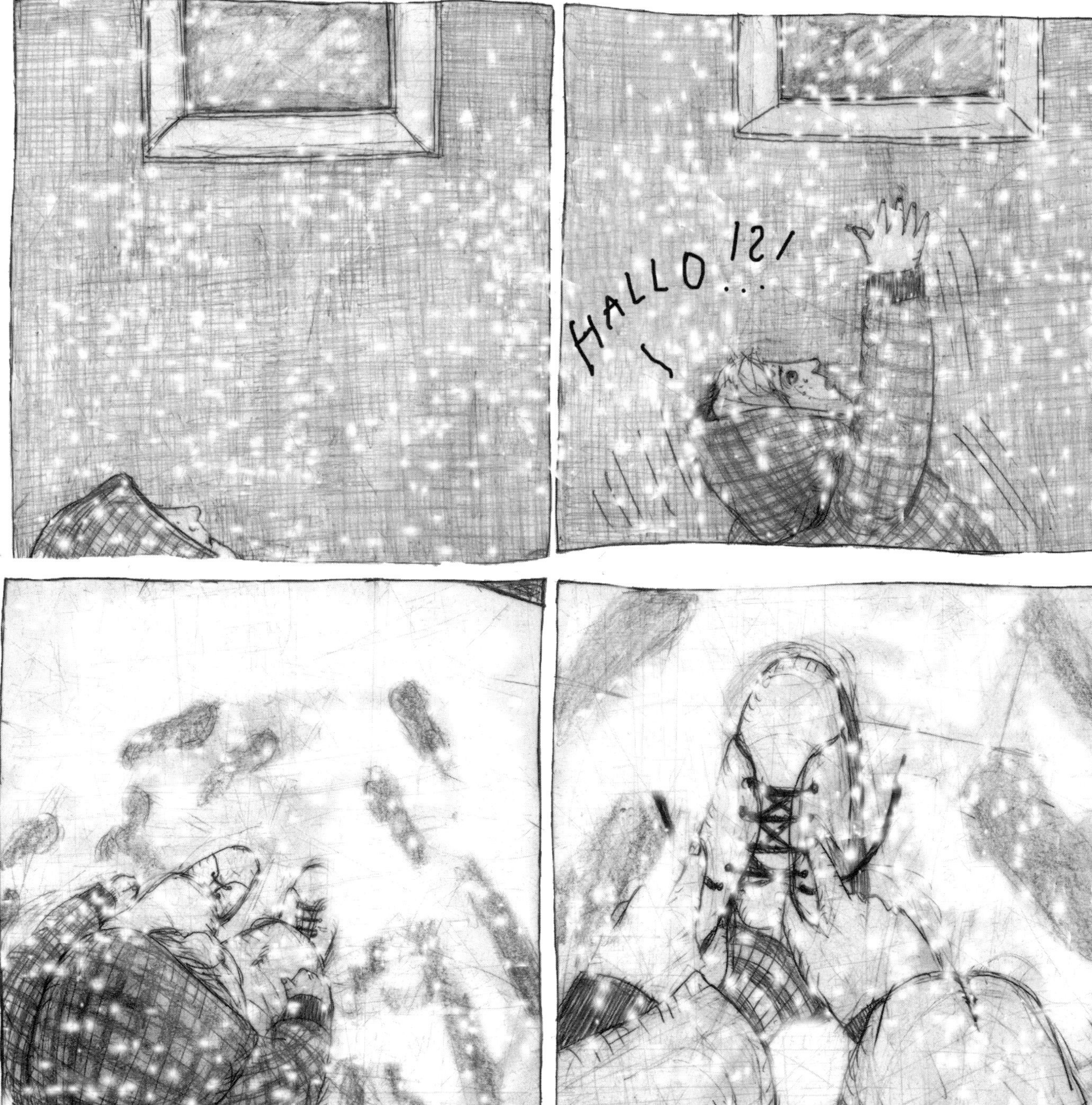
HALLO!?!
...

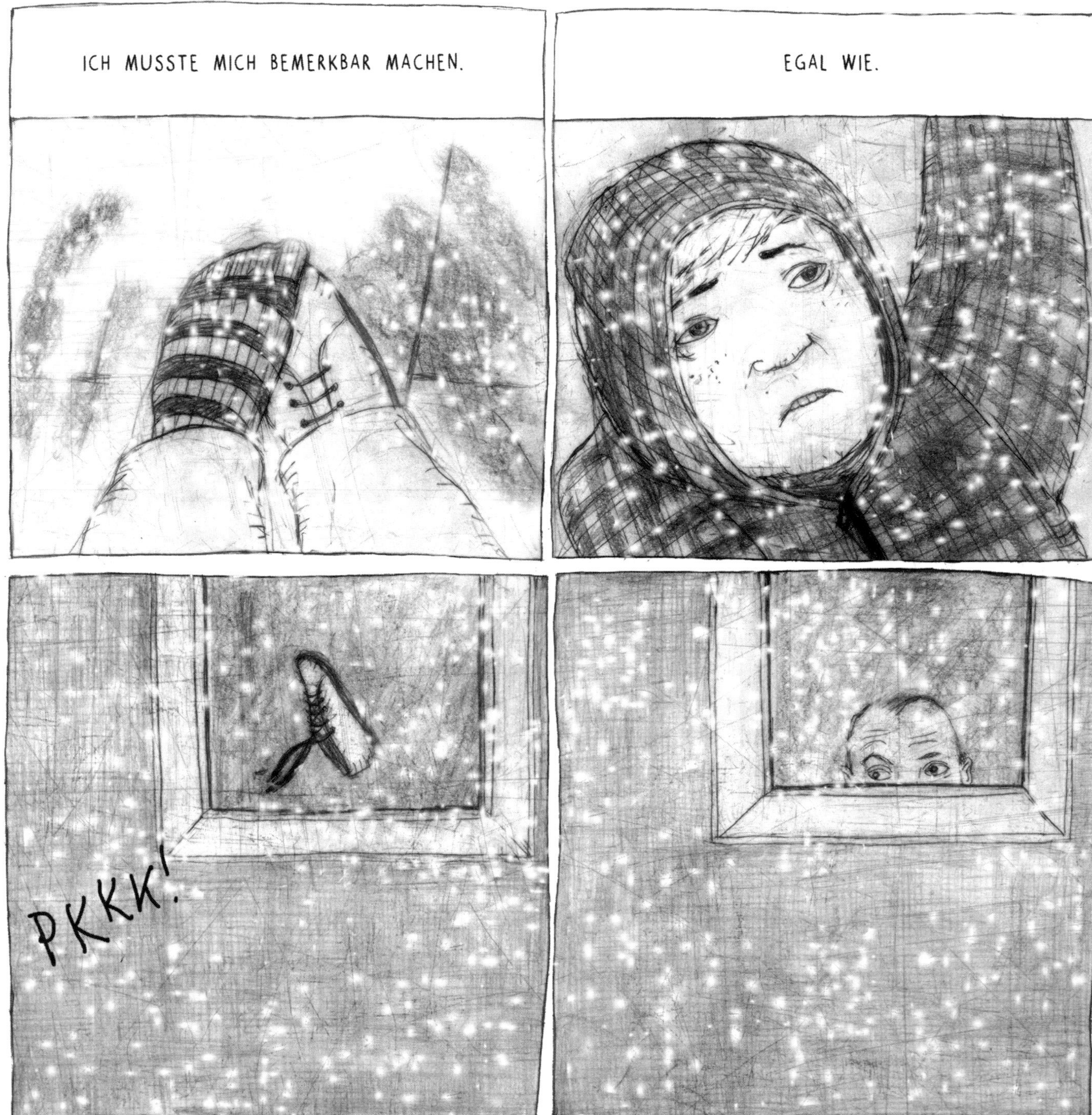
ICH MUSSTE MICH BEMERKBAR MACHEN.
EGAL WIE.
PKKK!

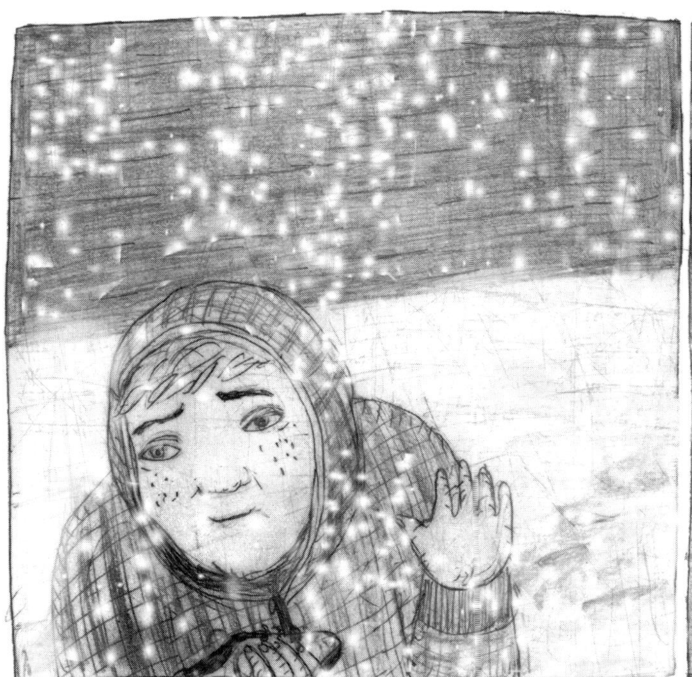

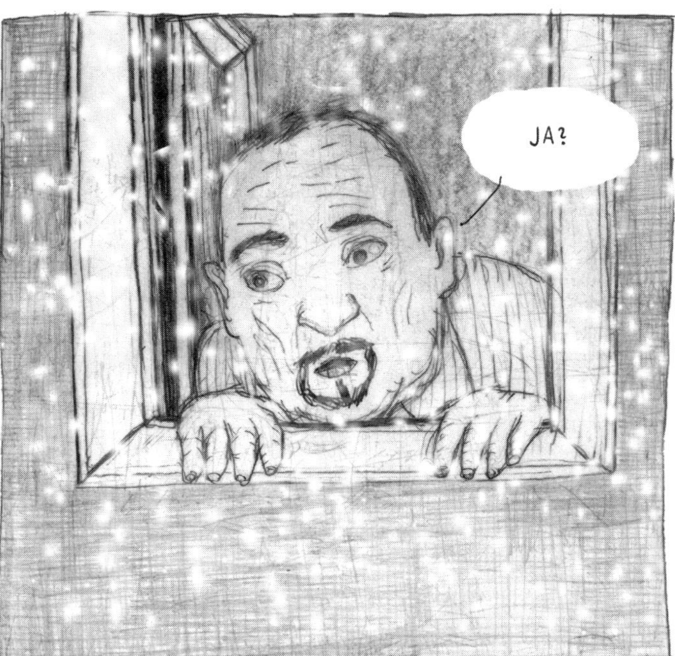
JA?

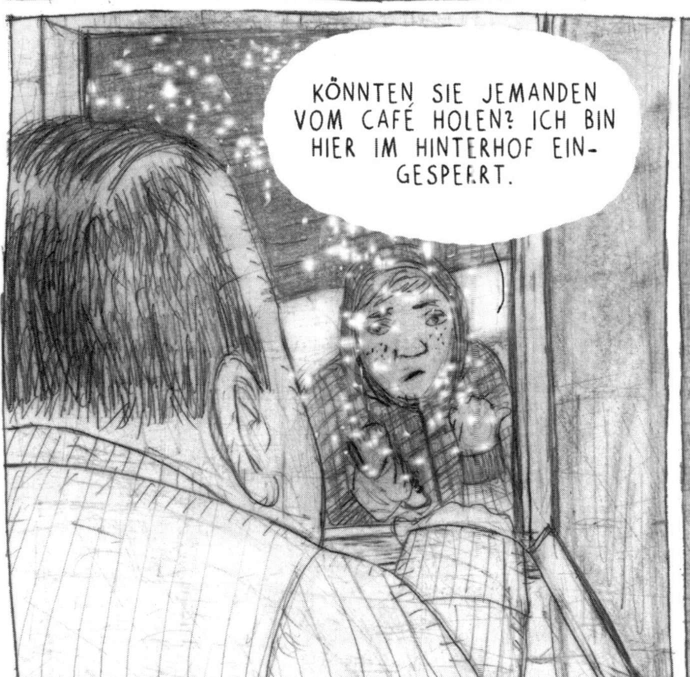
KÖNNTEN SIE JEMANDEN VOM CAFÉ HOLEN? ICH BIN HIER IM HINTERHOF EINGESPERRT.

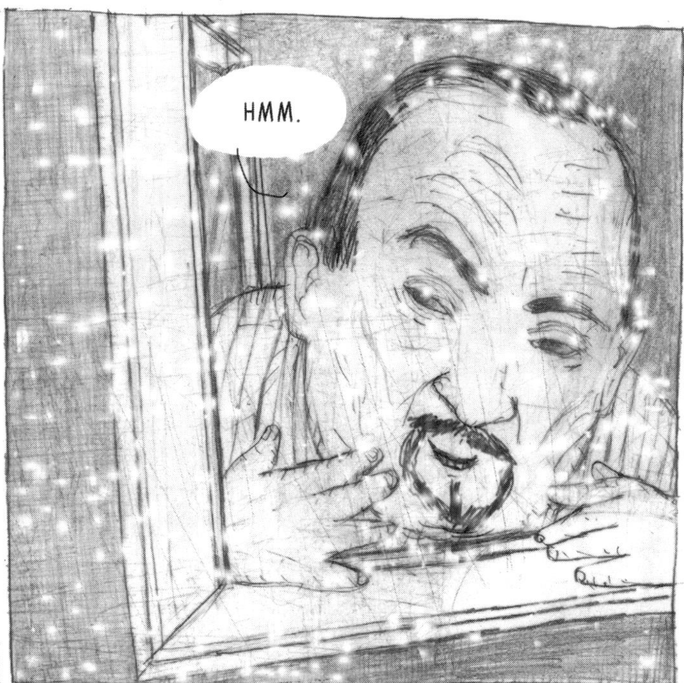
HMM.

UNBEHOLFEN LOG ICH
DEN KELLNER AN.

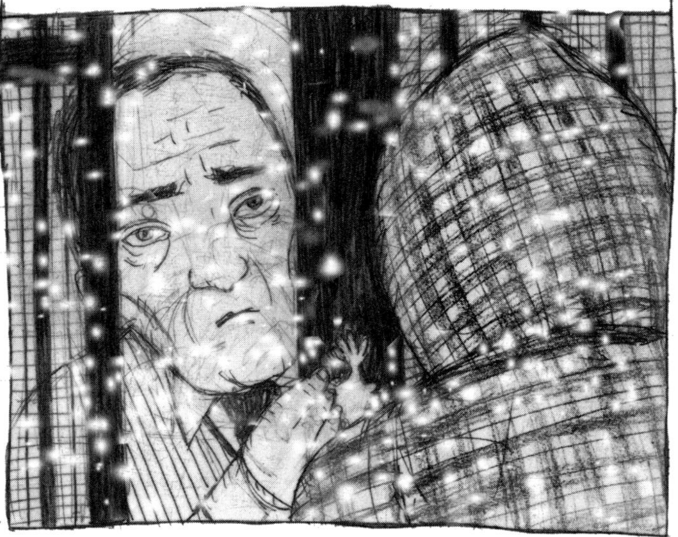

ICH LIESS IHN DABEI
NICHT AUS DEN AUGEN.
ER SAGTE NICHTS.

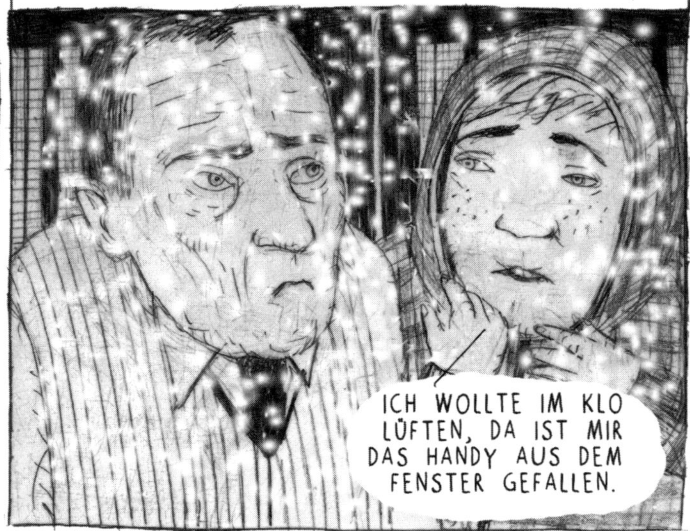

ER GLAUBTE MIR KEIN WORT.
ICH UNTERDRÜCKTE DEN STECHENDEN SCHMERZ.
WÄHLTE ER IN GEDANKEN BEREITS
DIE NUMMER DER POLIZEI?

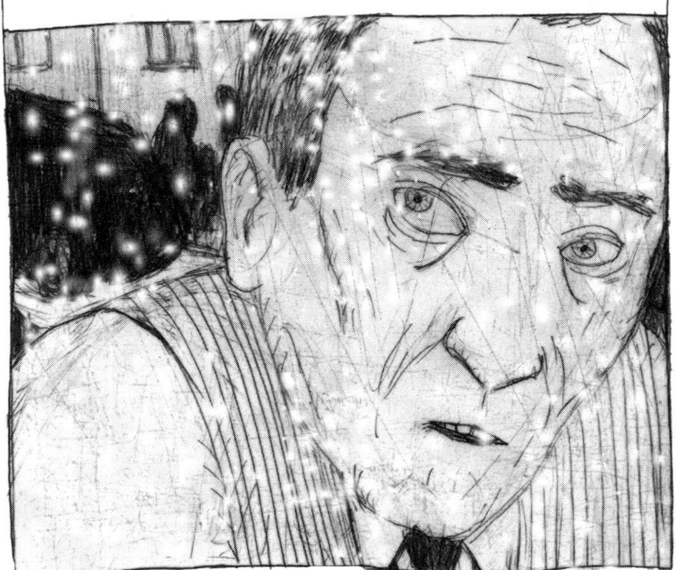

ICH WOLLTE NICHT VOR DEM KELLNER
HUMPELN. ER WUSSTE OHNEHIN ALLES.
ER HATTE MICH DURCHSCHAUT. JEMAND WIE
ER HATTE SCHON ALLES GESEHEN.

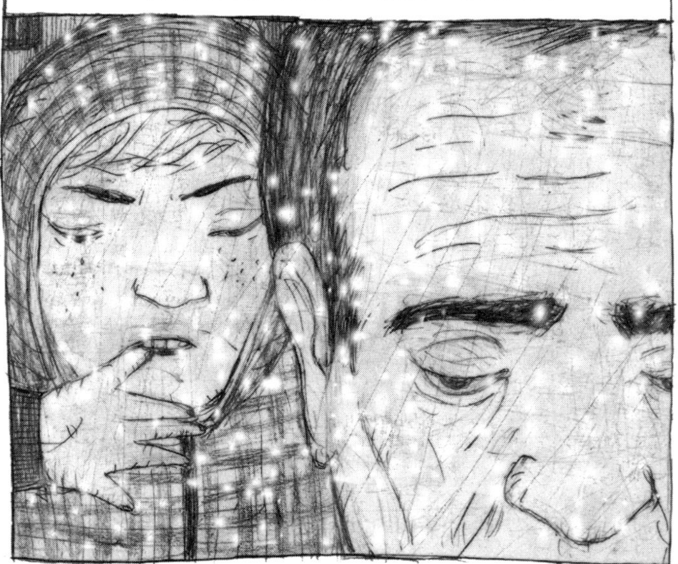

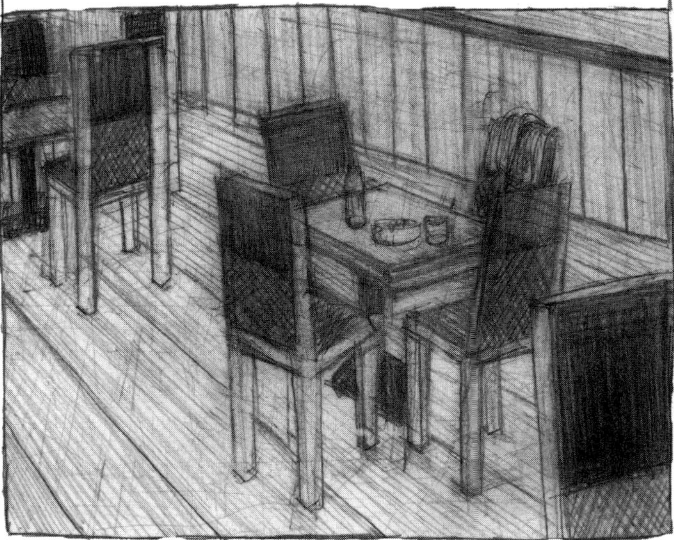
HATTE ER EINE NACHRICHT HINTERLASSEN?
UNSER TISCH WAR VERWAIST, SIMON WAR WEG.
SEINE JACKE AUCH.

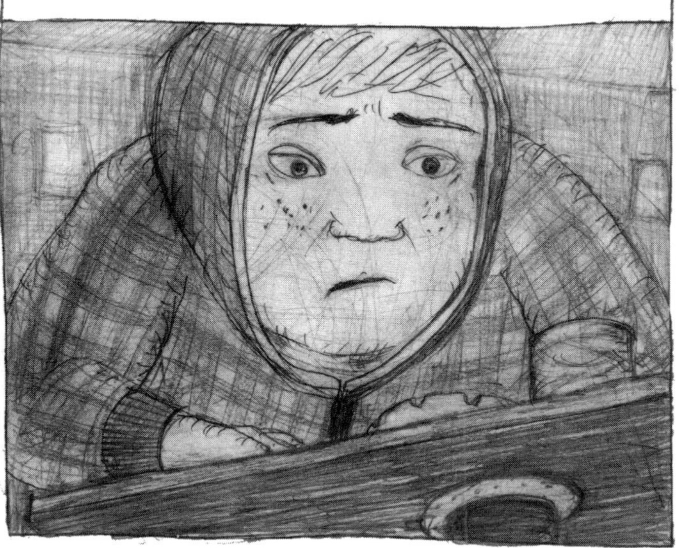
UND MEIN HANDY!

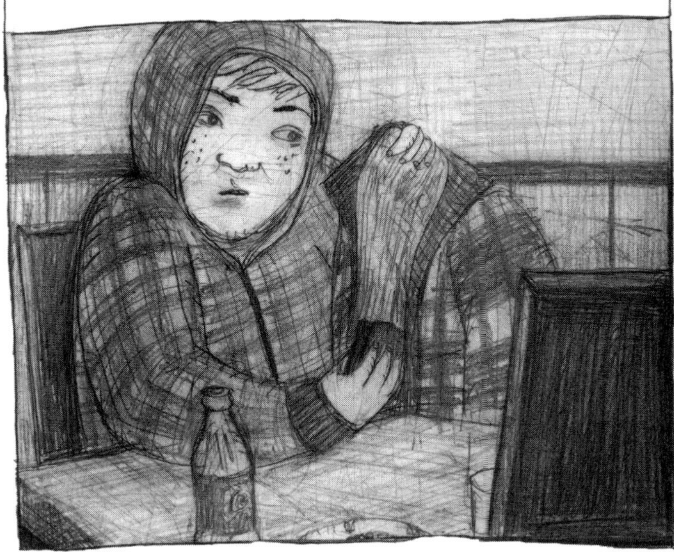
MEIN GELD WAR,
GOTT SEI DANK, NOCH DA.

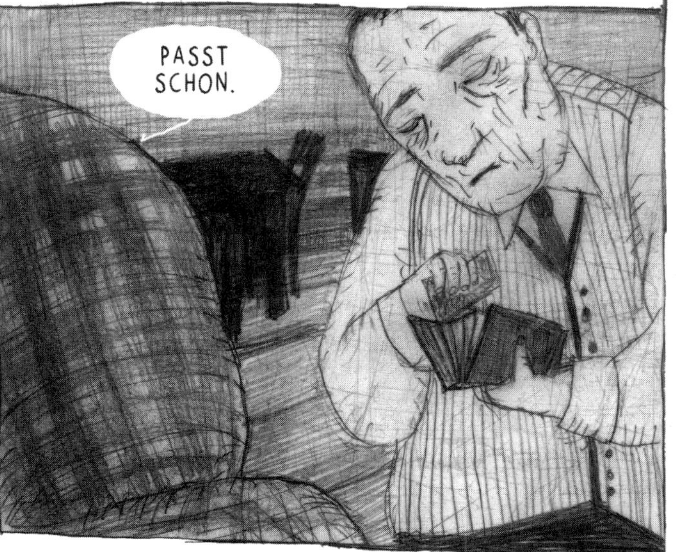
ICH BEZAHLTE MIT DEM EINZIGEN GROSSEN SCHEIN,
DEN ICH EINGESTECKT HATTE, EINE SAFTIGE
RECHNUNG: ALLE COLAS, ALLE GIN TONICS!
PASST
SCHON.

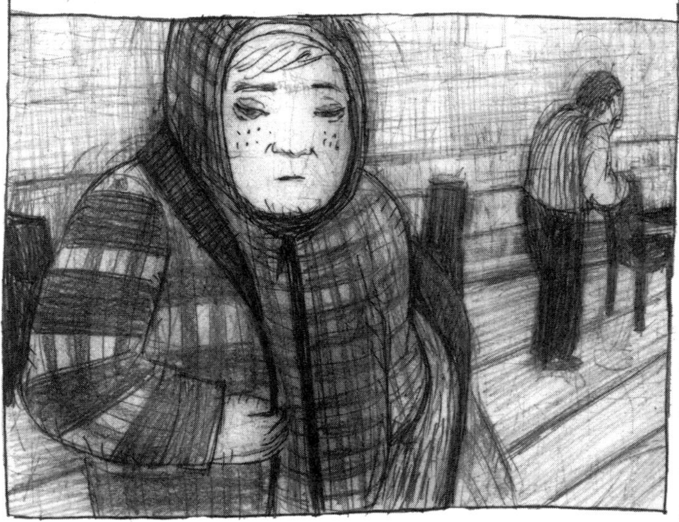
ICH MUSSTE AUFS KLO.

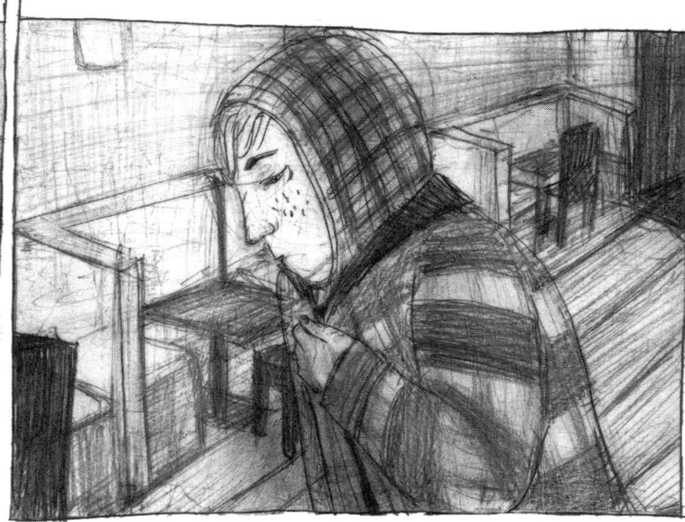
DRINGEND!

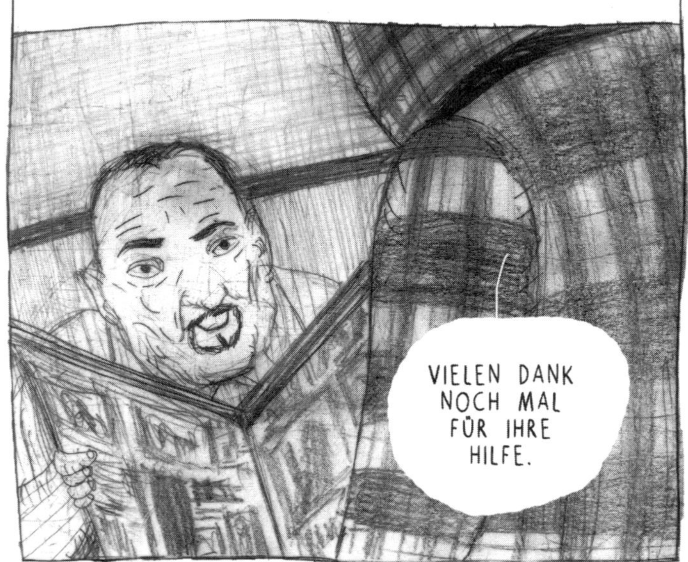
ABER ICH VERKNIFF ES MIR.
VIELEN DANK NOCH MAL FÜR IHRE HILFE.

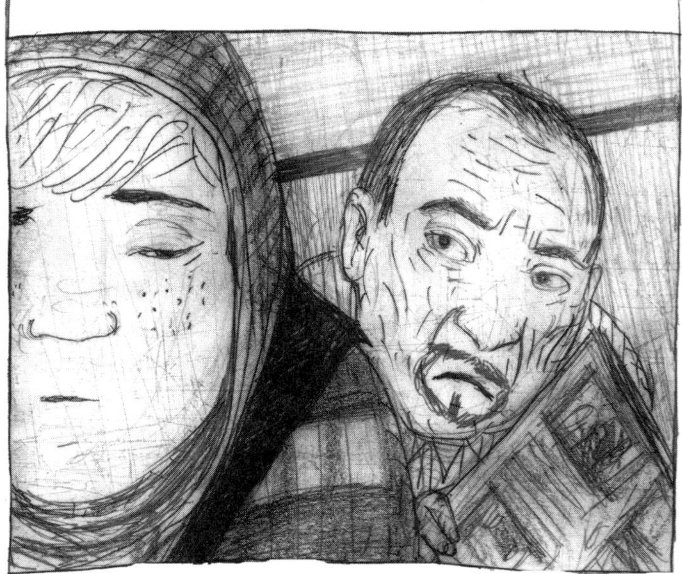
ICH WAR NUN VÖLLIG PLEITE.

UND HATTE KEIN HANDY MEHR ...
AUF DER STRASSE KONNTE ICH ENDLICH
WIEDER NACH LUST UND LAUNE HUMPELN.

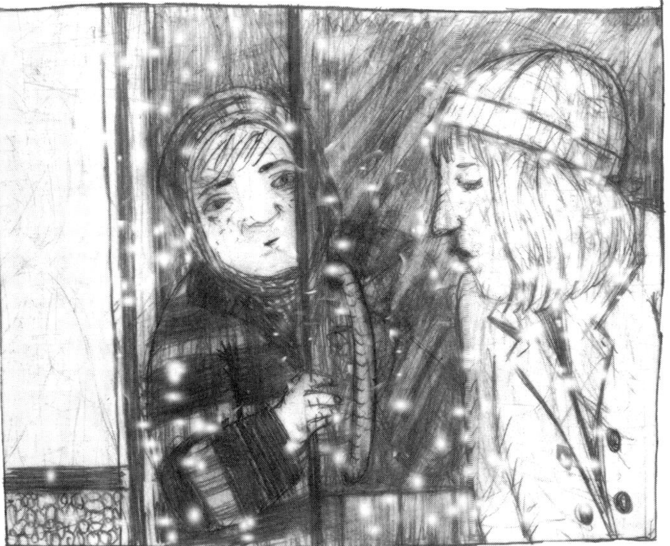

ICH HOFFTE, DASS DAS
U-BAHN-KLO GEÖFFNET WAR.
ES HÖRTE ZU SCHNEIEN AUF.

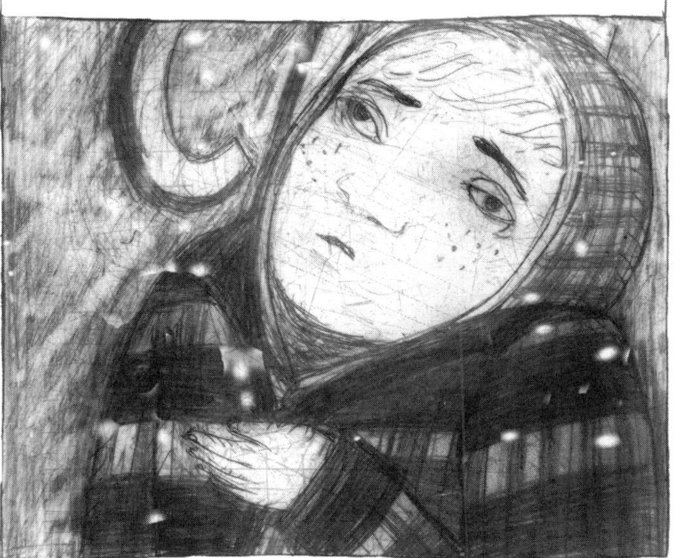

UND ES FING ZU REGNEN AN.

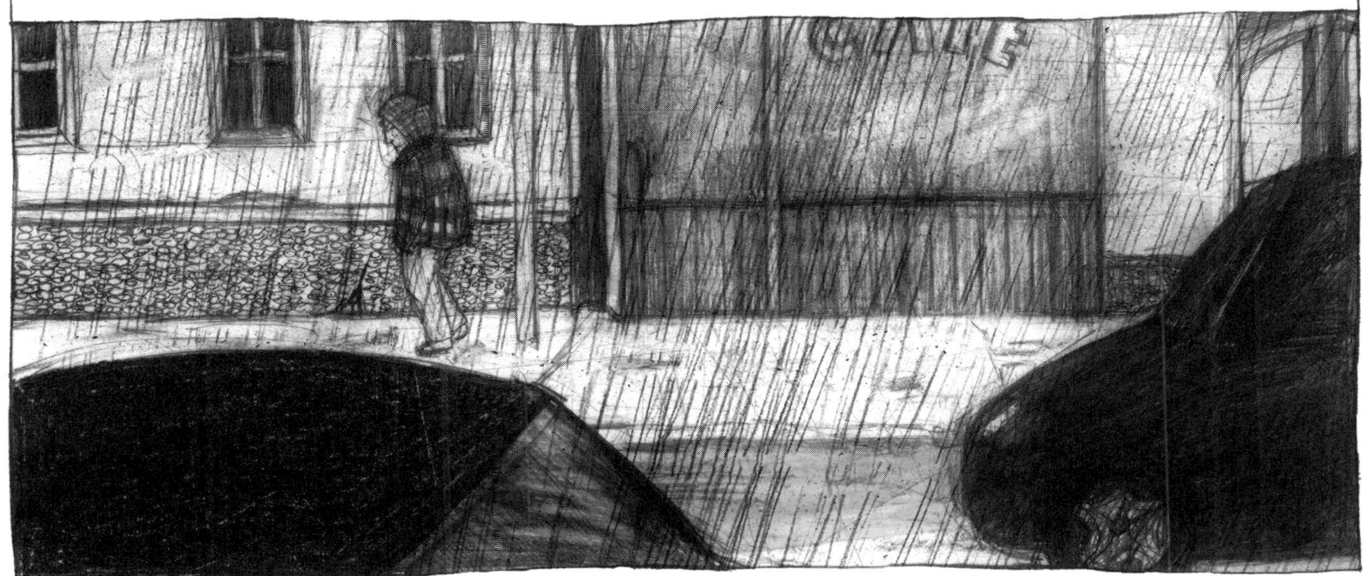

EPILOG

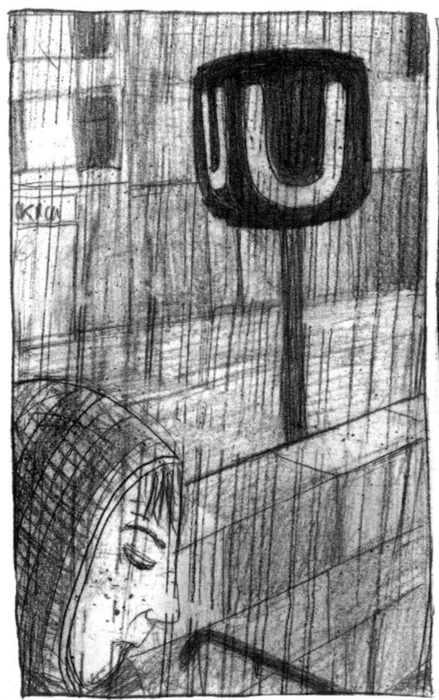

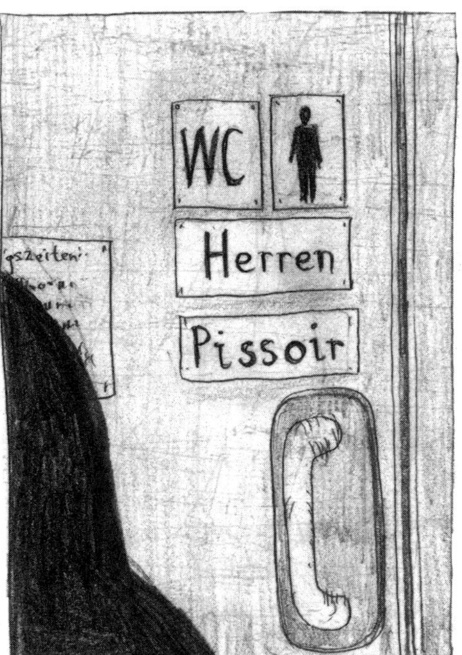

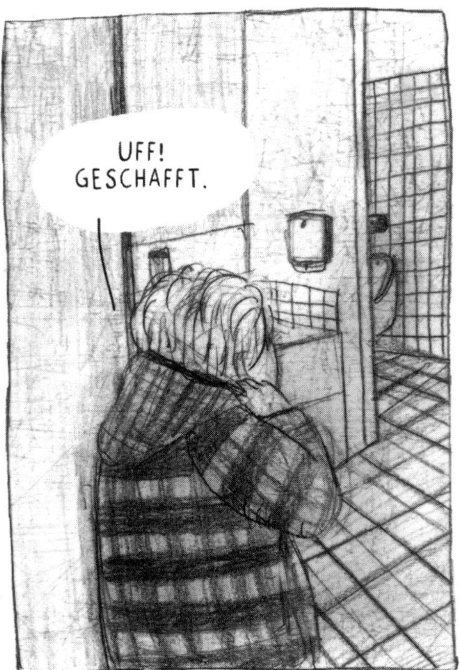

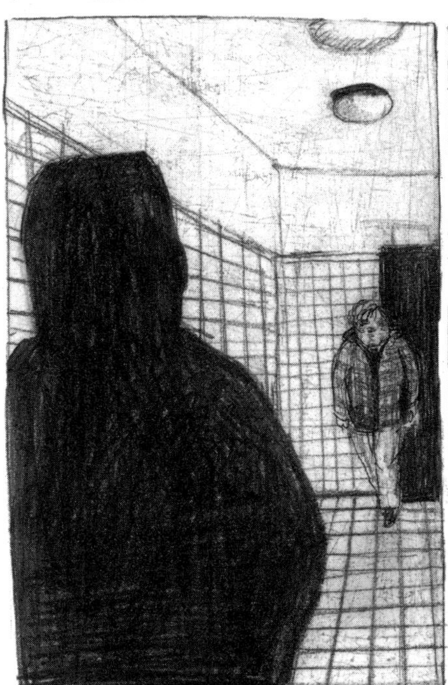

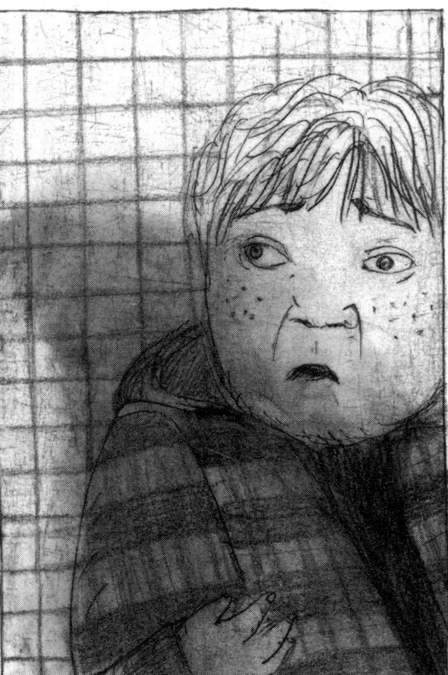

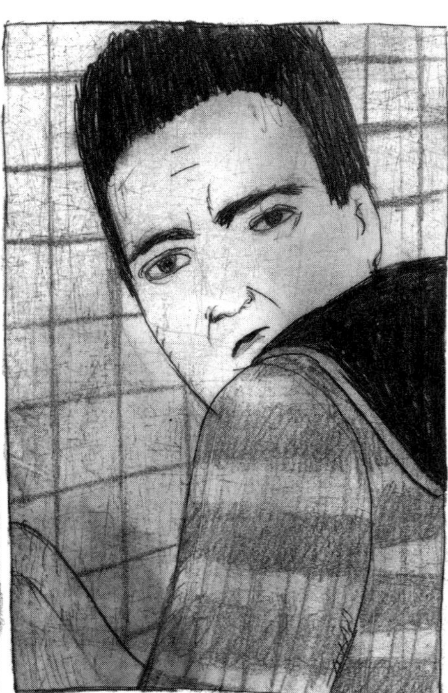

ENDE

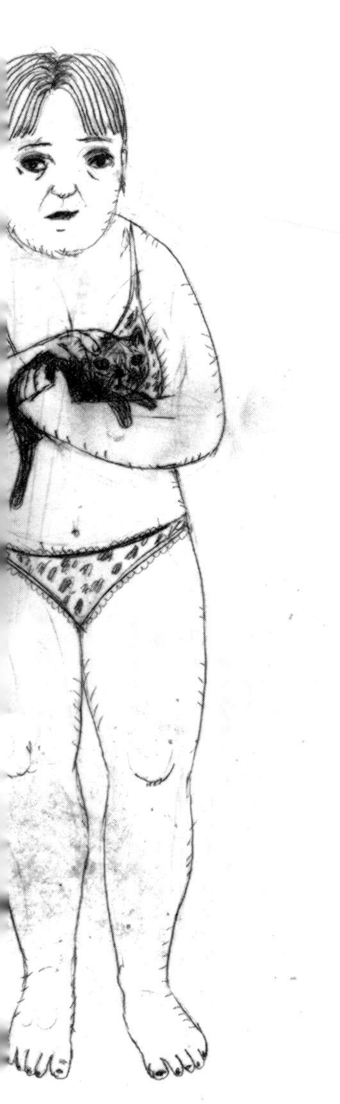

2. BIRGITTE

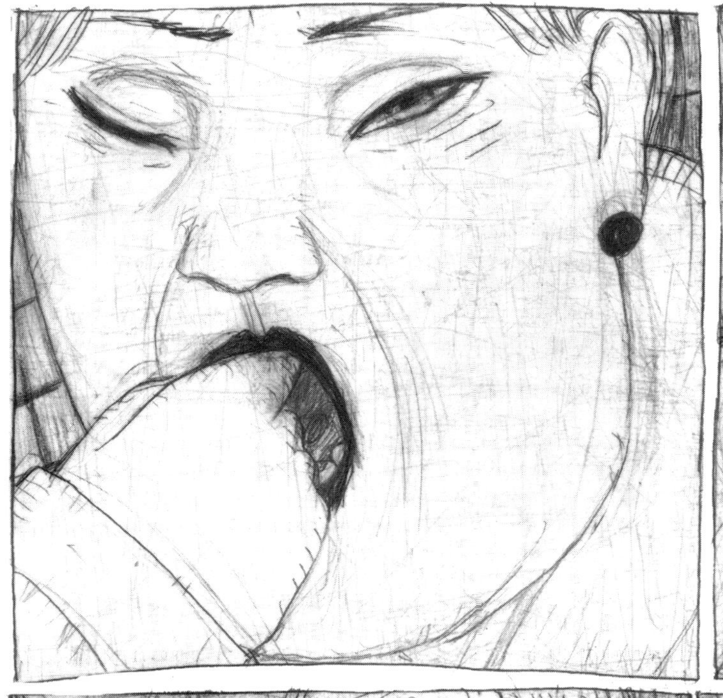

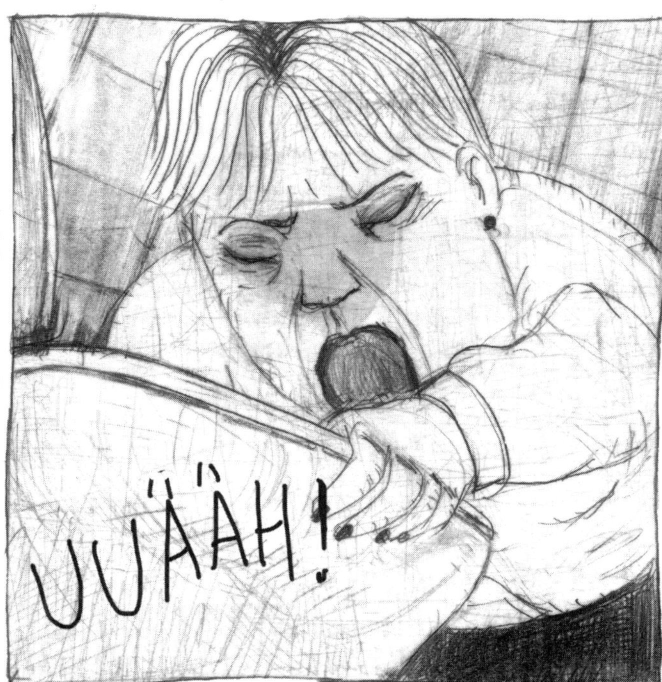
UUÄÄH!

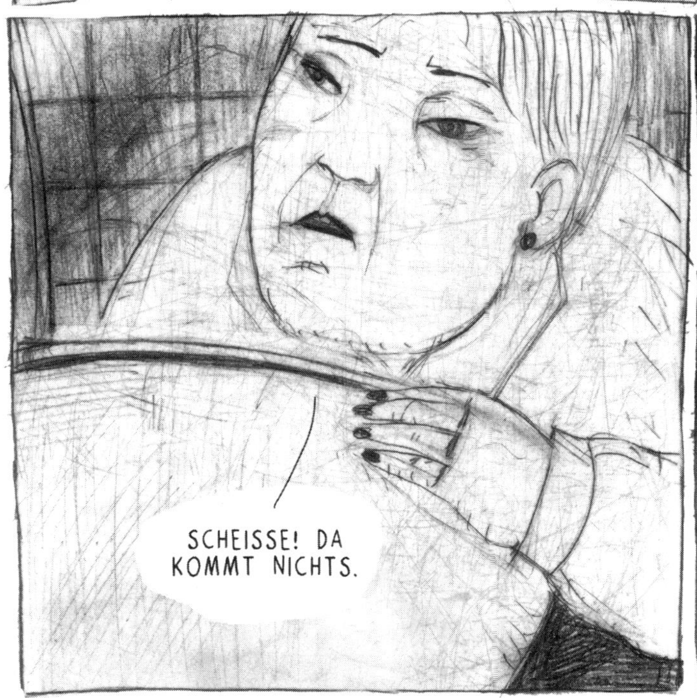
SCHEISSE! DA KOMMT NICHTS.

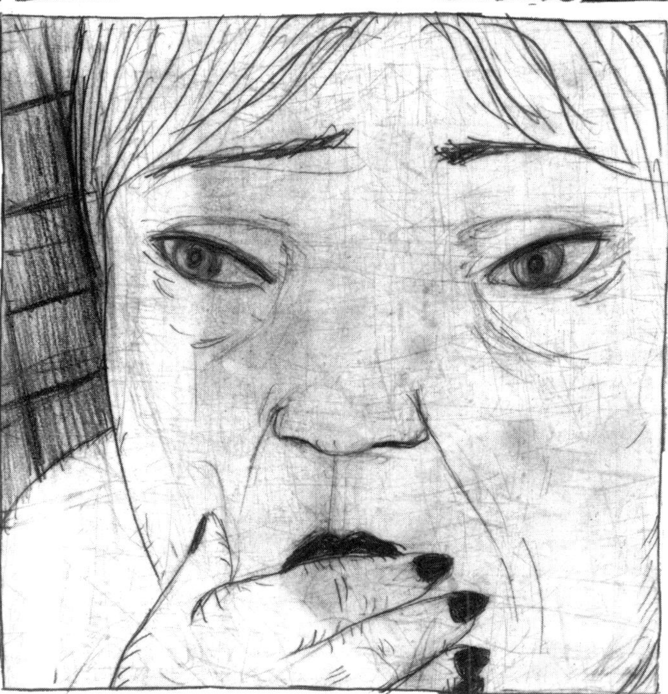

STUNDEN DAVOR, FRÜHER ABEND:

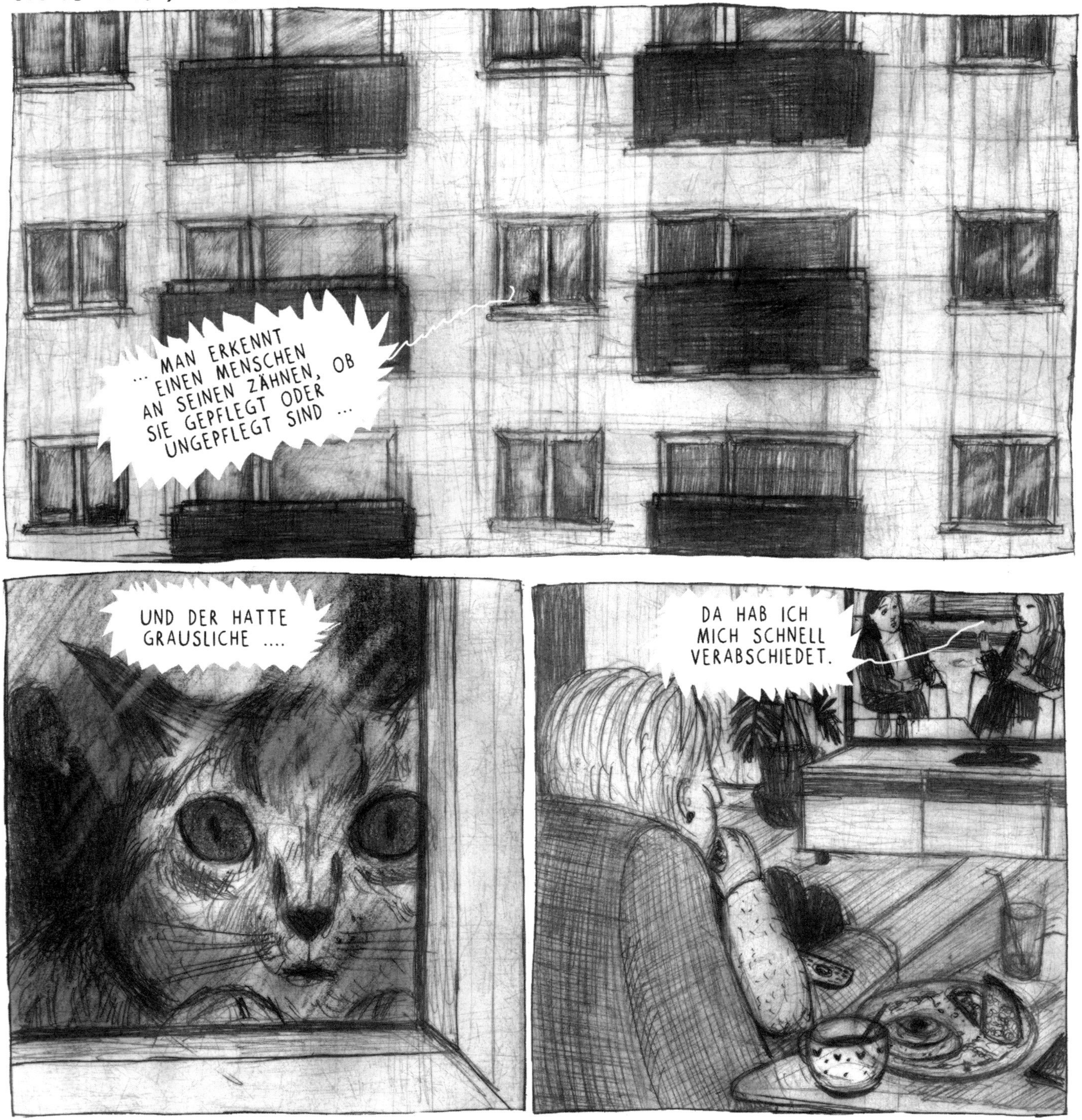

… MAN ERKENNT EINEN MENSCHEN AN SEINEN ZÄHNEN, OB SIE GEPFLEGT ODER UNGEPFLEGT SIND …

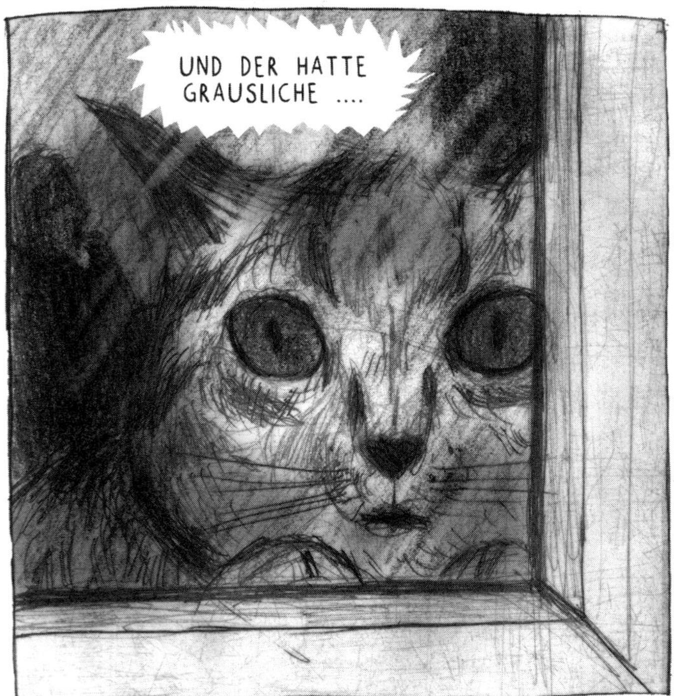

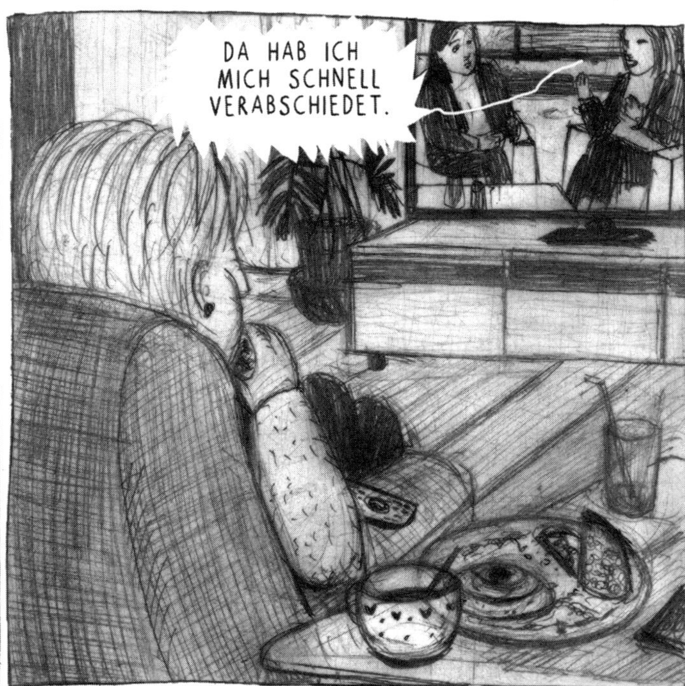

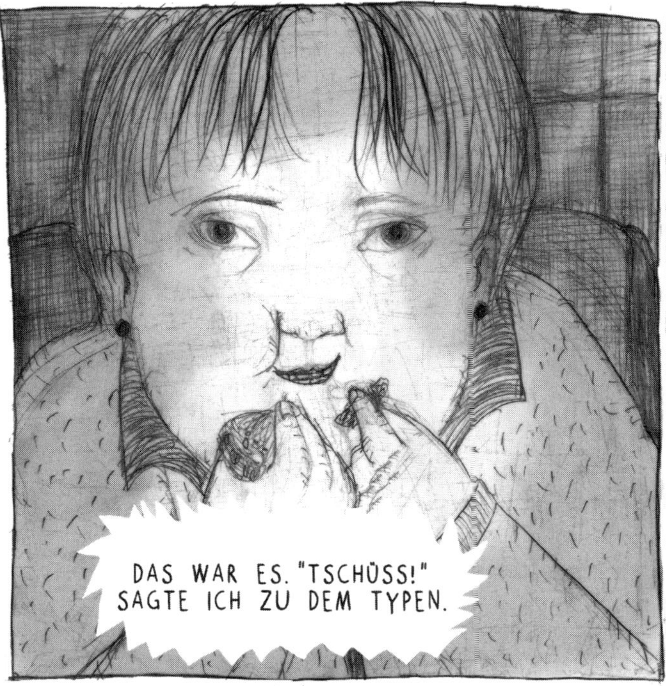
DAS WAR ES. "TSCHÜSS!"
SAGTE ICH ZU DEM TYPEN.

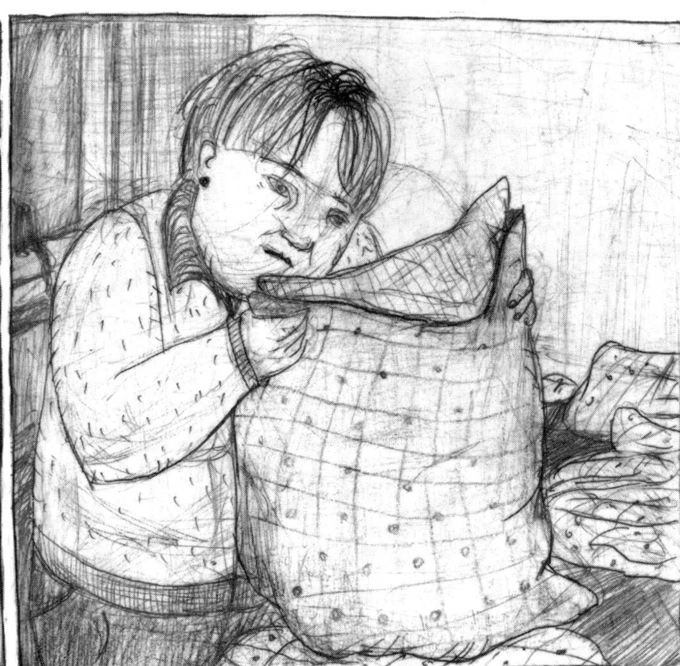

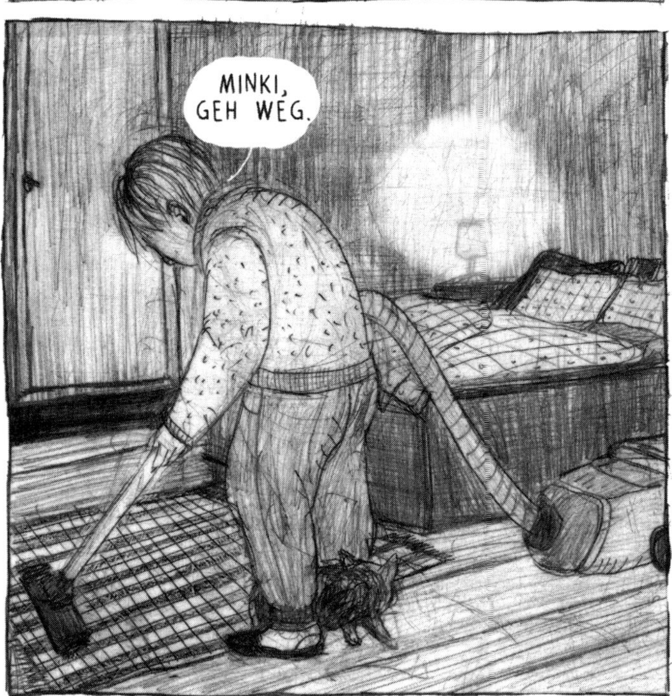
MINKI,
GEH WEG.

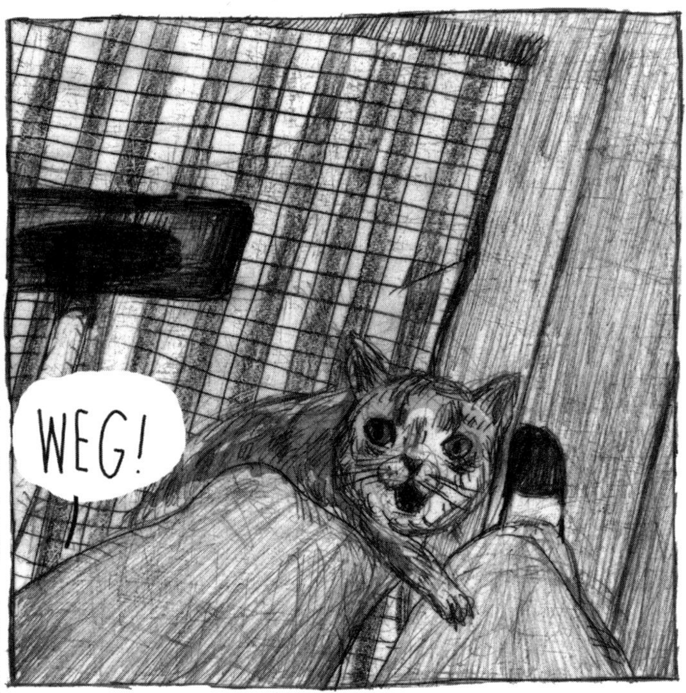
WEG!

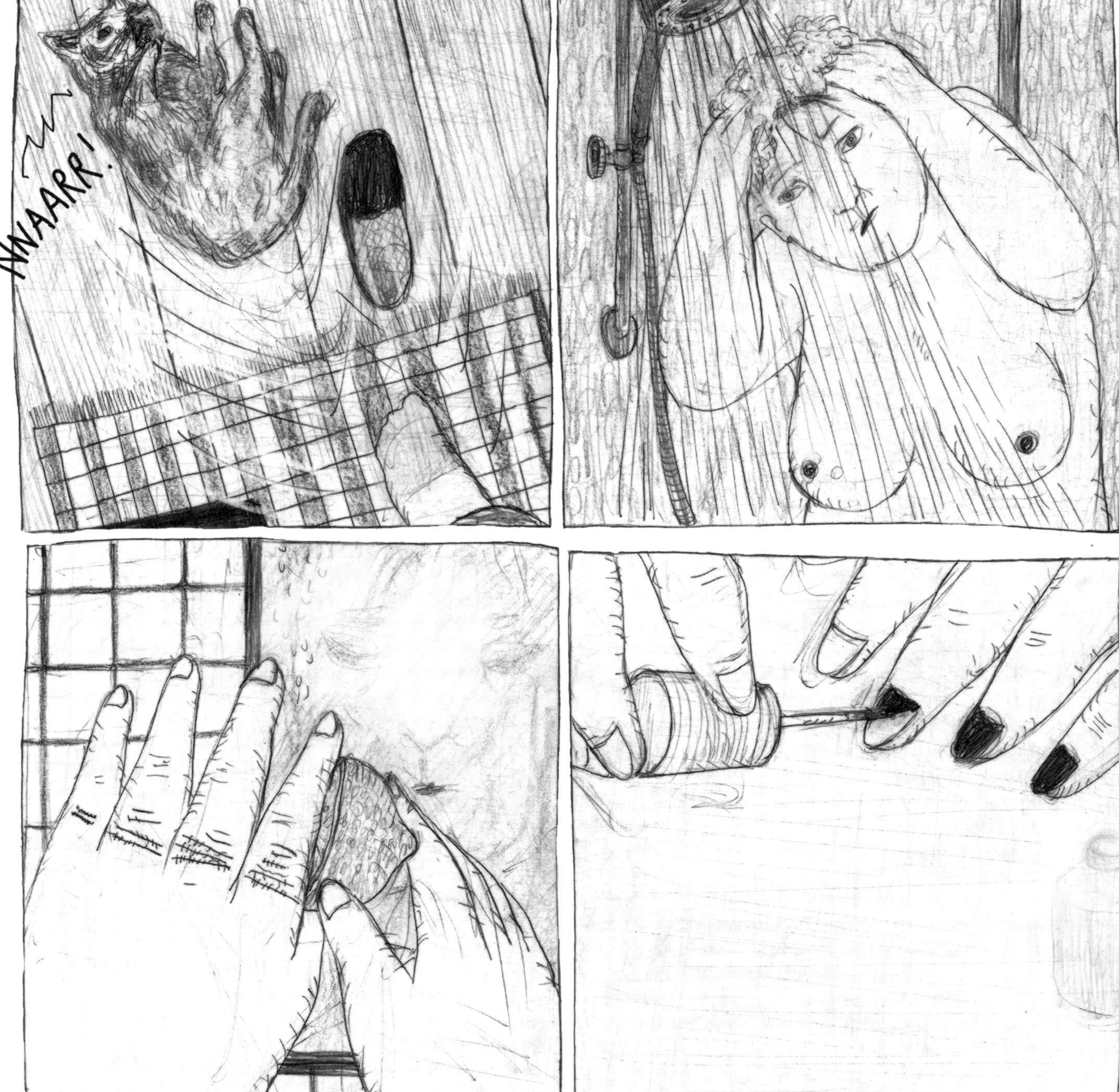
NNAARR!

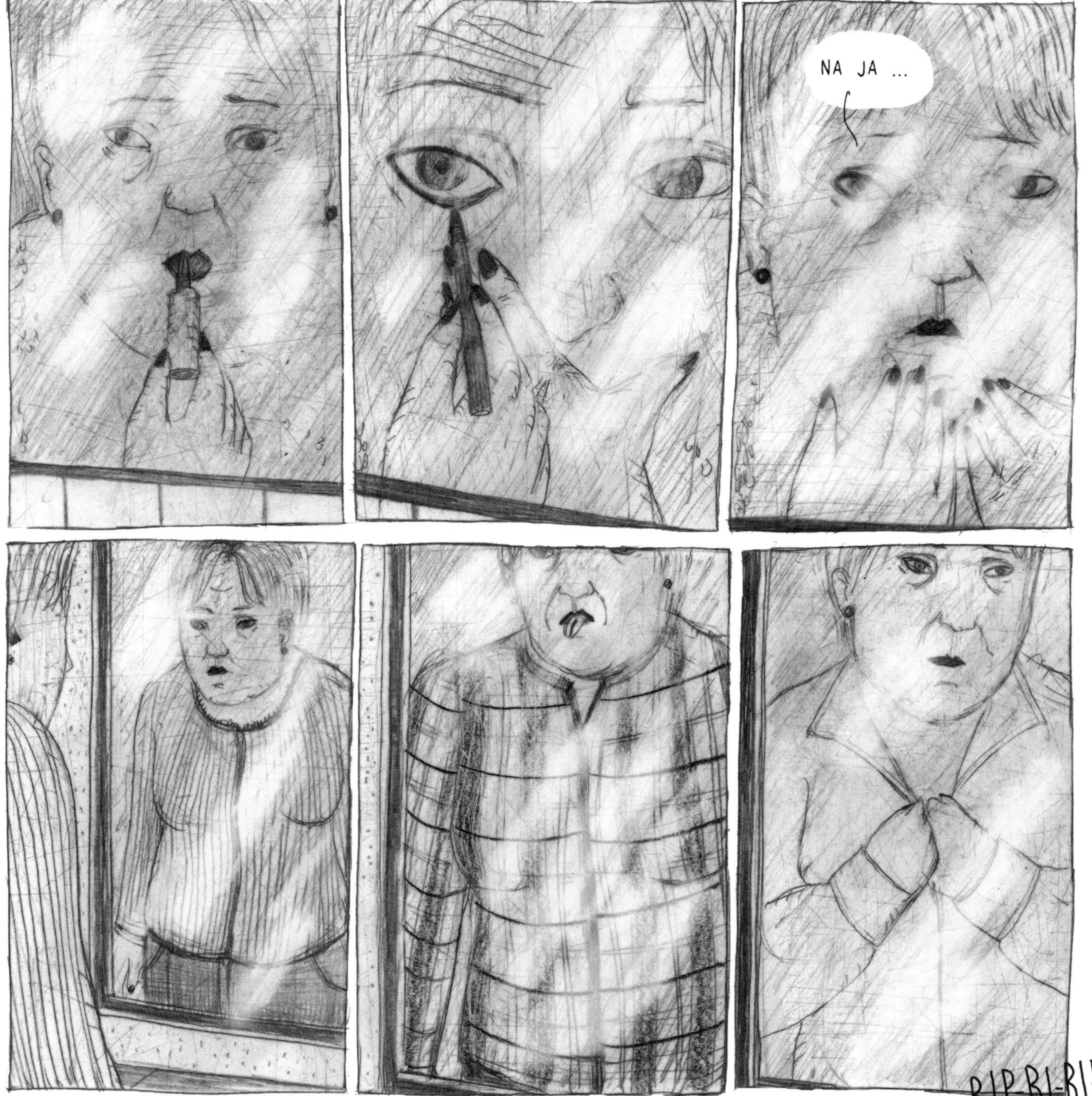
NA JA ...
BIP-BI-BIP

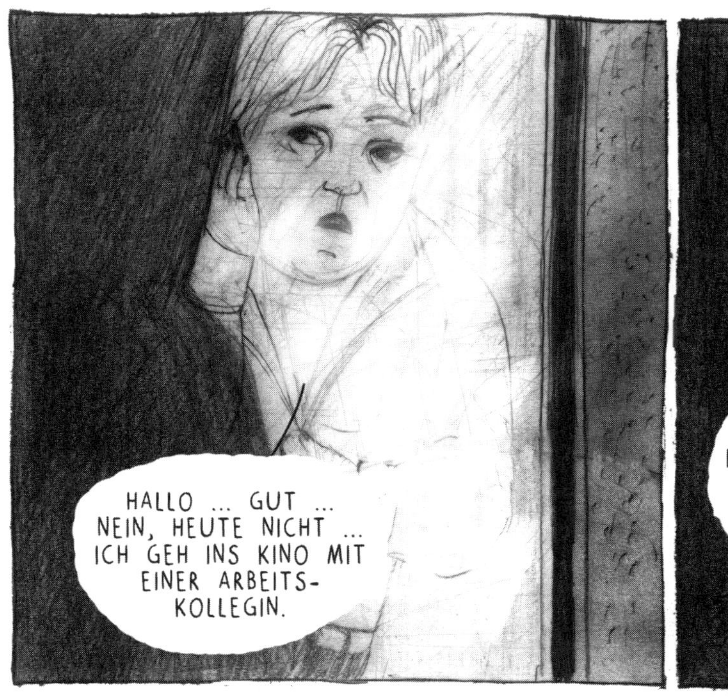
HALLO ... GUT ... NEIN, HEUTE NICHT ... ICH GEH INS KINO MIT EINER ARBEITS-KOLLEGIN.

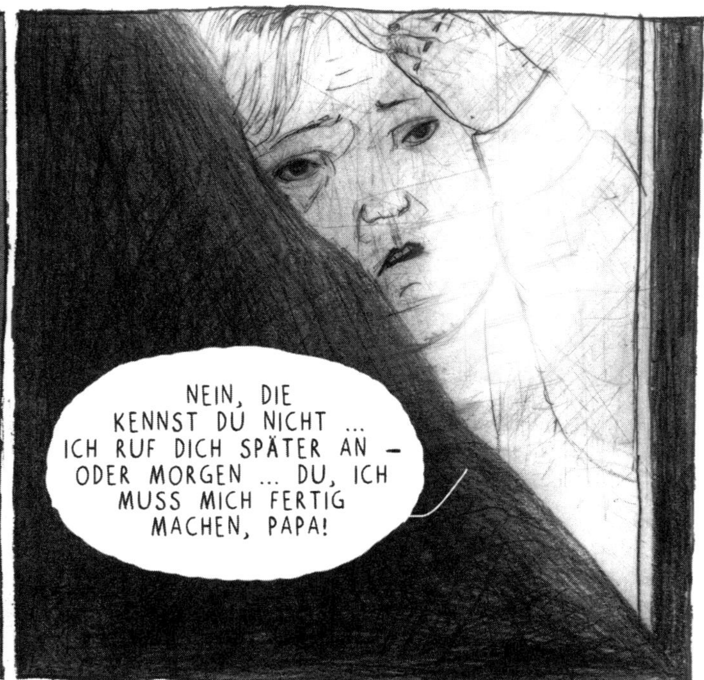
NEIN, DIE KENNST DU NICHT ... ICH RUF DICH SPÄTER AN – ODER MORGEN ... DU, ICH MUSS MICH FERTIG MACHEN, PAPA!

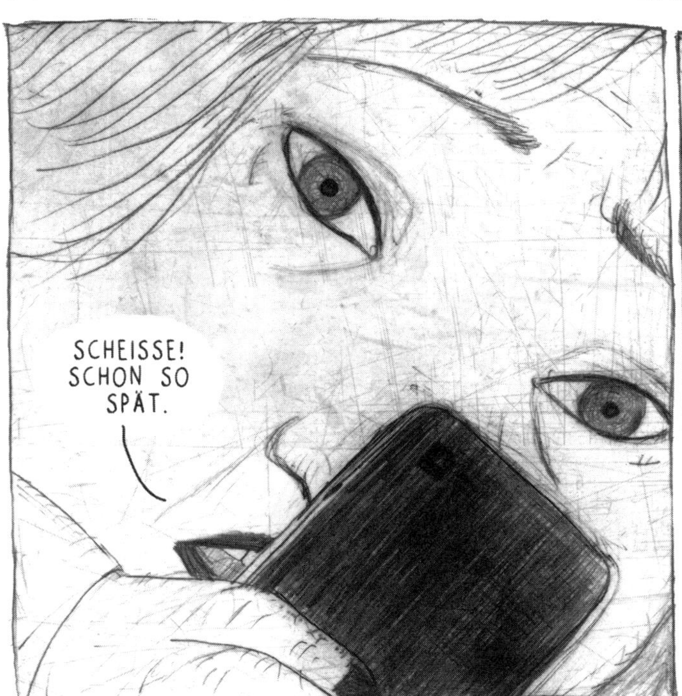
SCHEISSE! SCHON SO SPÄT.

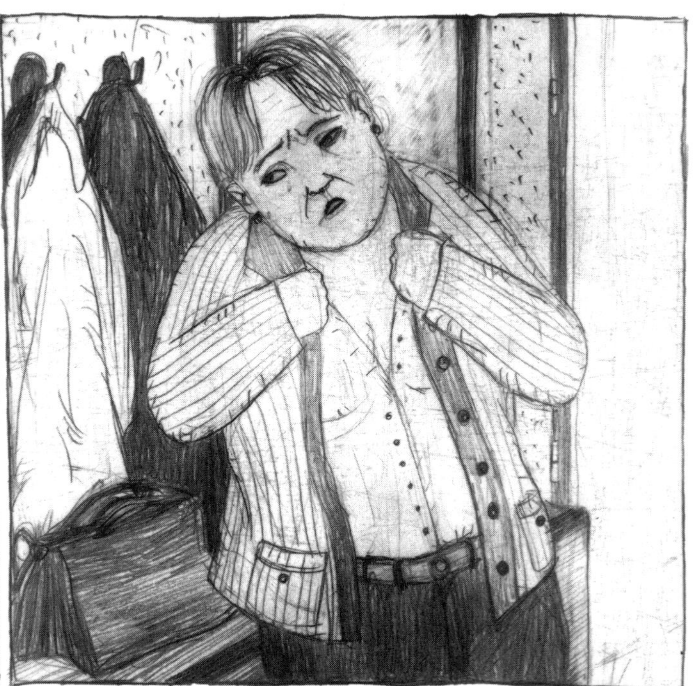

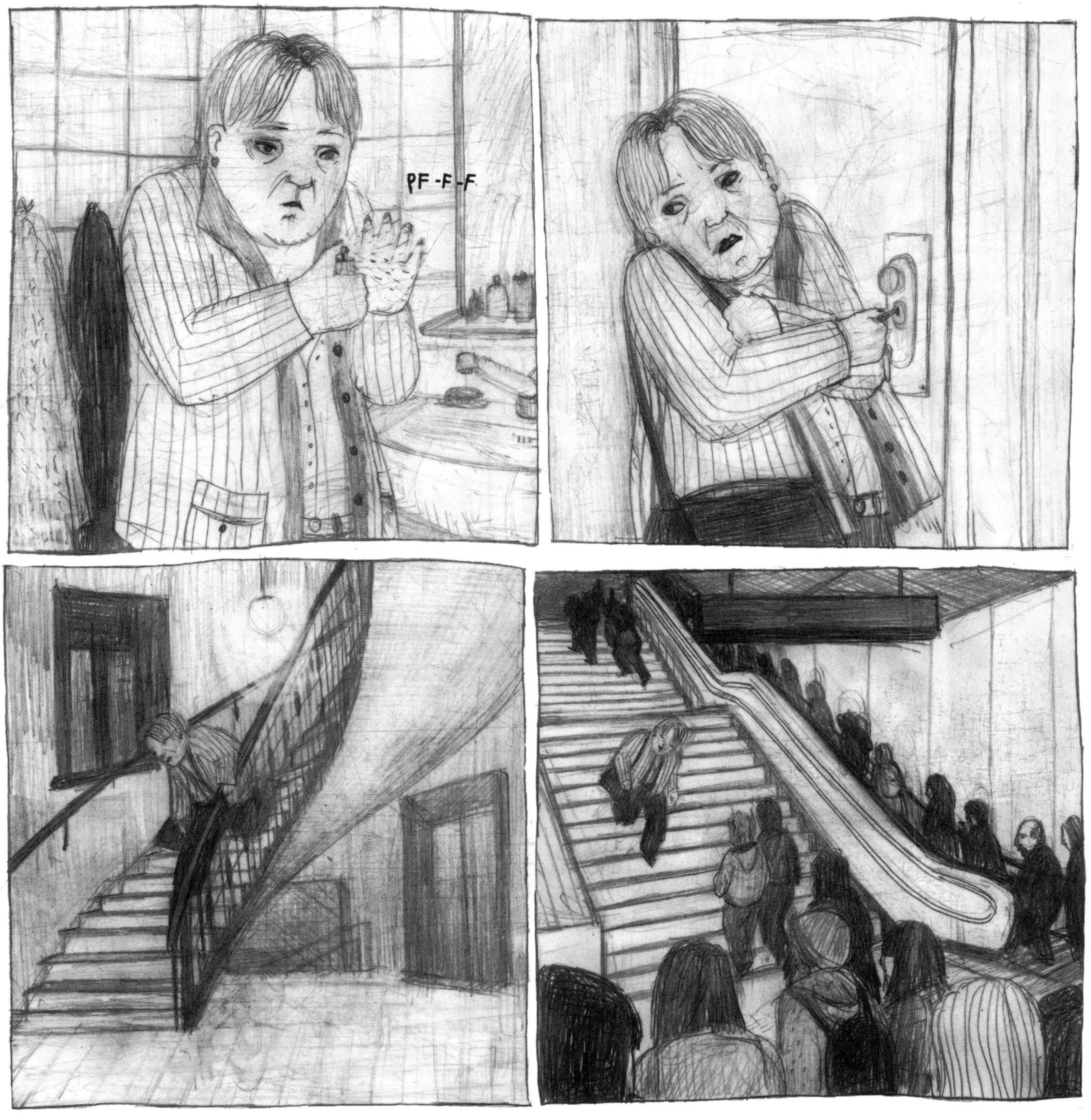

PF-F-F

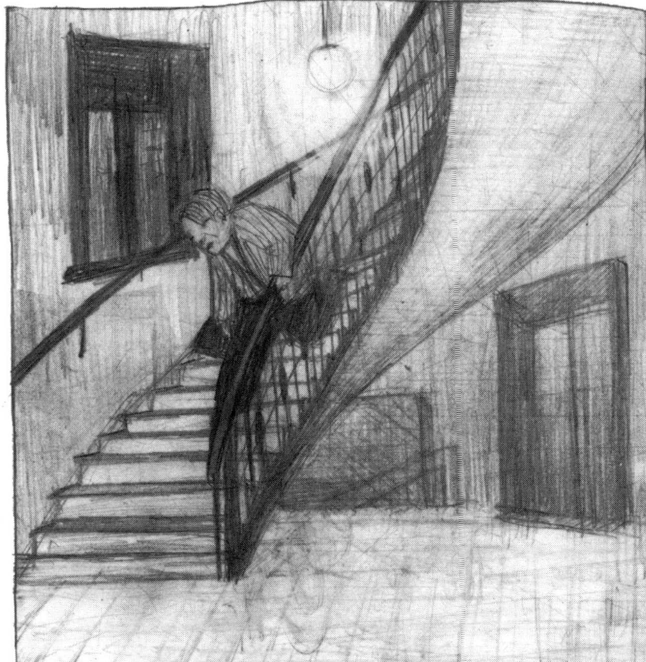

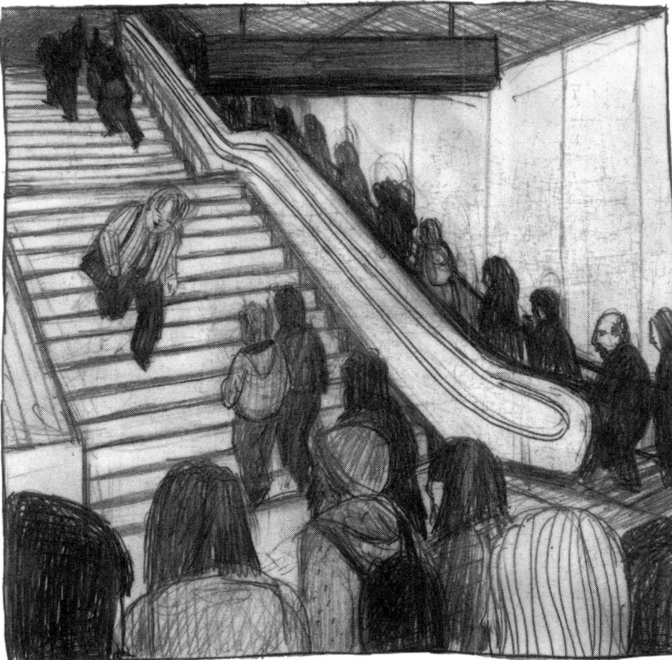

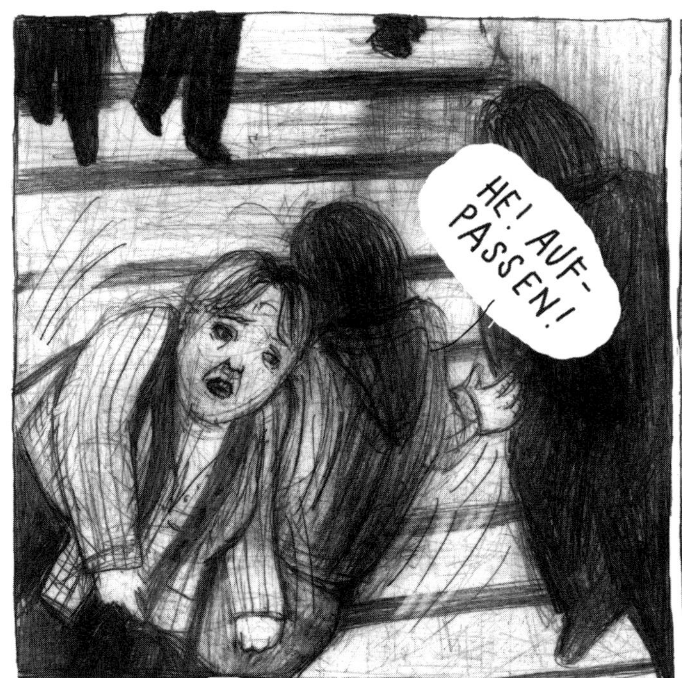
HE! AUF-
PASSEN!

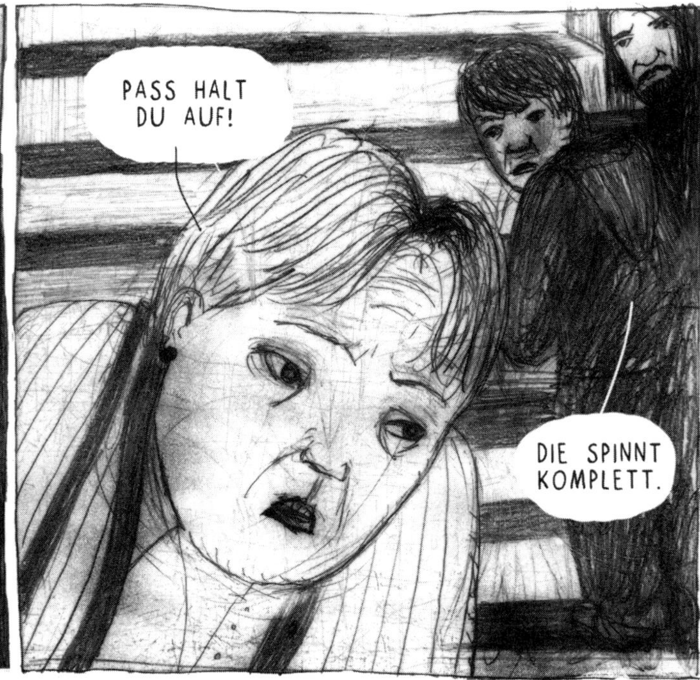
PASS HALT
DU AUF!
DIE SPINNT
KOMPLETT.

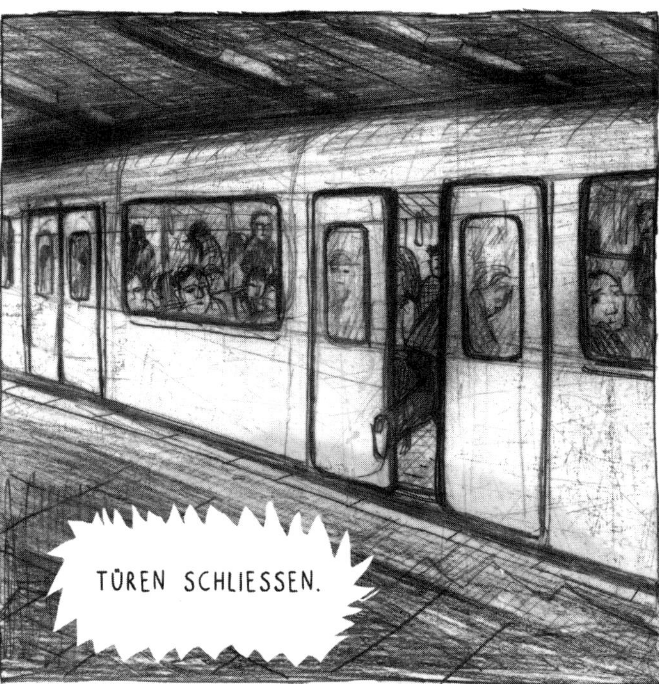
TÜREN SCHLIESSEN.

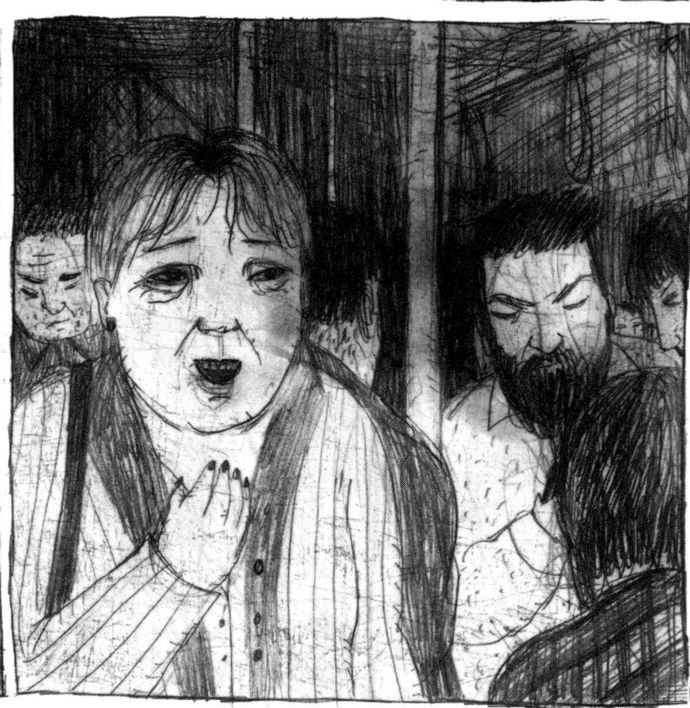

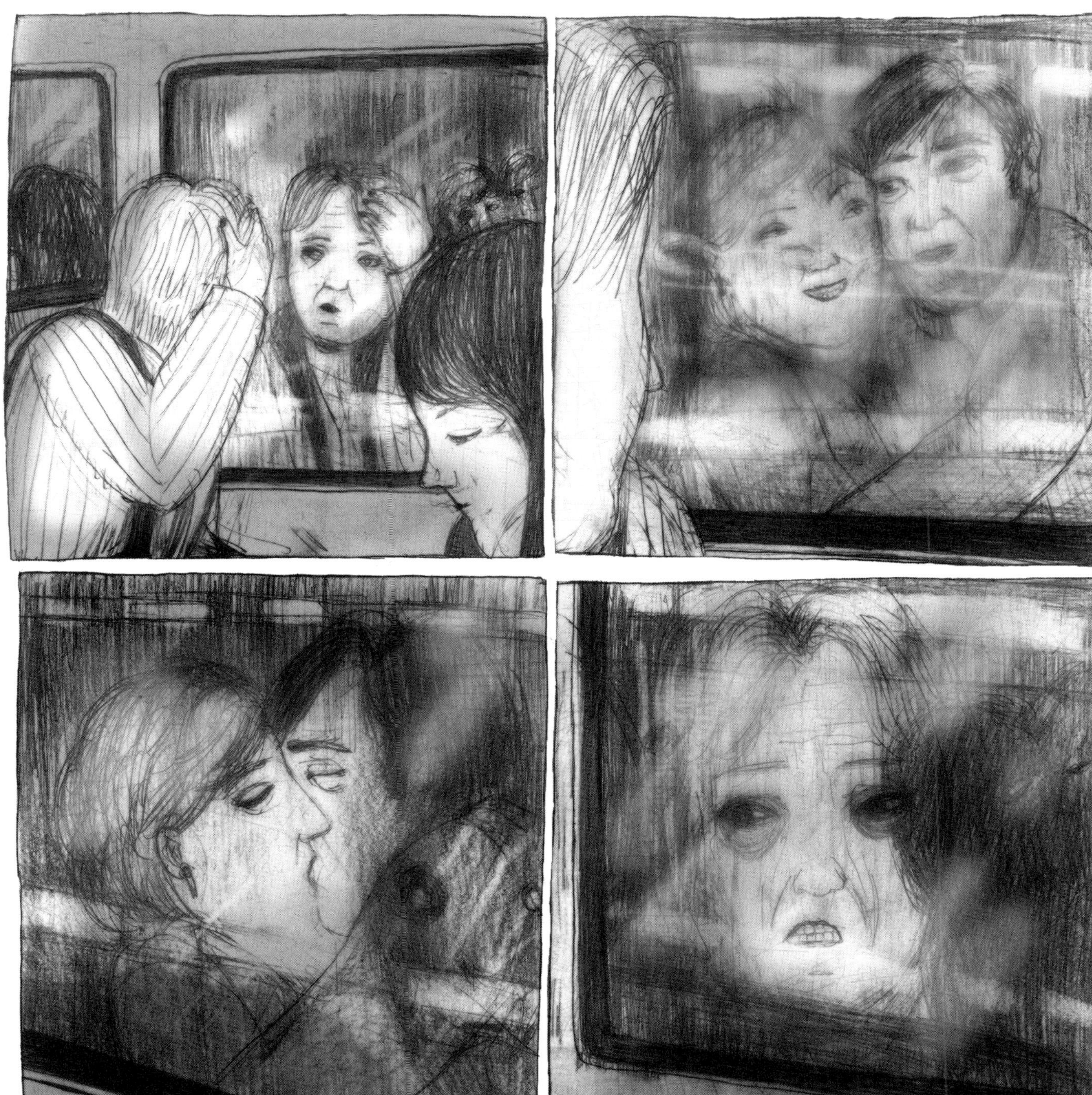

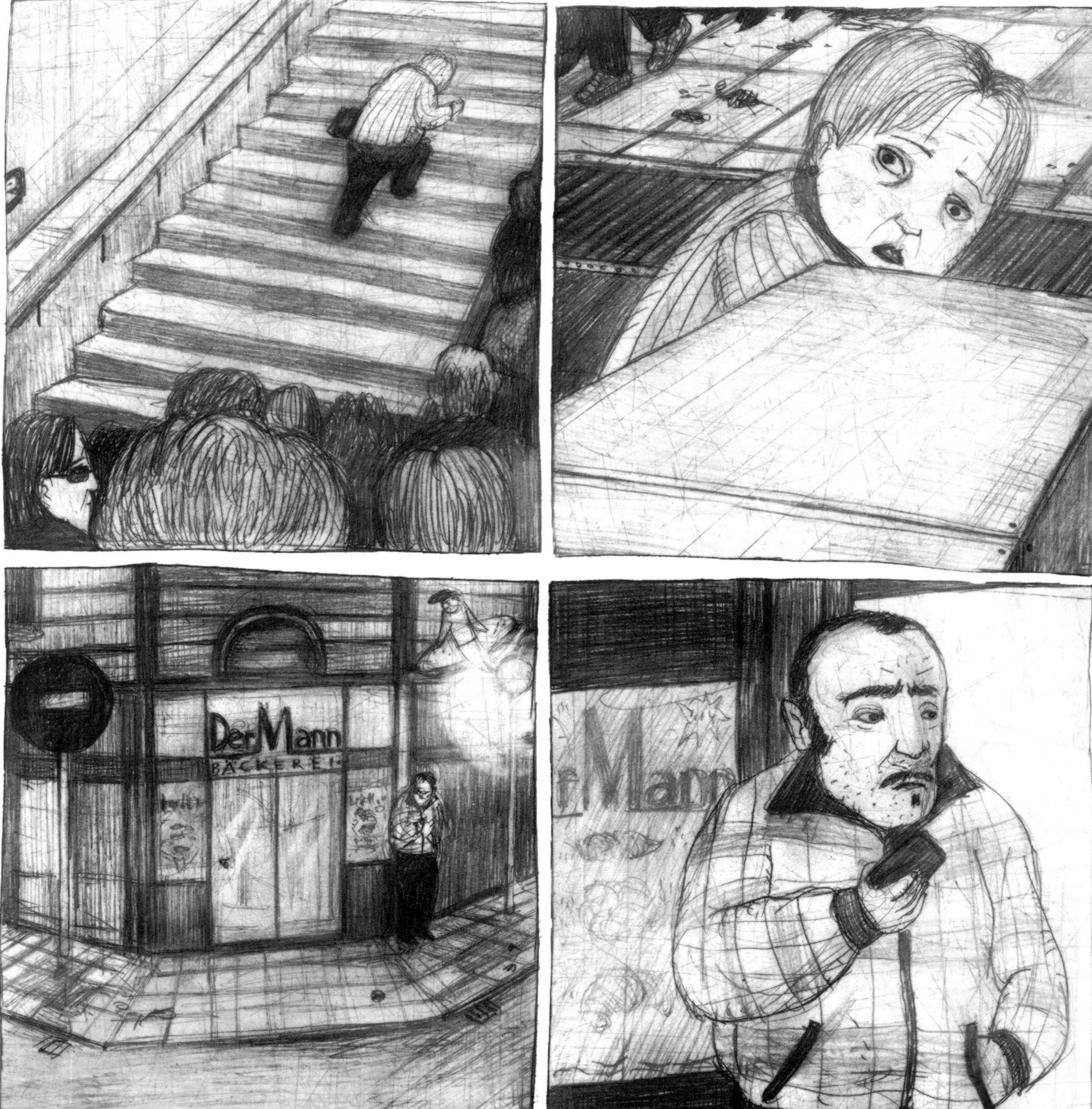
DerMann
BÄCKEREI

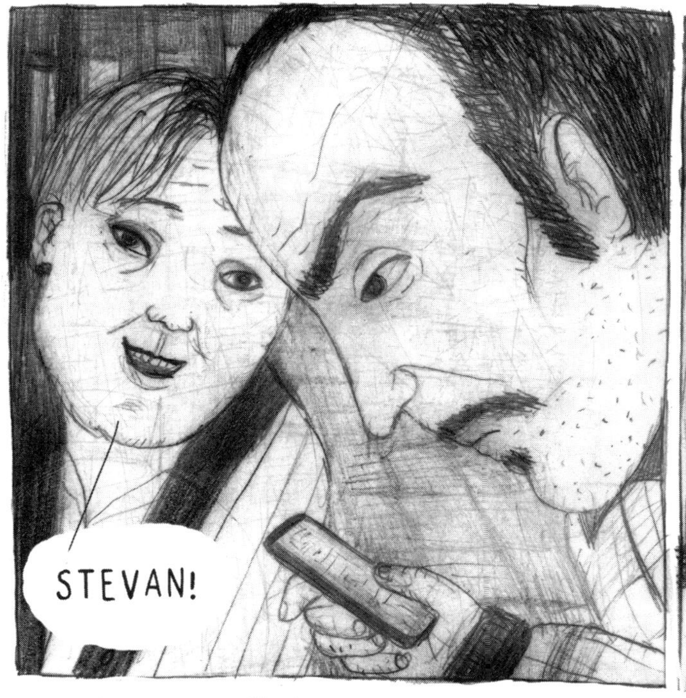
STEVAN!

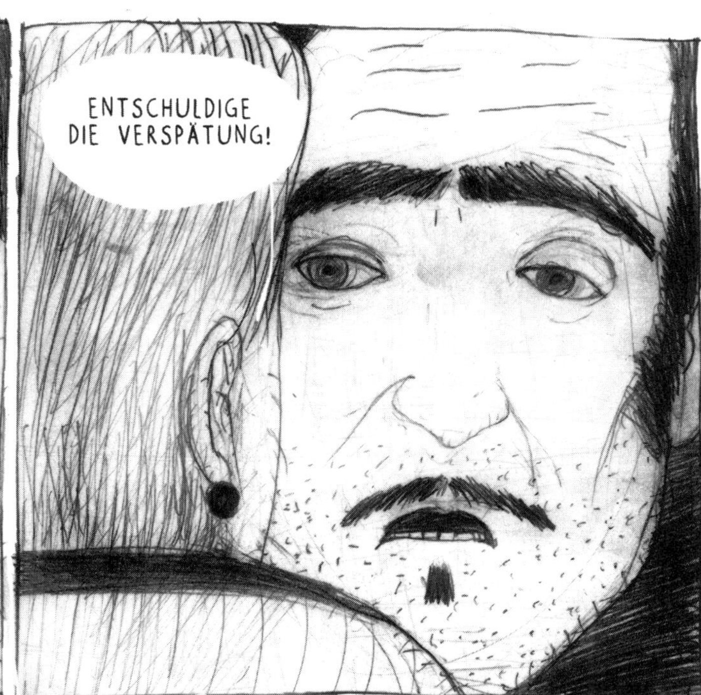
ENTSCHULDIGE
DIE VERSPÄTUNG!

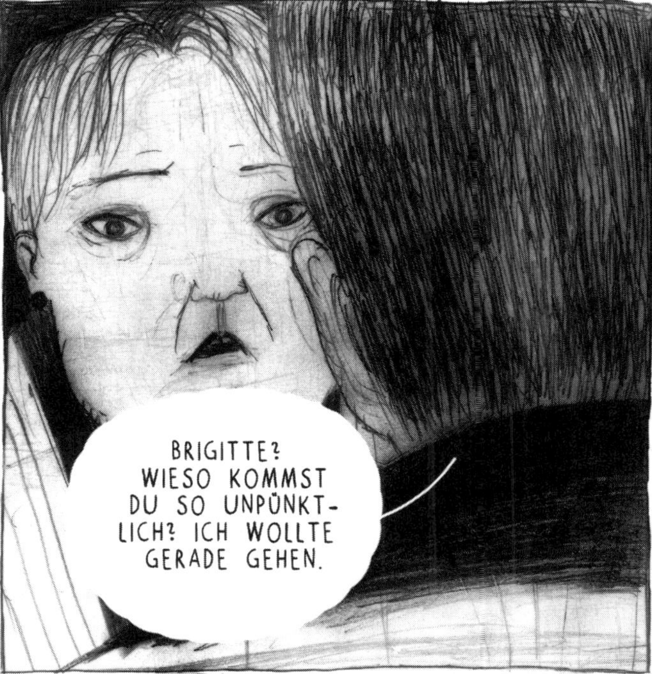
BRIGITTE? WIESO KOMMST DU SO UNPÜNKTLICH? ICH WOLLTE GERADE GEHEN.

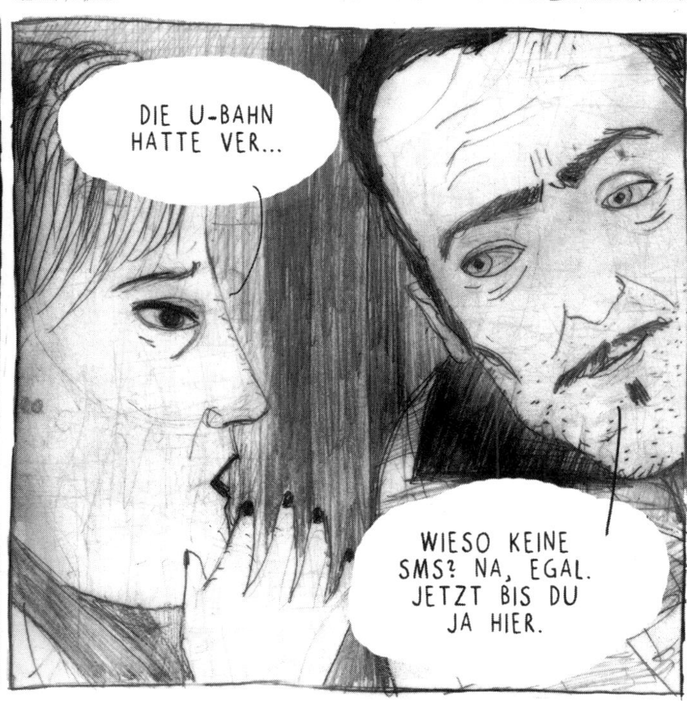
DIE U-BAHN HATTE VER...
WIESO KEINE SMS? NA, EGAL. JETZT BIS DU JA HIER.

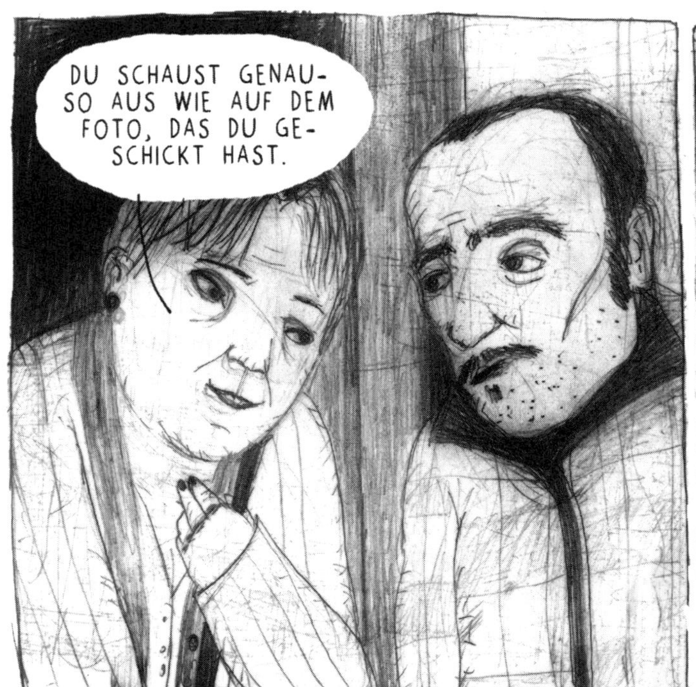
DU SCHAUST GENAU-
SO AUS WIE AUF DEM
FOTO, DAS DU GE-
SCHICKT HAST.

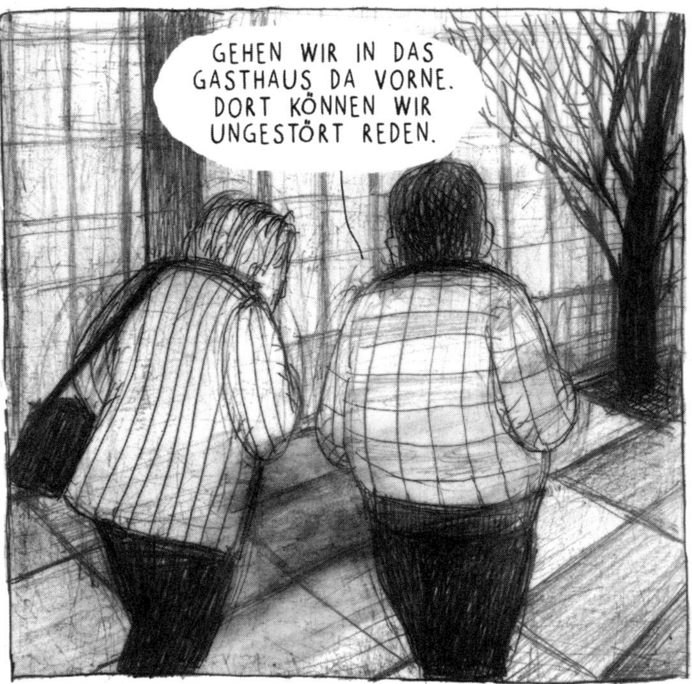
GEHEN WIR IN DAS
GASTHAUS DA VORNE.
DORT KÖNNEN WIR
UNGESTÖRT REDEN.

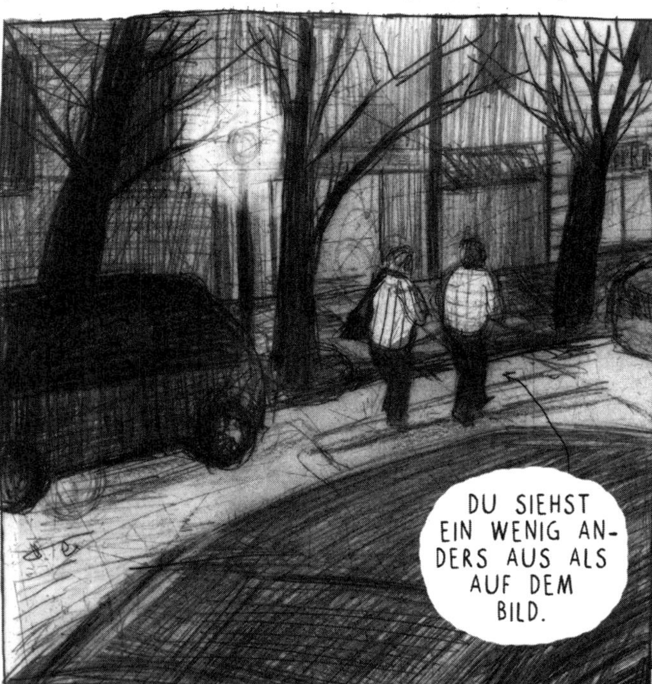
DU SIEHST
EIN WENIG AN-
DERS AUS ALS
AUF DEM
BILD.

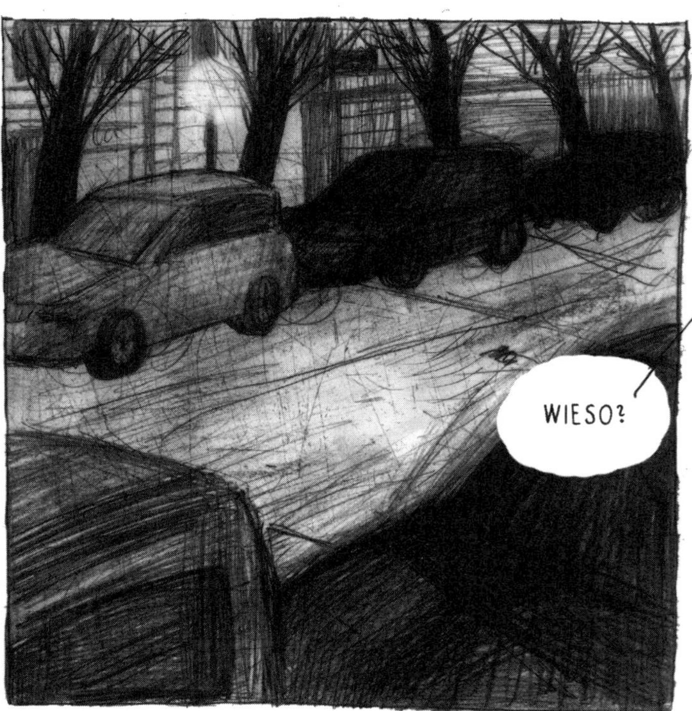
WIESO?

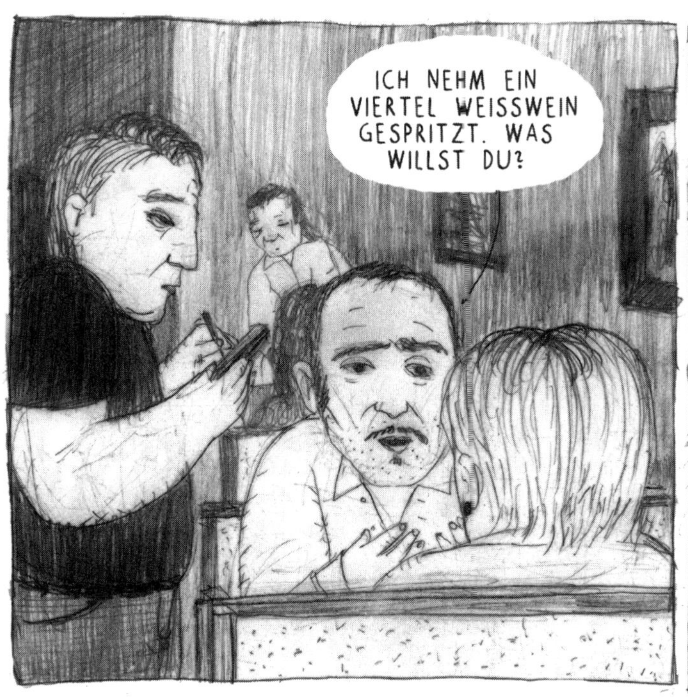
ICH NEHM EIN VIERTEL WEISSWEIN GESPRITZT. WAS WILLST DU?

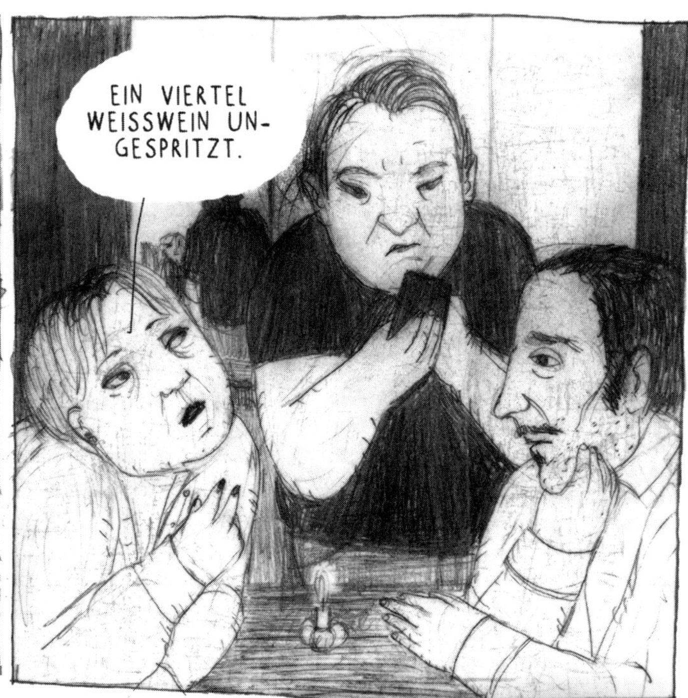
EIN VIERTEL WEISSWEIN UN-GESPRITZT.

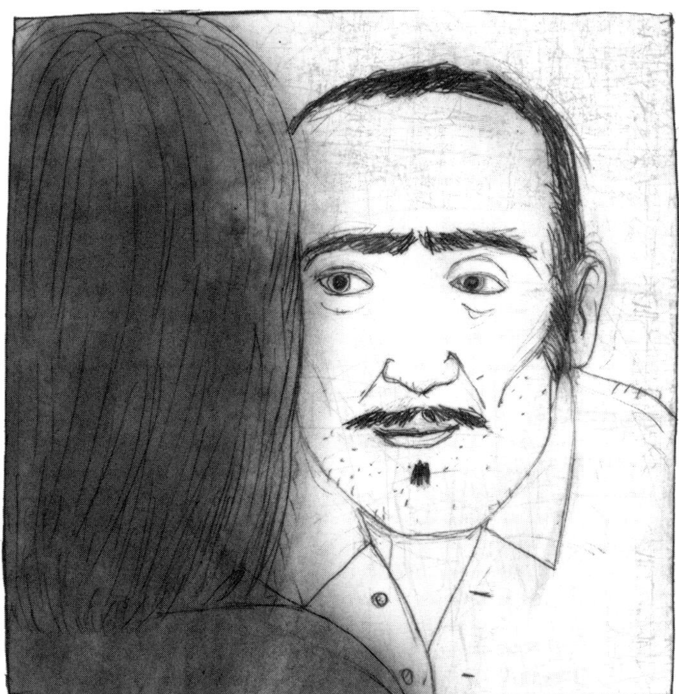

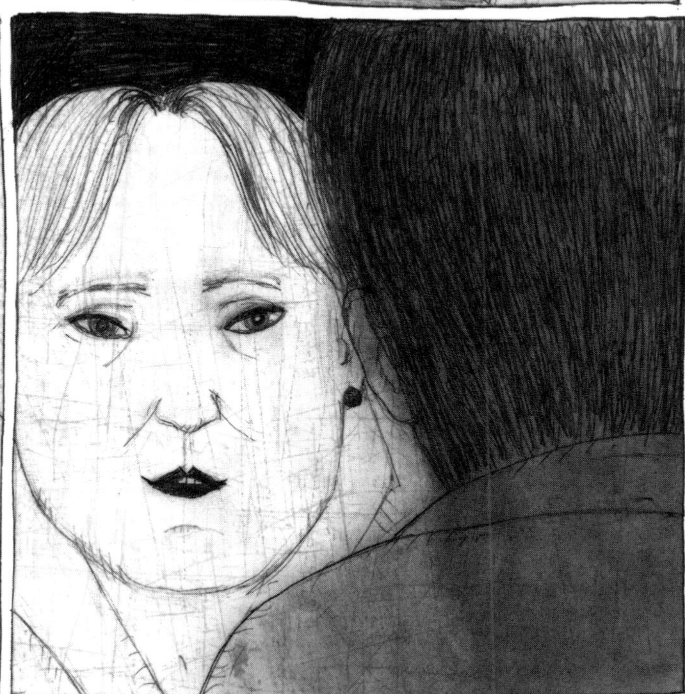

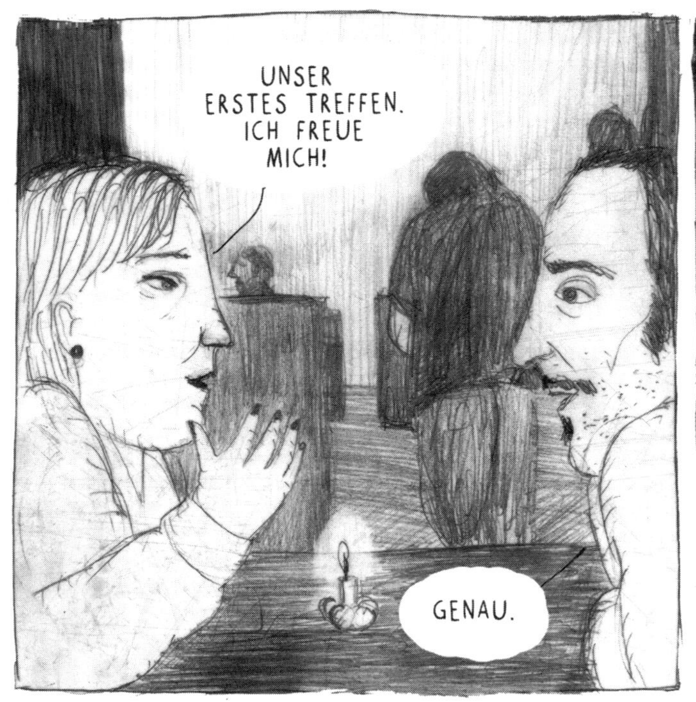
UNSER ERSTES TREFFEN. ICH FREUE MICH!
GENAU.

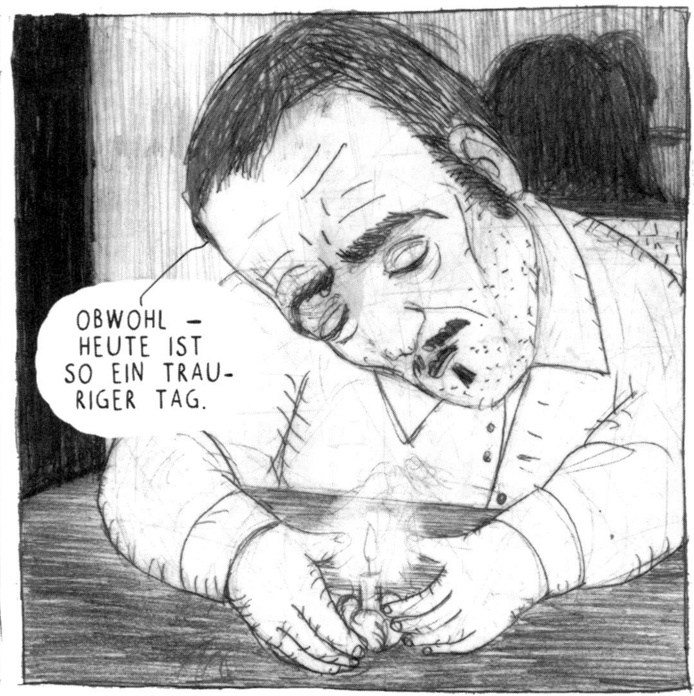
OBWOHL – HEUTE IST SO EIN TRAURIGER TAG.

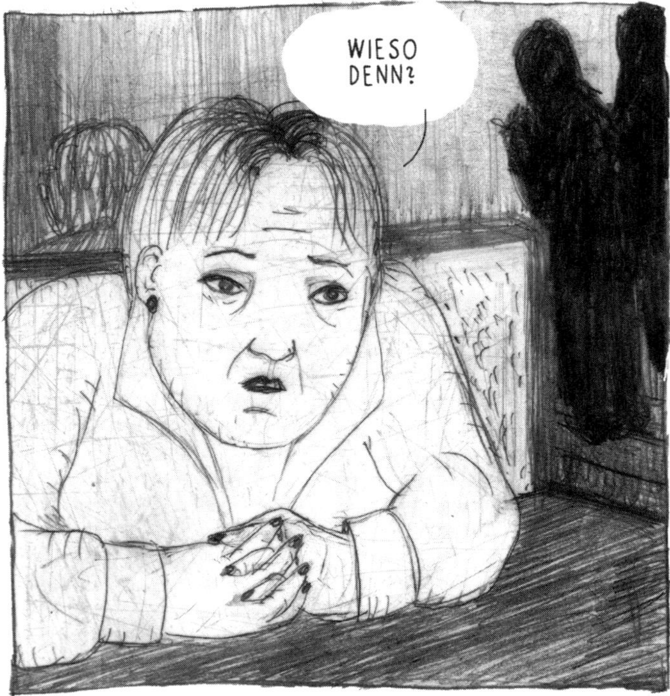
WIESO DENN?

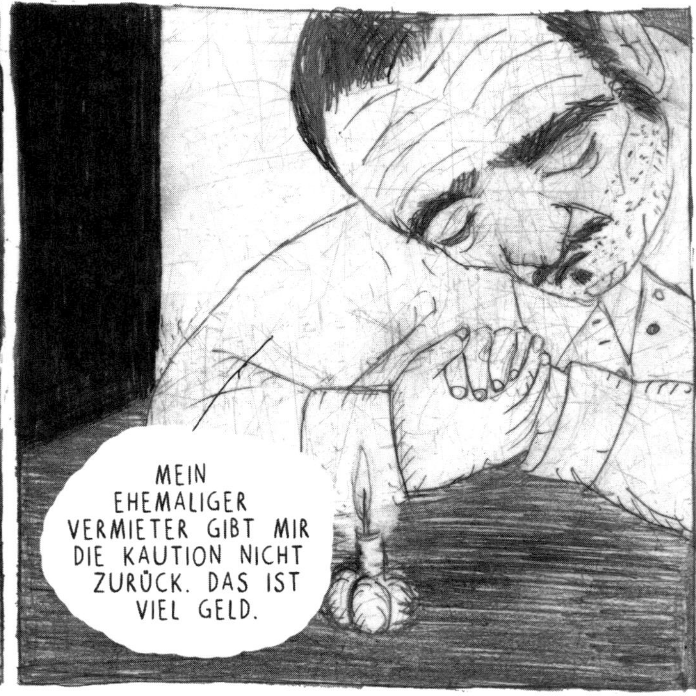
MEIN EHEMALIGER VERMIETER GIBT MIR DIE KAUTION NICHT ZURÜCK. DAS IST VIEL GELD.

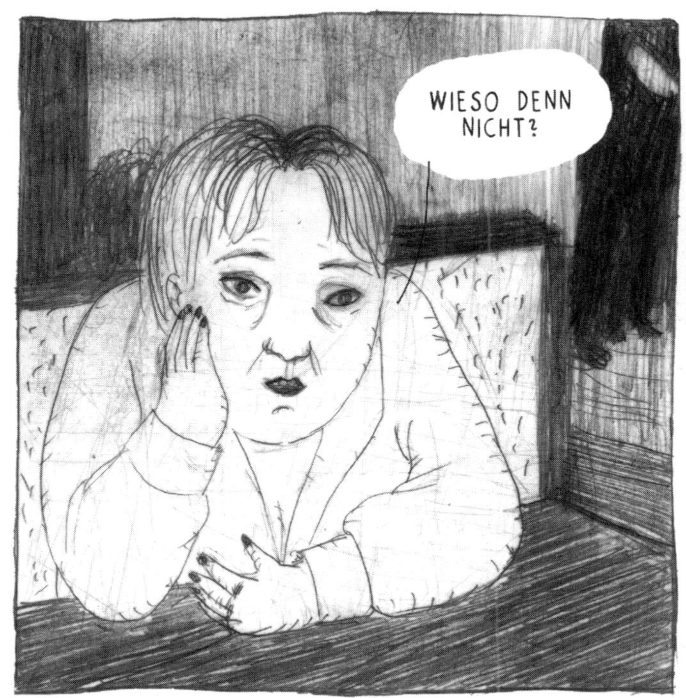
WIESO DENN NICHT?

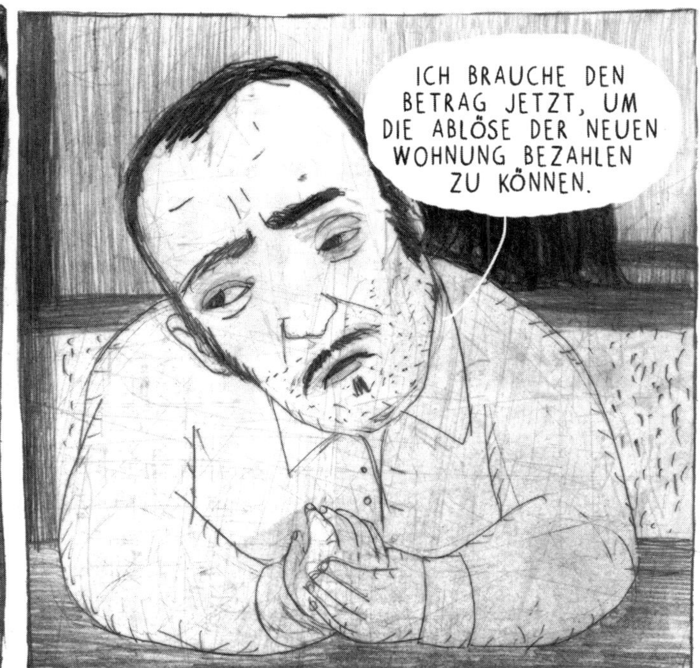
ICH BRAUCHE DEN BETRAG JETZT, UM DIE ABLÖSE DER NEUEN WOHNUNG BEZAHLEN ZU KÖNNEN.

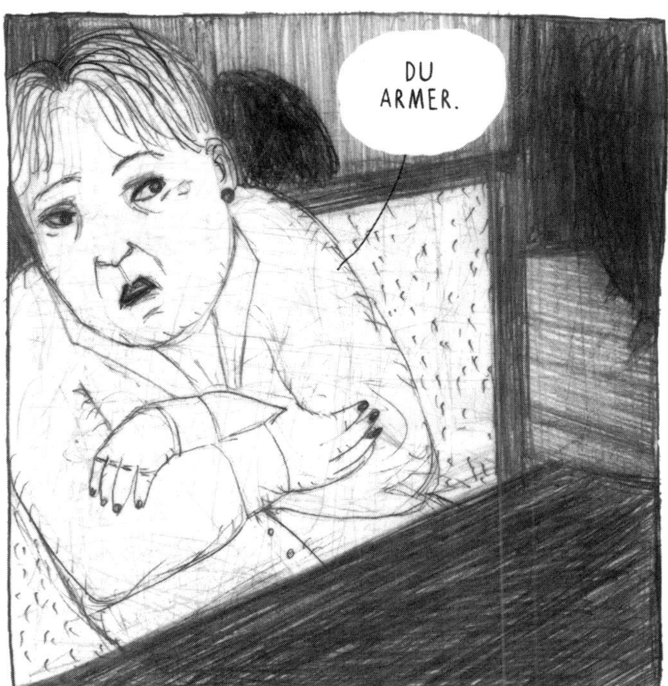
DU ARMER.

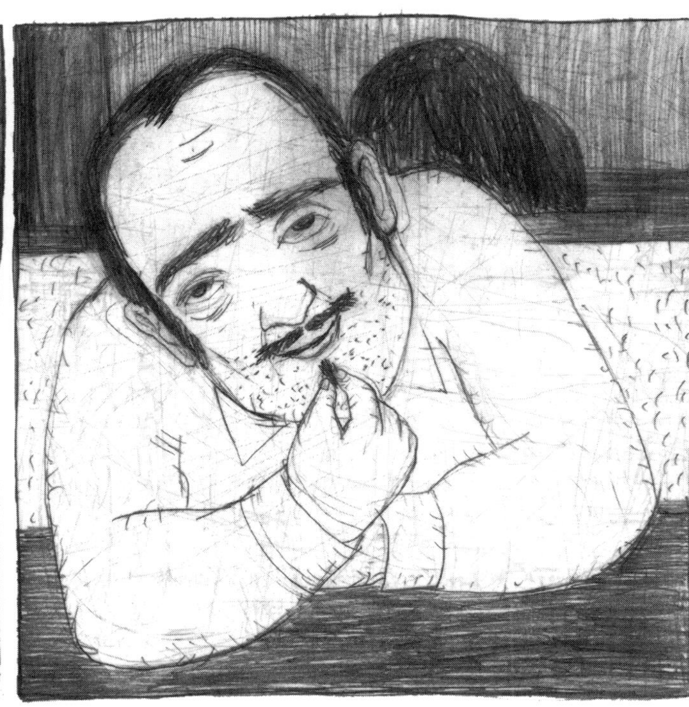

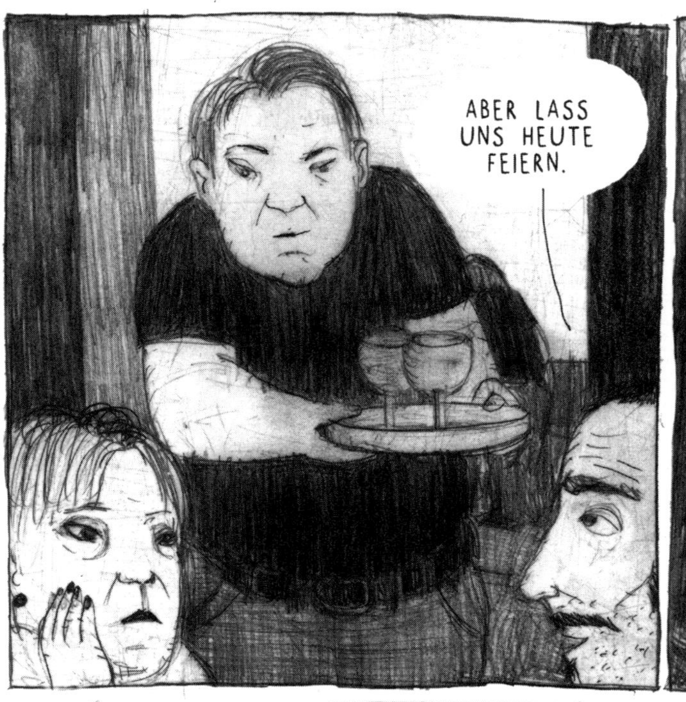
ABER LASS
UNS HEUTE
FEIERN.

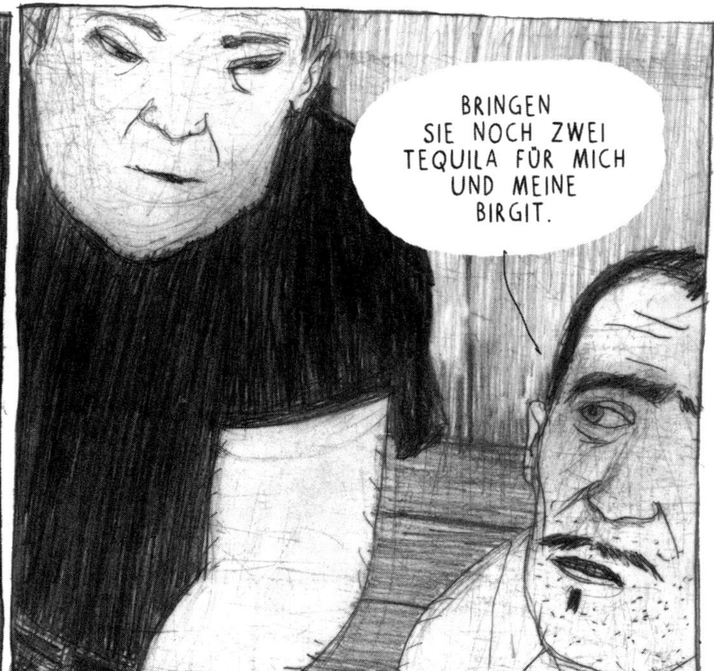
BRINGEN
SIE NOCH ZWEI
TEQUILA FÜR MICH
UND MEINE
BIRGIT.

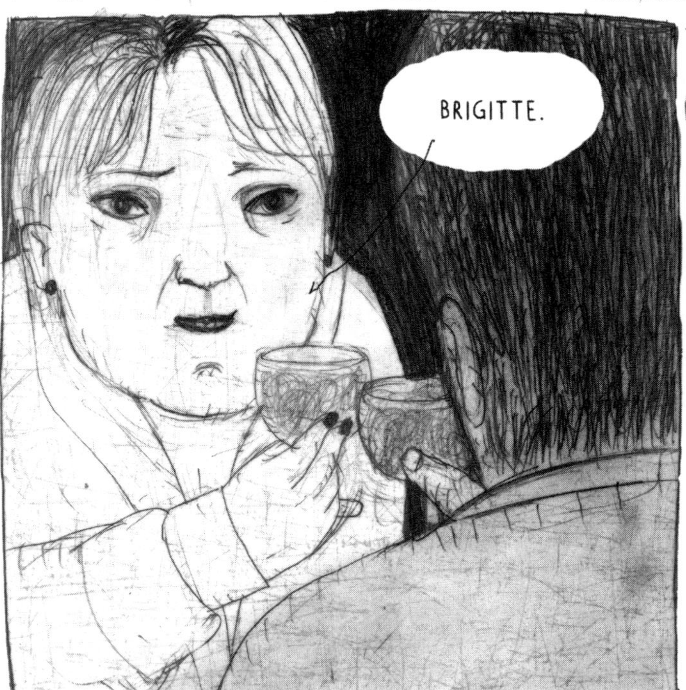
BRIGITTE.

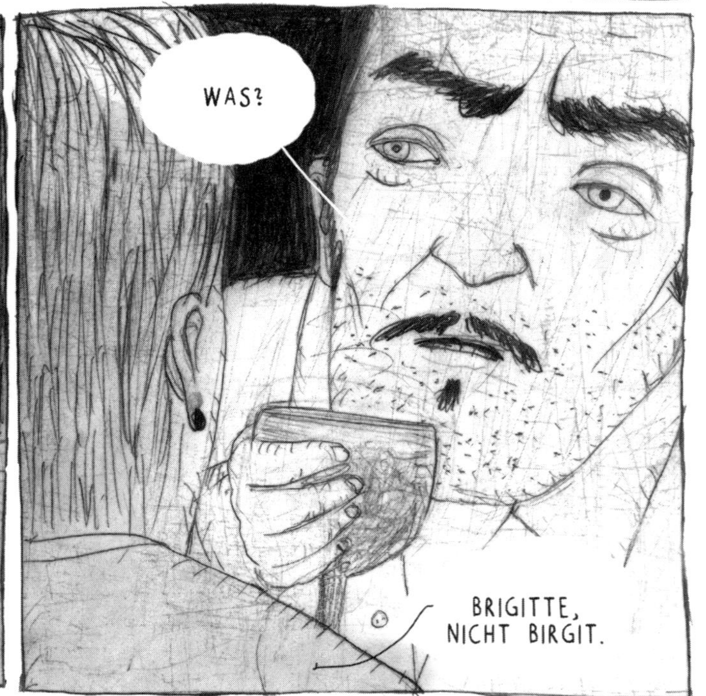
WAS?
BRIGITTE,
NICHT BIRGIT.

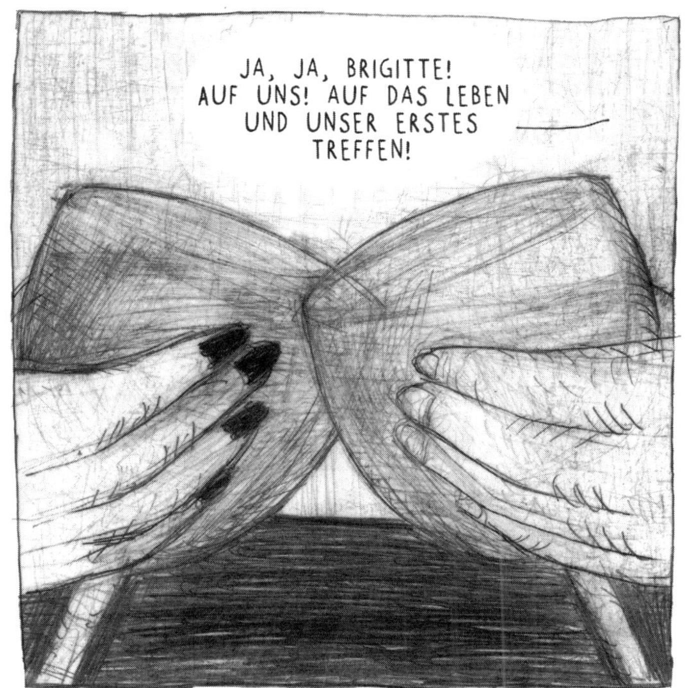
JA, JA, BRIGITTE! AUF UNS! AUF DAS LEBEN UND UNSER ERSTES TREFFEN!
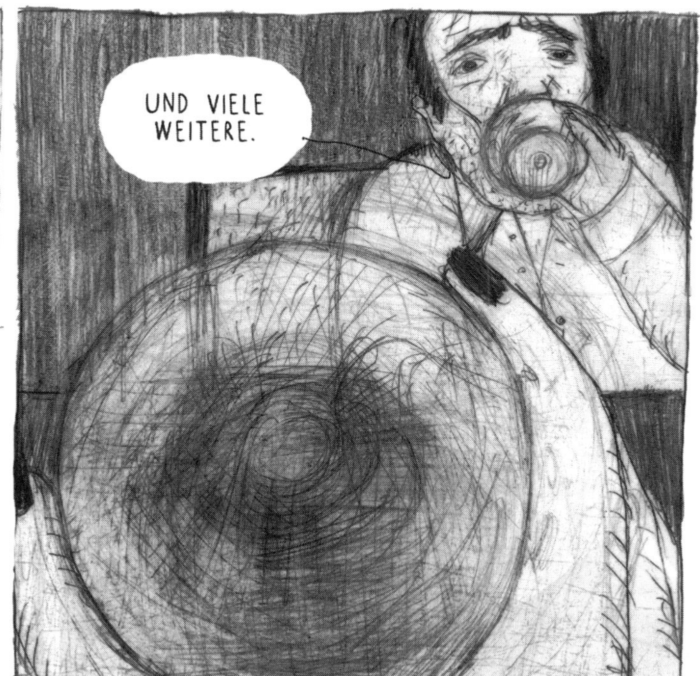
UND VIELE WEITERE.
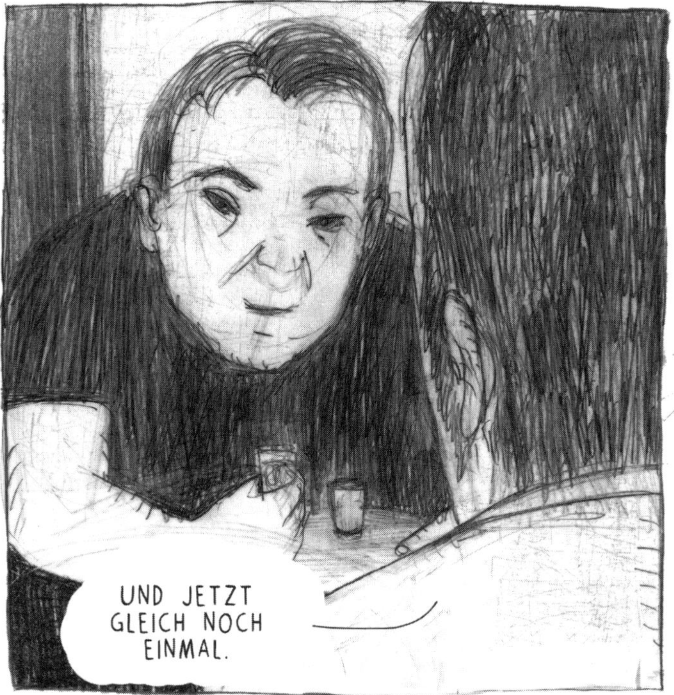
UND JETZT GLEICH NOCH EINMAL.
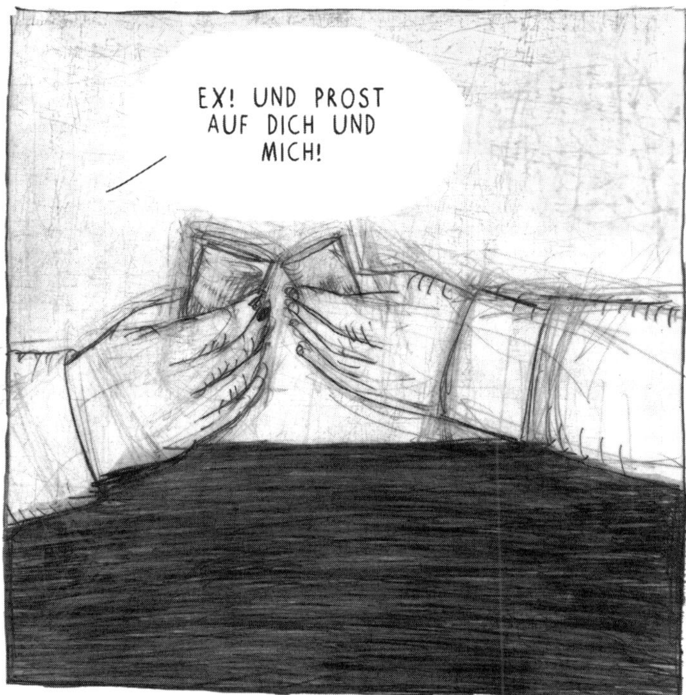
EX! UND PROST AUF DICH UND MICH!

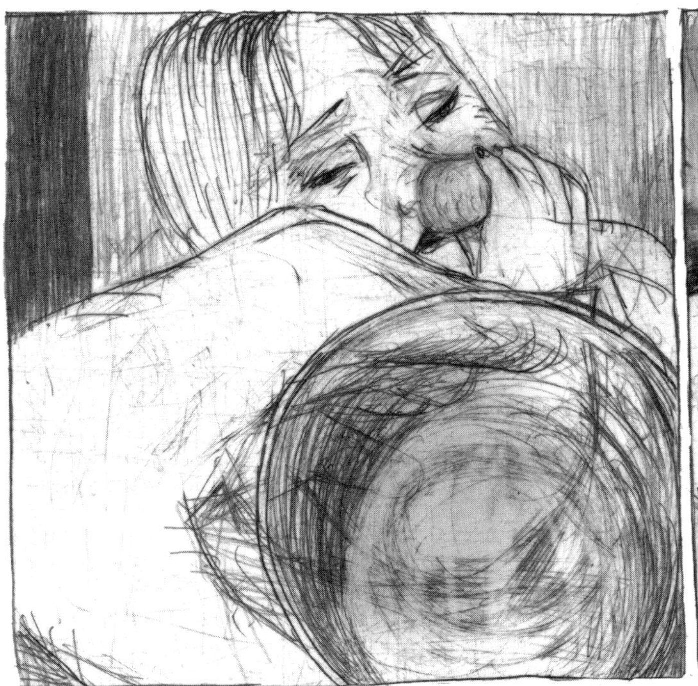

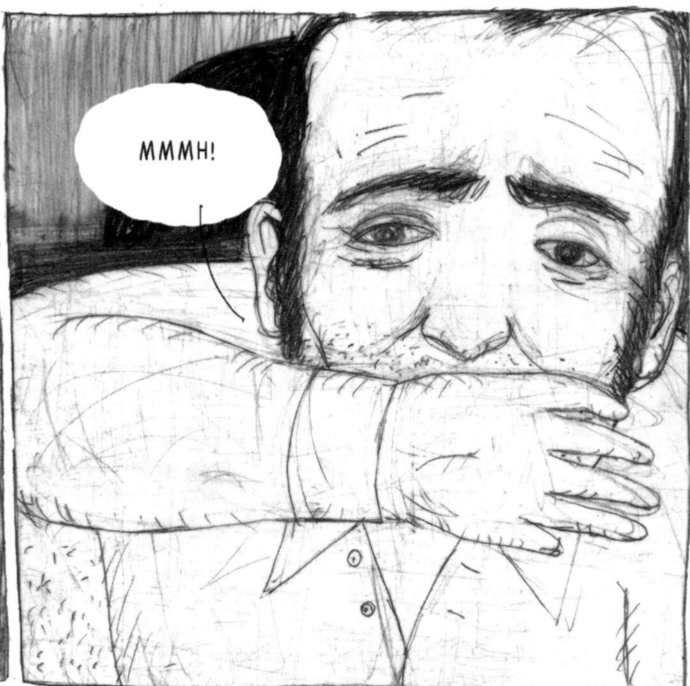
MMMH!

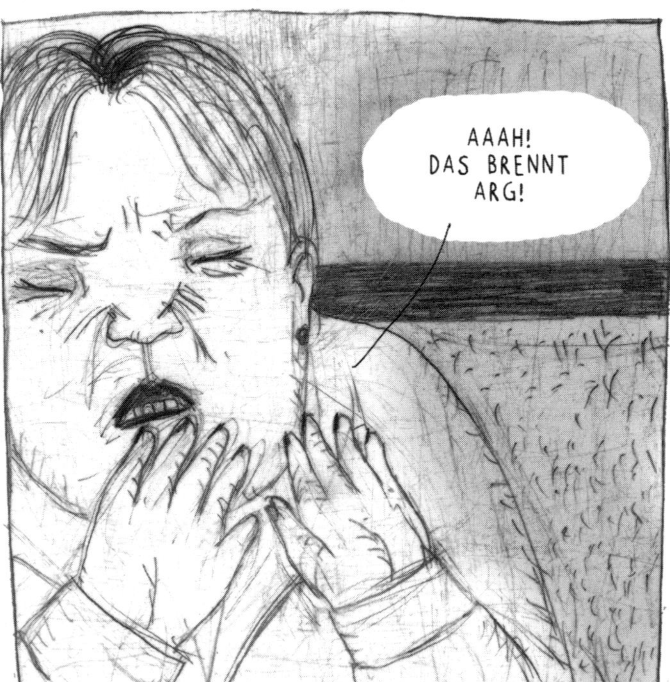
AAAH!
DAS BRENNT
ARG!

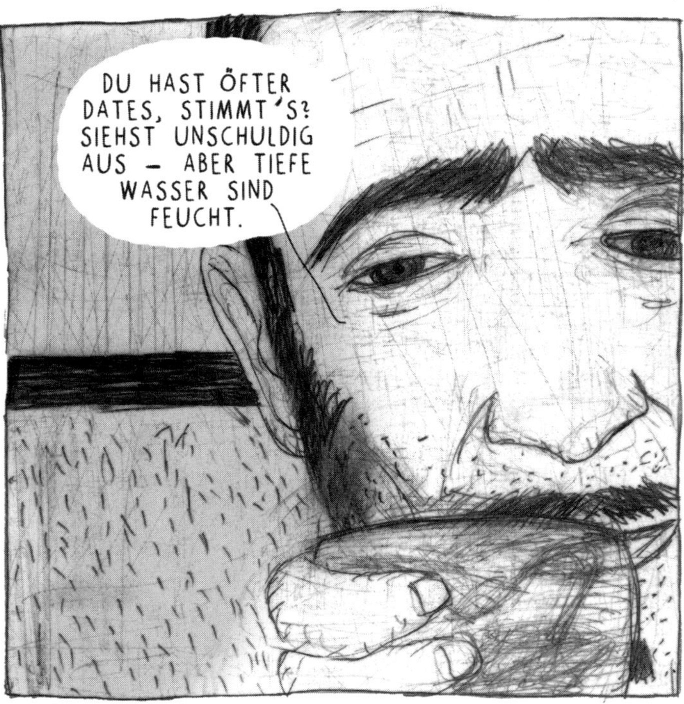
DU HAST ÖFTER
DATES, STIMMT'S?
SIEHST UNSCHULDIG
AUS – ABER TIEFE
WASSER SIND
FEUCHT.

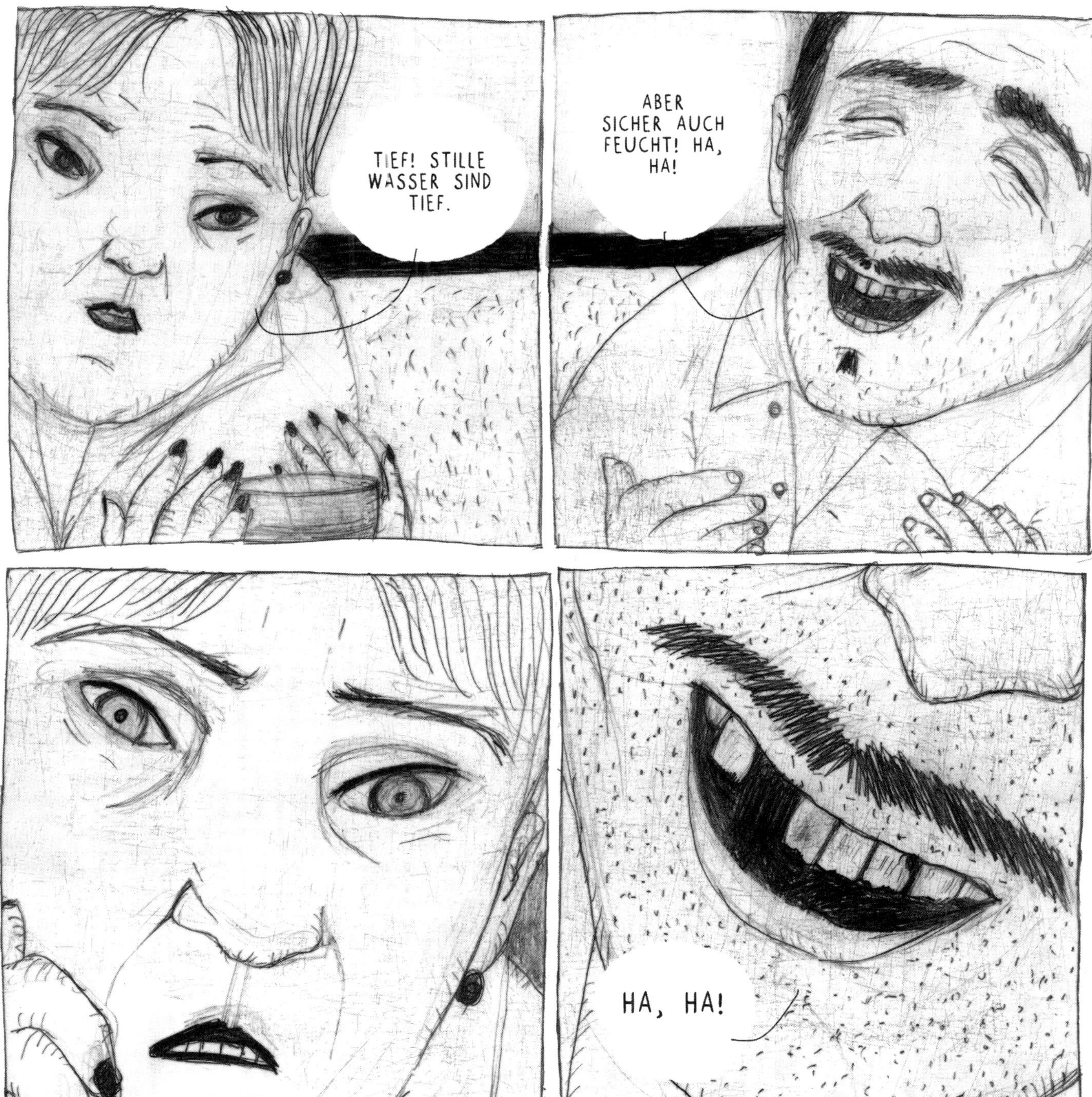
TIEF! STILLE WASSER SIND TIEF.
ABER SICHER AUCH FEUCHT! HA, HA!
HA, HA!

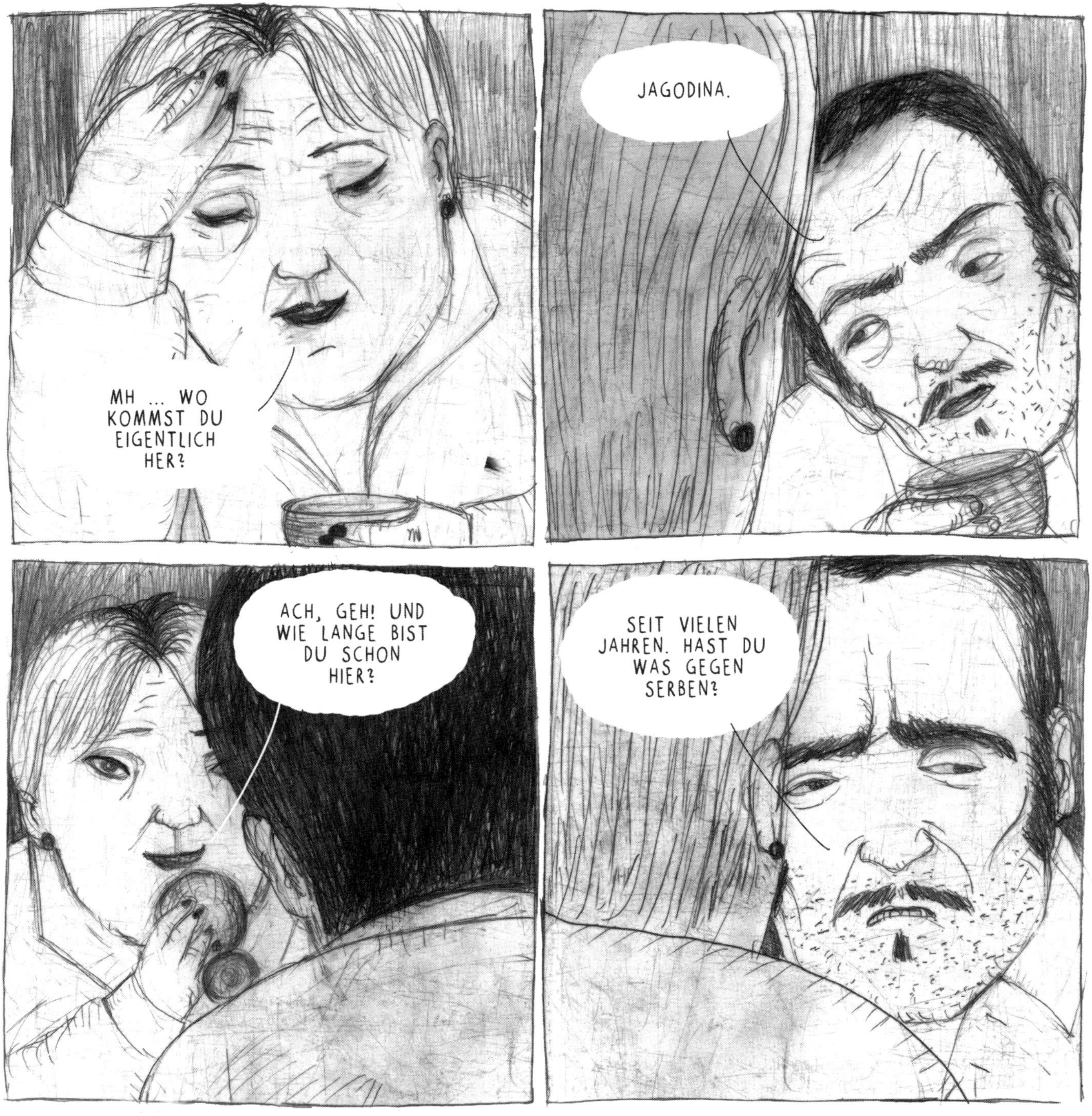

MH ... WO KOMMST DU EIGENTLICH HER?

JAGODINA.

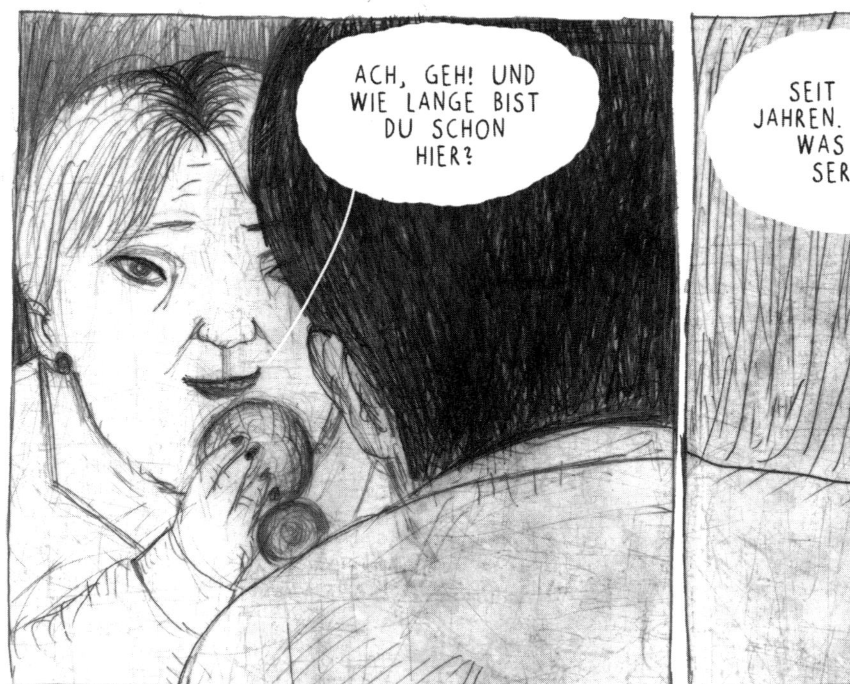

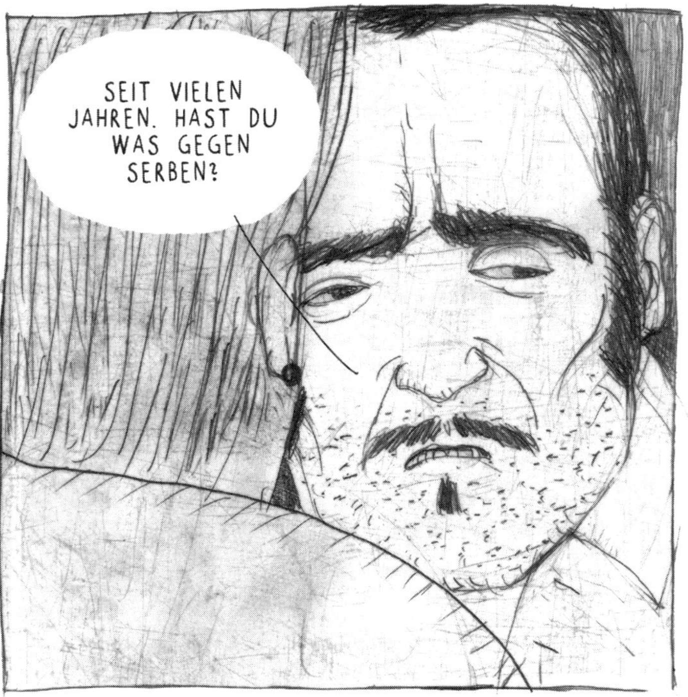

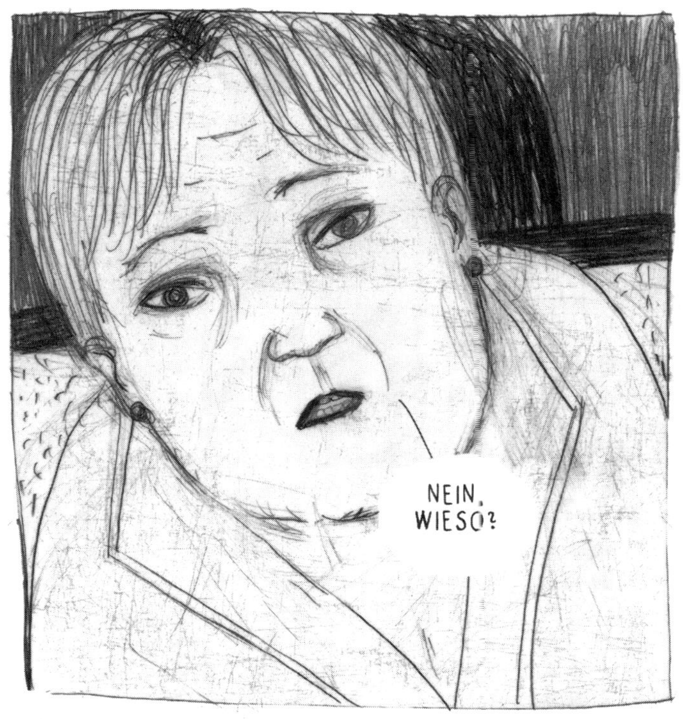
NEIN, WIESO?

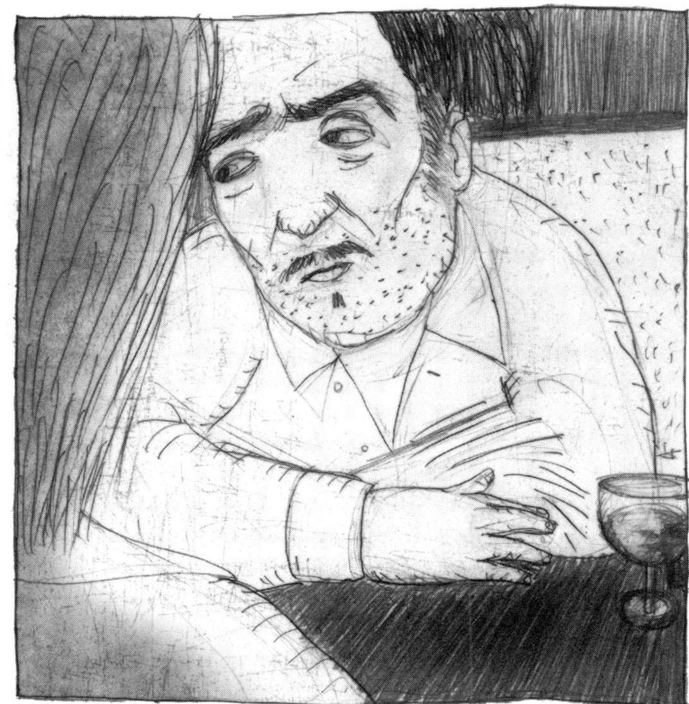

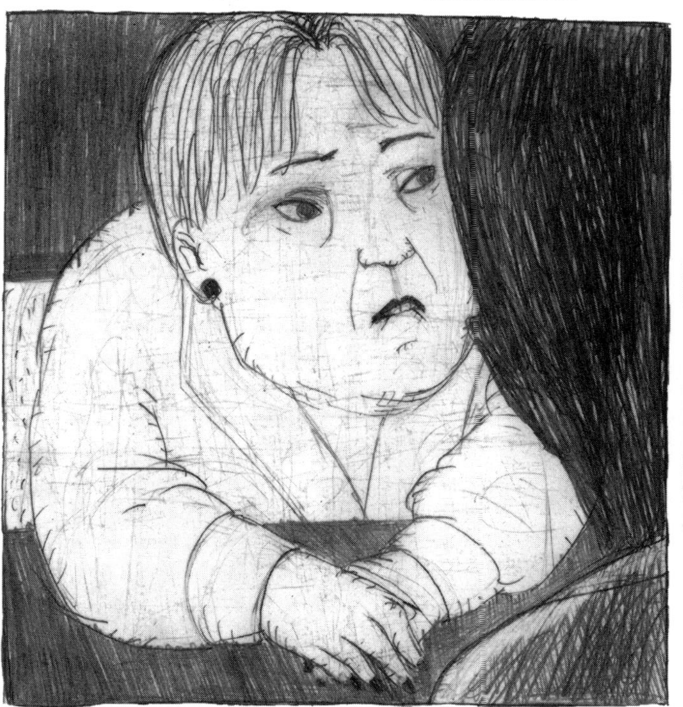

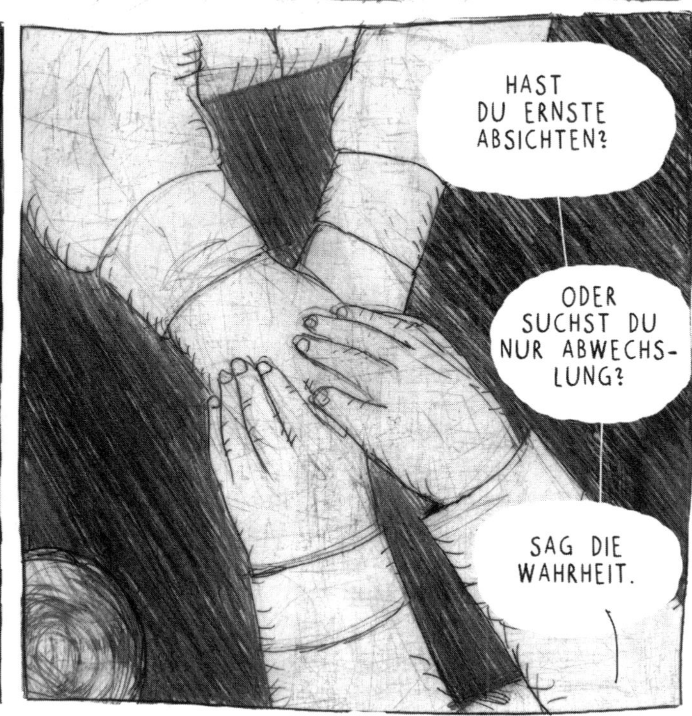
HAST DU ERNSTE ABSICHTEN?
ODER SUCHST DU NUR ABWECHS-LUNG?
SAG DIE WAHRHEIT.

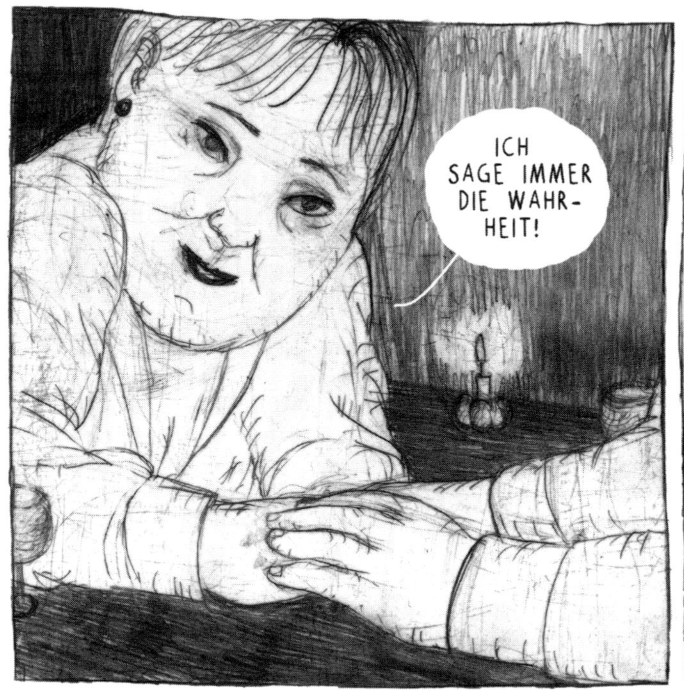
ICH SAGE IMMER DIE WAHR- HEIT!

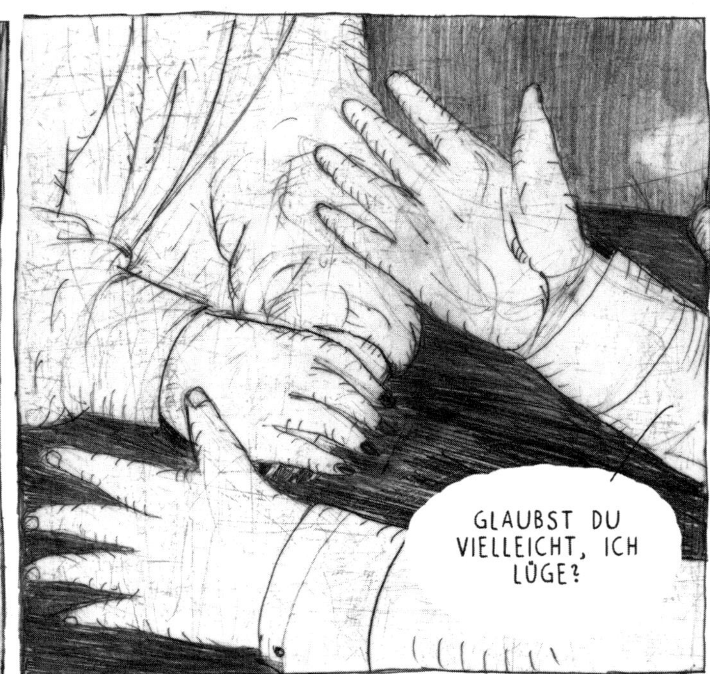
GLAUBST DU VIELLEICHT, ICH LÜGE?

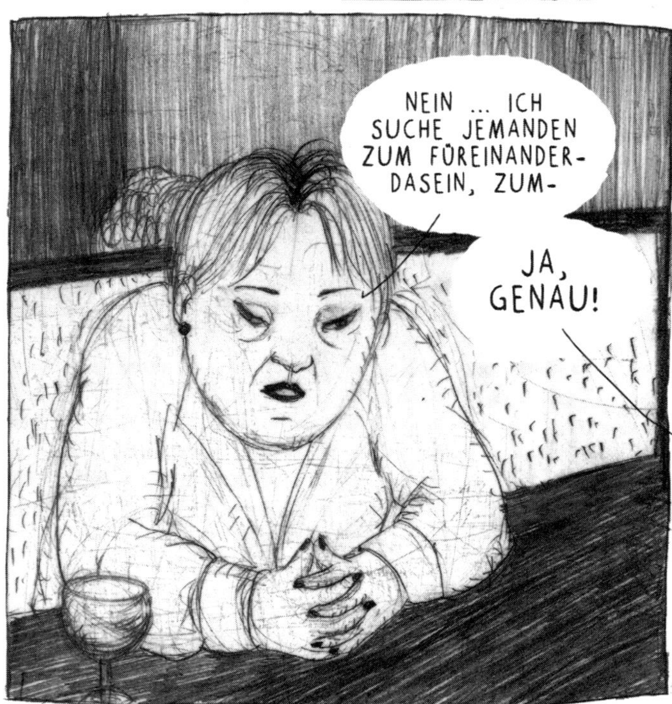
NEIN ... ICH SUCHE JEMANDEN ZUM FÜREINANDER- DASEIN, ZUM-
JA, GENAU!

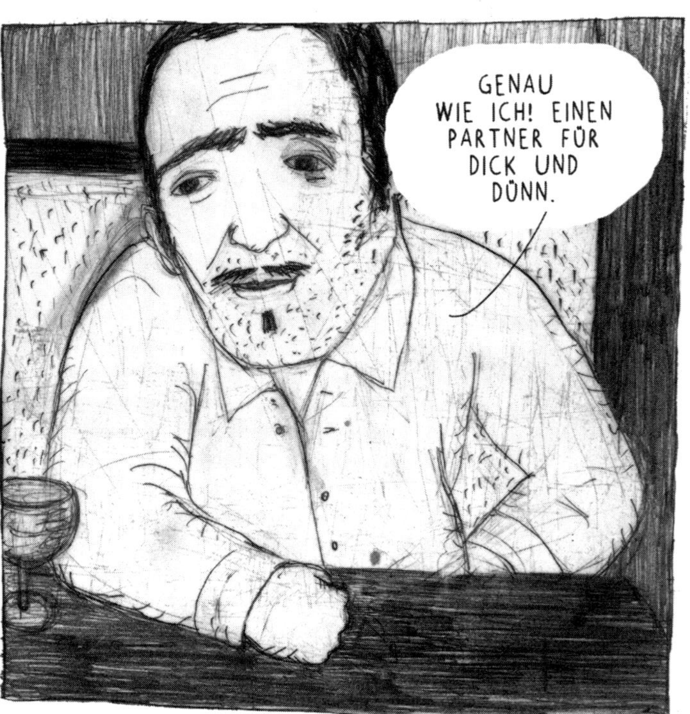
GENAU WIE ICH! EINEN PARTNER FÜR DICK UND DÜNN.

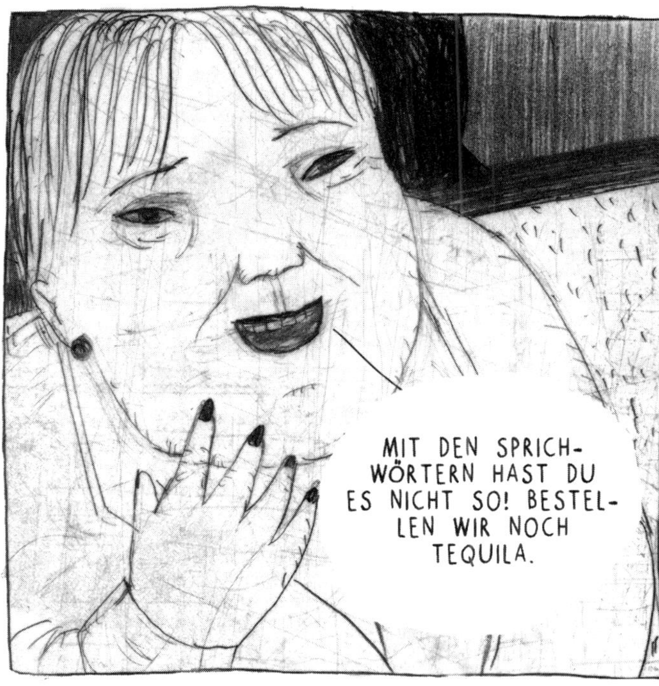
MIT DEN SPRICHWÖRTERN HAST DU ES NICHT SO! BESTELLEN WIR NOCH TEQUILA.

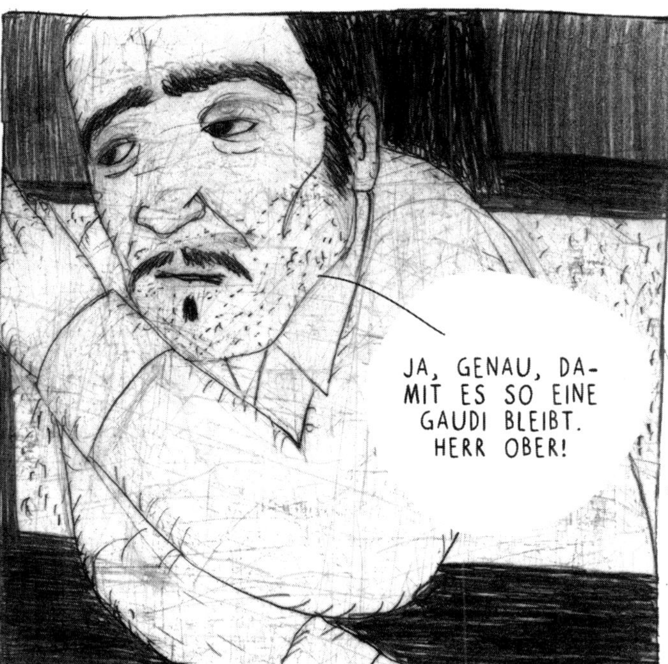
JA, GENAU, DAMIT ES SO EINE GAUDI BLEIBT. HERR OBER!

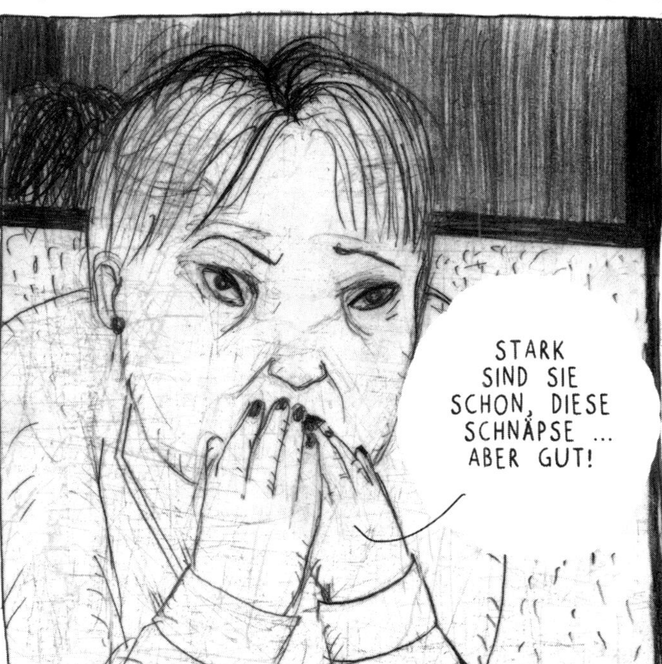
STARK SIND SIE SCHON, DIESE SCHNÄPSE ... ABER GUT!

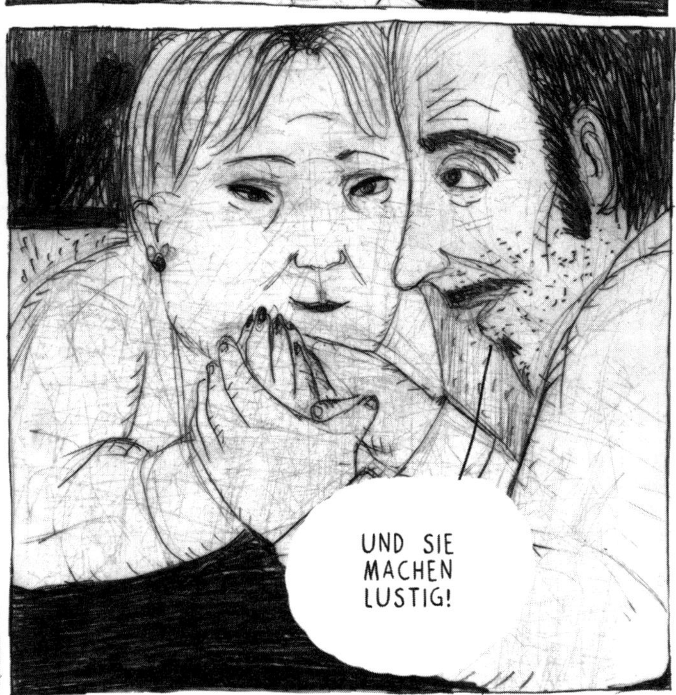
UND SIE MACHEN LUSTIG!

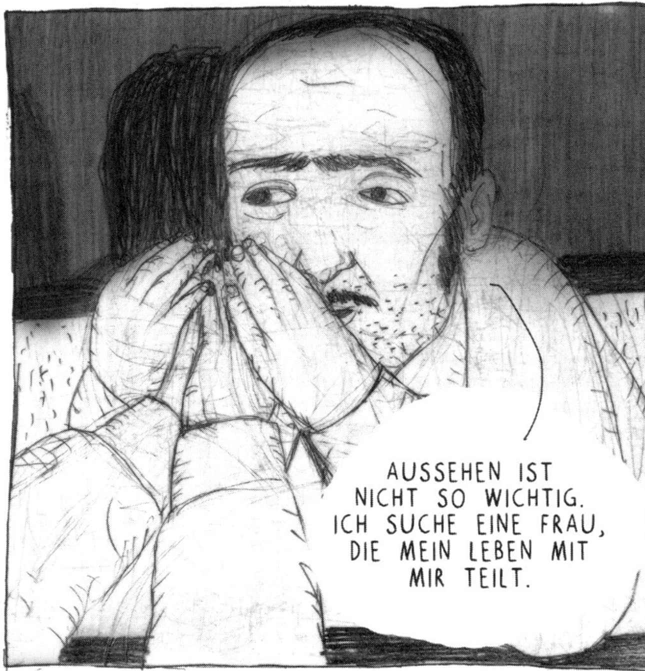
AUSSEHEN IST NICHT SO WICHTIG. ICH SUCHE EINE FRAU, DIE MEIN LEBEN MIT MIR TEILT.

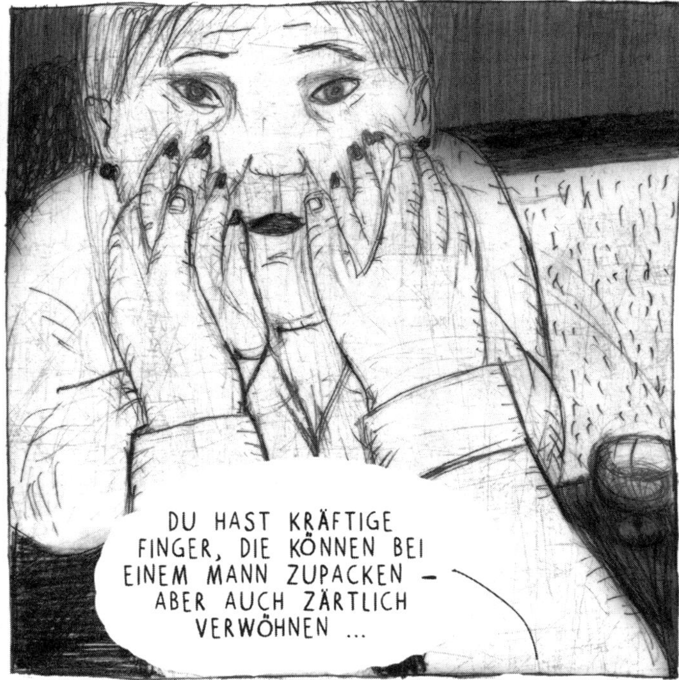
DU HAST KRÄFTIGE FINGER, DIE KÖNNEN BEI EINEM MANN ZUPACKEN – ABER AUCH ZÄRTLICH VERWÖHNEN ...

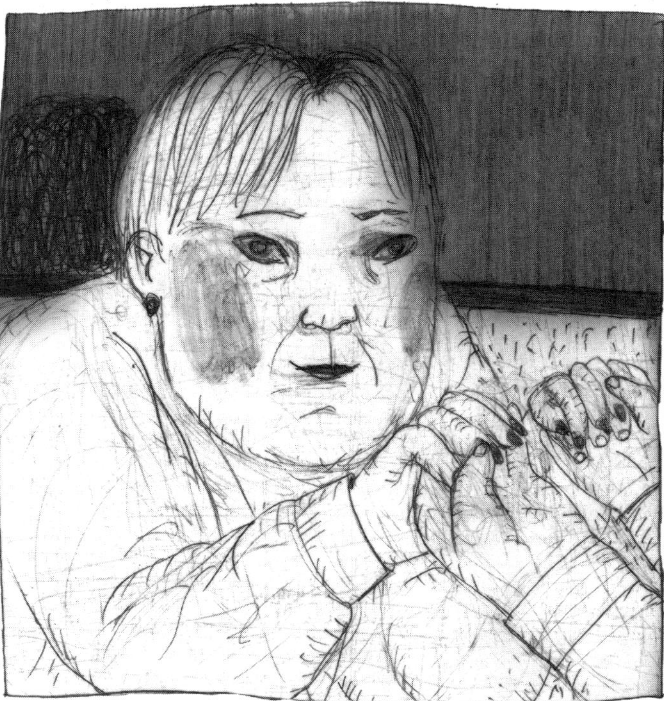

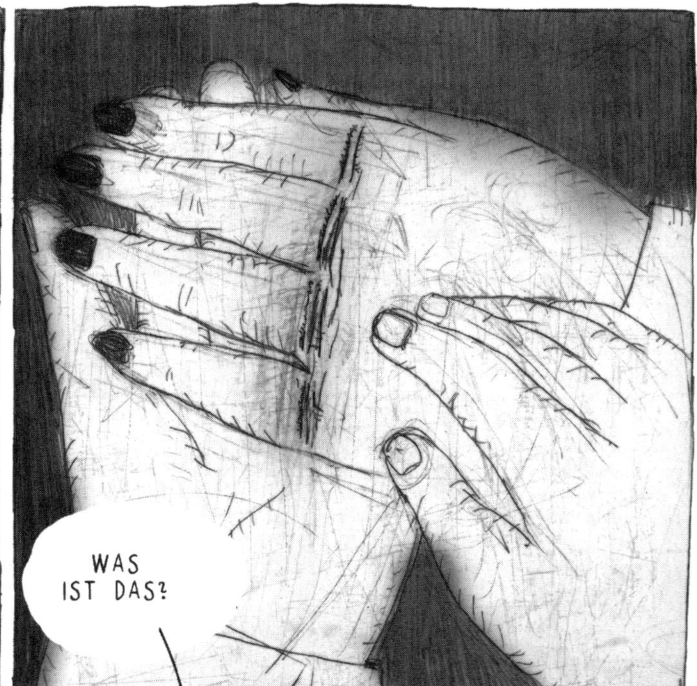
WAS IST DAS?

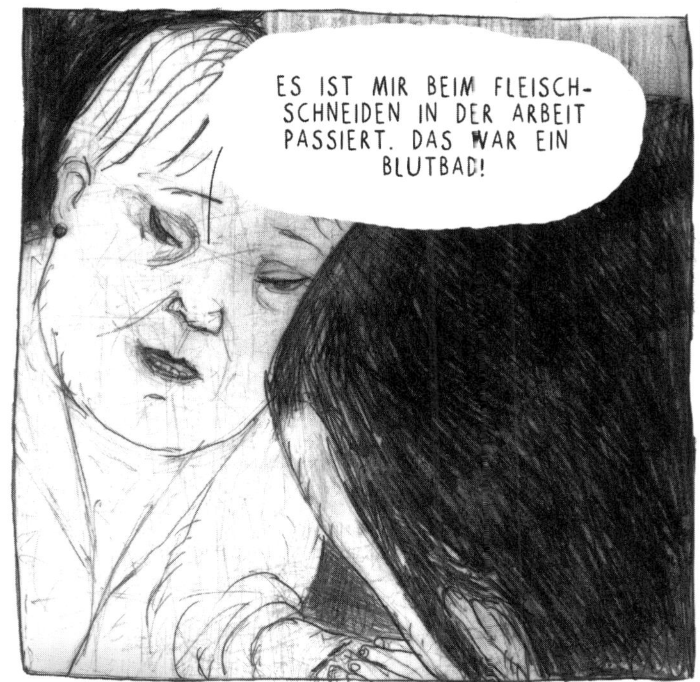
ES IST MIR BEIM FLEISCH-SCHNEIDEN IN DER ARBEIT PASSIERT. DAS WAR EIN BLUTBAD!

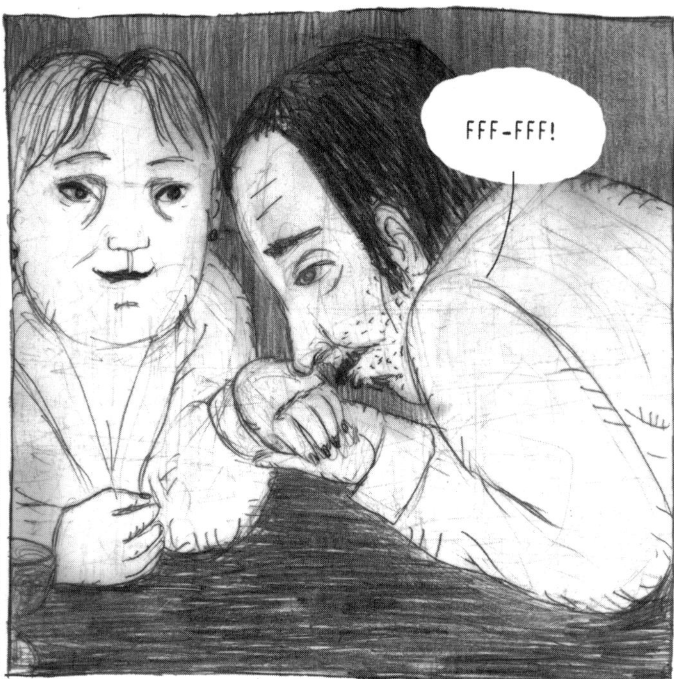
FFF-FFF!

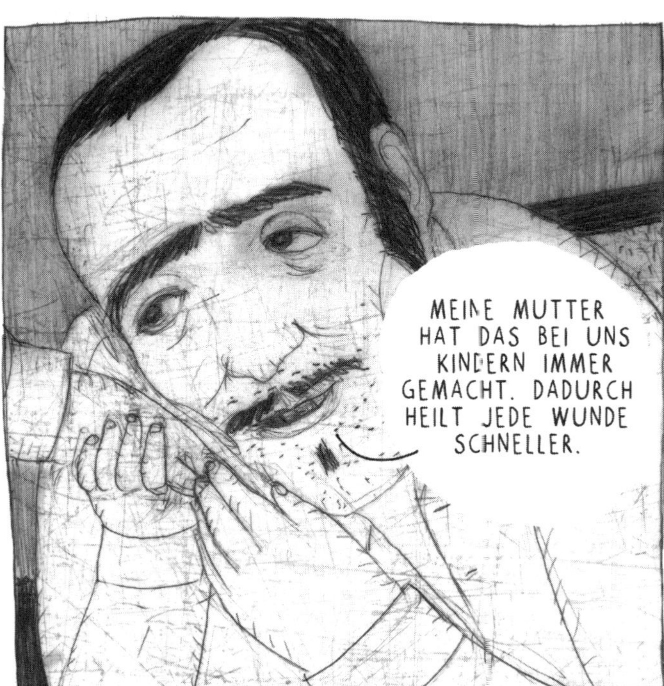
MEINE MUTTER HAT DAS BEI UNS KINDERN IMMER GEMACHT. DADURCH HEILT JEDE WUNDE SCHNELLER.

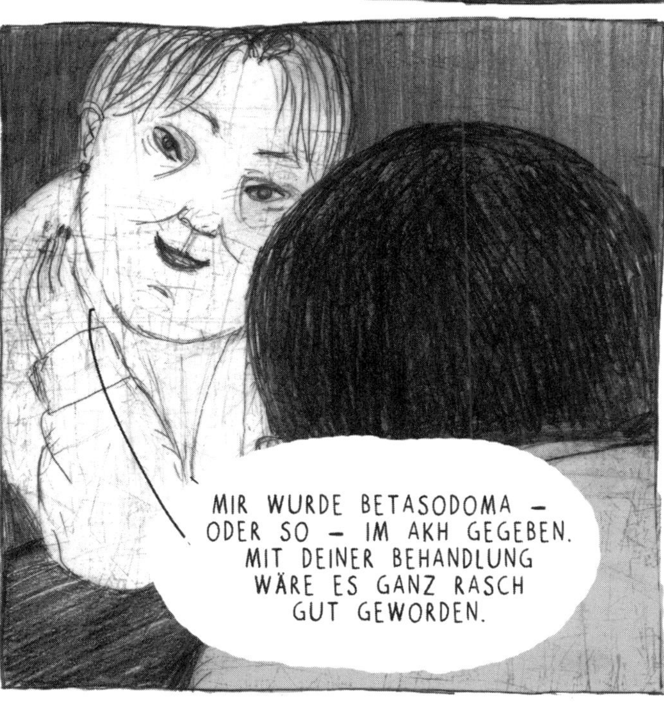
MIR WURDE BETASODOMA – ODER SO – IM AKH GEGEBEN. MIT DEINER BEHANDLUNG WÄRE ES GANZ RASCH GUT GEWORDEN.

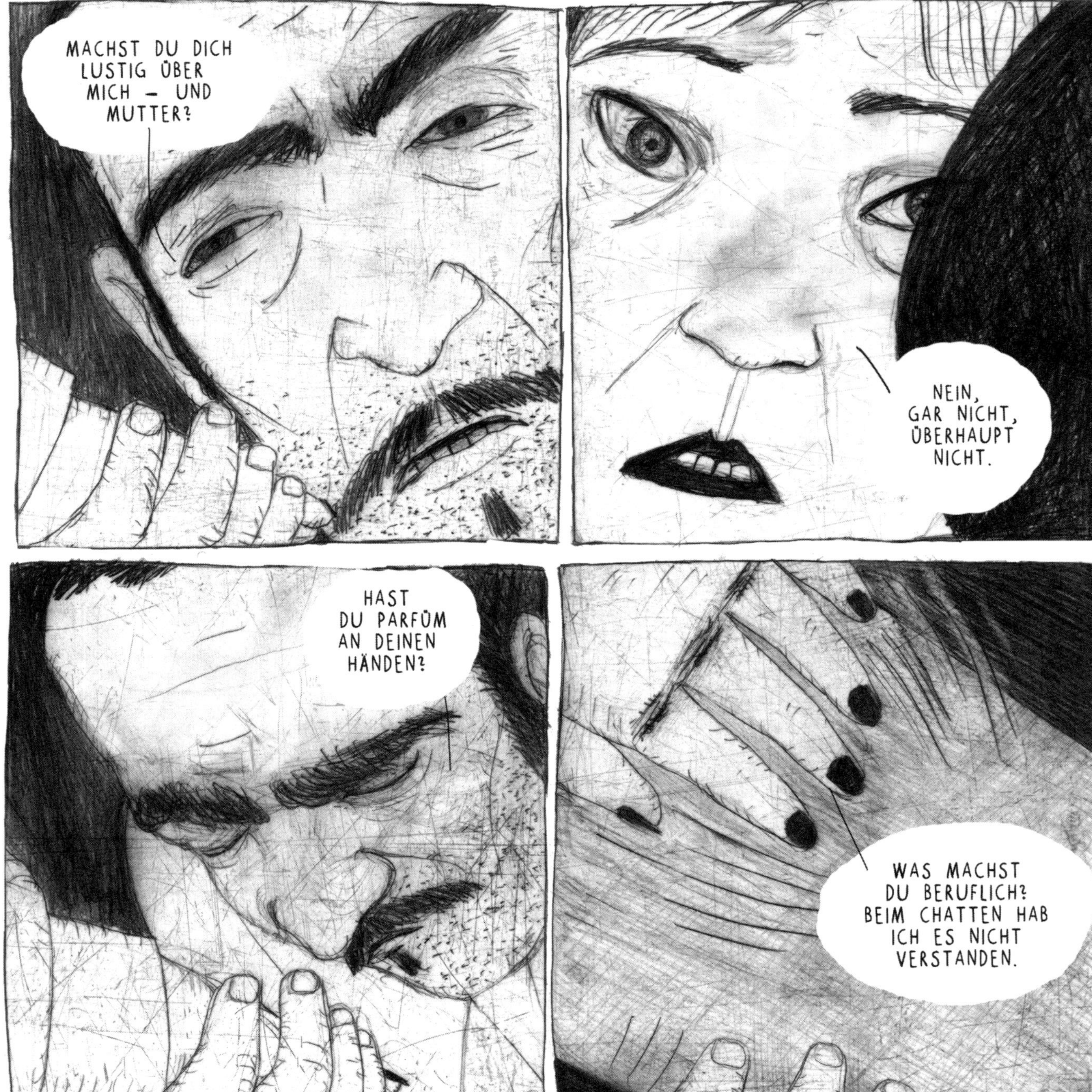
MACHST DU DICH LUSTIG ÜBER MICH – UND MUTTER?
NEIN, GAR NICHT, ÜBERHAUPT NICHT.
HAST DU PARFÜM AN DEINEN HÄNDEN?
WAS MACHST DU BERUFLICH? BEIM CHATTEN HAB ICH ES NICHT VERSTANDEN.

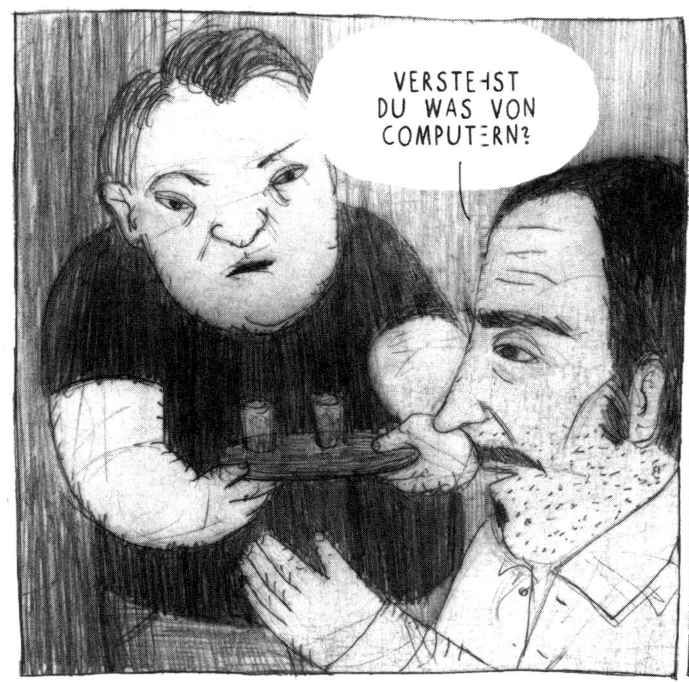
VERSTEHST DU WAS VON COMPUTERN?

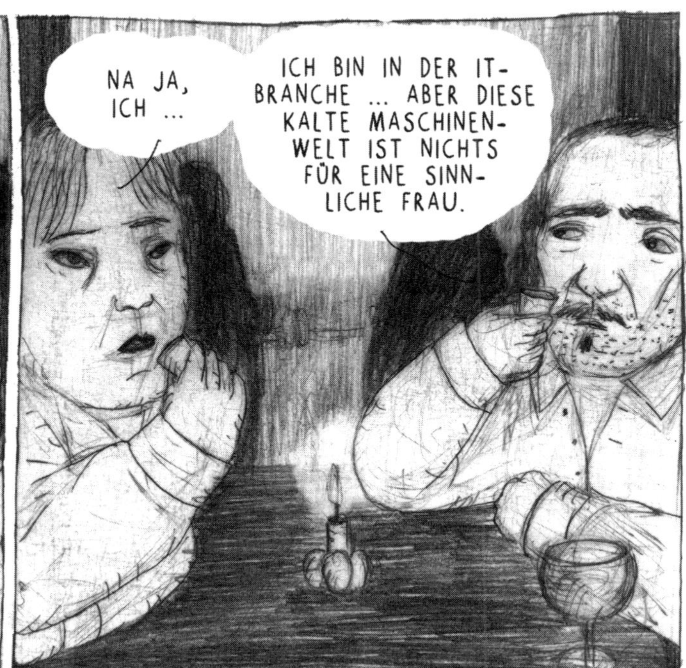
NA JA, ICH ...
ICH BIN IN DER IT-BRANCHE ... ABER DIESE KALTE MASCHINENWELT IST NICHTS FÜR EINE SINNLICHE FRAU.

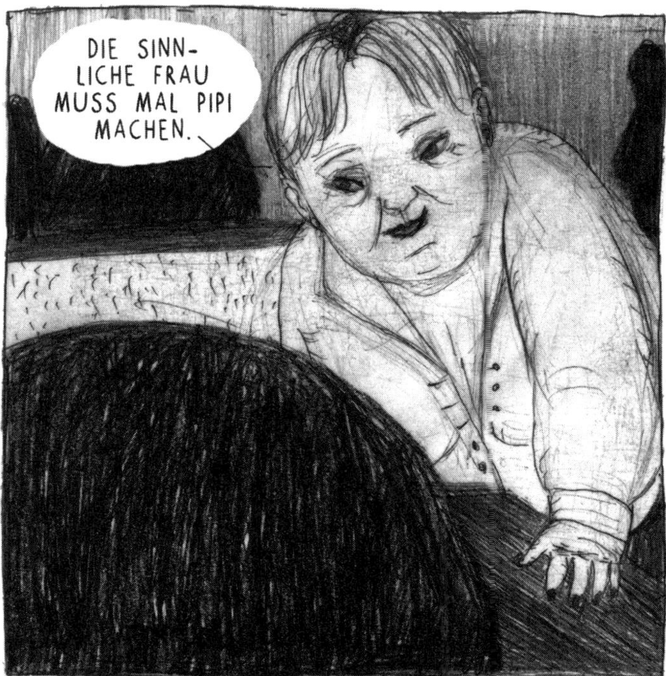
DIE SINNLICHE FRAU MUSS MAL PIPI MACHEN.

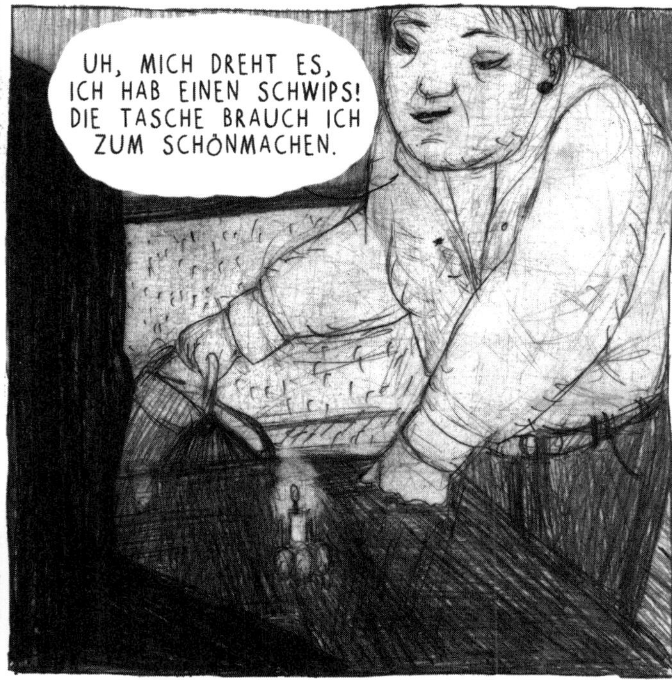
UH, MICH DREHT ES, ICH HAB EINEN SCHWIPS! DIE TASCHE BRAUCH ICH ZUM SCHÖNMACHEN.

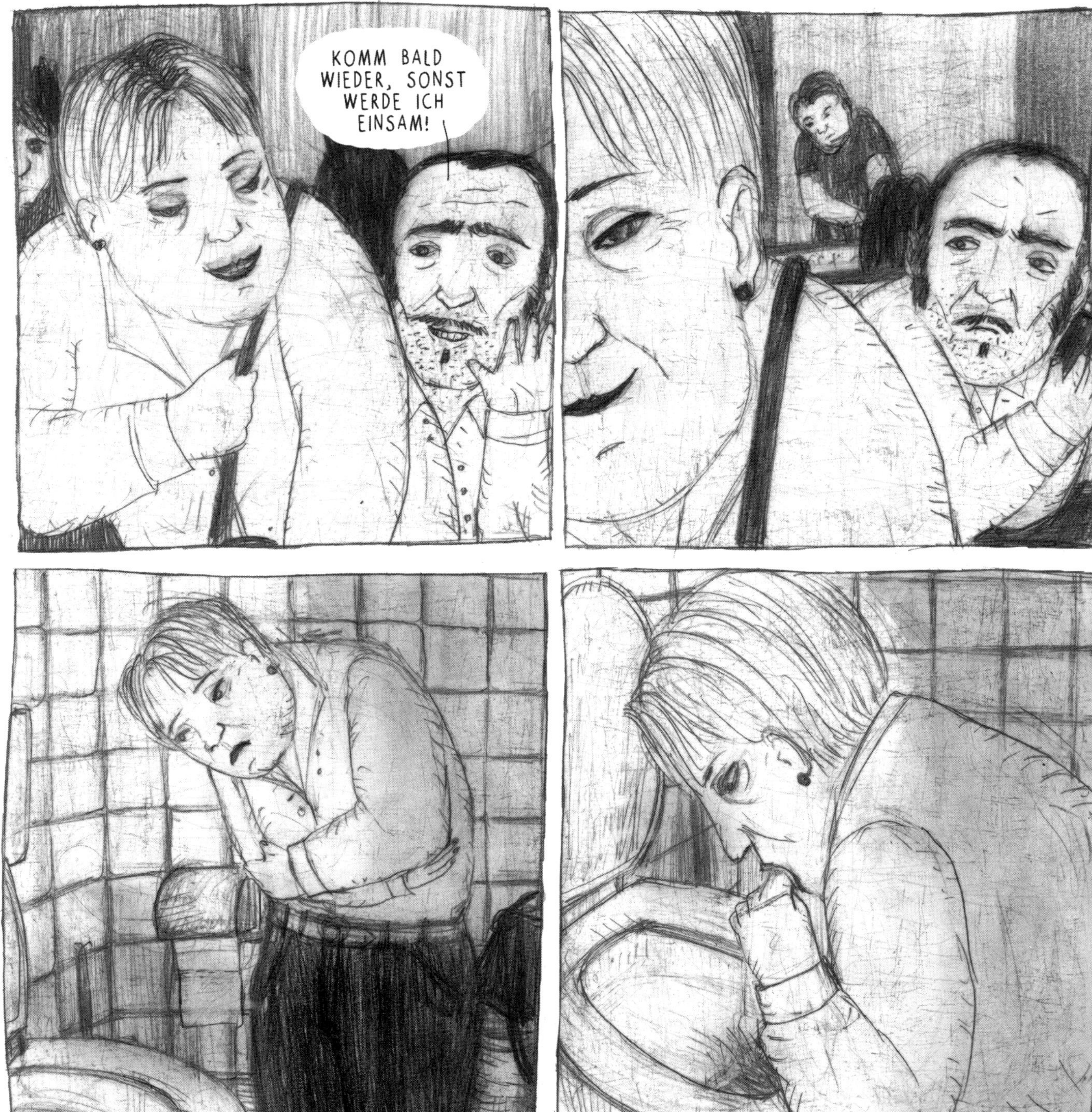
KOMM BALD WIEDER, SONST WERDE ICH EINSAM!

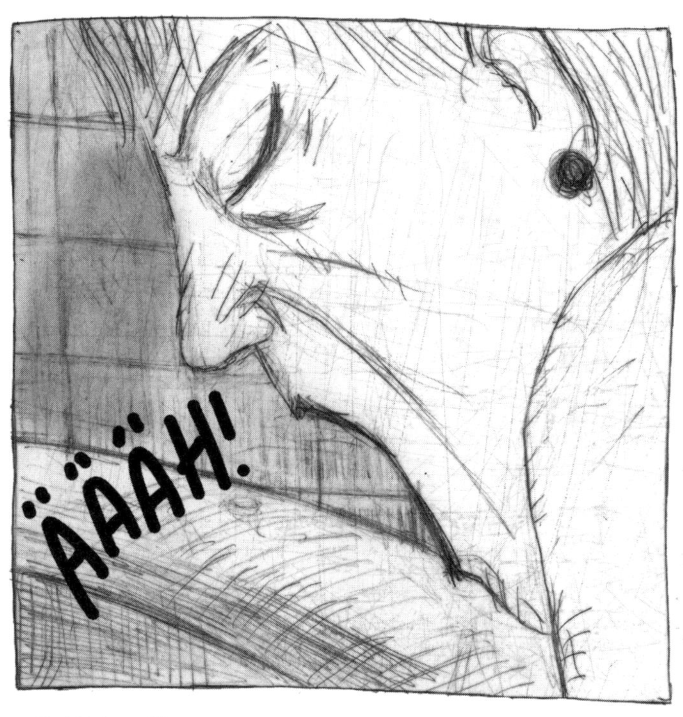
ÄÄÄH!
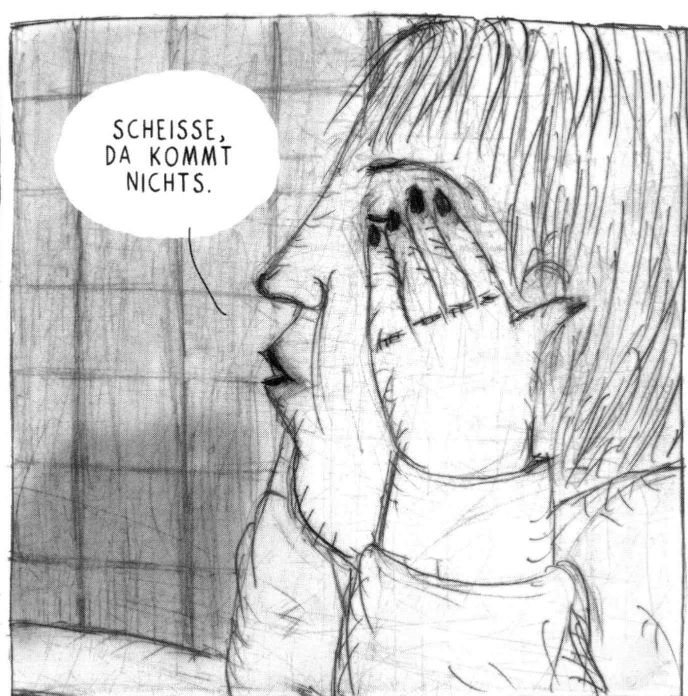
SCHEISSE, DA KOMMT NICHTS.
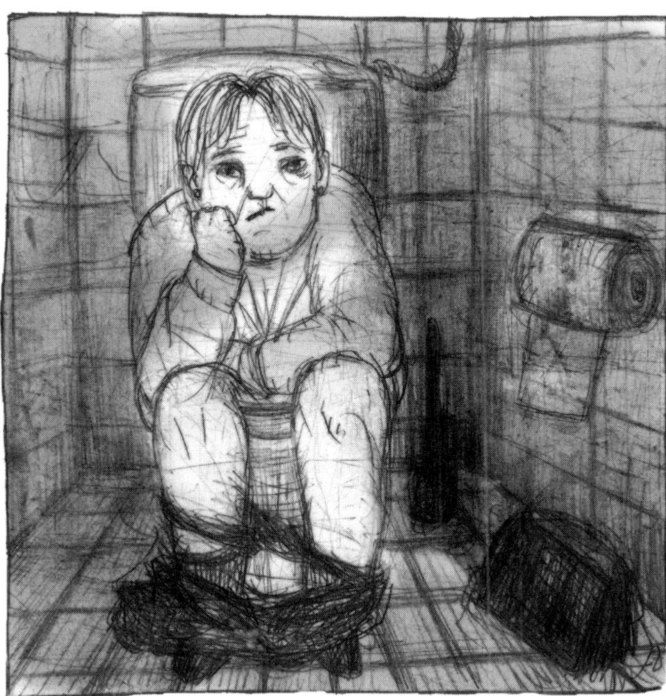
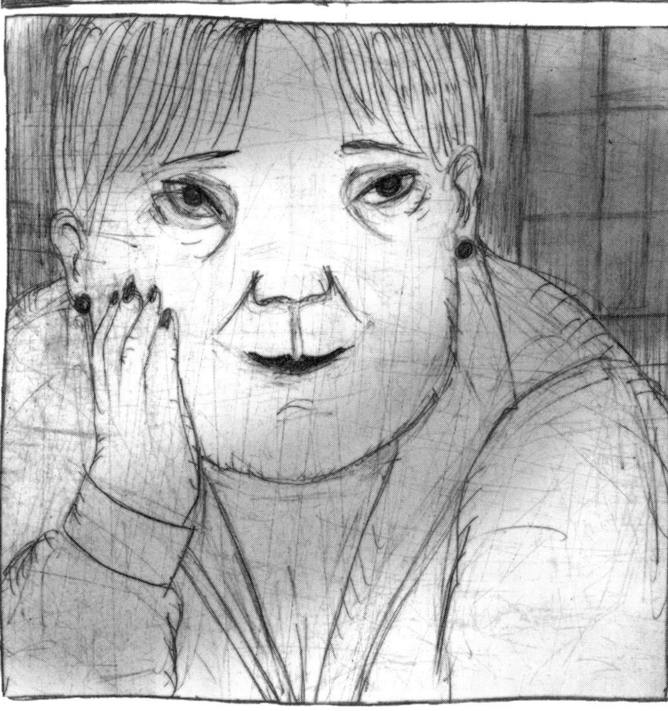

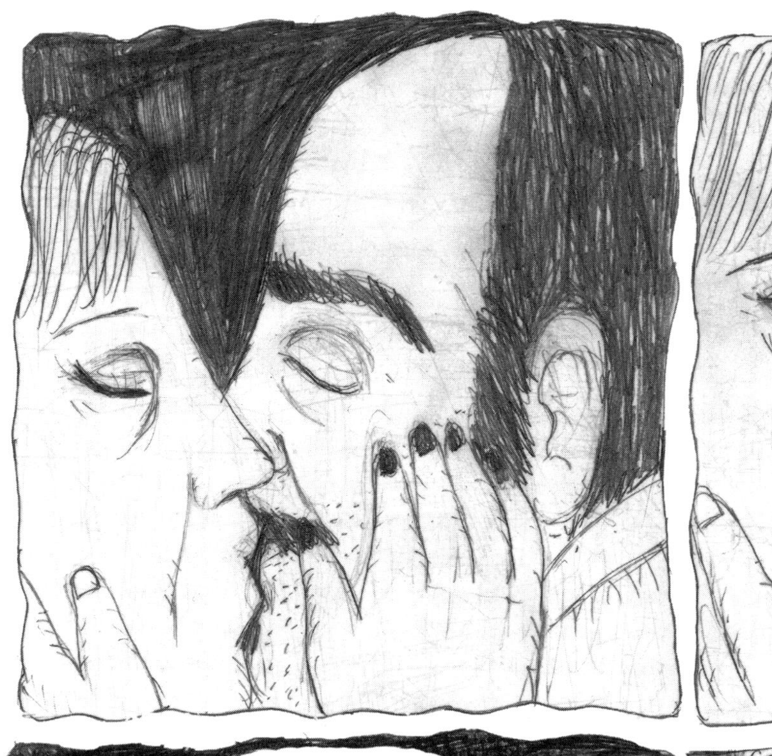
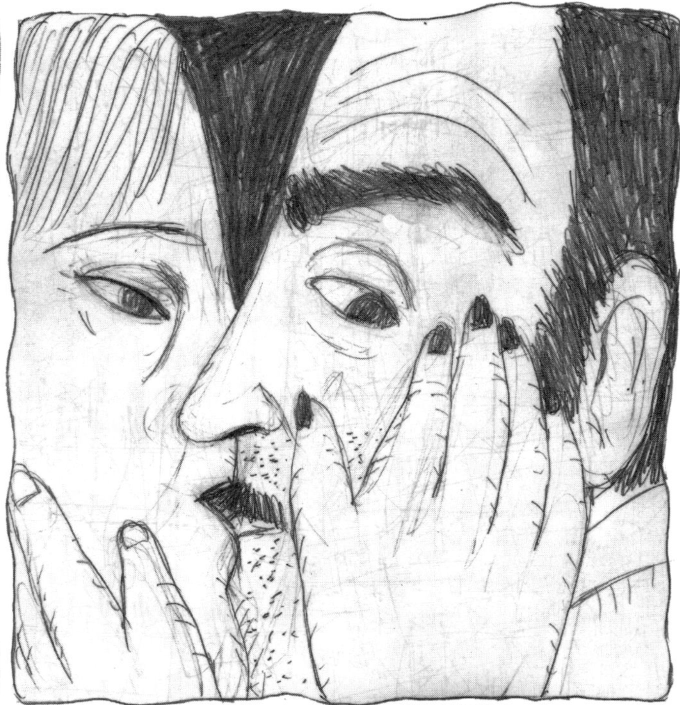
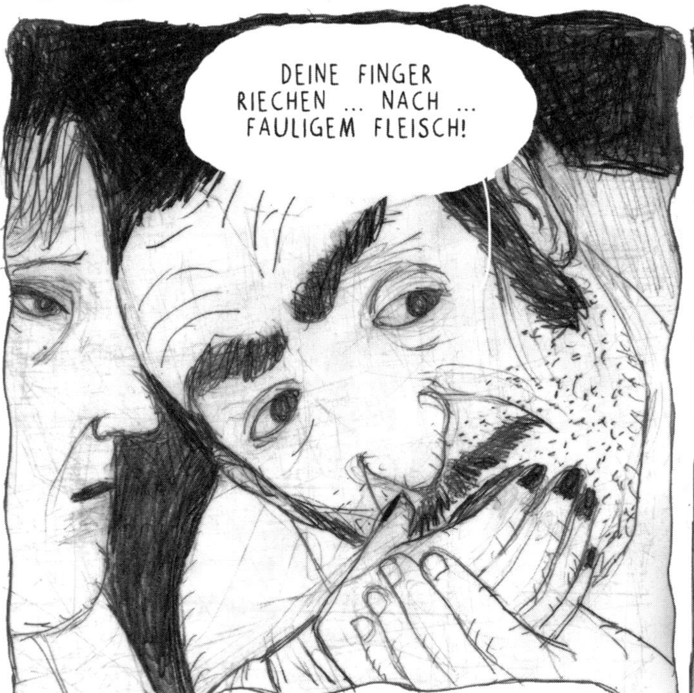
DEINE FINGER RIECHEN ... NACH ... FAULIGEM FLEISCH!
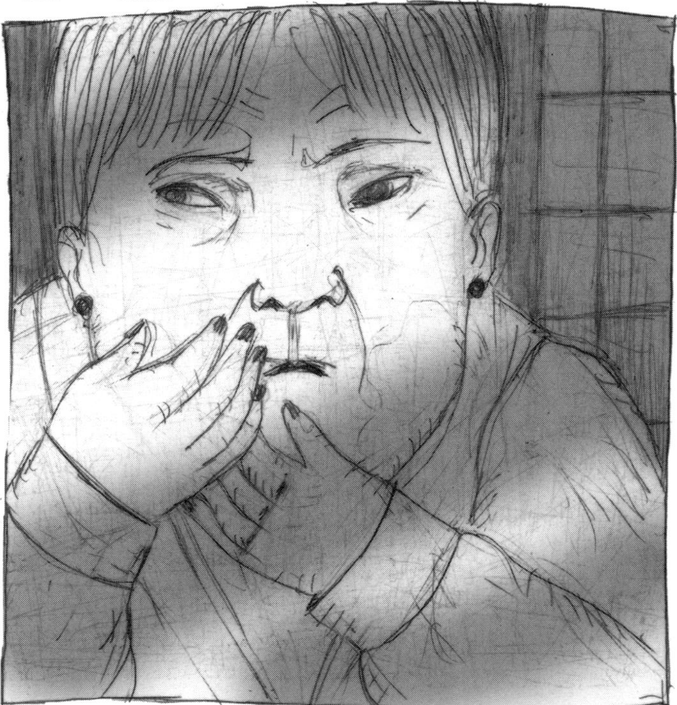

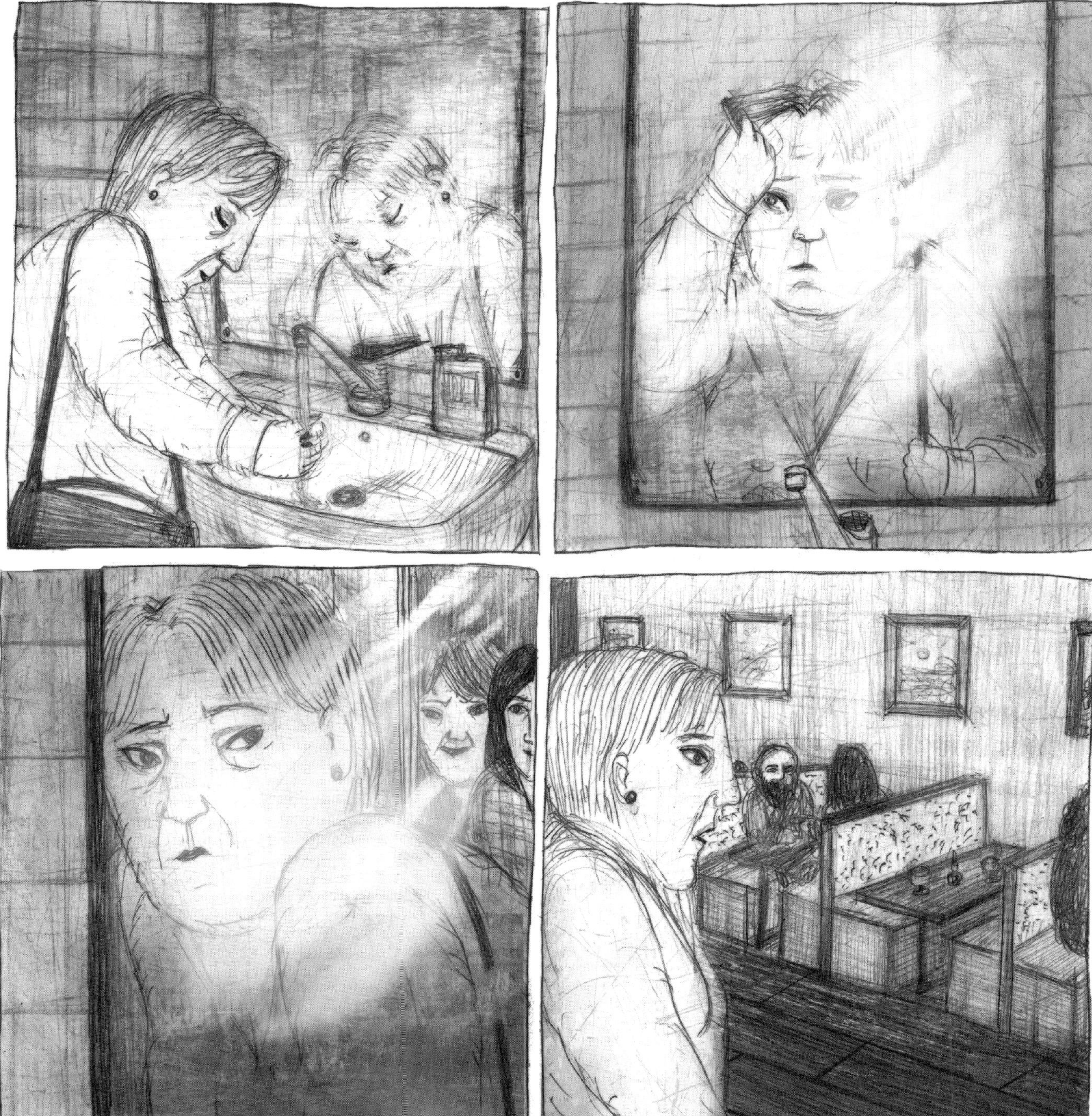

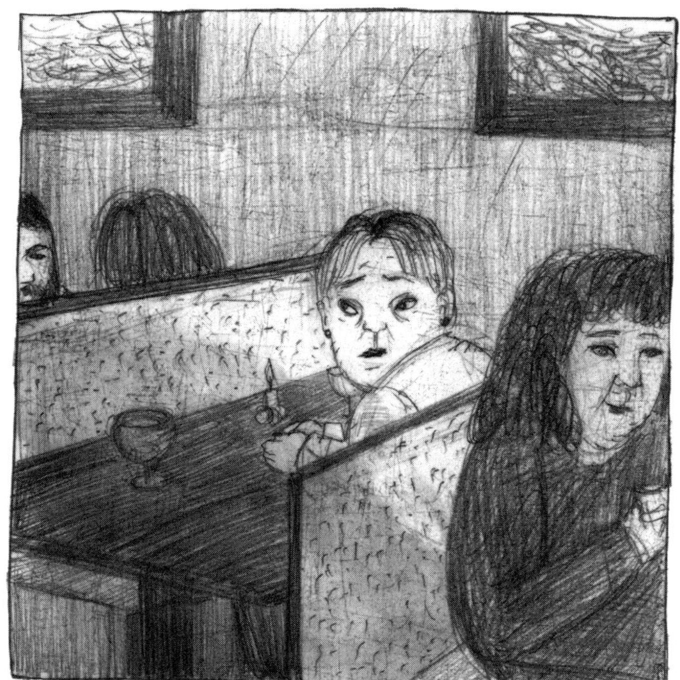

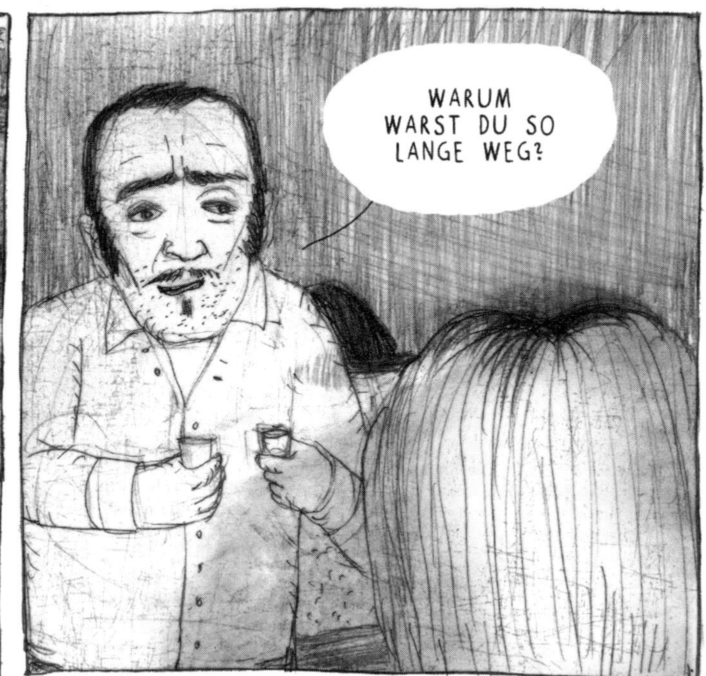
WARUM WARST DU SO LANGE WEG?

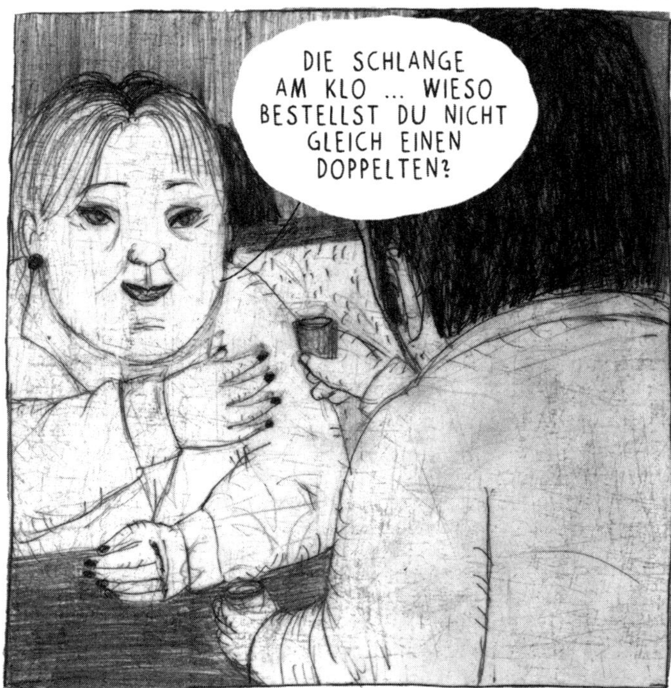
DIE SCHLANGE AM KLO ... WIESO BESTELLST DU NICHT GLEICH EINEN DOPPELTEN?

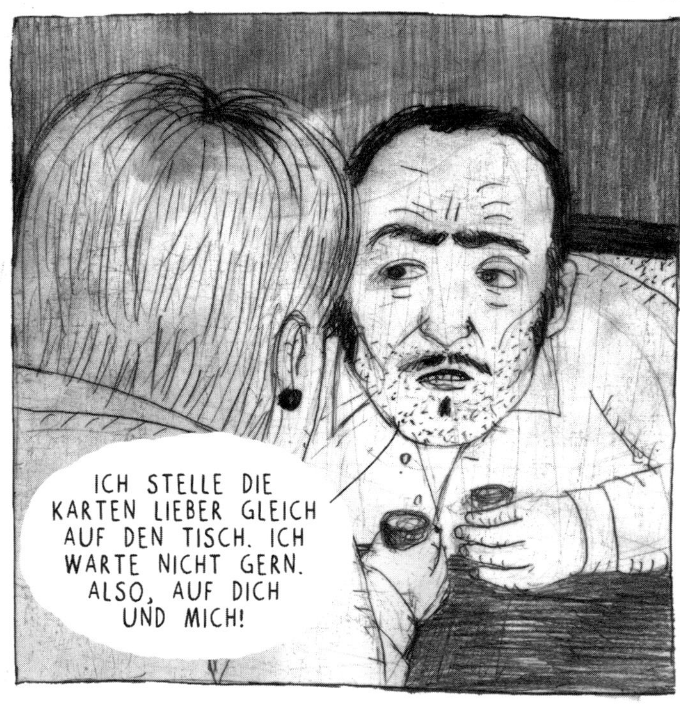
ICH STELLE DIE KARTEN LIEBER GLEICH AUF DEN TISCH. ICH WARTE NICHT GERN. ALSO, AUF DICH UND MICH!

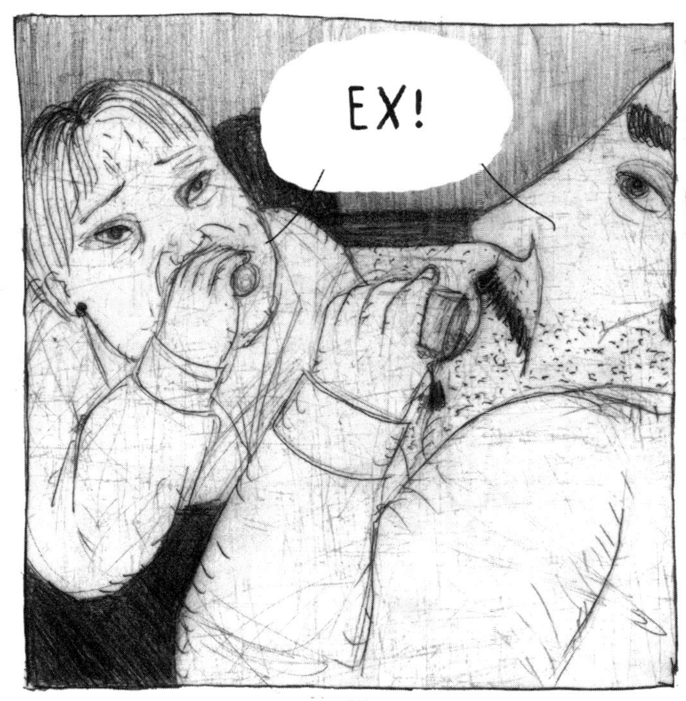
EX!

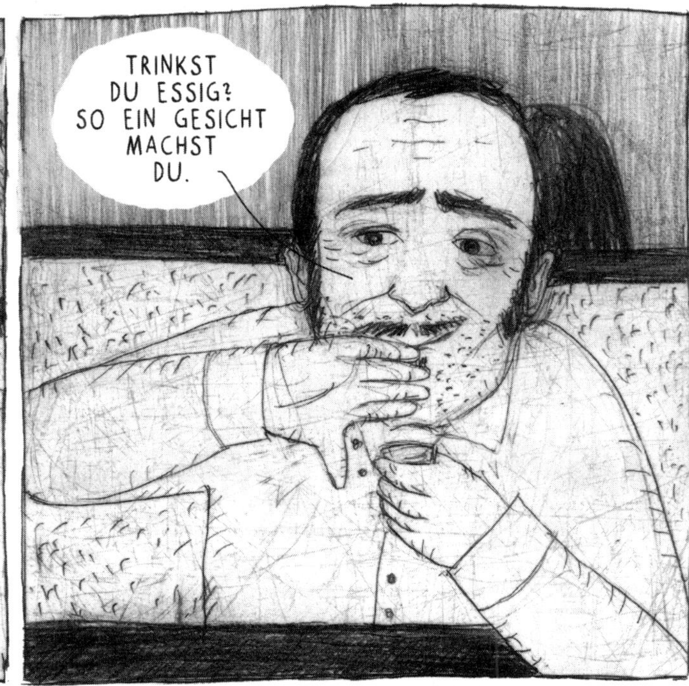
TRINKST DU ESSIG? SO EIN GESICHT MACHST DU.

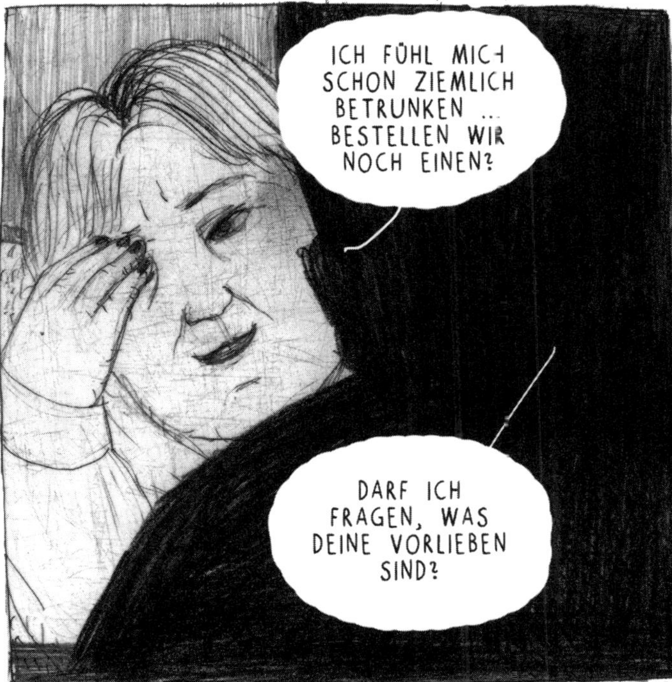
ICH FÜHL MICH SCHON ZIEMLICH BETRUNKEN ... BESTELLEN WIR NOCH EINEN?
DARF ICH FRAGEN, WAS DEINE VORLIEBEN SIND?

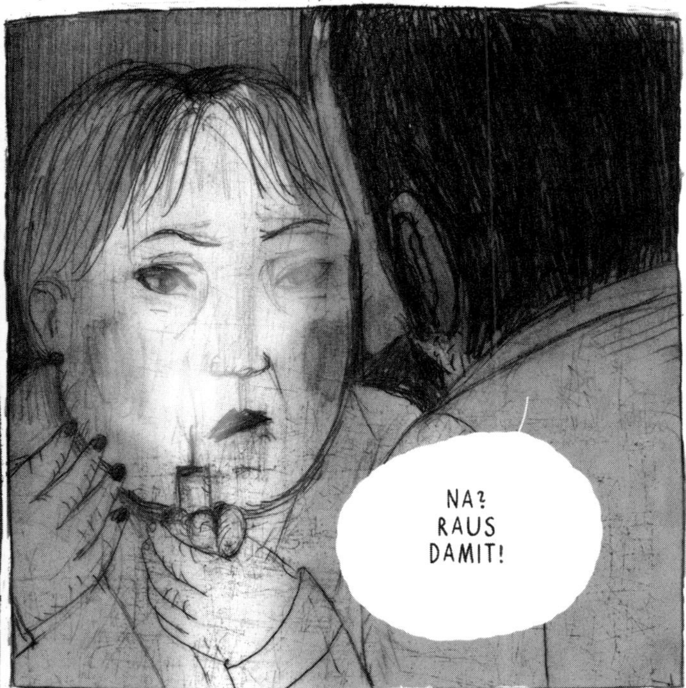
NA? RAUS DAMIT!

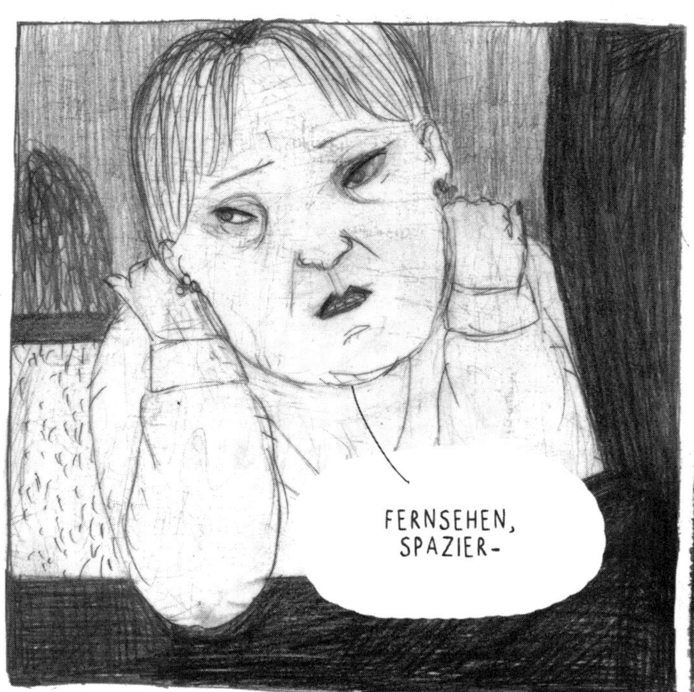
FERNSEHEN, SPAZIER-
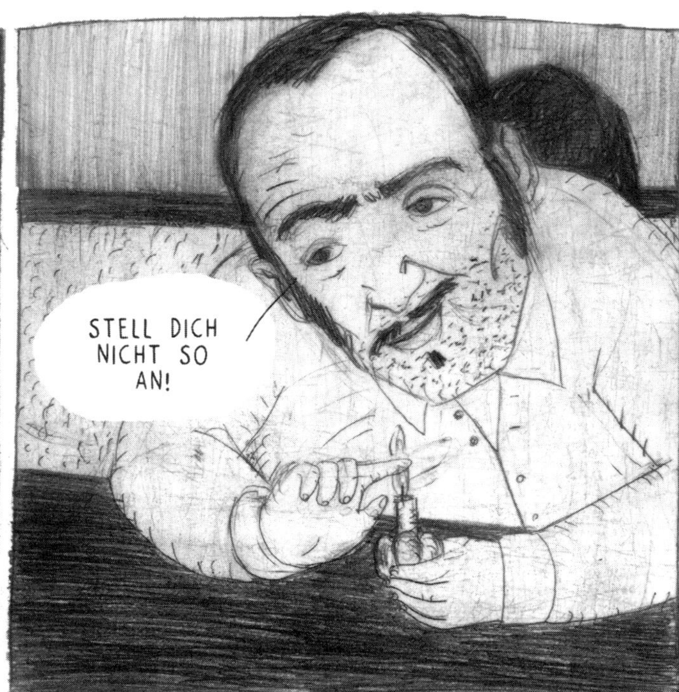
STELL DICH NICHT SO AN!
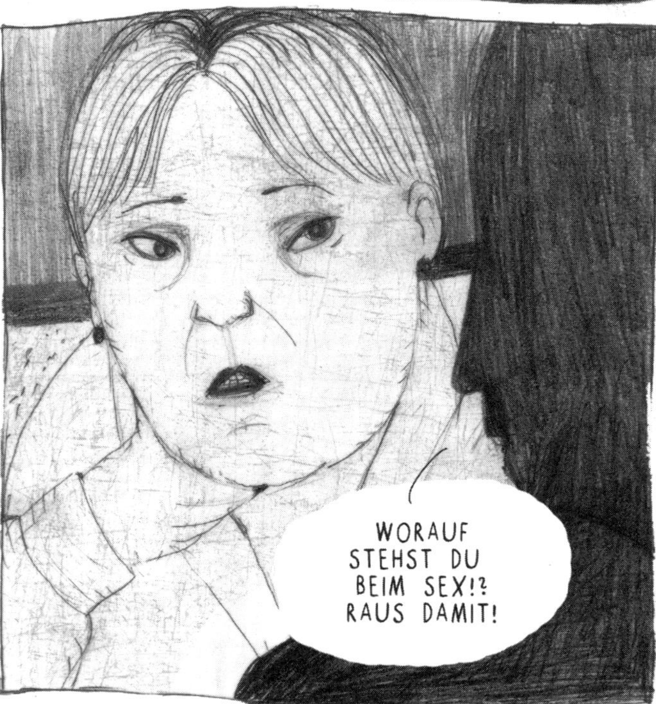
WORAUF STEHST DU BEIM SEX!? RAUS DAMIT!
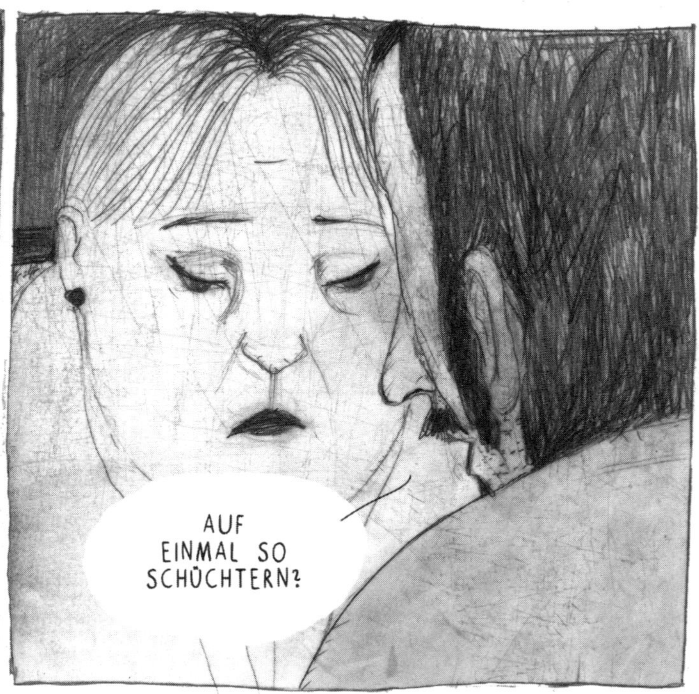
AUF EINMAL SO SCHÜCHTERN?

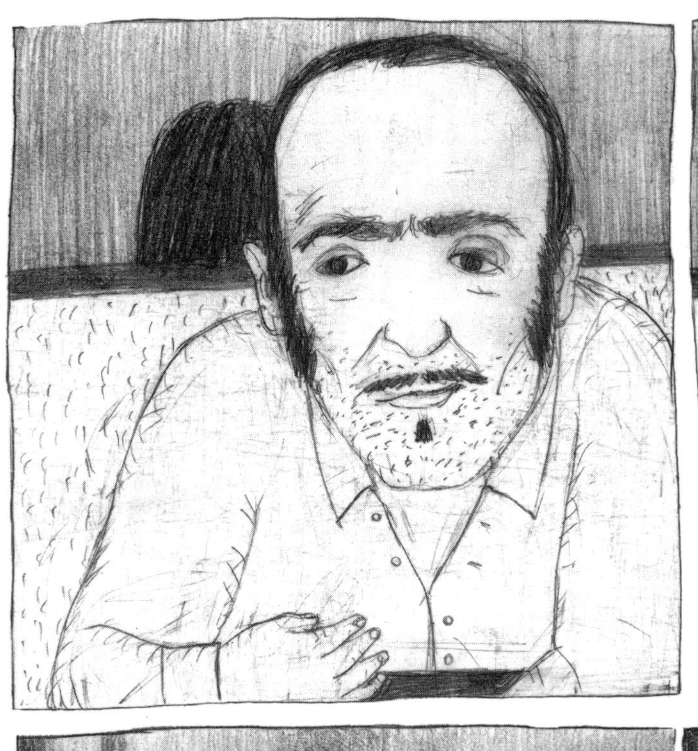
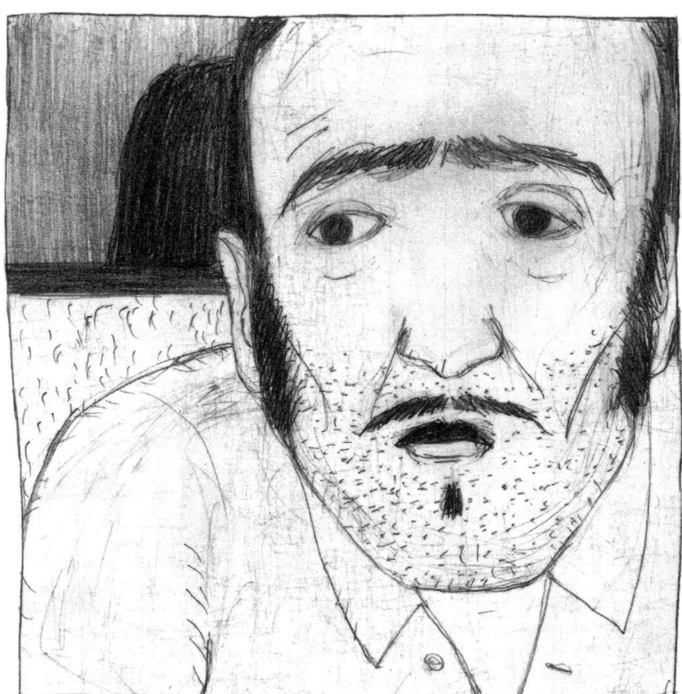
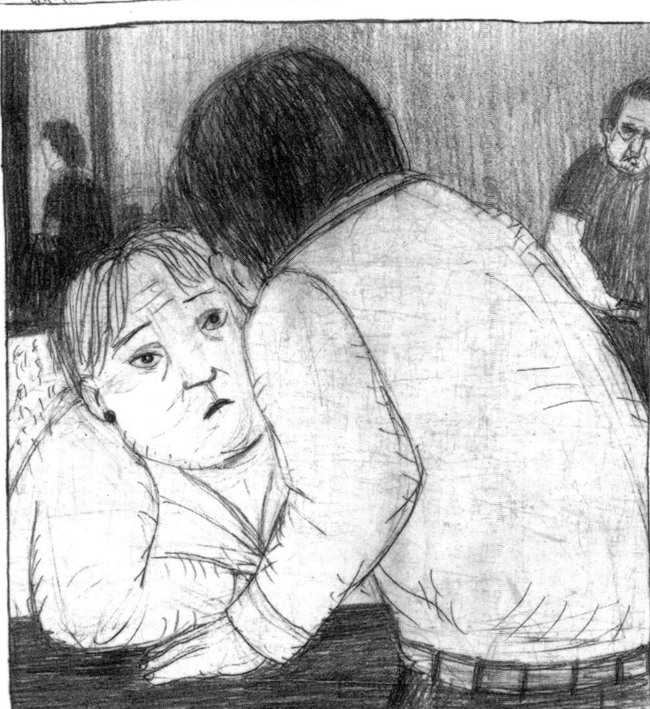
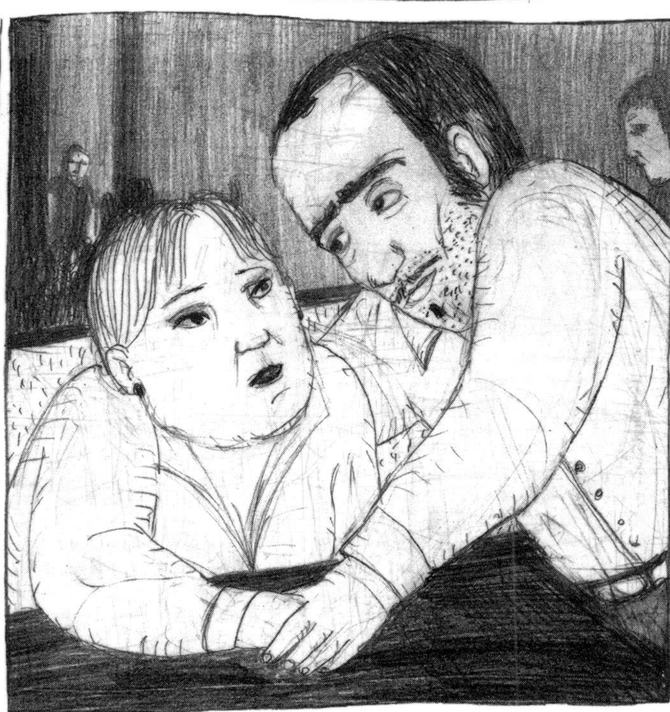

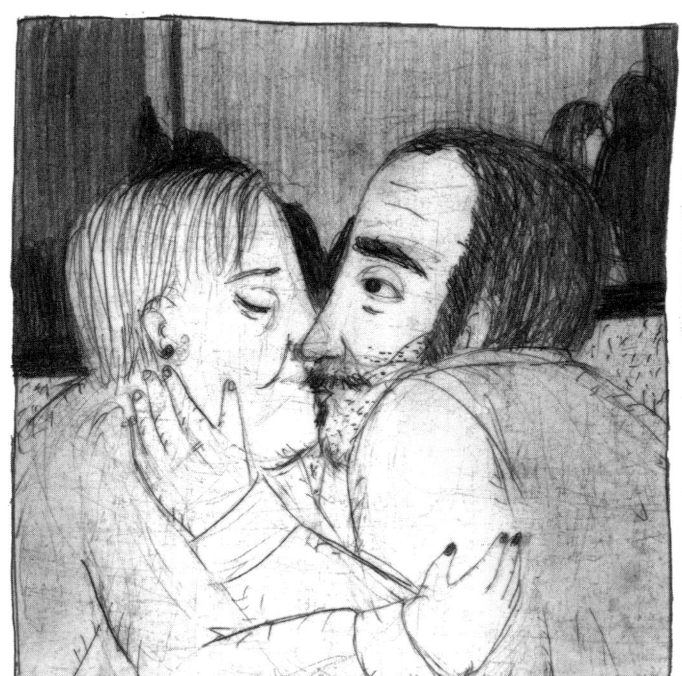

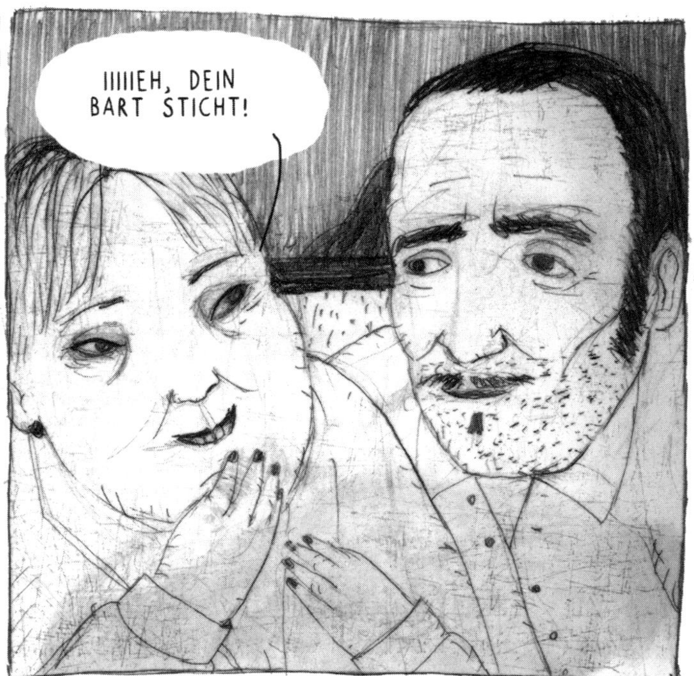
IIIIIEH, DEIN
BART STICHT!

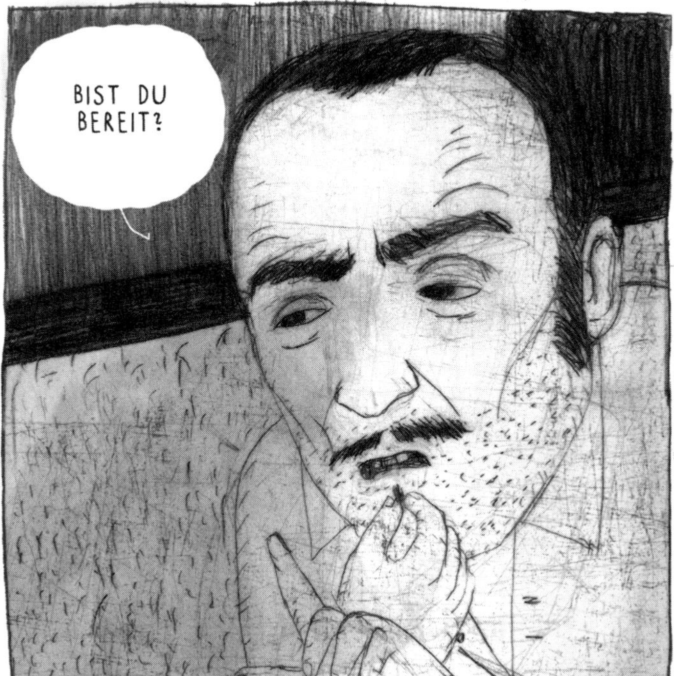
BIST DU
BEREIT?

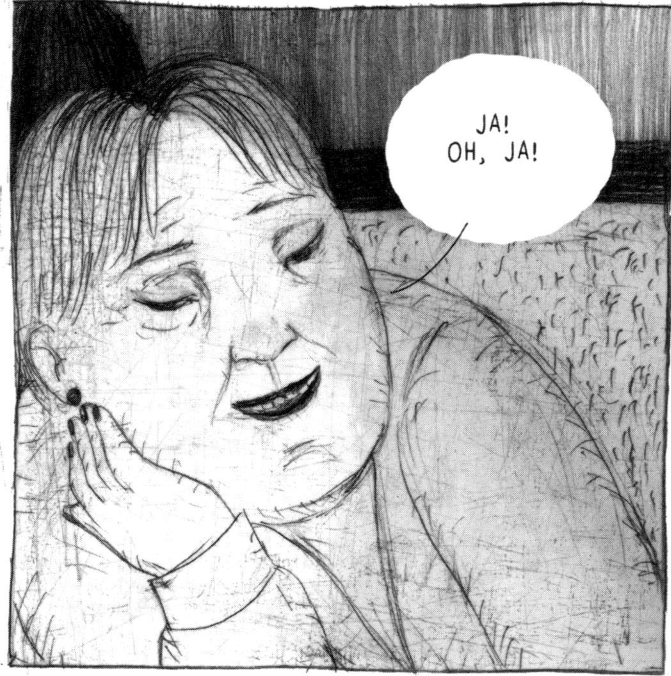
JA!
OH, JA!

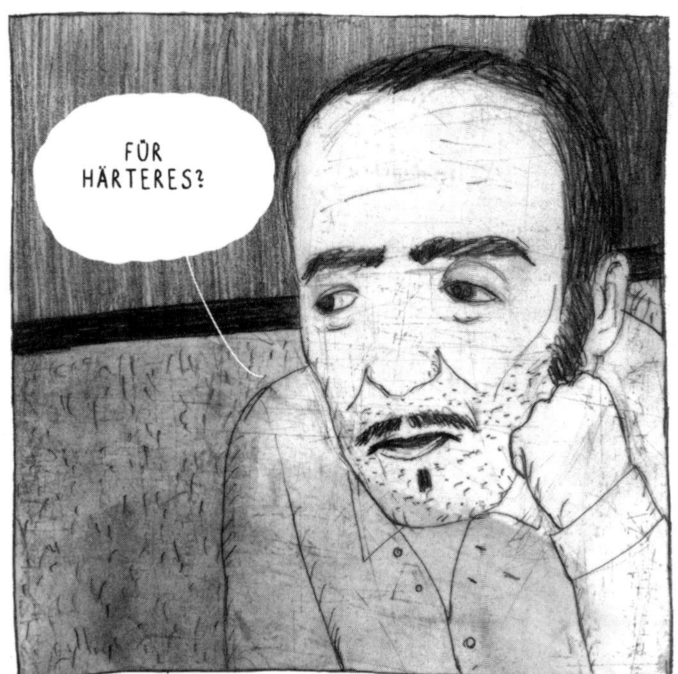
FÜR HÄRTERES?

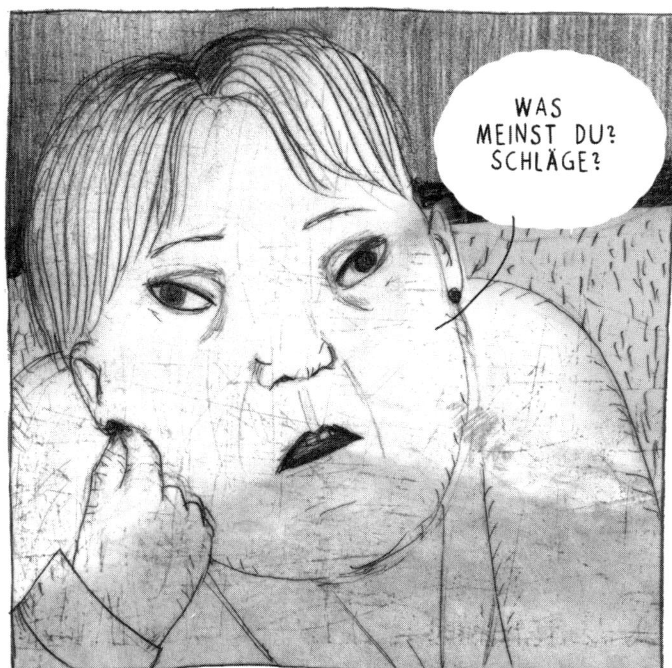
WAS MEINST DU? SCHLÄGE?

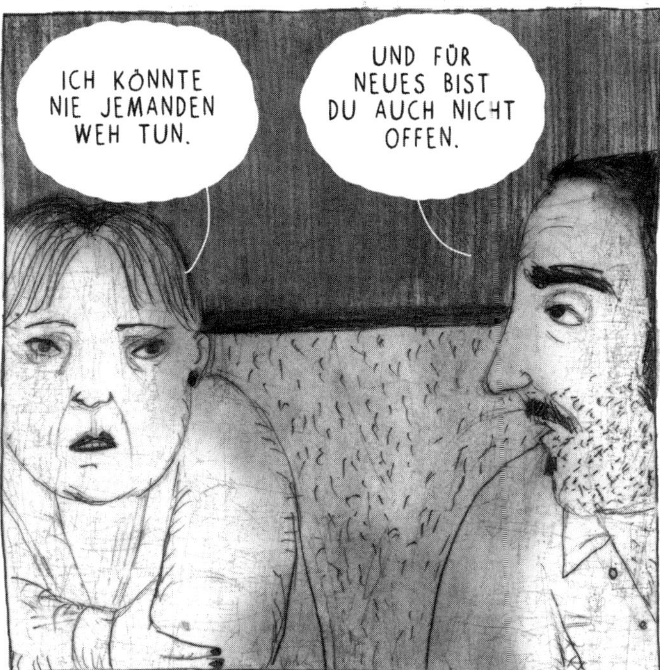
ICH KÖNNTE NIE JEMANDEN WEH TUN.
UND FÜR NEUES BIST DU AUCH NICHT OFFEN.

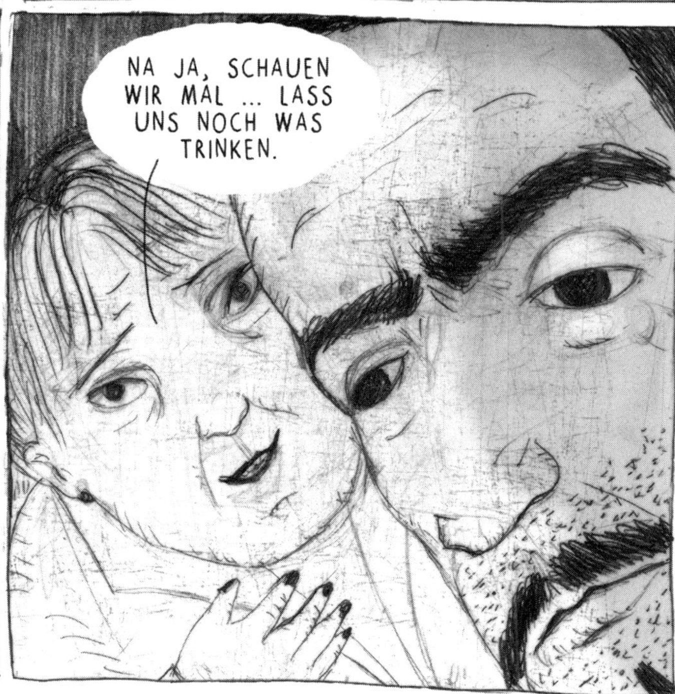
NA JA, SCHAUEN WIR MAL ... LASS UNS NOCH WAS TRINKEN.

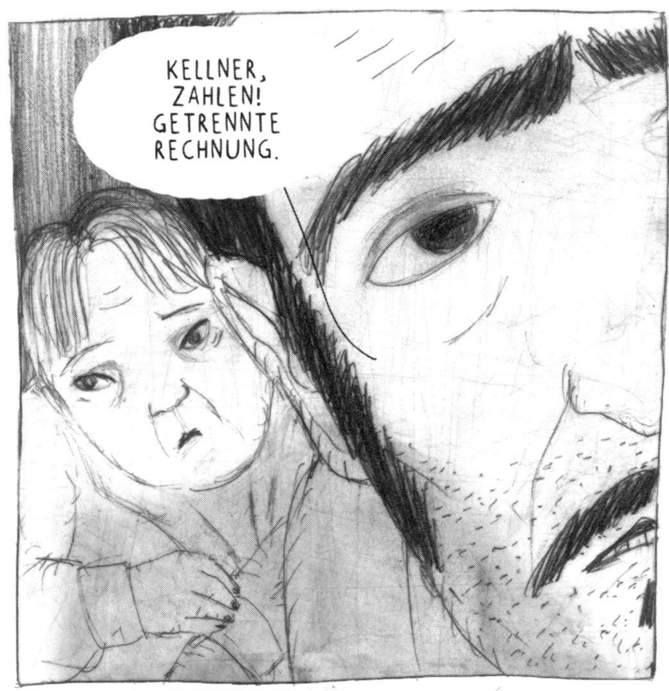
KELLNER, ZAHLEN! GETRENNTE RECHNUNG.
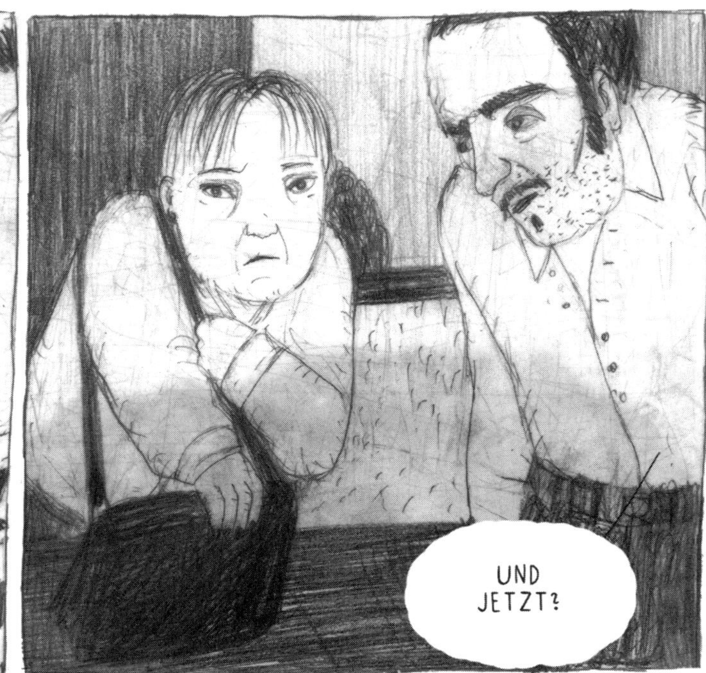
UND JETZT?
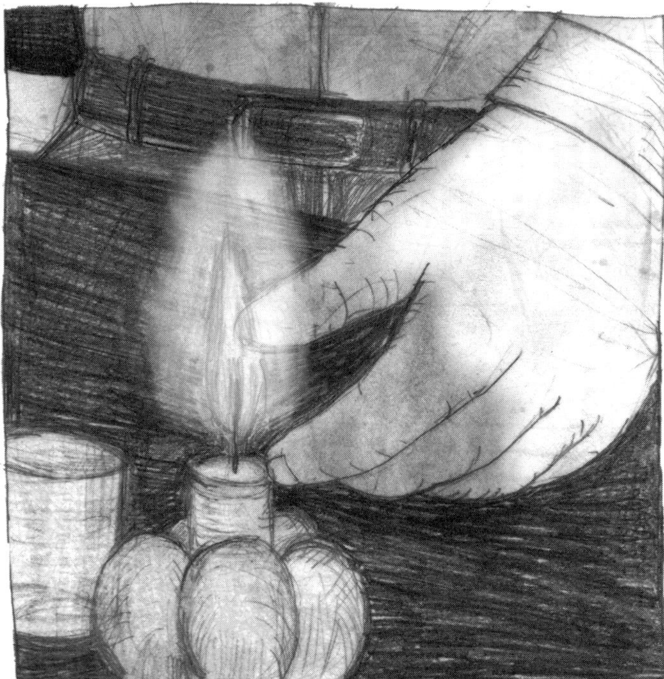
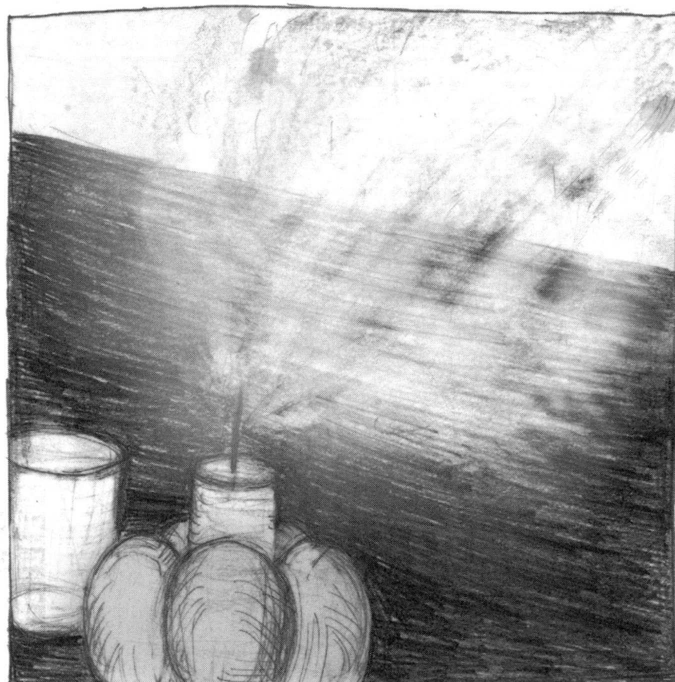

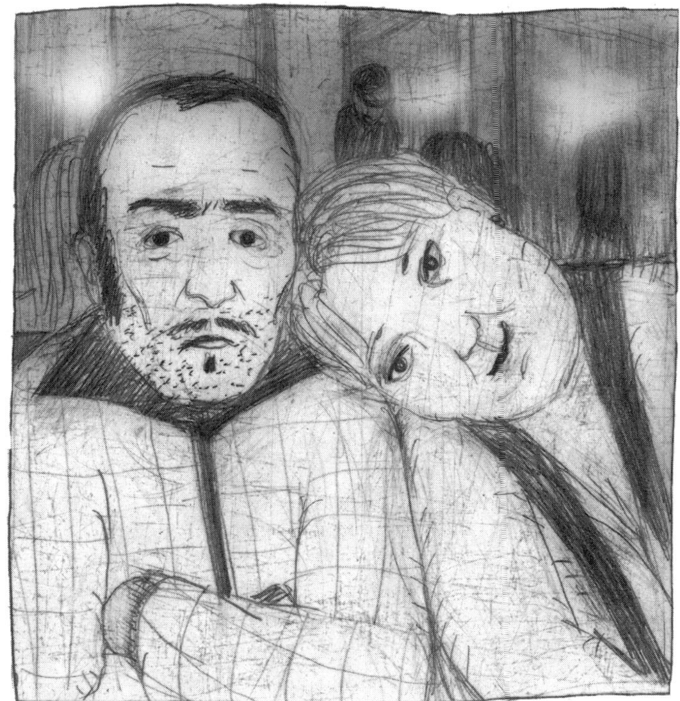

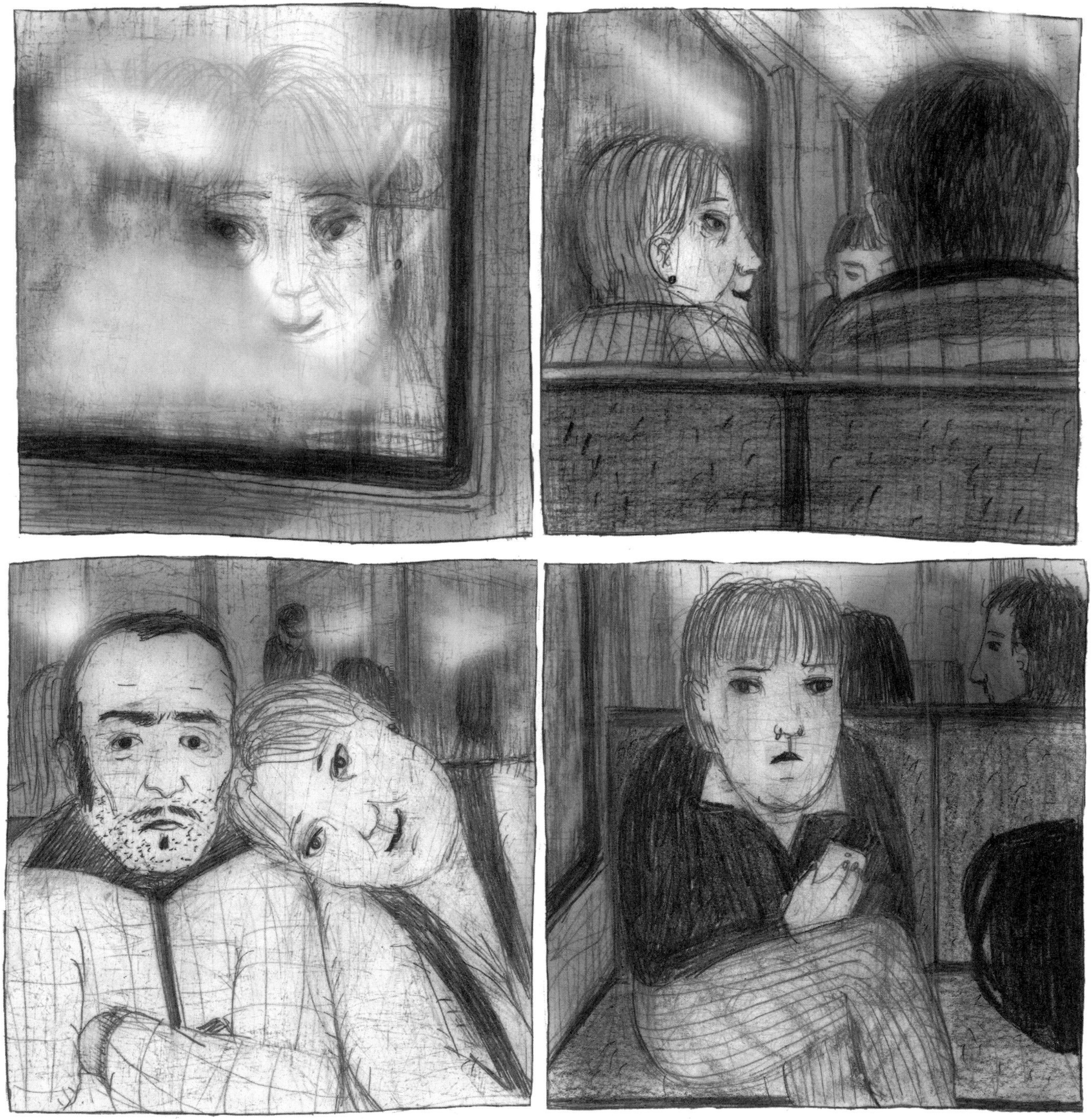

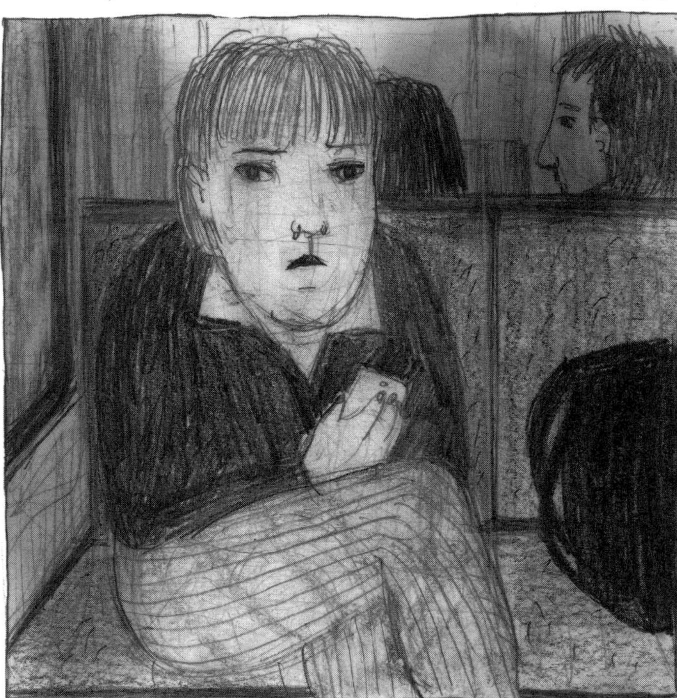

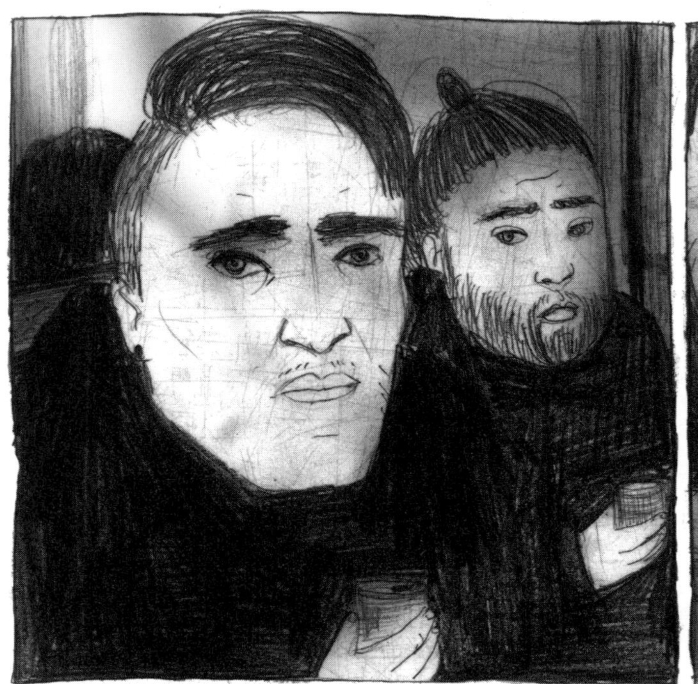

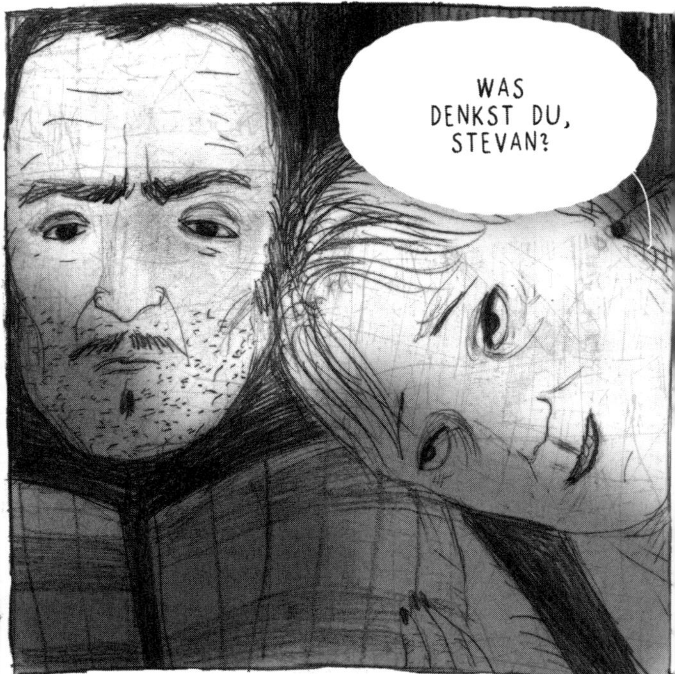
WAS DENKST DU, STEVAN?

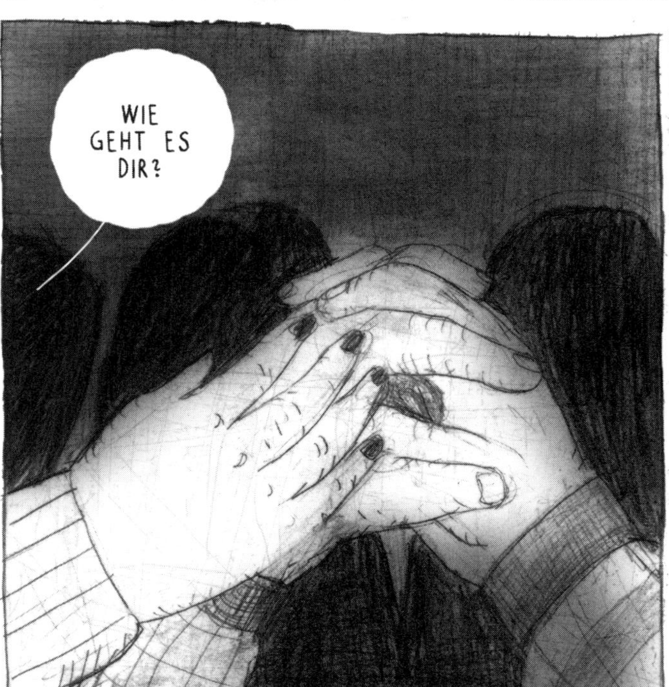
WIE GEHT ES DIR?

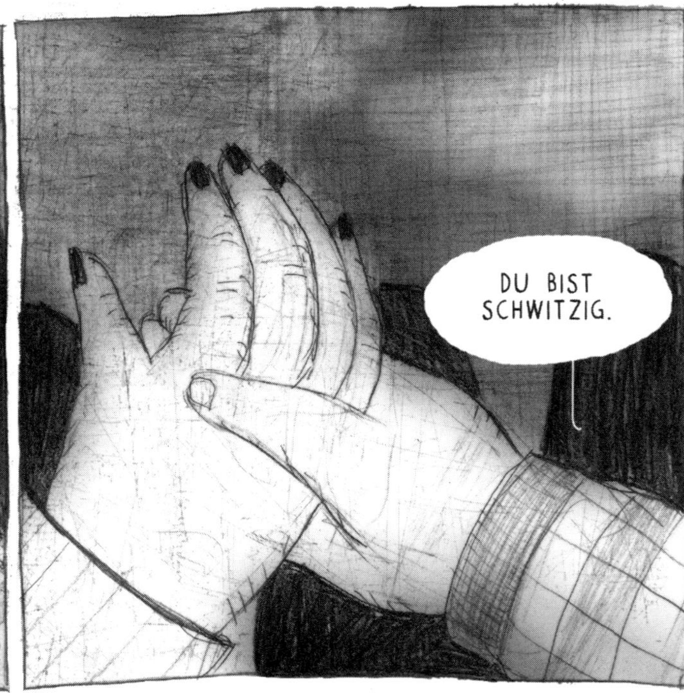
DU BIST SCHWITZIG.

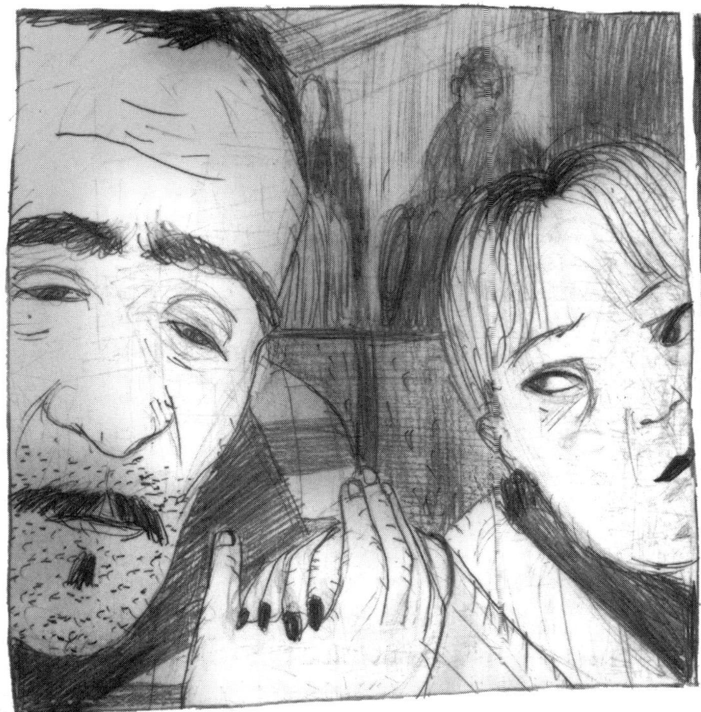

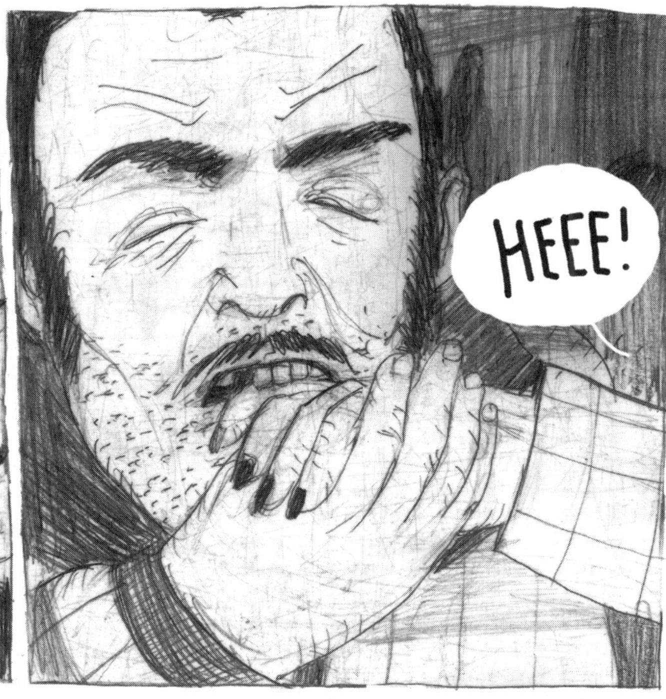
HEEE!

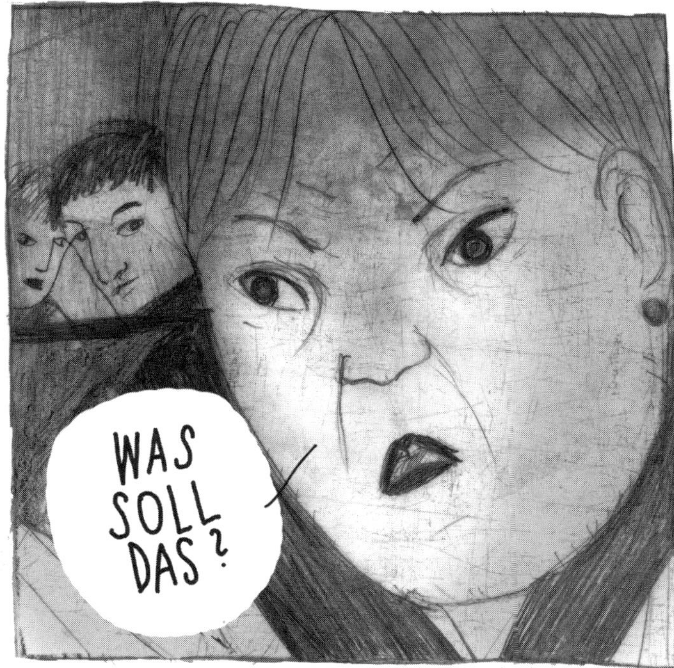
WAS SOLL DAS?

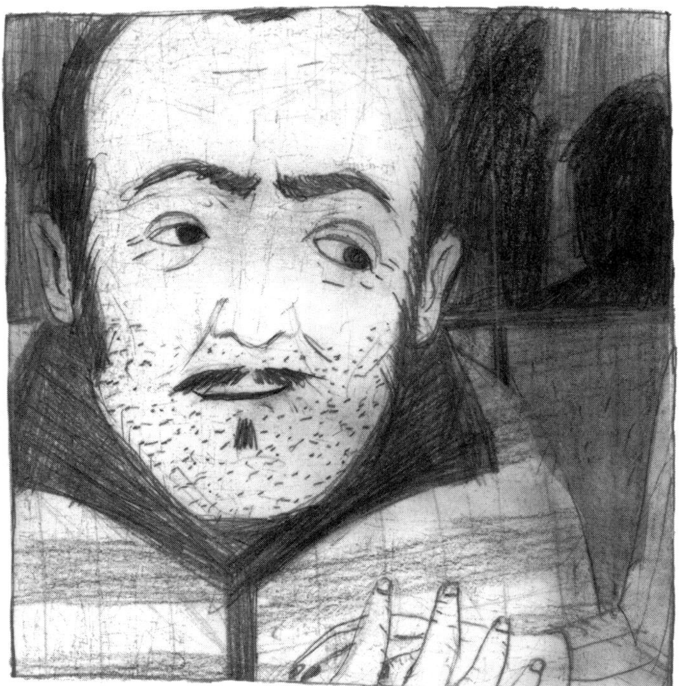

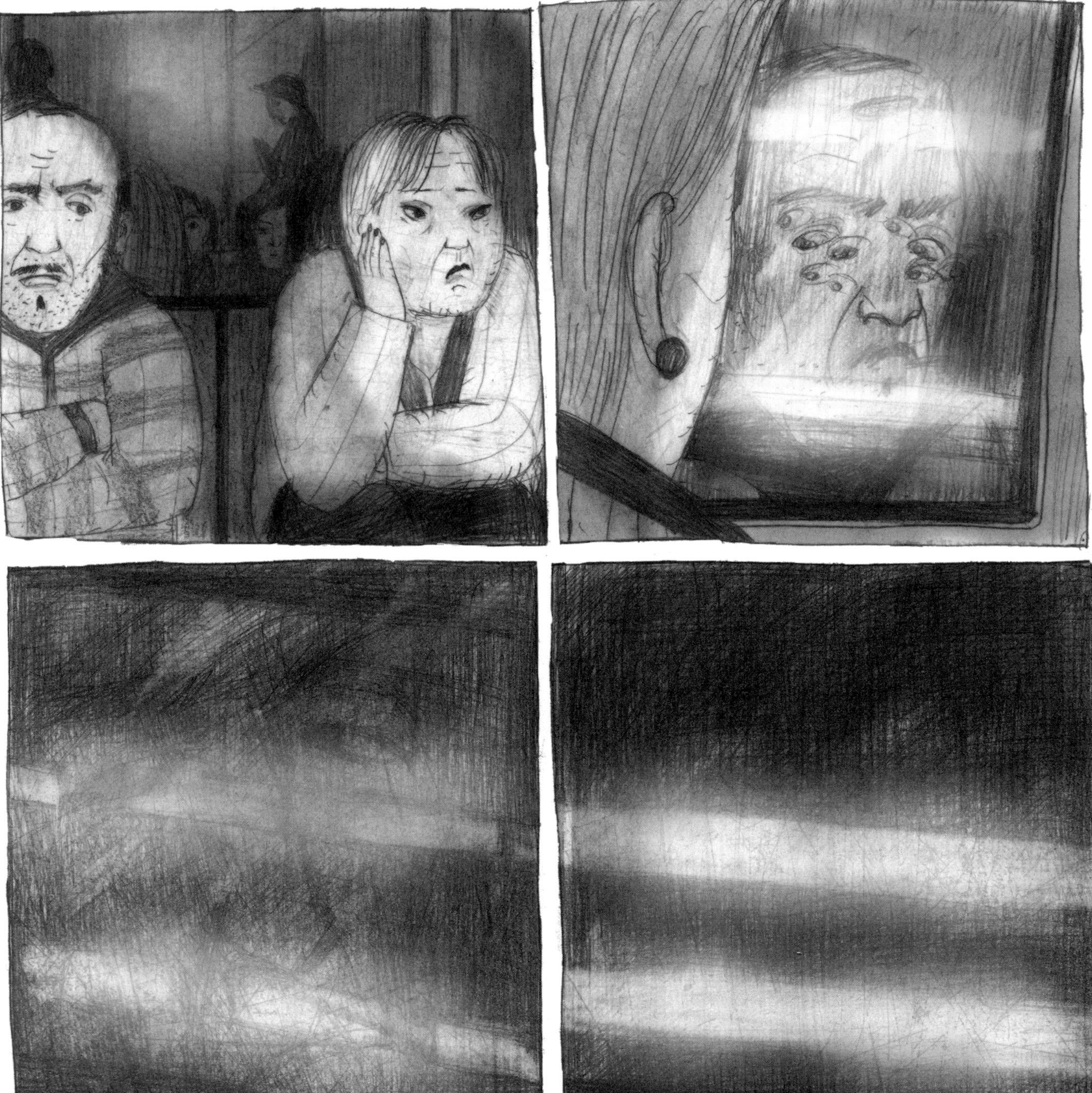

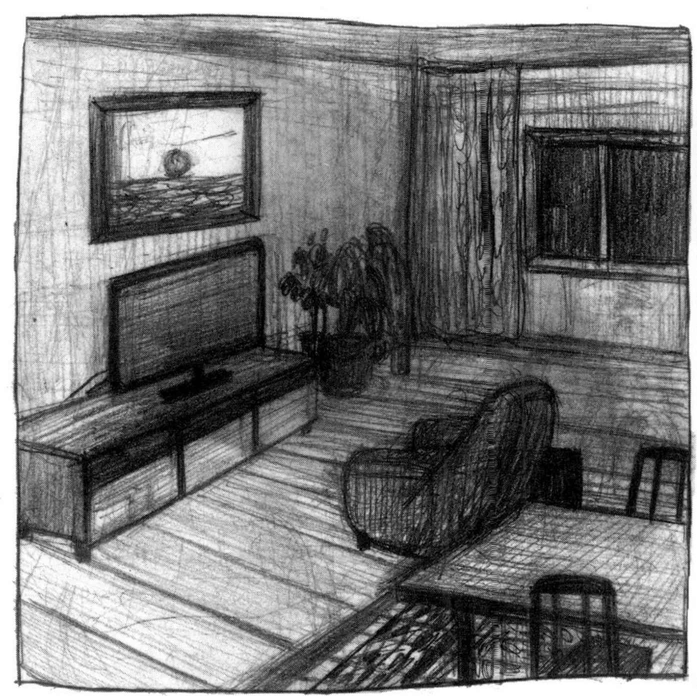

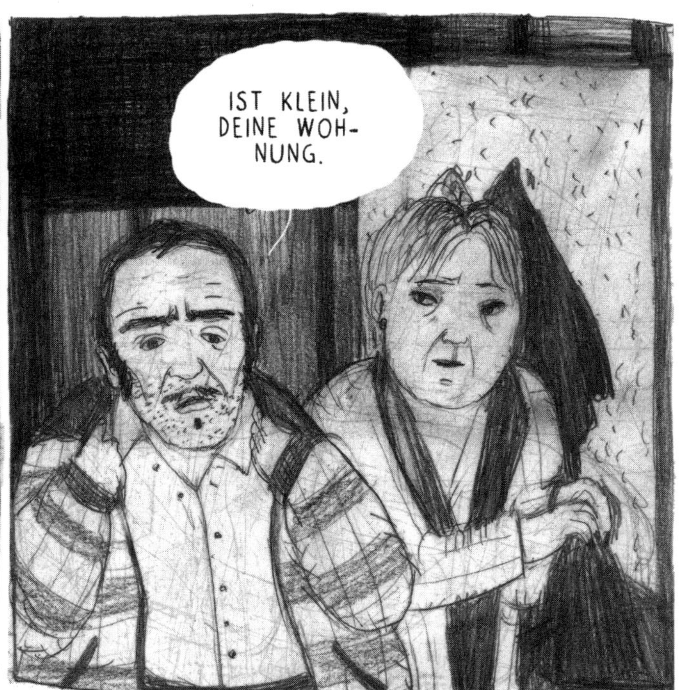
IST KLEIN, DEINE WOH- NUNG.

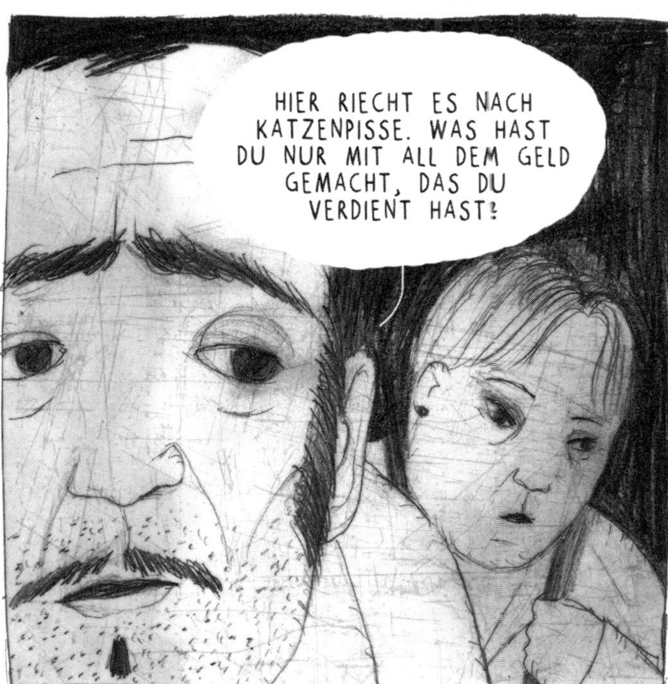
HIER RIECHT ES NACH KATZENPISSE. WAS HAST DU NUR MIT ALL DEM GELD GEMACHT, DAS DU VERDIENT HAST?

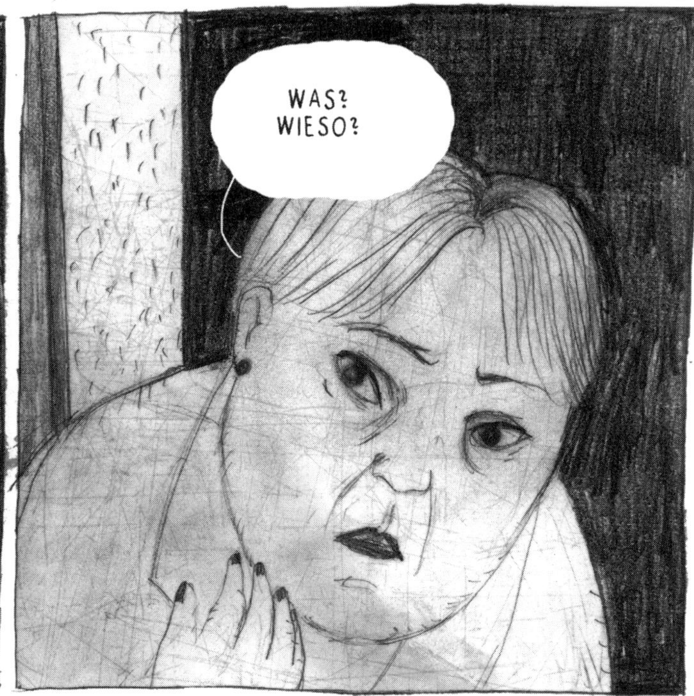
WAS? WIESO?

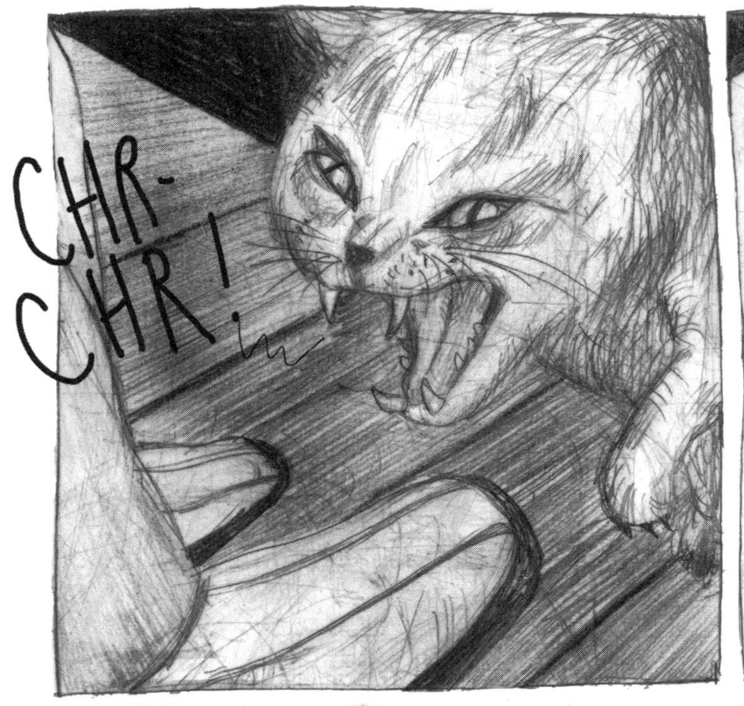
CHR-
CHR!

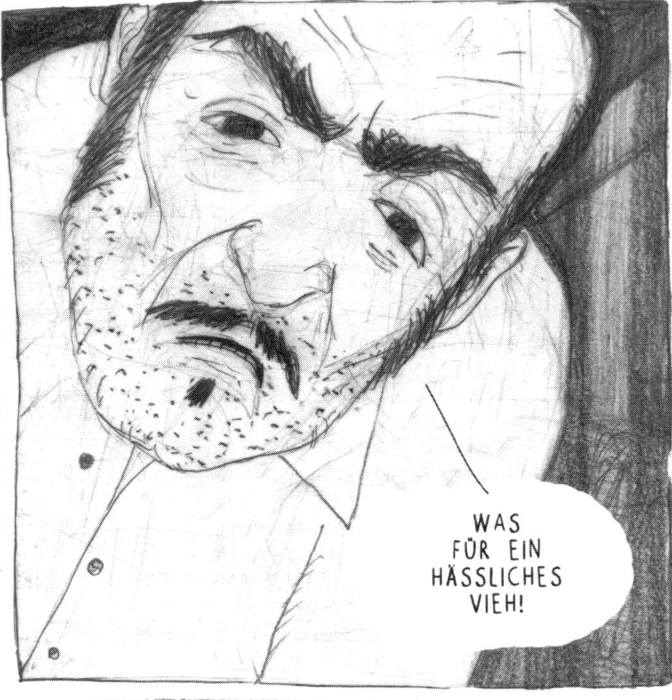
WAS FÜR EIN HÄSSLICHES VIEH!

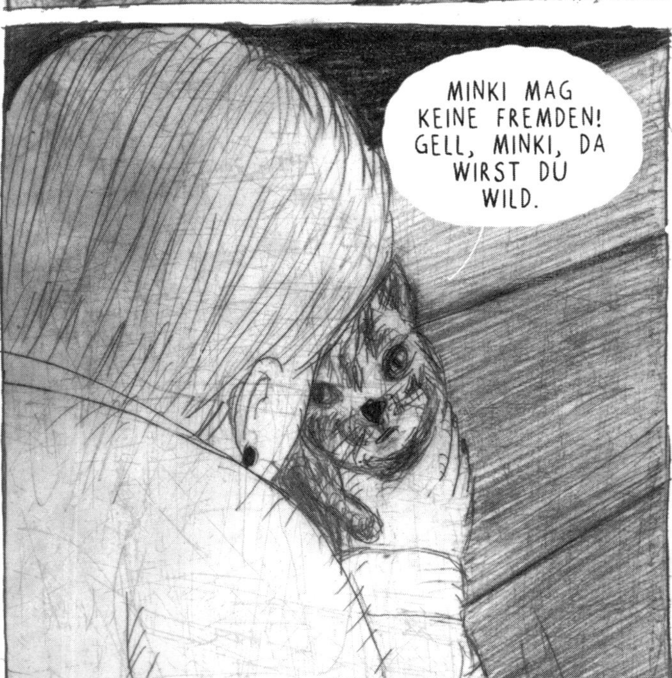
MINKI MAG KEINE FREMDEN! GELL, MINKI, DA WIRST DU WILD.

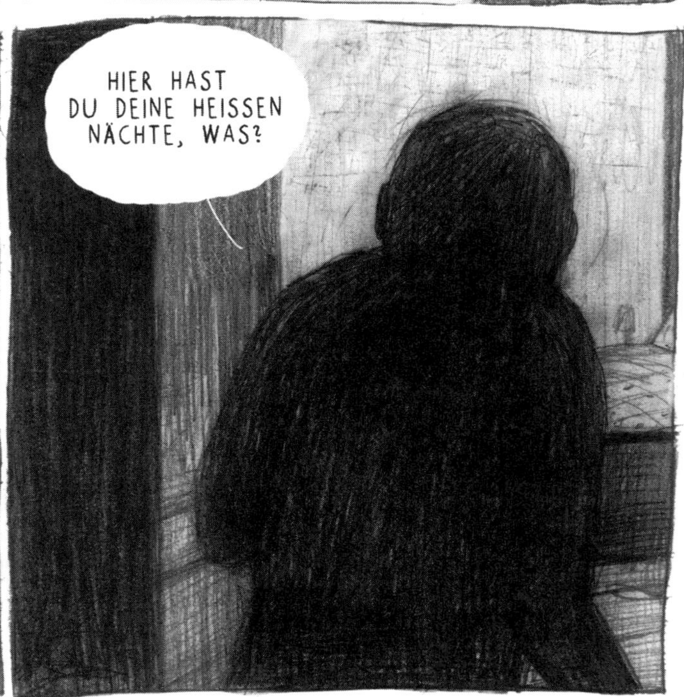
HIER HAST DU DEINE HEISSEN NÄCHTE, WAS?

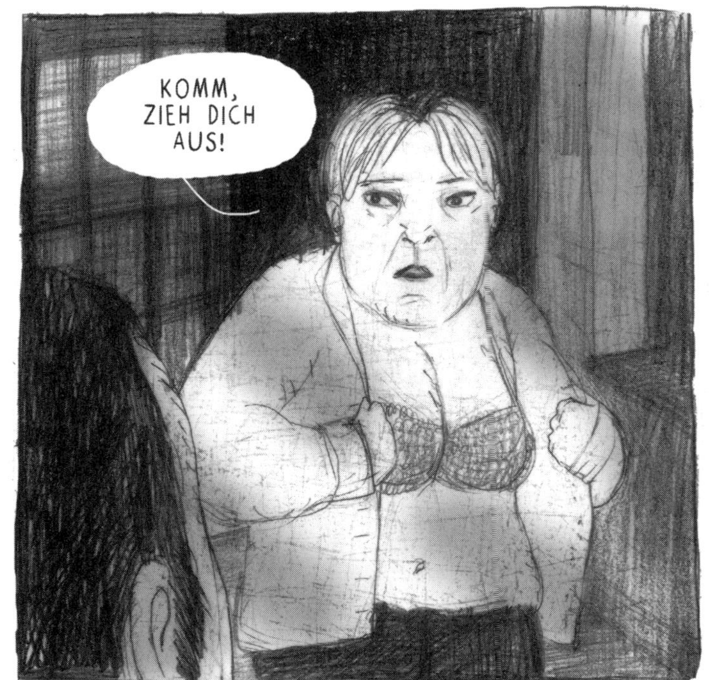
KOMM, ZIEH DICH AUS!

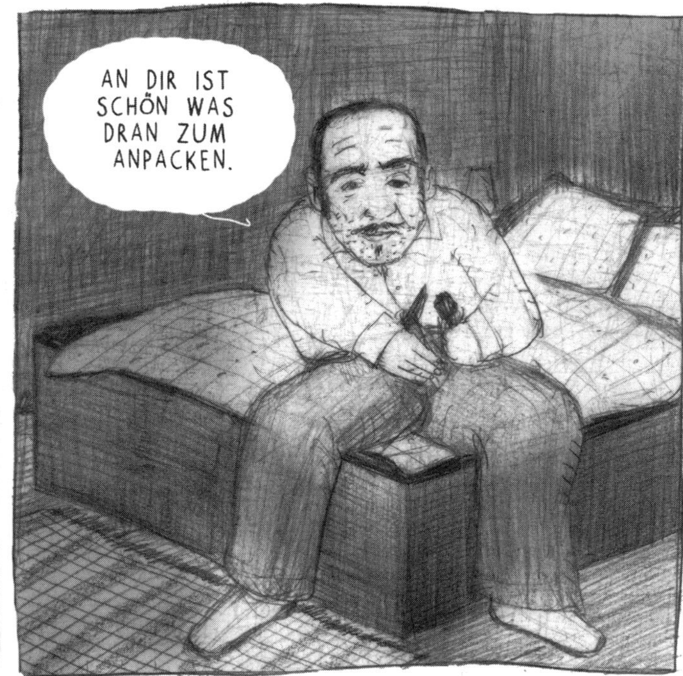
AN DIR IST SCHÖN WAS DRAN ZUM ANPACKEN.

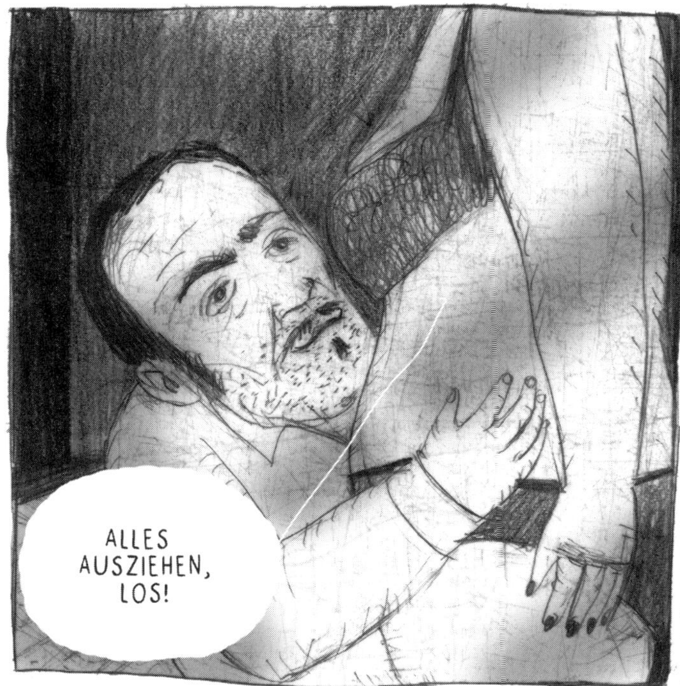
ALLES AUSZIEHEN, LOS!

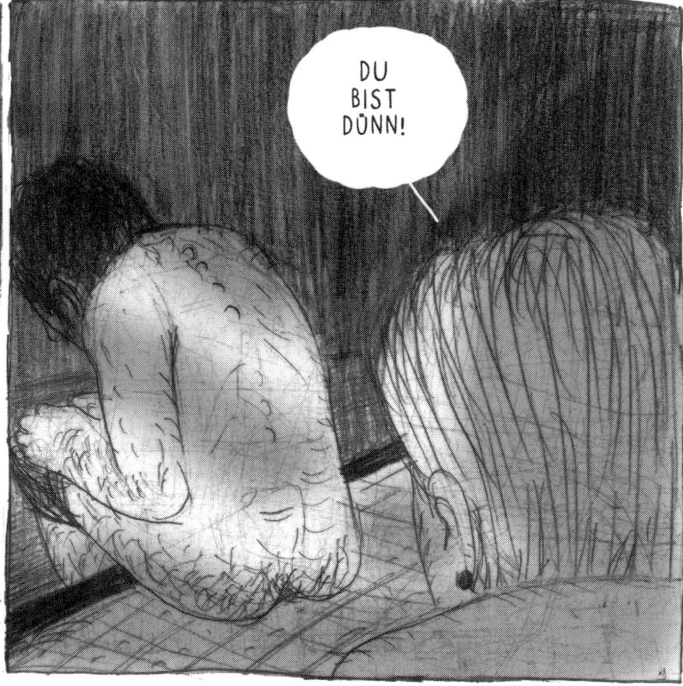
DU BIST DÜNN!

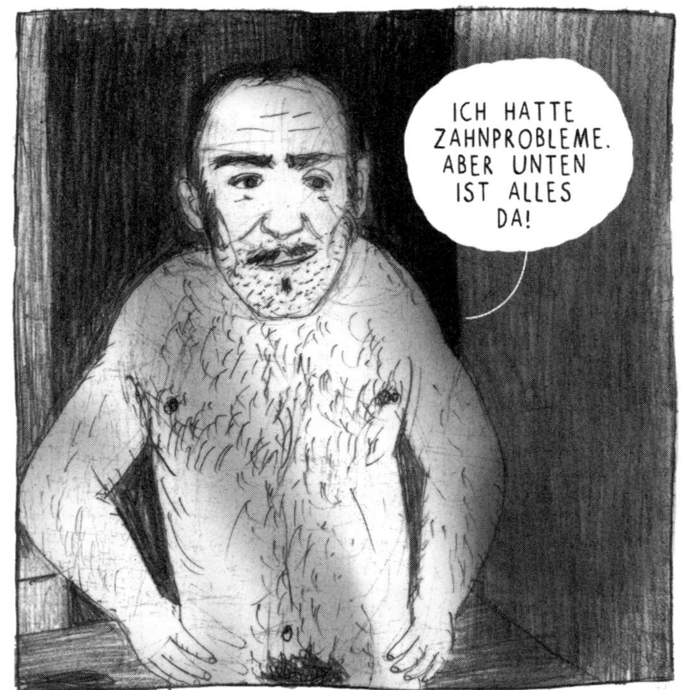
ICH HATTE ZAHNPROBLEME. ABER UNTEN IST ALLES DA!

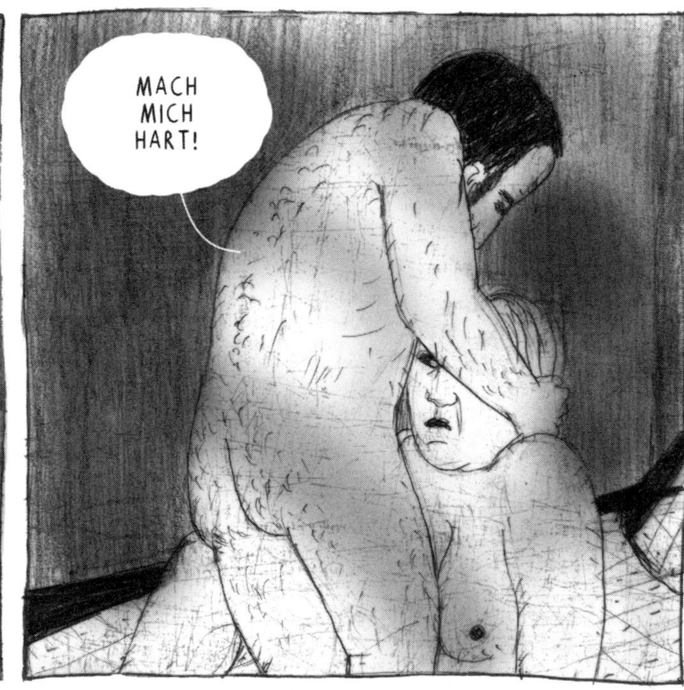
MACH MICH HART!

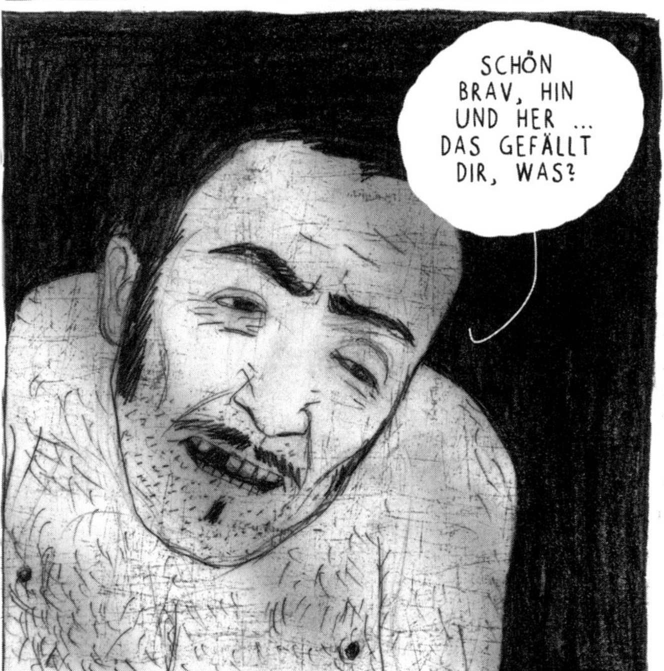
SCHÖN BRAV, HIN UND HER ... DAS GEFÄLLT DIR, WAS?

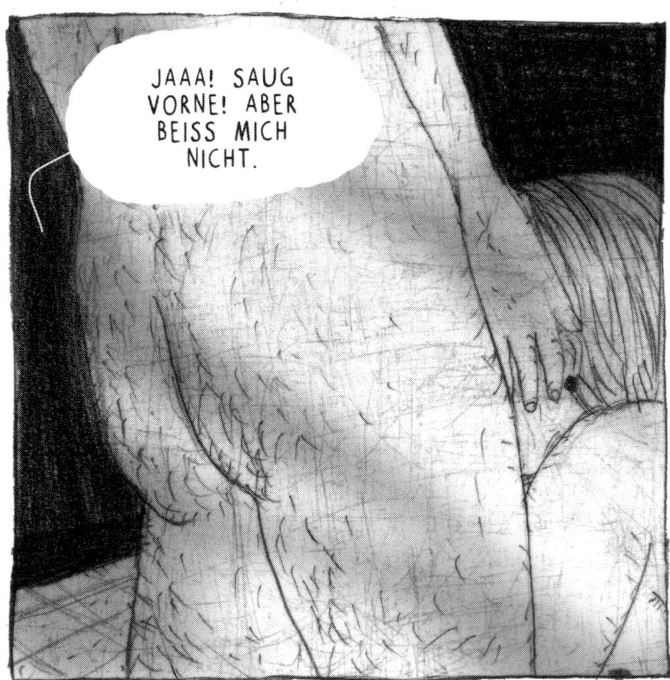
JAAA! SAUG VORNE! ABER BEISS MICH NICHT.

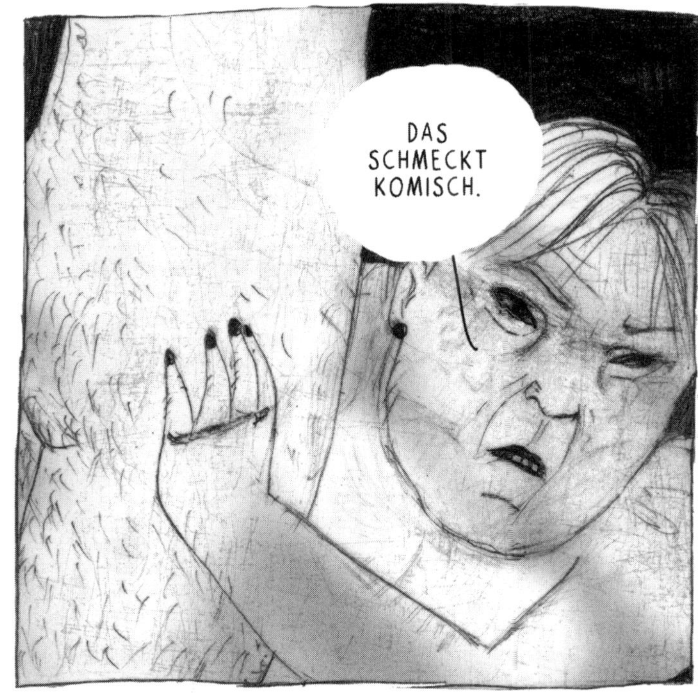
DAS SCHMECKT KOMISCH.
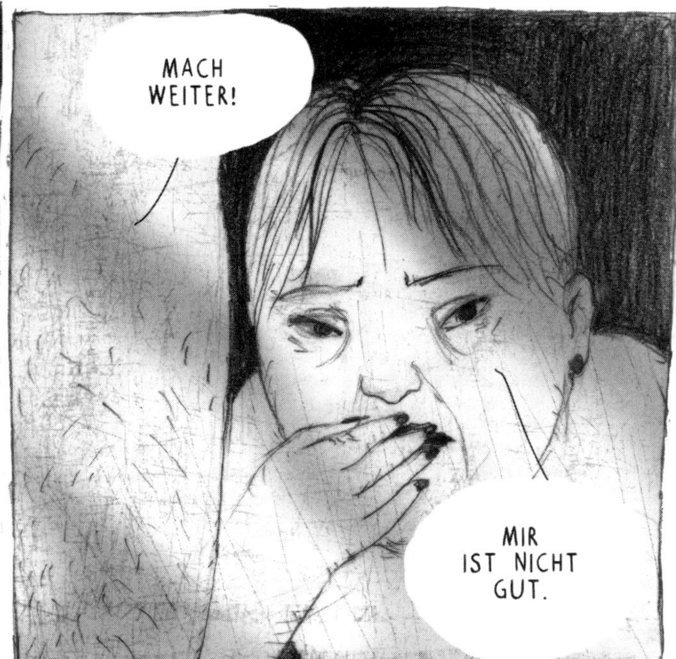
MACH WEITER!
MIR IST NICHT GUT.
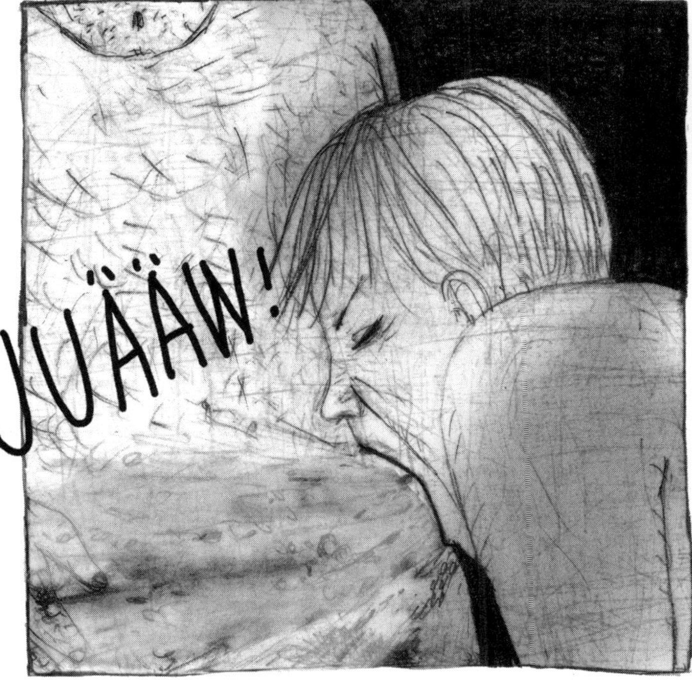
UÄÄÄW!
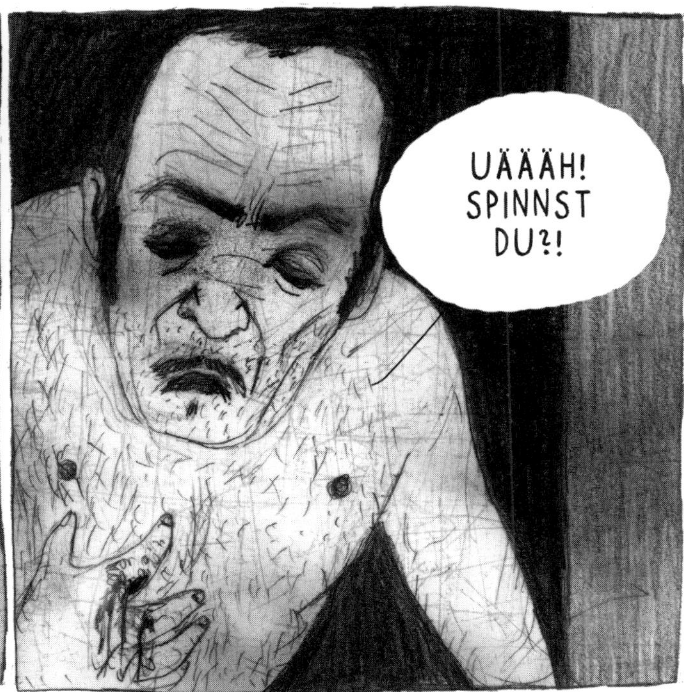
UÄÄÄH! SPINNST DU?!

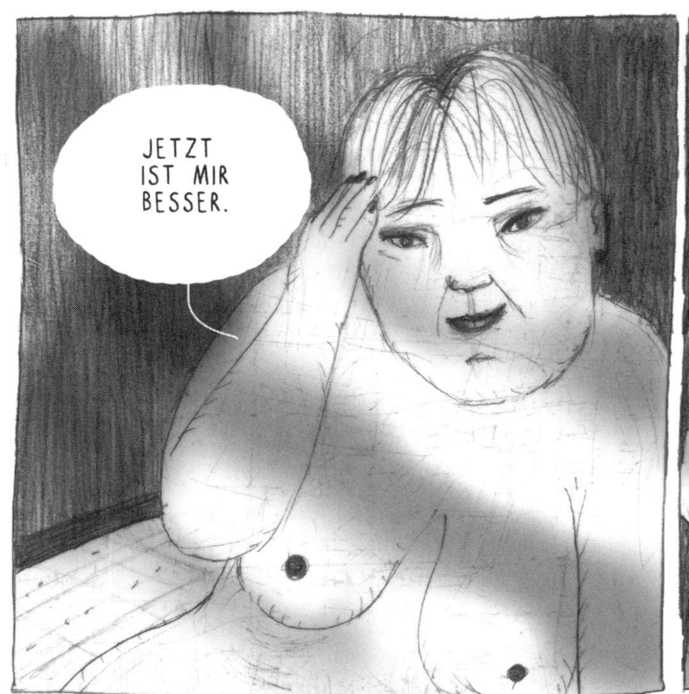
JETZT IST MIR BESSER.

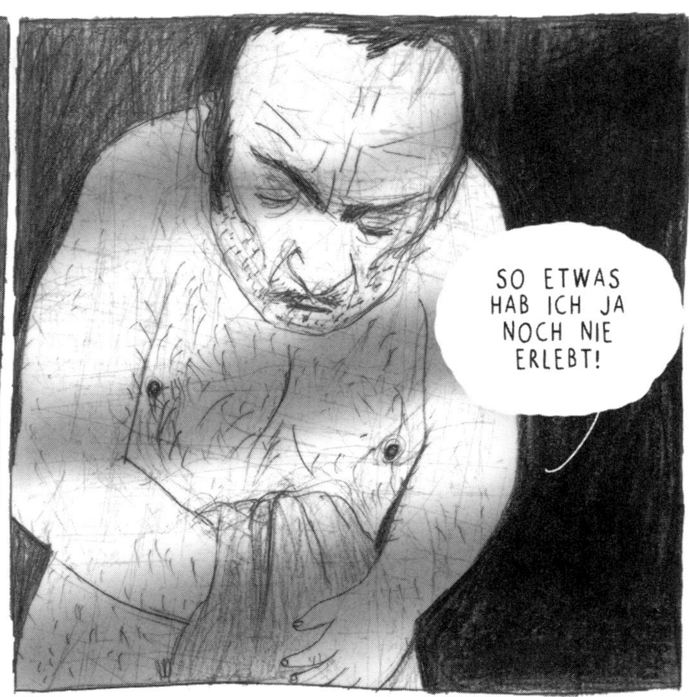
SO ETWAS HAB ICH JA NOCH NIE ERLEBT!

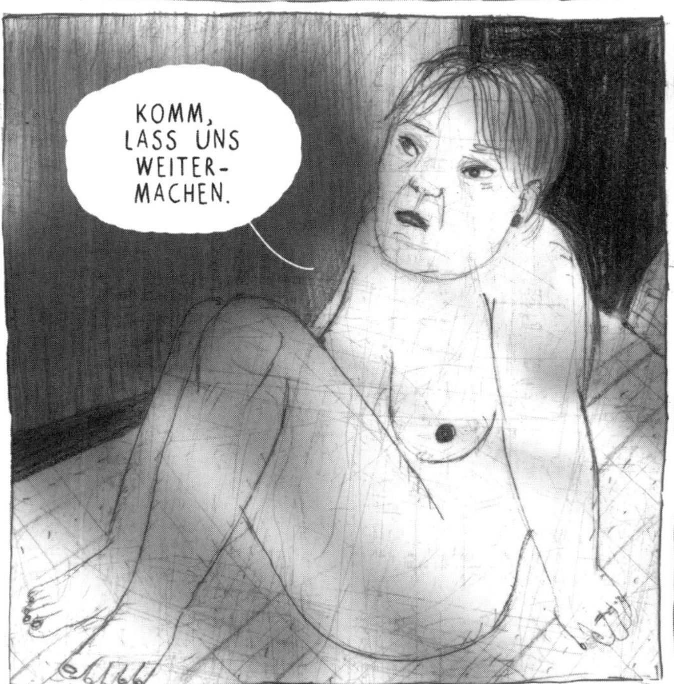
KOMM, LASS UNS WEITER-MACHEN.

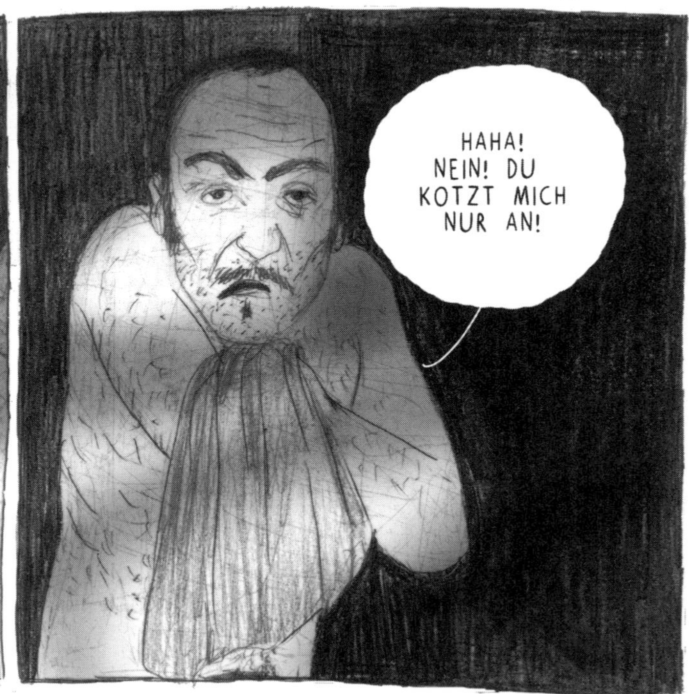
HAHA! NEIN! DU KOTZT MICH NUR AN!

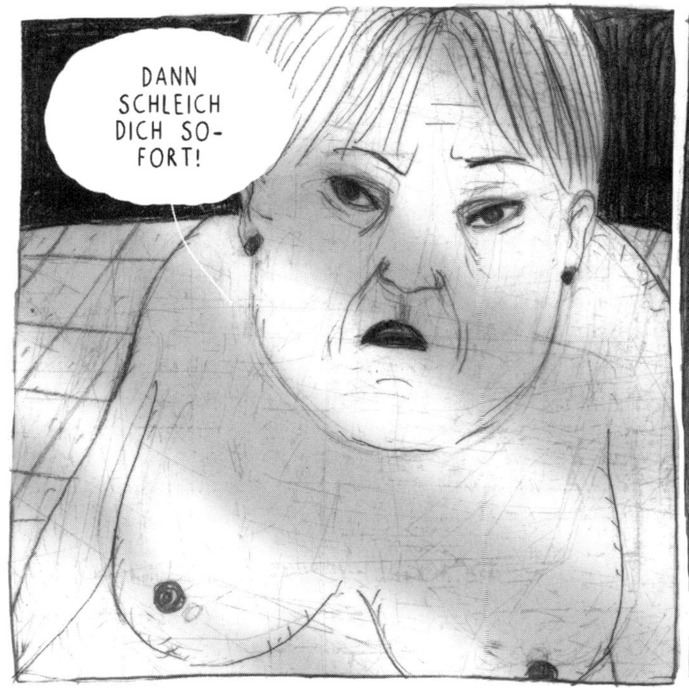
DANN SCHLEICH DICH SO-FORT!

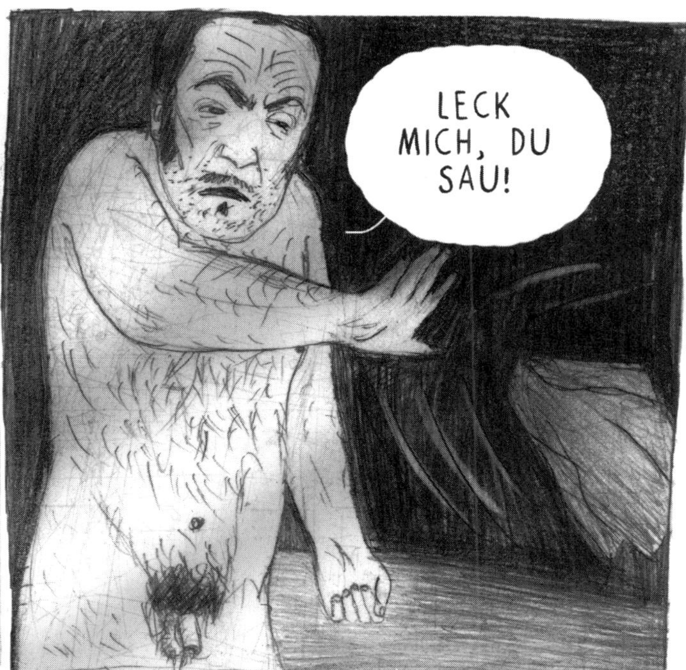
LECK MICH, DU SAU!

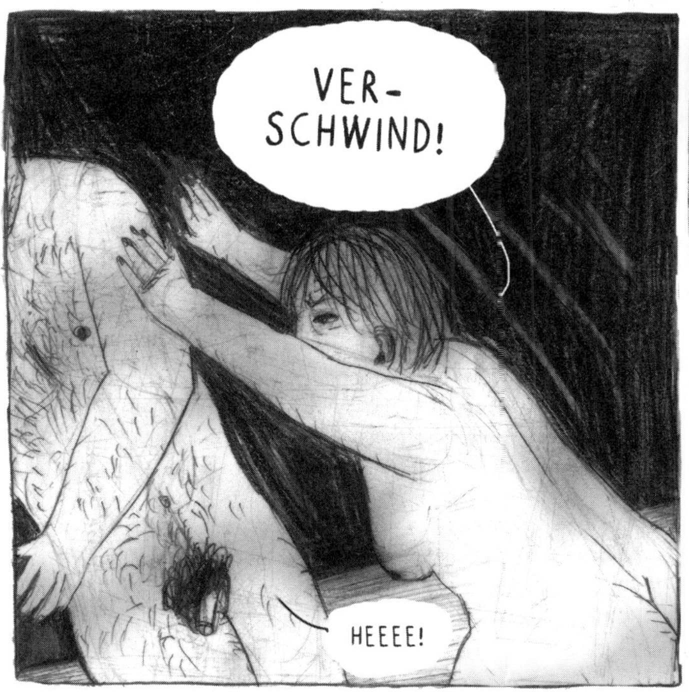
VER-SCHWIND!
HEEEE!

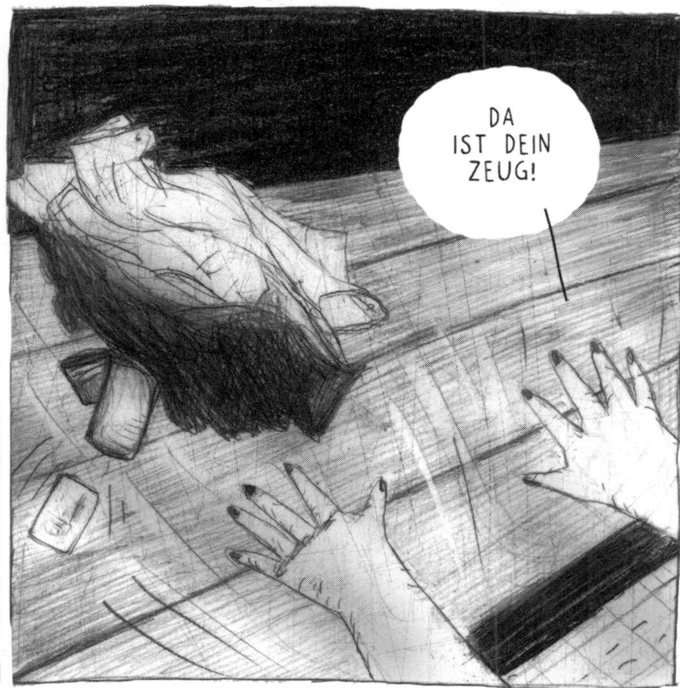
DA IST DEIN ZEUG!

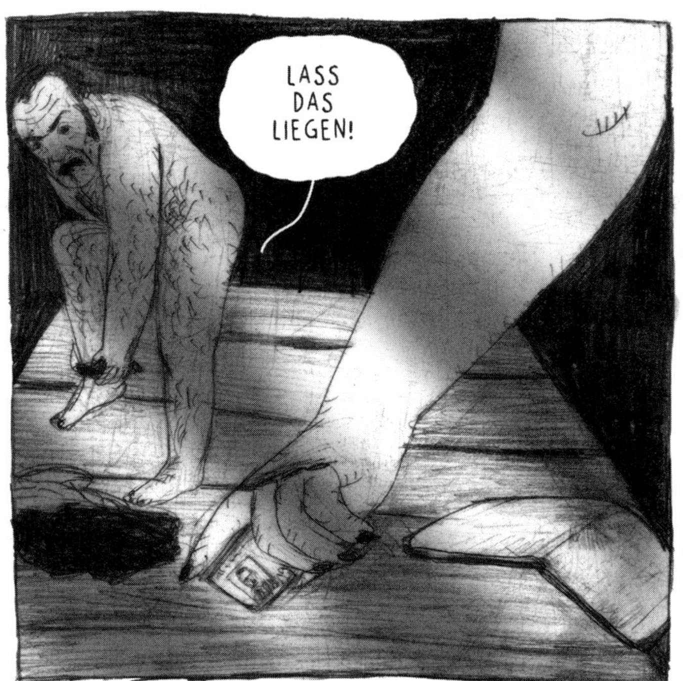
LASS DAS LIEGEN!

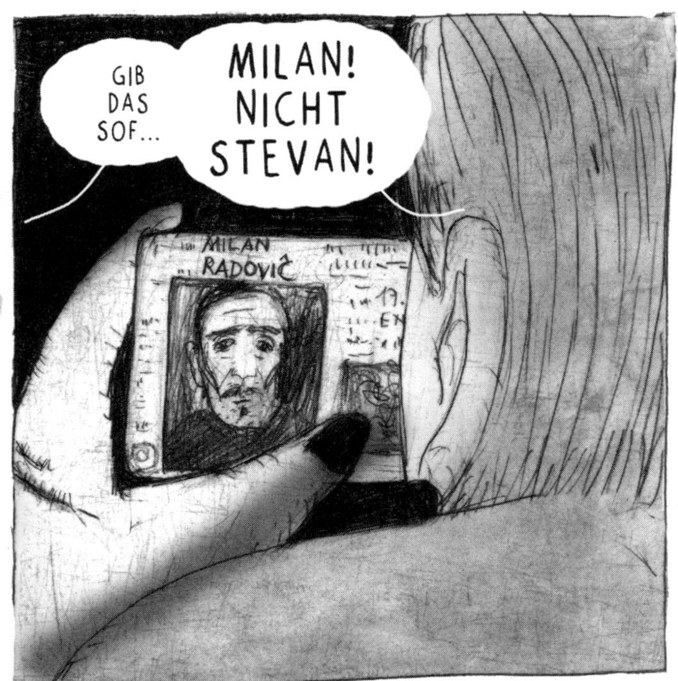
GIB DAS SOF...
MILAN! NICHT STEVAN!
MILAN RADOVIČ

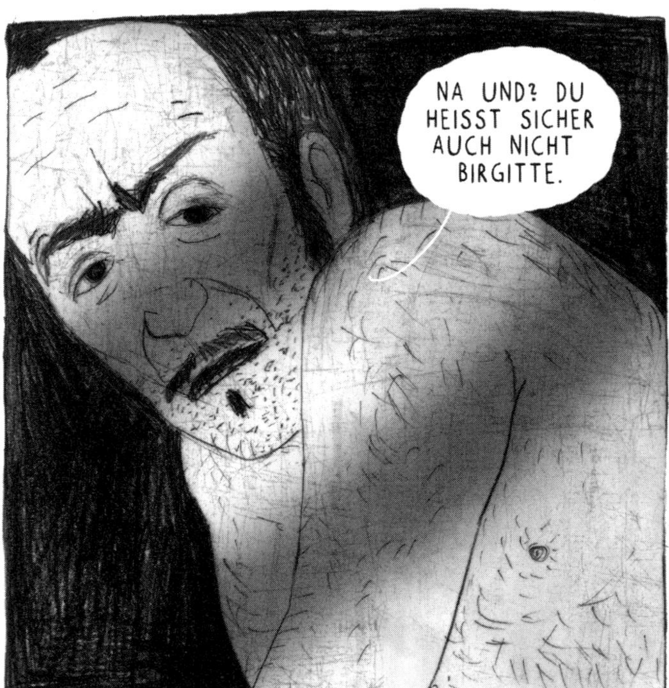
NA UND? DU HEISST SICHER AUCH NICHT BIRGITTE.

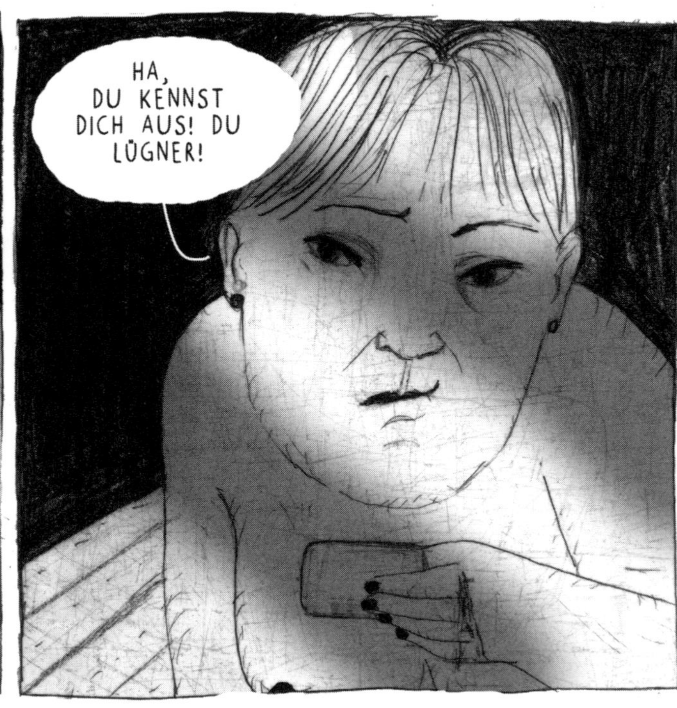
HA, DU KENNST DICH AUS! DU LÜGNER!

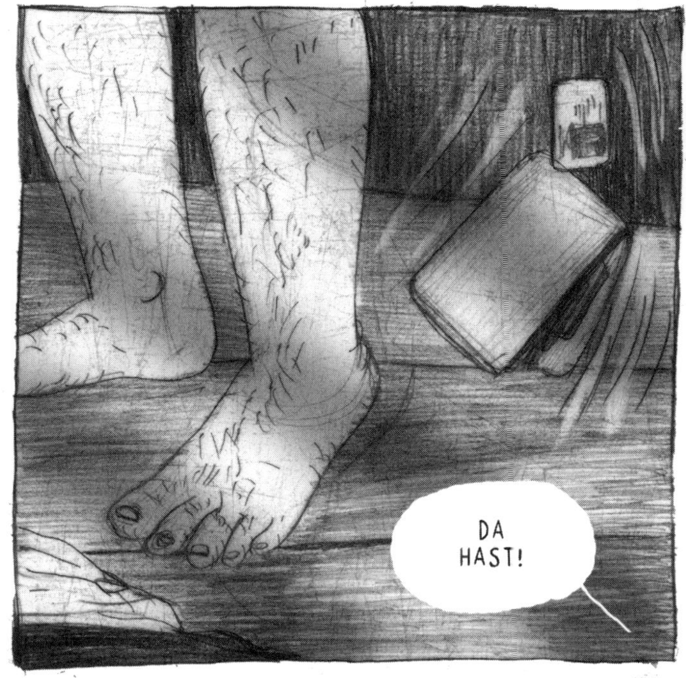
DA HAST!

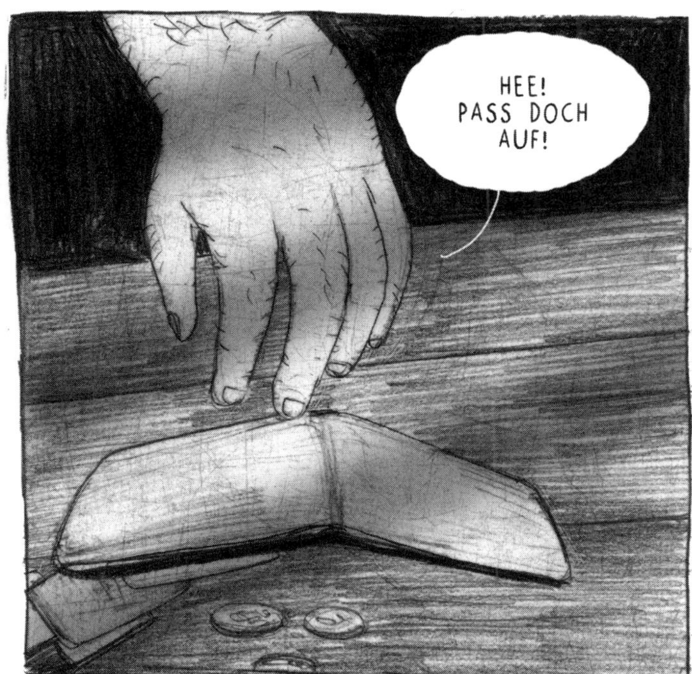
HEE! PASS DOCH AUF!

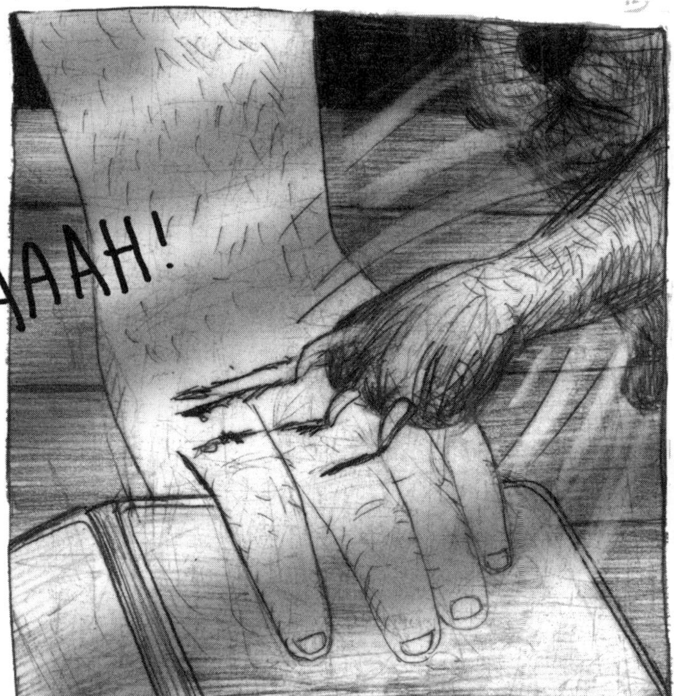
AAAH!

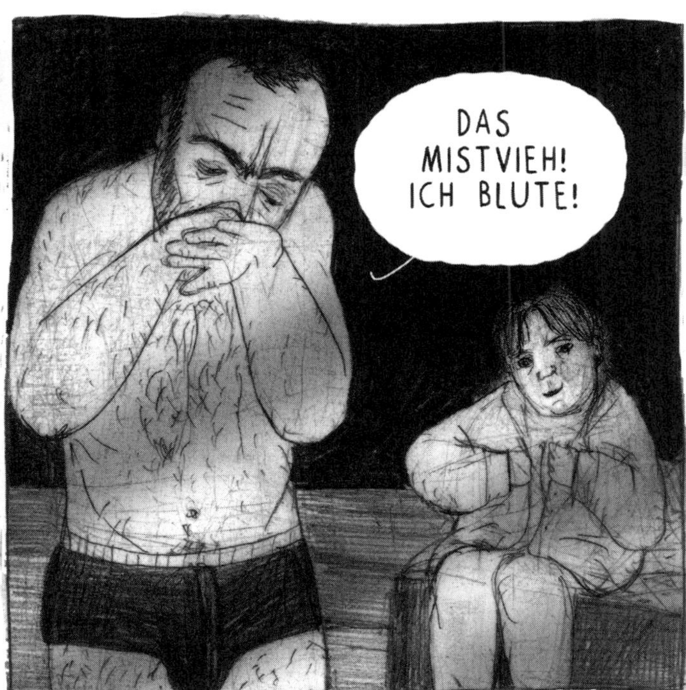
DAS MISTVIEH! ICH BLUTE!

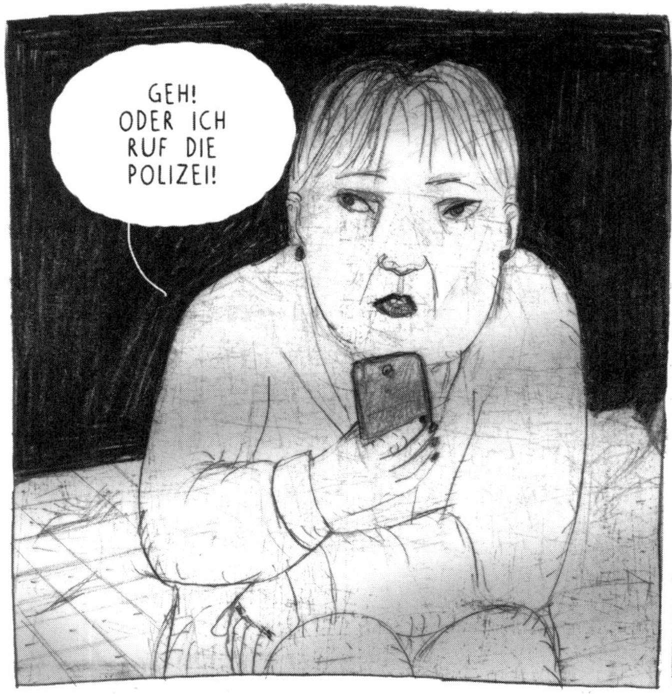
GEH! ODER ICH RUF DIE POLIZEI!

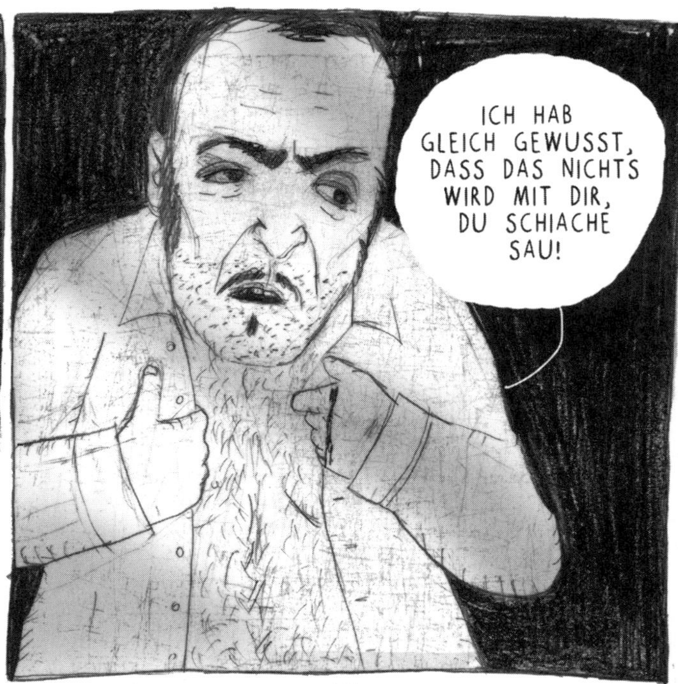
ICH HAB GLEICH GEWUSST, DASS DAS NICHTS WIRD MIT DIR, DU SCHIACHE SAU!

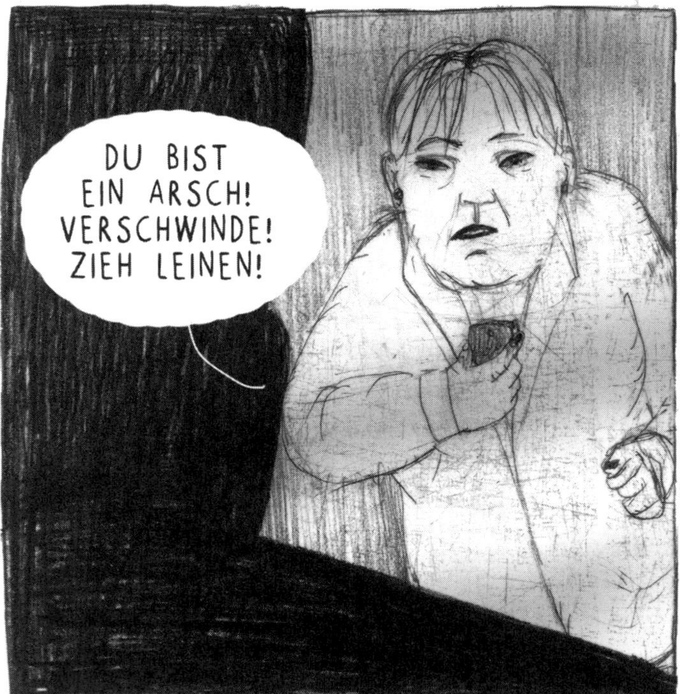
DU BIST EIN ARSCH! VERSCHWINDE! ZIEH LEINEN!

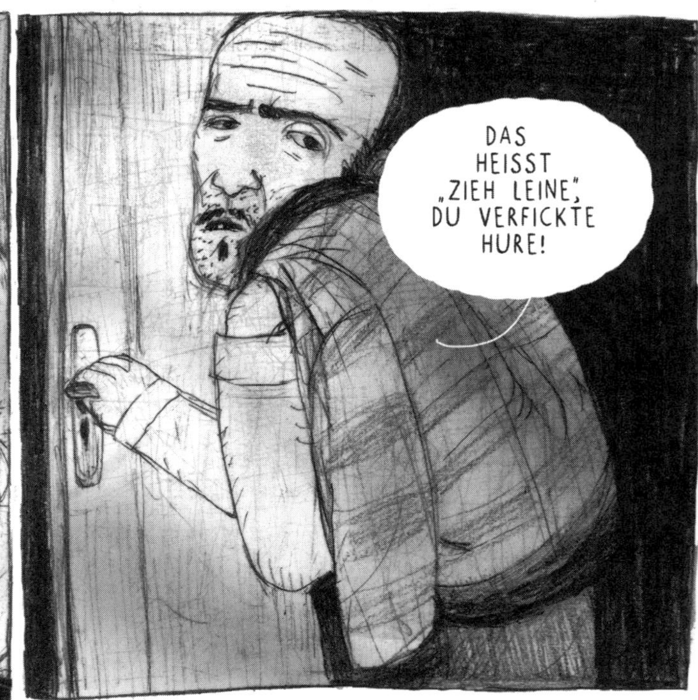
DAS HEISST „ZIEH LEINE", DU VERFICKTE HURE!

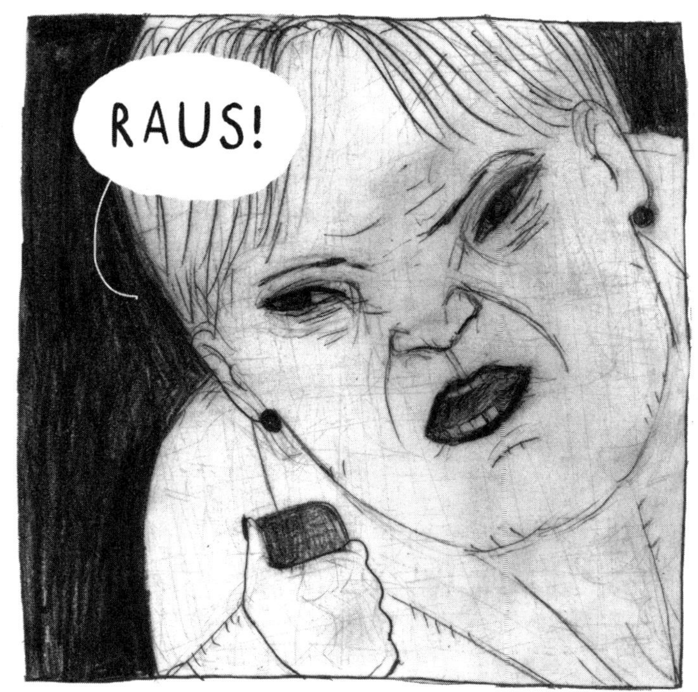
RAUS!

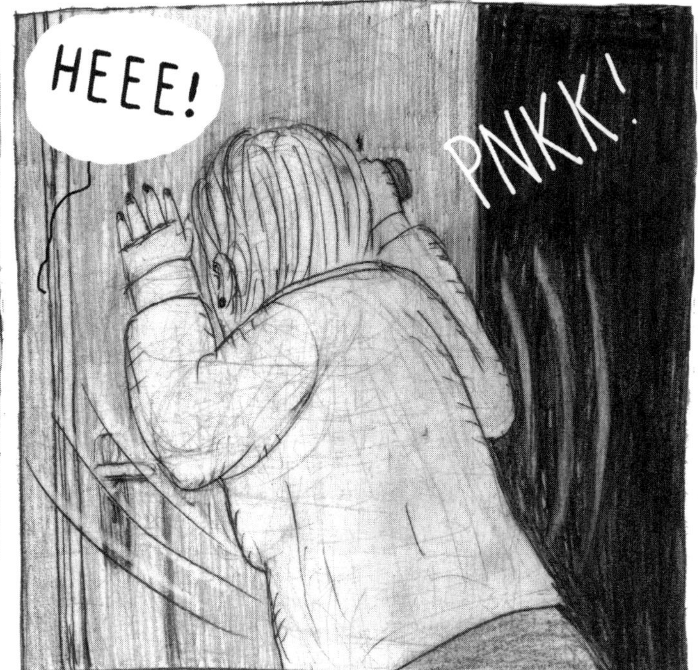
HEEE!
PNKK!

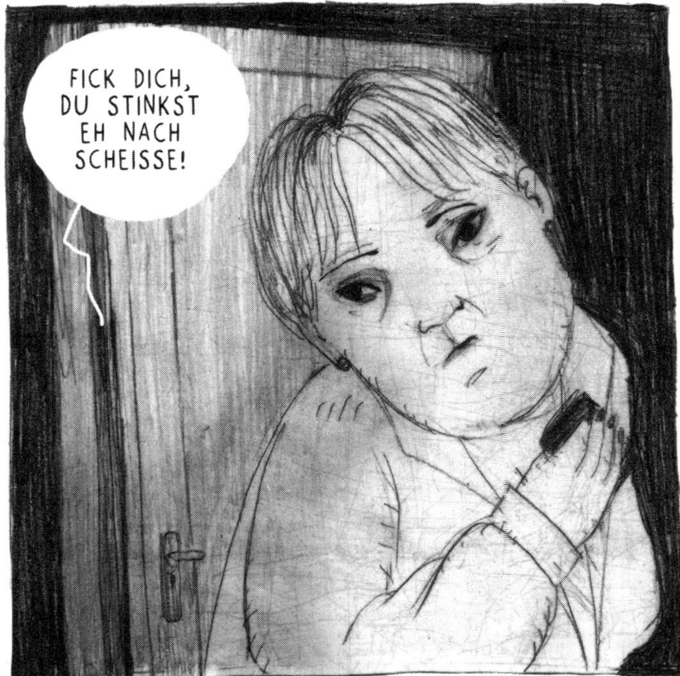
FICK DICH, DU STINKST EH NACH SCHEISSE!

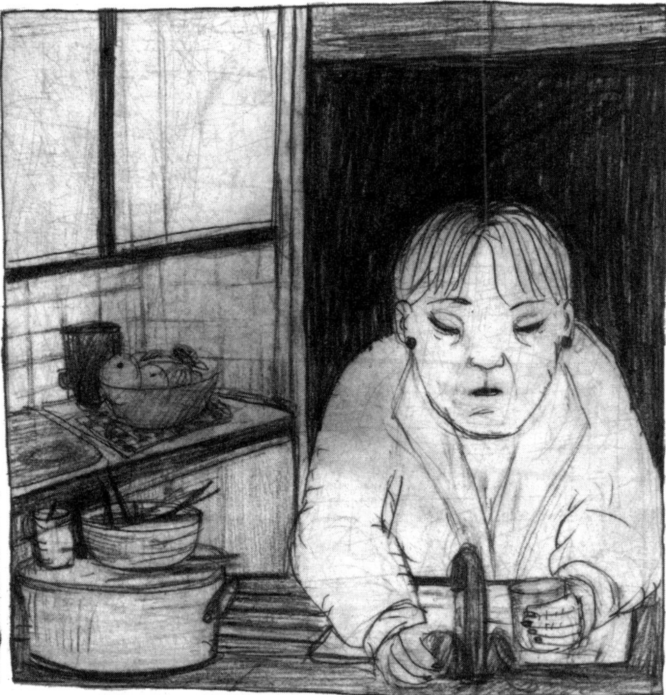

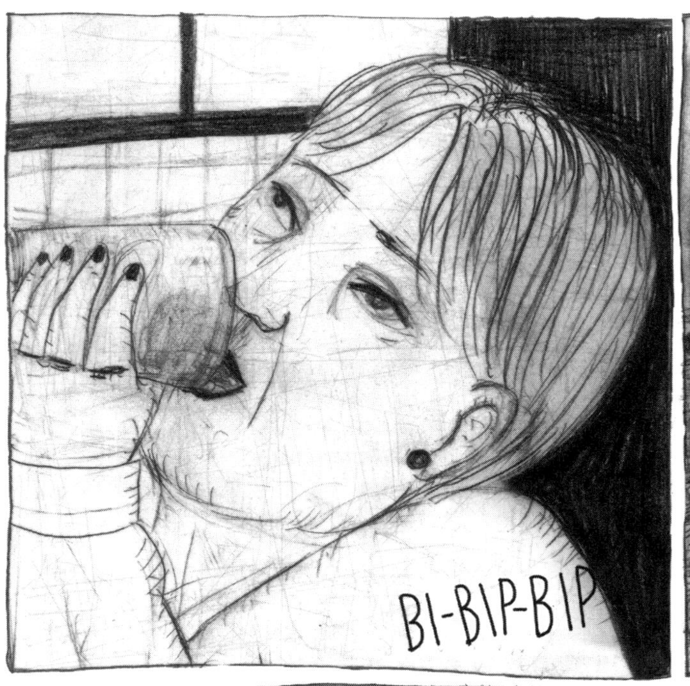
BI-BIP-BIP

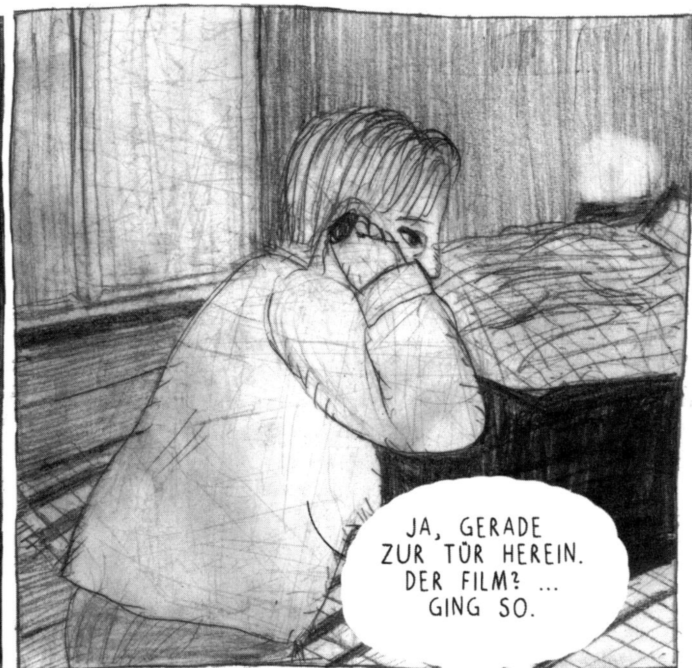
JA, GERADE ZUR TÜR HEREIN. DER FILM? … GING SO.

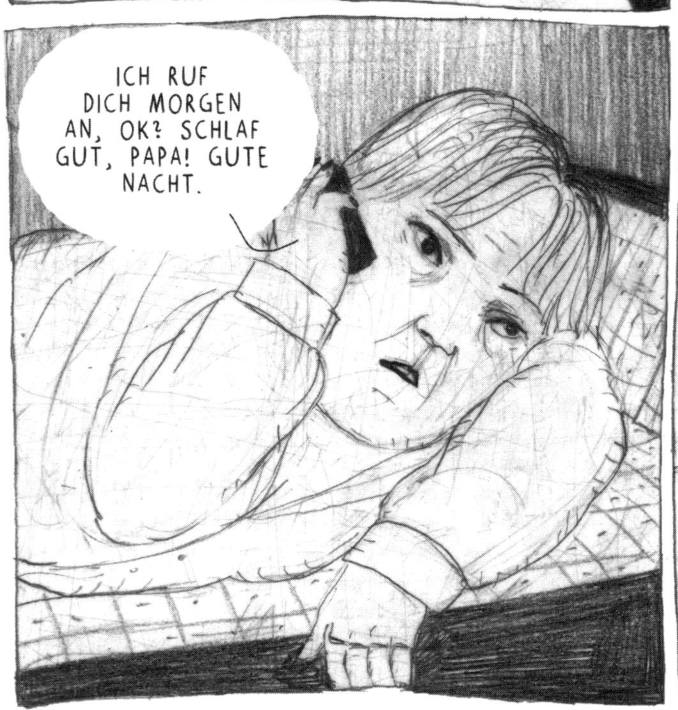
ICH RUF DICH MORGEN AN, OK? SCHLAF GUT, PAPA! GUTE NACHT.

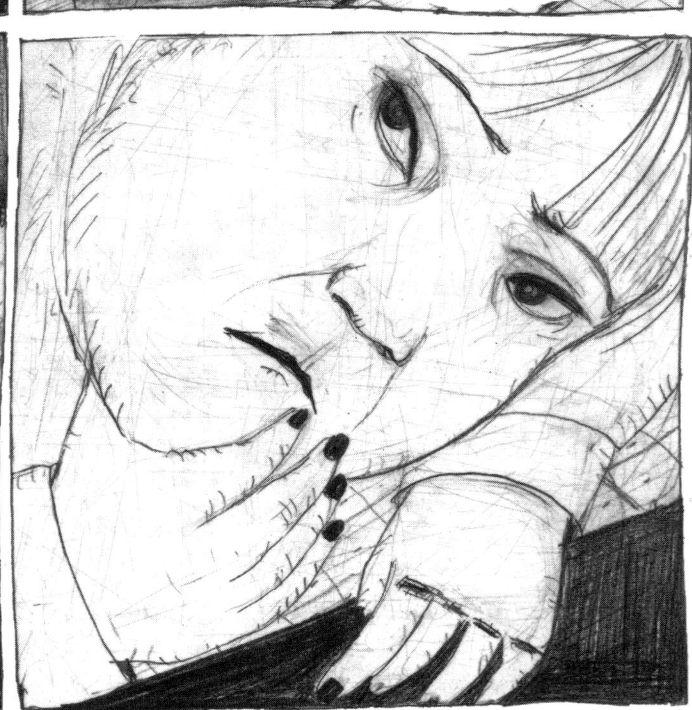

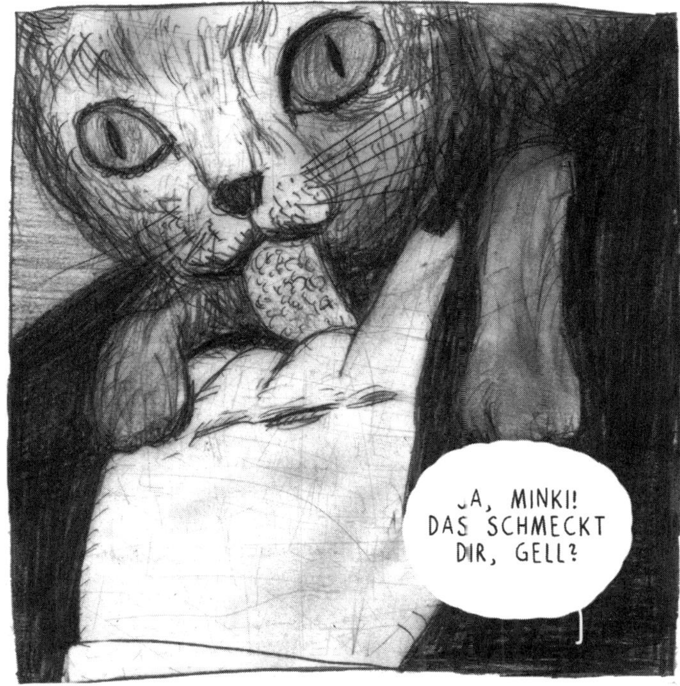
JA, MINKI! DAS SCHMECKT DIR, GELL?

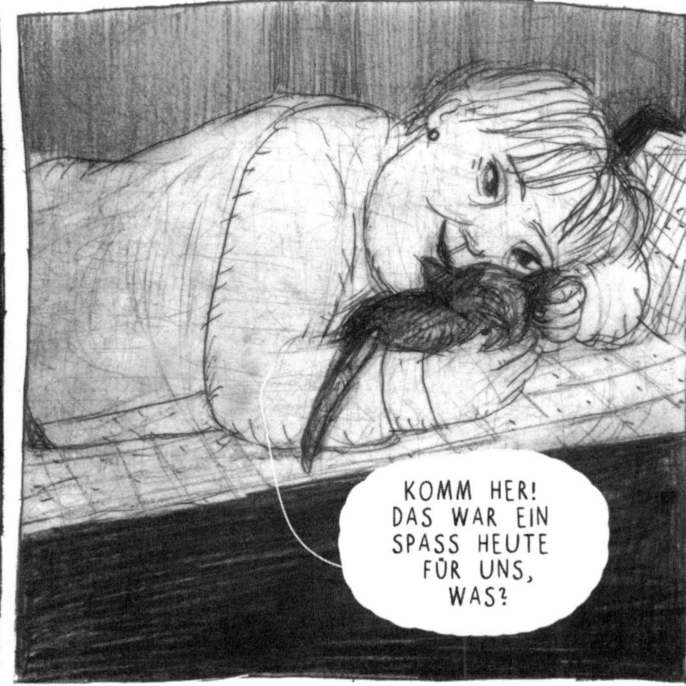
KOMM HER! DAS WAR EIN SPASS HEUTE FÜR UNS, WAS?

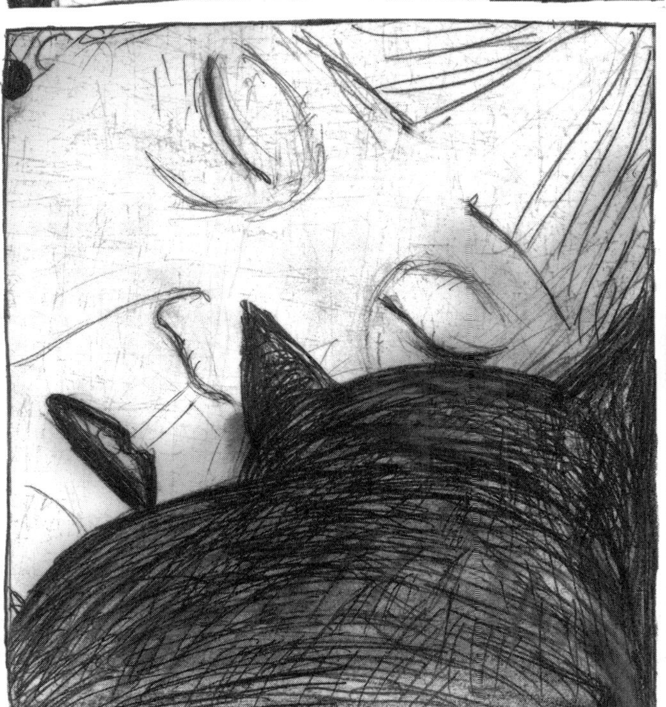

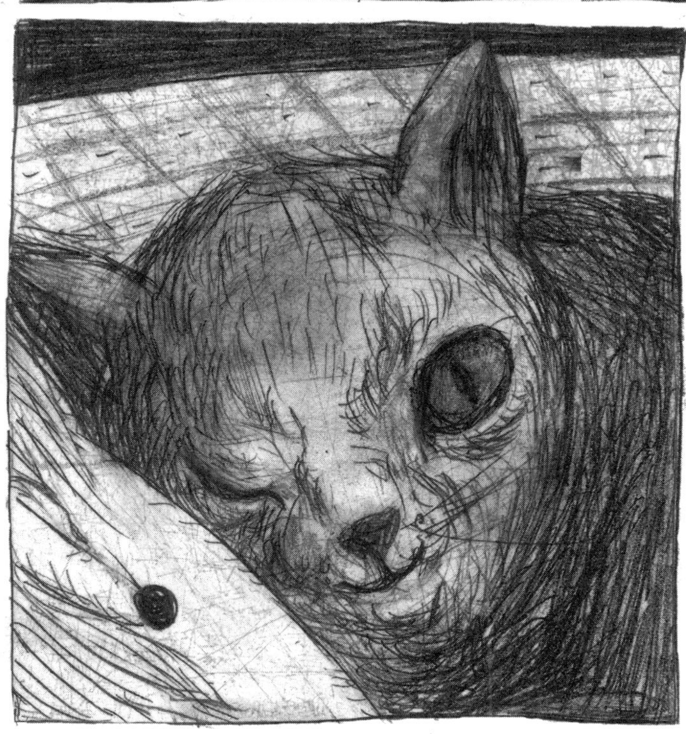

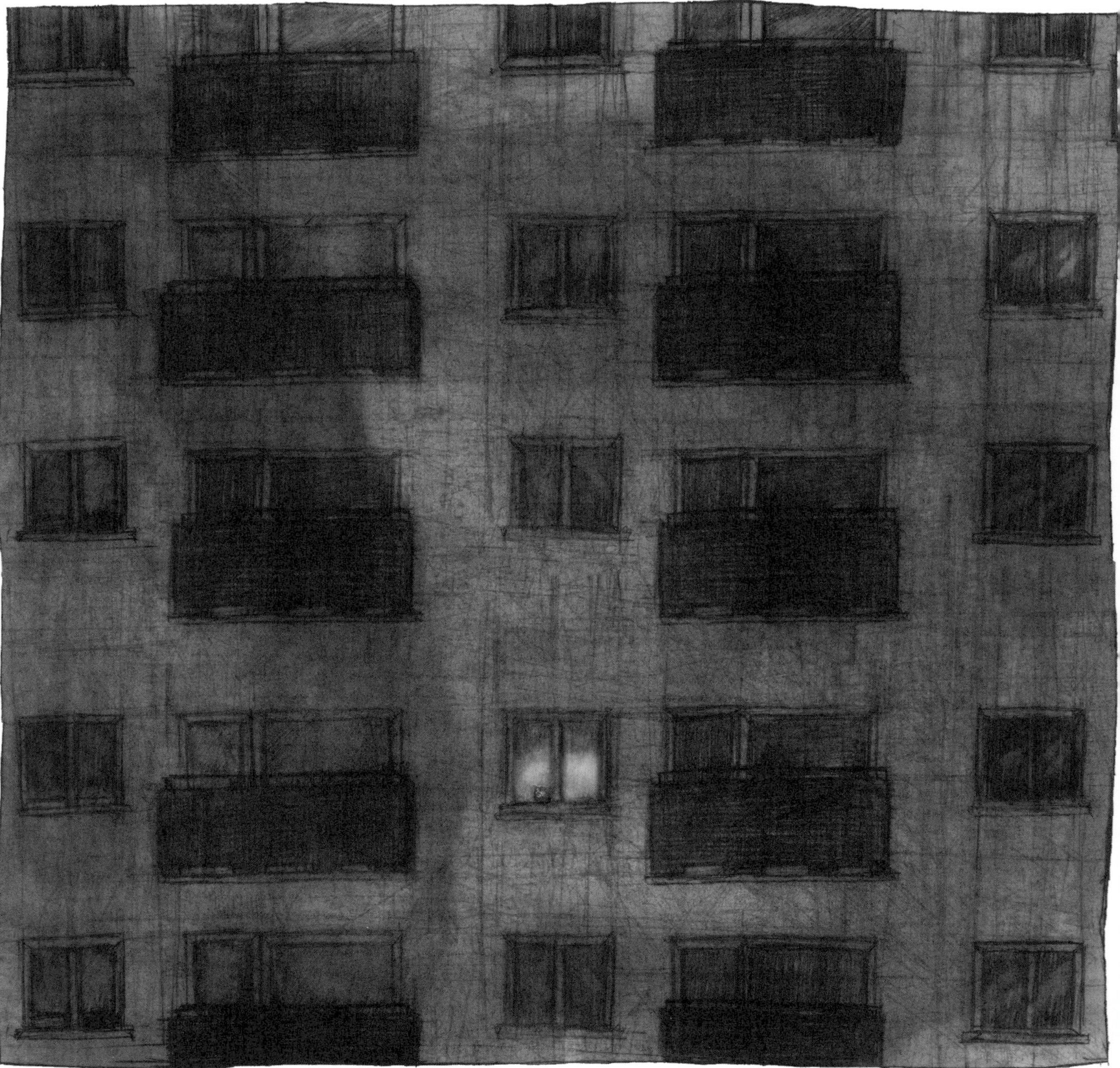

ENDE

3. ÄPFEL

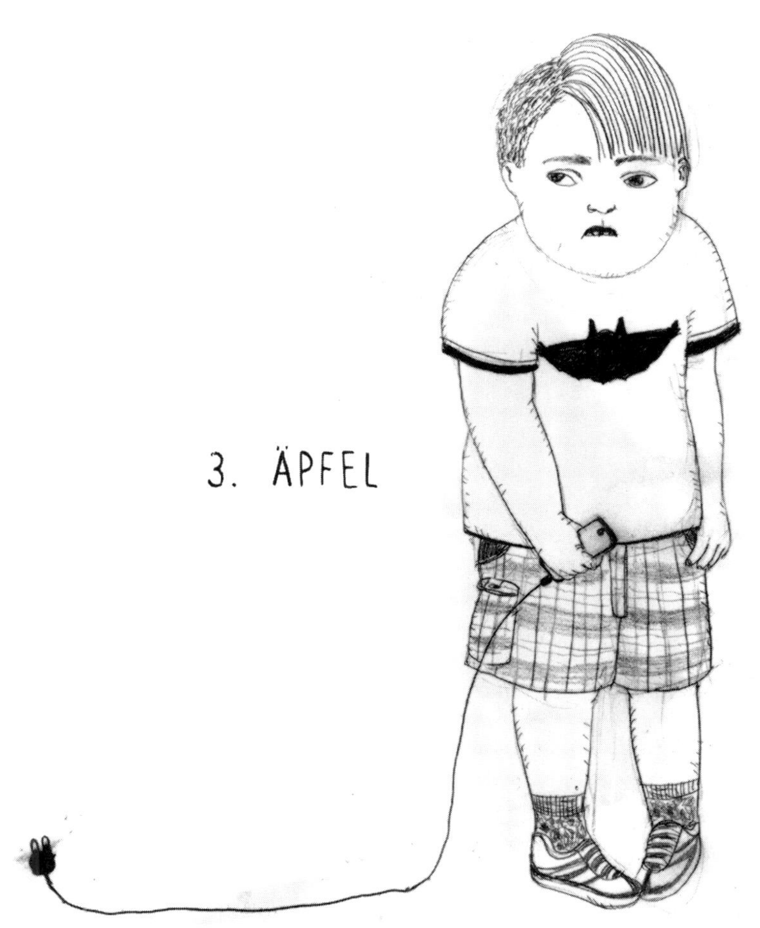

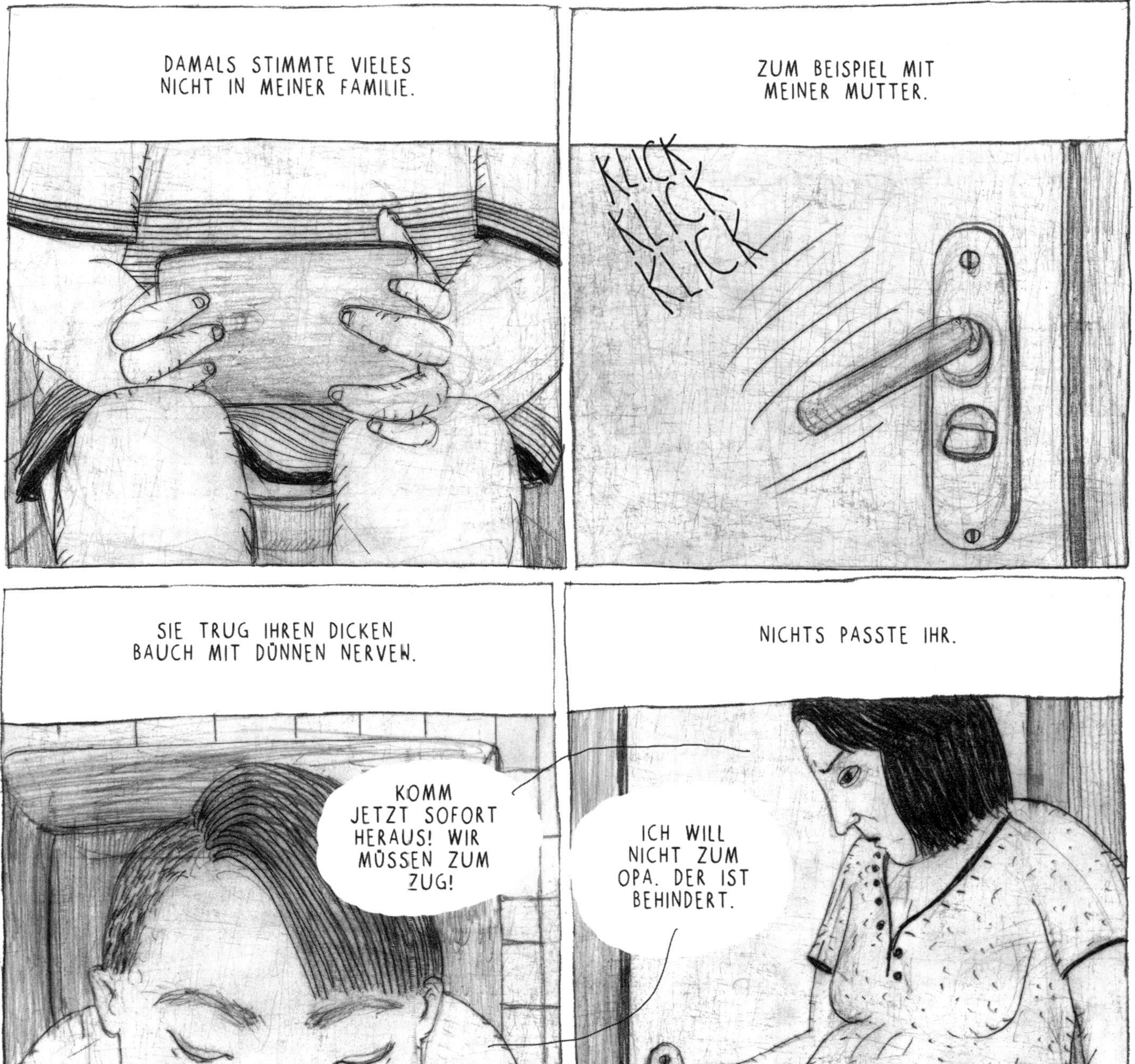
DAMALS STIMMTE VIELES NICHT IN MEINER FAMILIE.
ZUM BEISPIEL MIT MEINER MUTTER.
KLICK KLICK KLICK
SIE TRUG IHREN DICKEN BAUCH MIT DÜNNEN NERVEN.
NICHTS PASSTE IHR.
KOMM JETZT SOFORT HERAUS! WIR MÜSSEN ZUM ZUG!
ICH WILL NICHT ZUM OPA. DER IST BEHINDERT.

OFT SCHLUGEN HELLE BLITZE AUS IHRER STIMME.

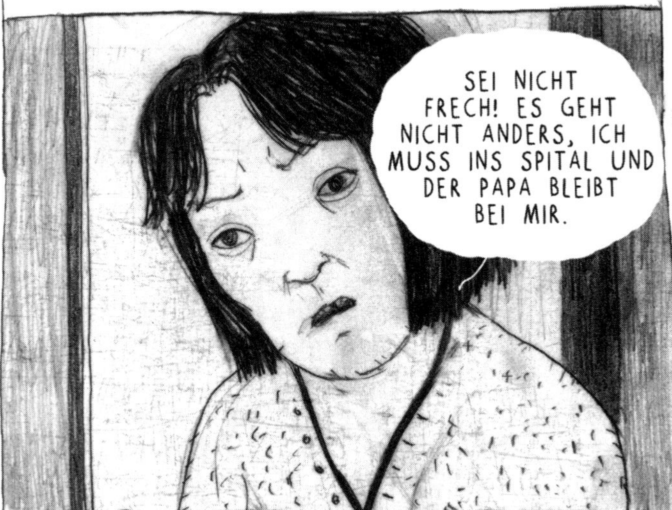

MEIST ABER LAG SIE IM WOHNZIMMER UND NÖRGELTE.

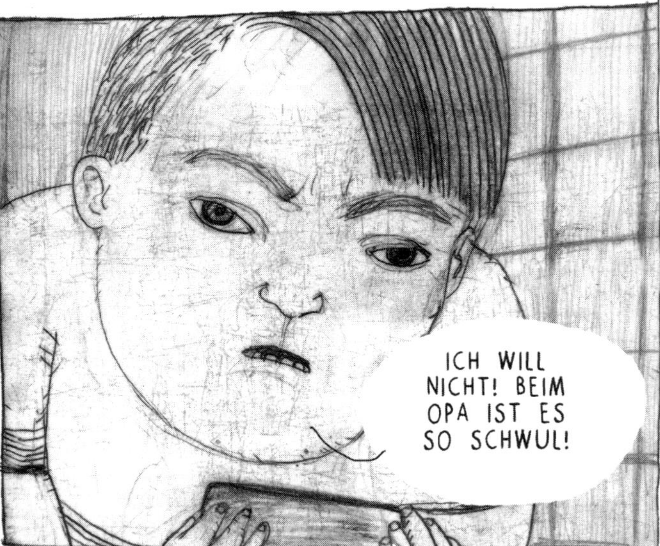

VÖLLIG OHNE GRUND.

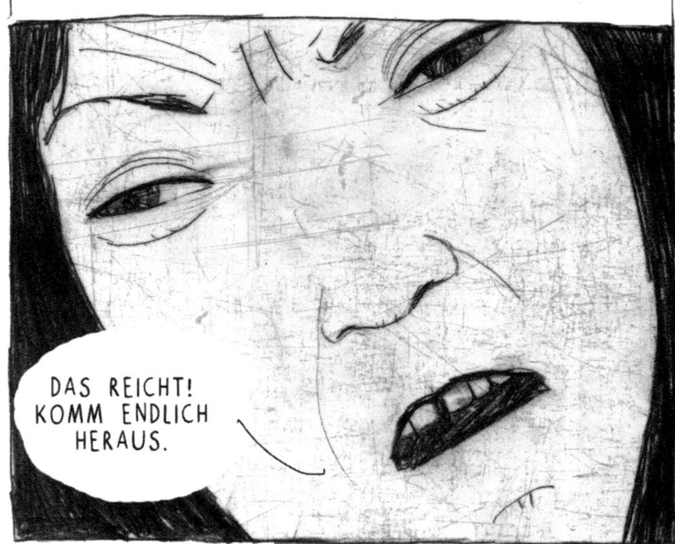

ICH VERBRACHTE VIEL ZEIT IM HOF. ODER AUF DEM KLO.

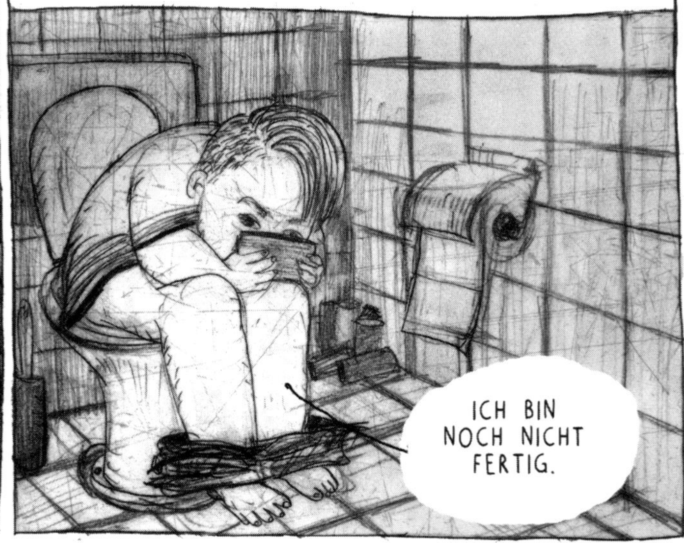

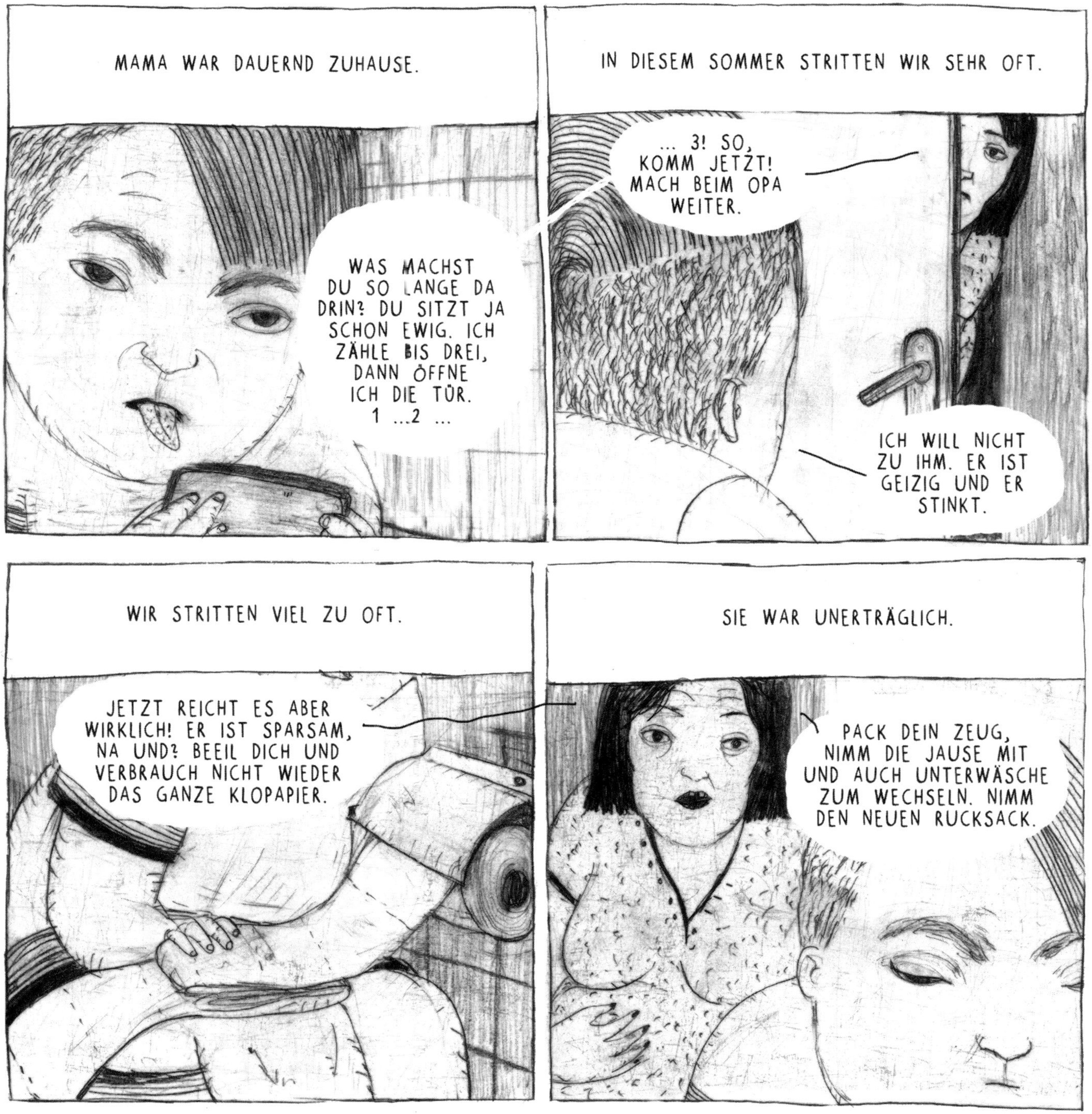

MAMA WAR DAUERND ZUHAUSE.

IN DIESEM SOMMER STRITTEN WIR SEHR OFT.

WIR STRITTEN VIEL ZU OFT.

SIE WAR UNERTRÄGLICH.

SIE HATTE NIE RECHT.

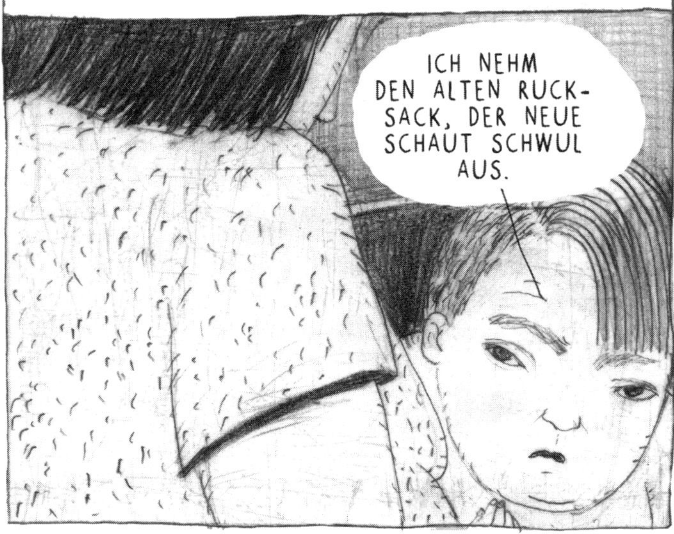

ICH IMMER.

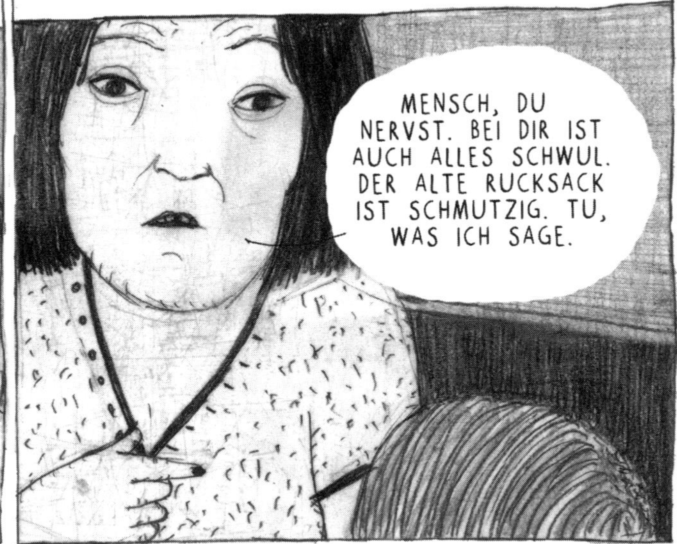

DANN WURDE SIE RICHTIG BÖSE.

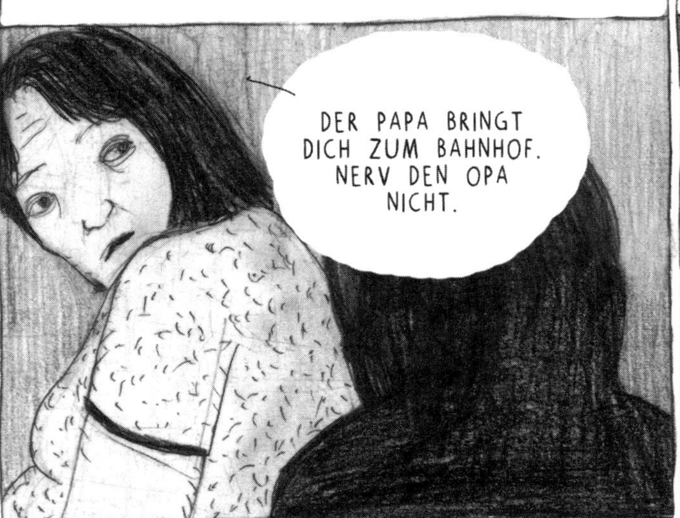

UND ICH RICHTIG TROTZIG.

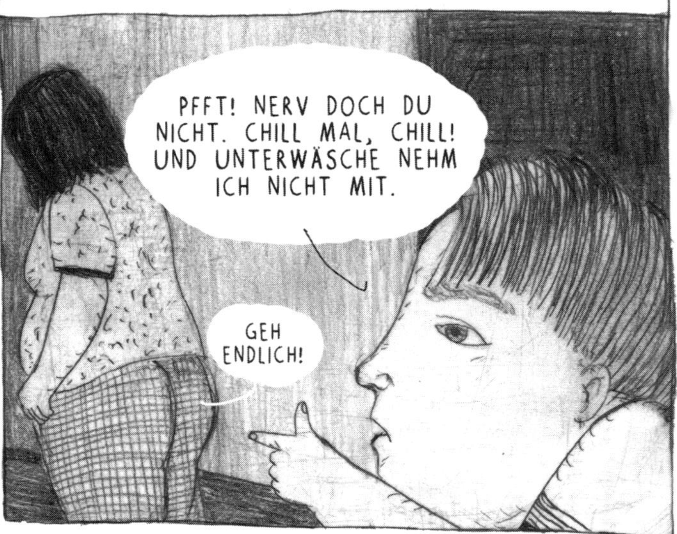

DAS AUTO WAR EIN ÜBERHITZTER KOCHTOPF.

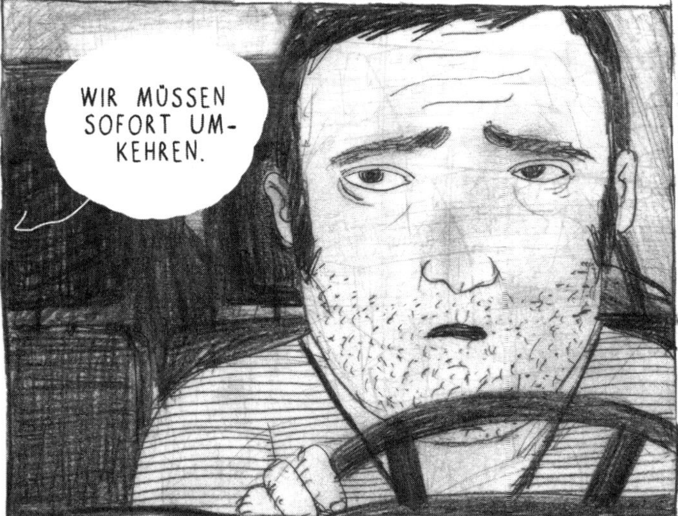

MIT EINEM BEINAHE LEEREN RUCKSACK WAR ICH HASTIG EINGESTIEGEN.

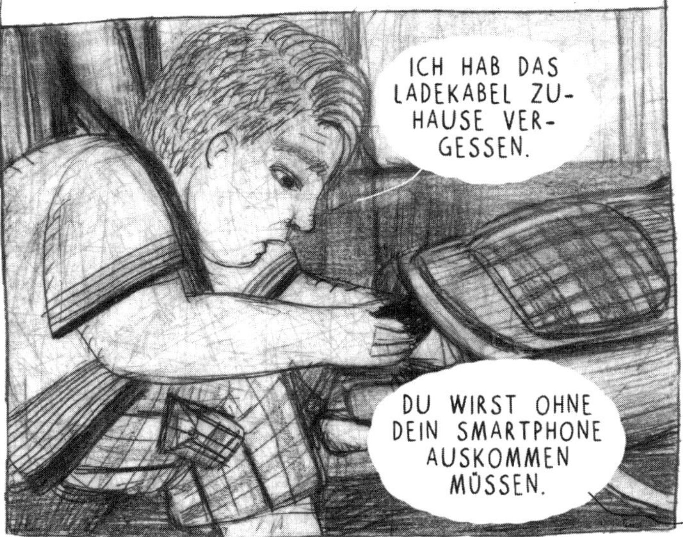

DER PAPA HAT TOTAL GESTRESST.

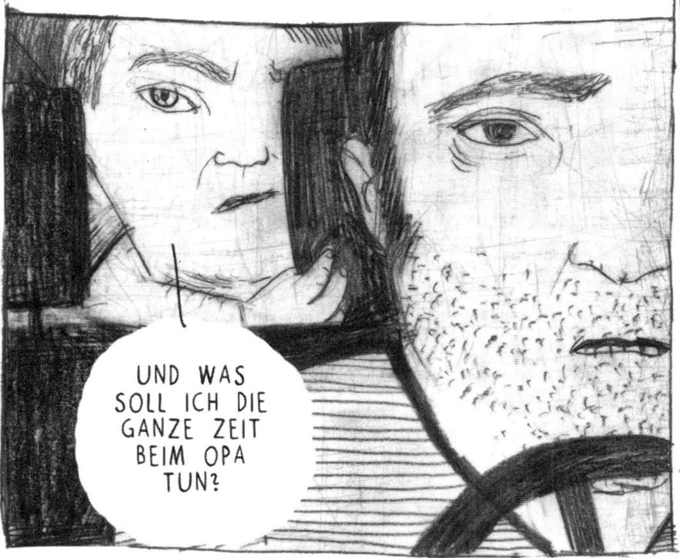

ICH HÄTTE TOBEN KÖNNEN.

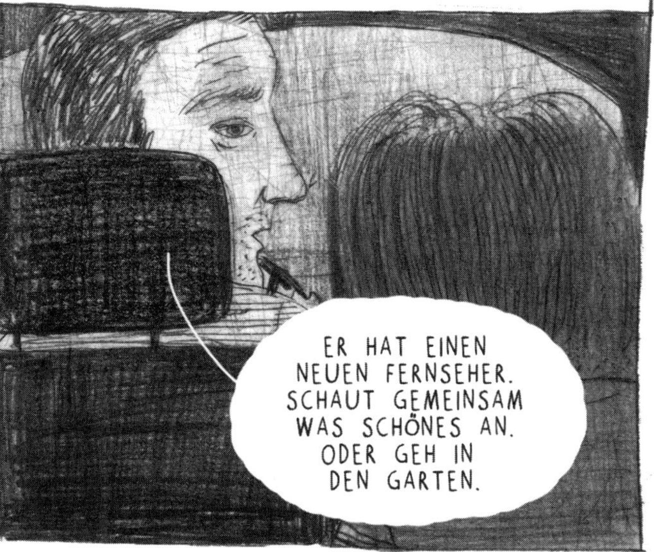

ER NERVTE.

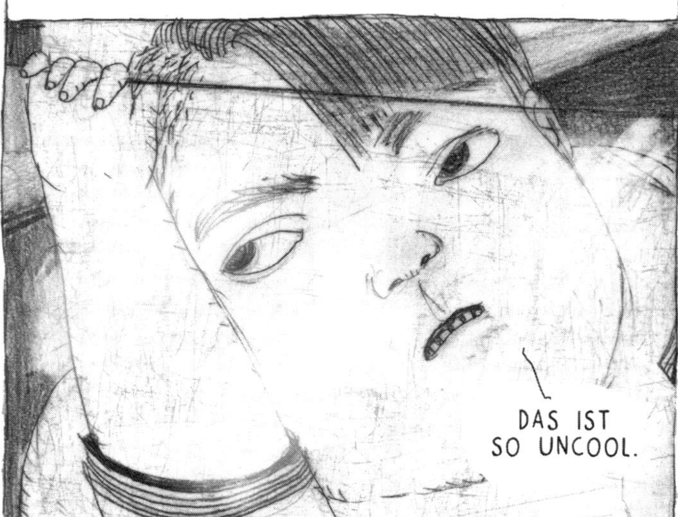

WENN ER SICH AUFREGTE,
ROCH ER NACH NUDELN OHNE SUGO.

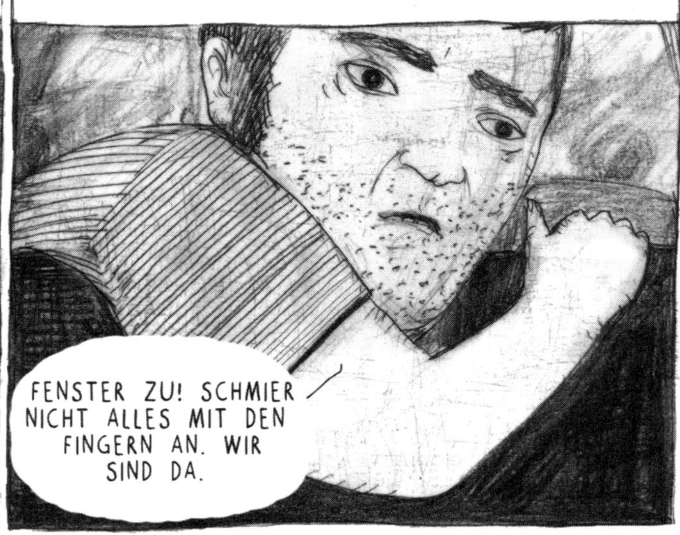

ICH WOLLTE NICHT IN DEN
DOOFEN ZUG EINSTEIGEN.

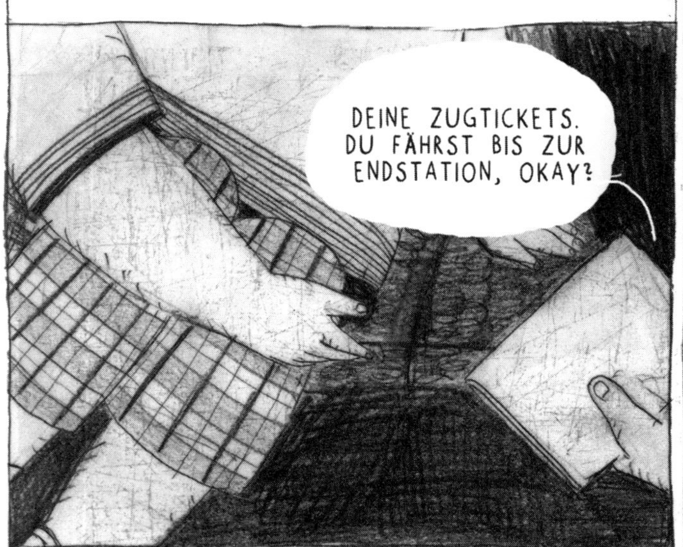

ICH WOLLTE ZU MEINEM LADEKABEL
UND ZURÜCK AUF DAS KÜHLE KLO.

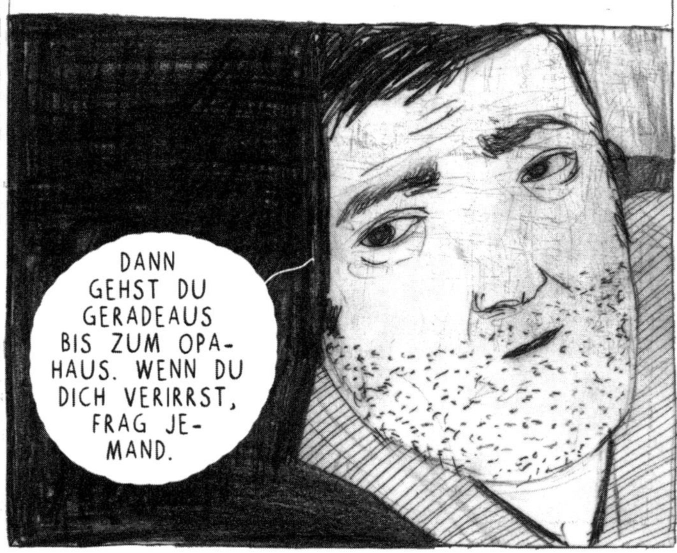

MIR WAR EIN WENIG ÜBEL VON DER FAHRT.

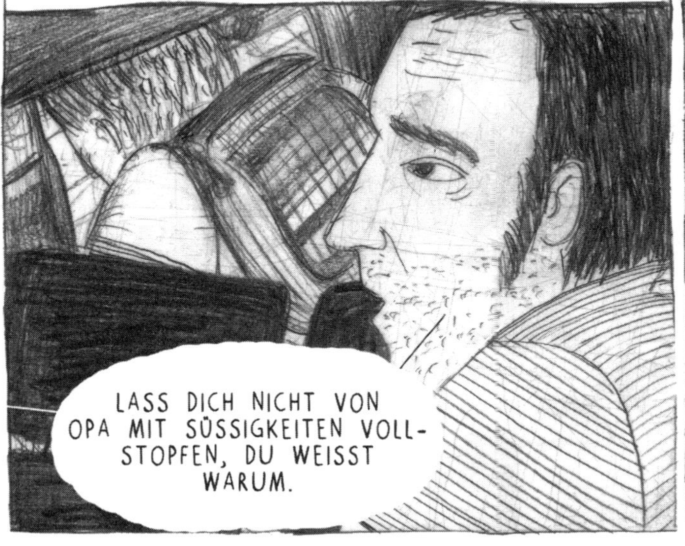

OHNE NÖRGELN GINGS DEM PAPA AUCH NICHT GUT.

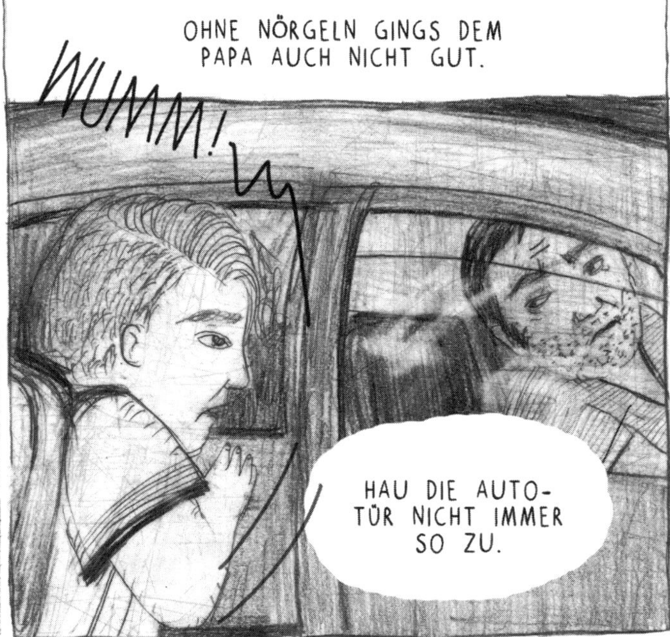

DAS NÖRGELN LAG BEI UNS IN DER FAMILIE.

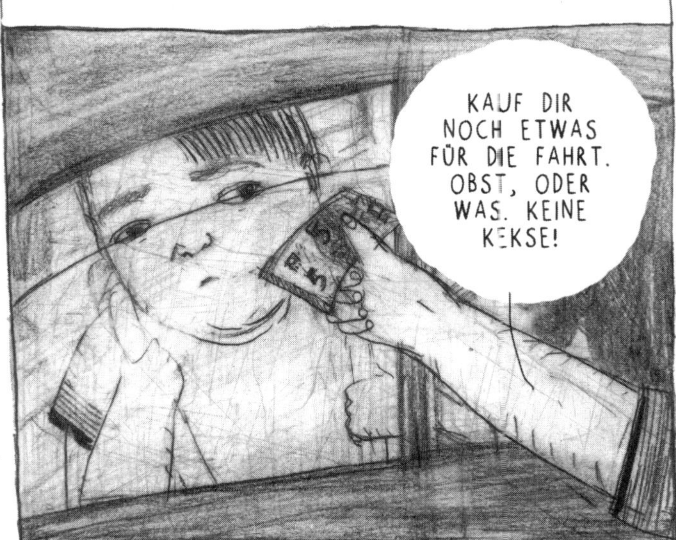

ICH FREUTE MICH AUF VIEL SCHOKOLADE.

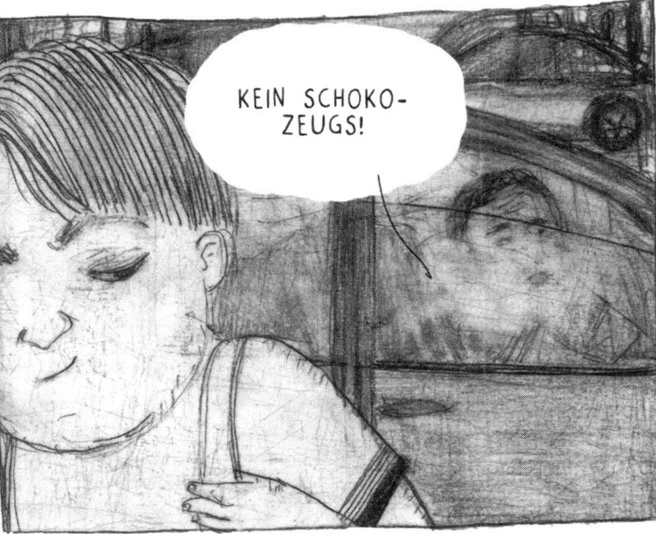

DREI WAREN DOCH ZU VIEL.

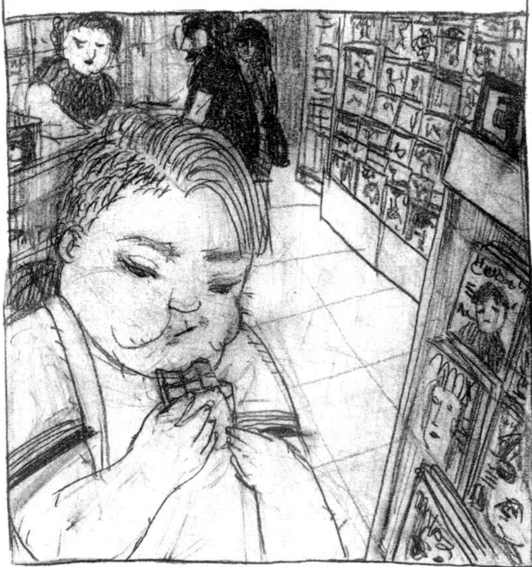

DIE LETZTE TAFEL NERVTE.

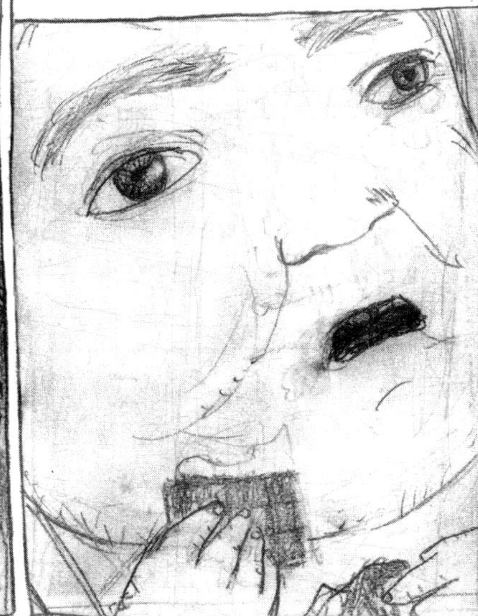

SIE SCHMECKTE NICHT MEHR GUT.

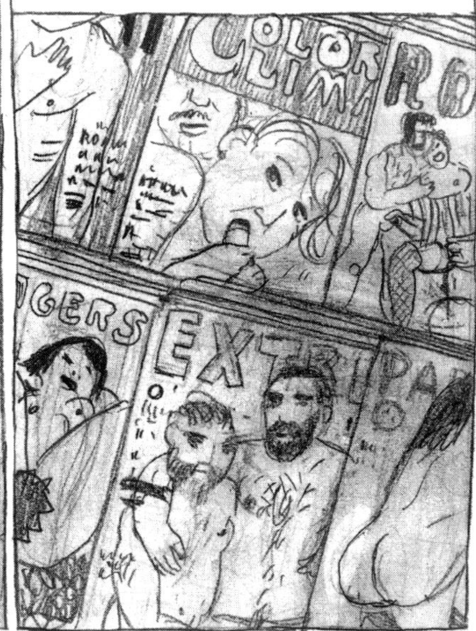

ICH VERSCHLANG GROSSE BISSEN OHNE ZU KAUEN.

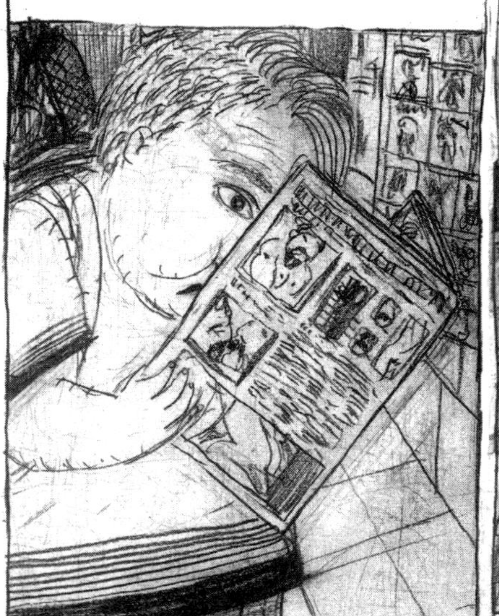

DIE VERKÄUFERIN NERVTE.

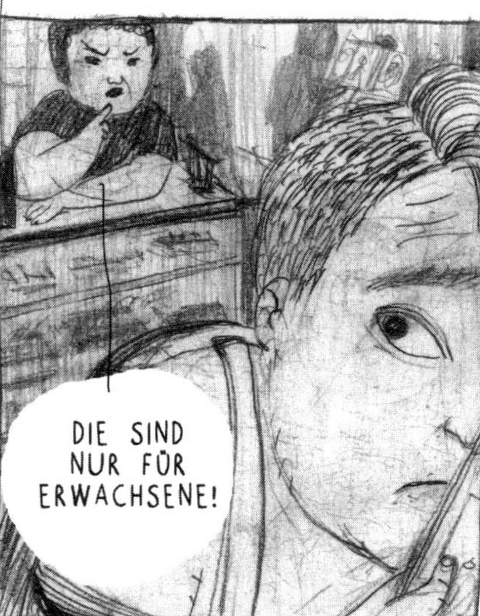

DER ZUG NERVTE. ER HATTE VERSPÄTUNG.

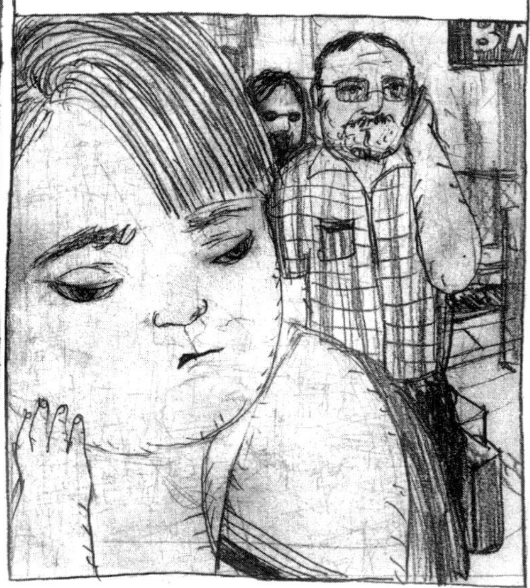

IM ZUG WAR MIR UNENDLICH LANGWEILIG.

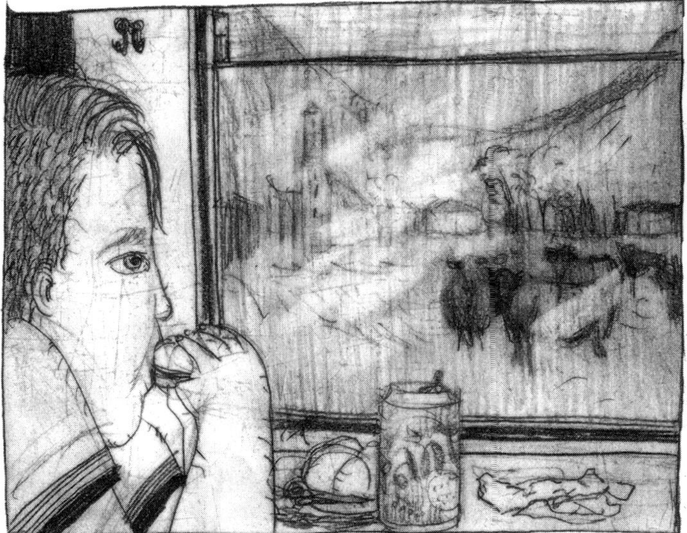

MEIN HANDY WAR TOT.

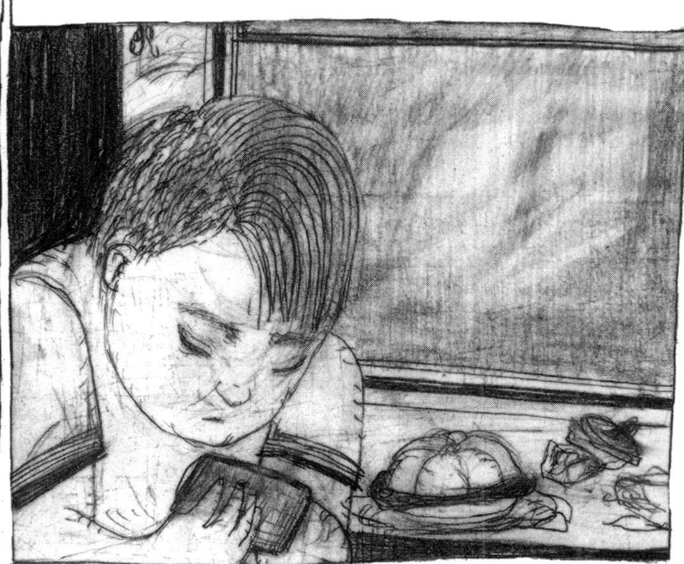

DESHALB VERDRÜCKTE ICH AUCH DIE LETZTE KÄSEWURSTSEMMEL.

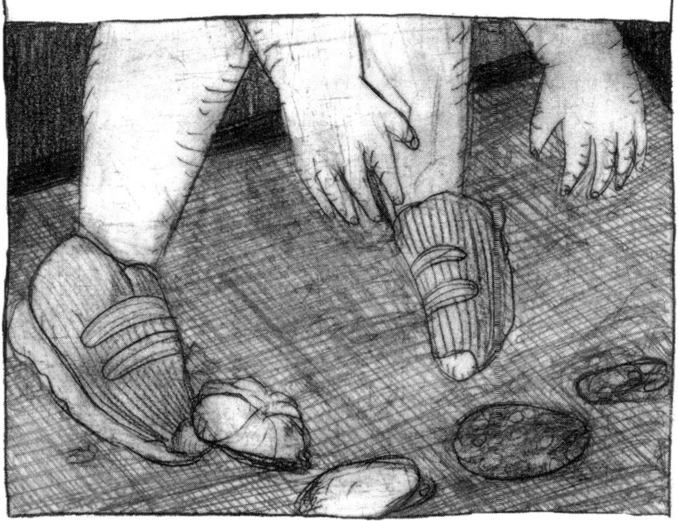

MEINE FINGER GLÄNZTEN VON DER BUTTER.

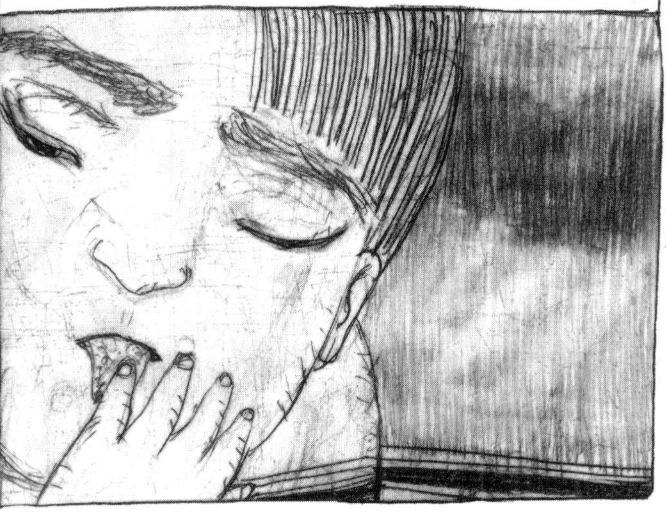

IN MEINEM BAUCH
KULLERTE ES LAUT.

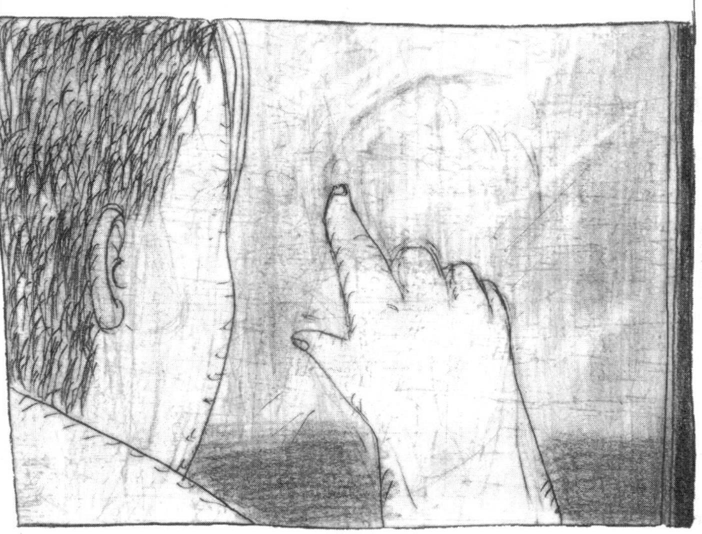

DIE ZEIT VERGING
ÜBERHAUPT NICHT.

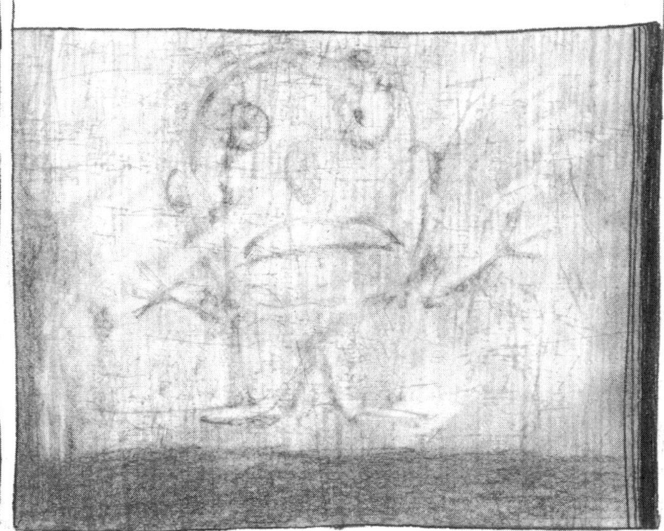

ICH WIPPTE MIT DEN FÜSSEN UND
DURCHSTÖBERTE DEN MÜLLEIMER.

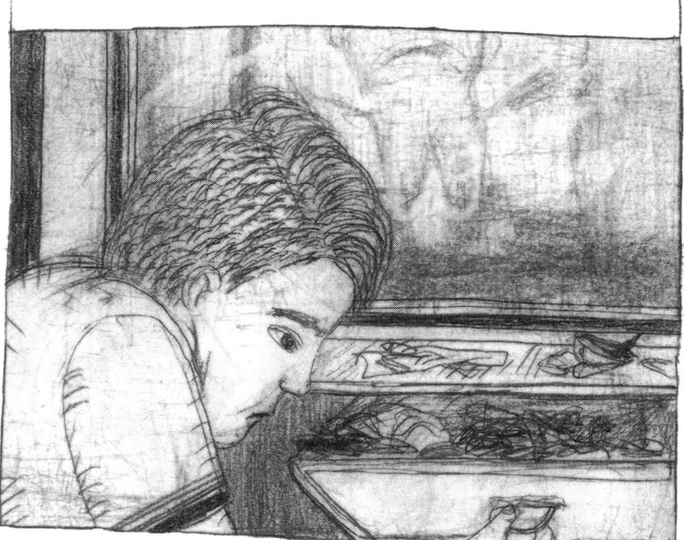

WER WARF GEWAND
IM ZUG WEG?

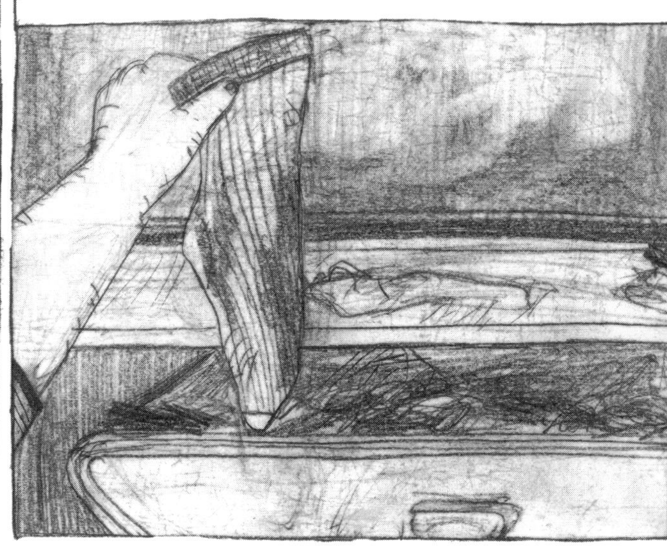

IN OPAS DORF ROCH ES NACH KUHSTALL UND SOMMER.

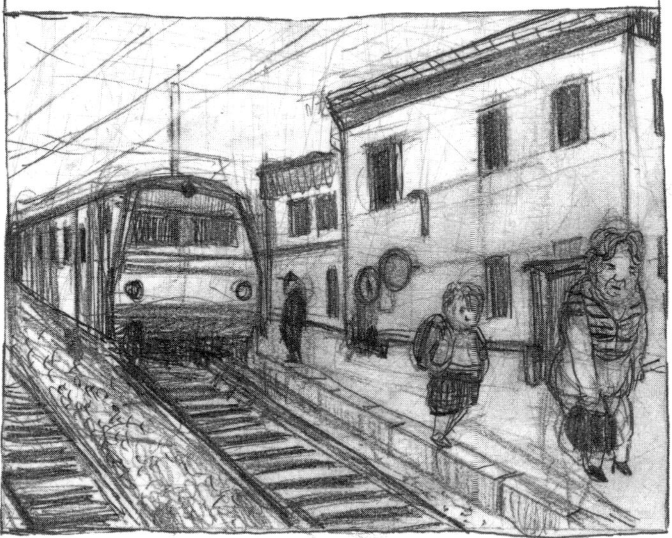

NIEMAND WAR AUF DER STRASSE, ICH KICKTE EINE COLADOSE BIS SIE NERVTE. DANN WAR NICHTS MEHR ZU HÖREN.

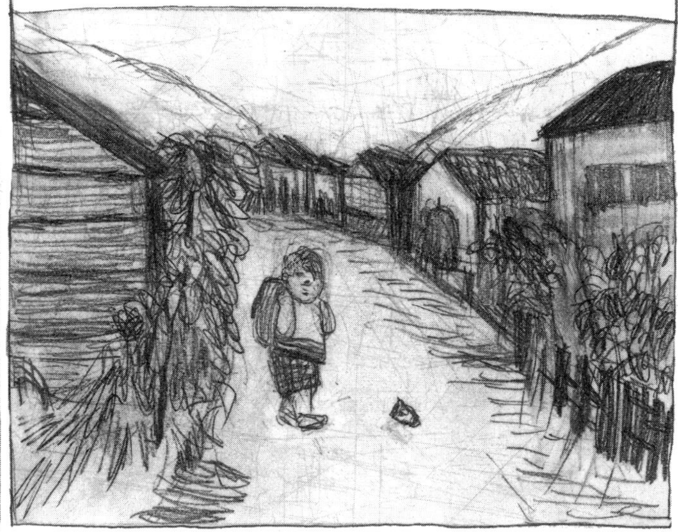

NUR MEHR DAS BIMMELN DER KUHGLOCKEN.

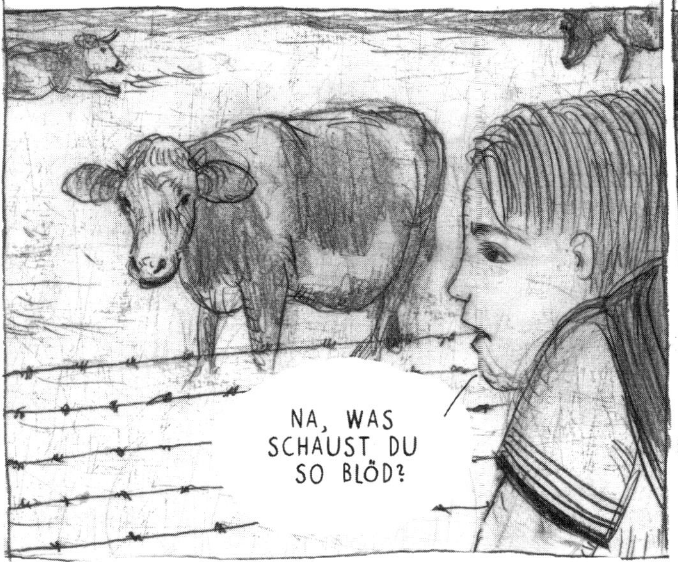

TAUSEND FLIEGEN UMSCHWIRRTEN DIE RIESIGEN VIEHAUGEN.

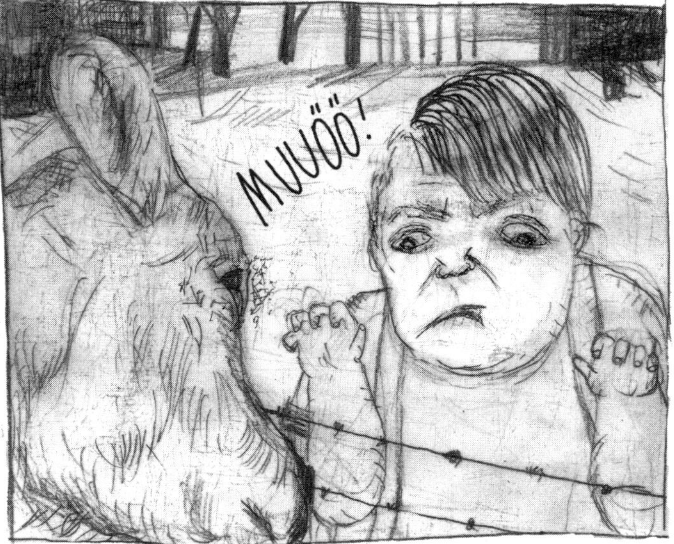

OPAS GARTEN VOLLER OBSTBÄUME.
SEINE ÄPFEL SCHMECKTEN NIEMANDEM.

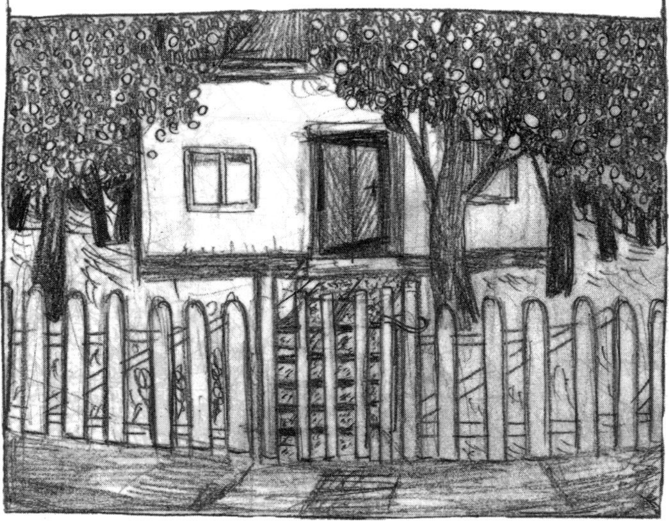

FAST NIEMANDEM.

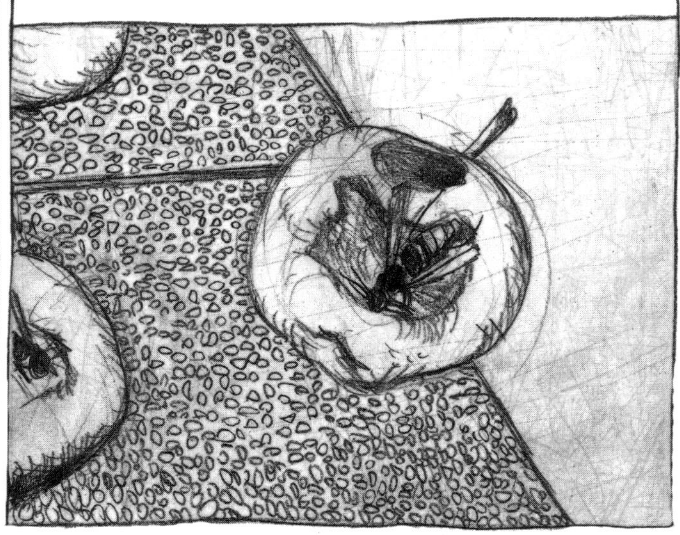

IN DER FERNE HÖRTE MAN
KIRCHENGLOCKEN LÄUTEN.

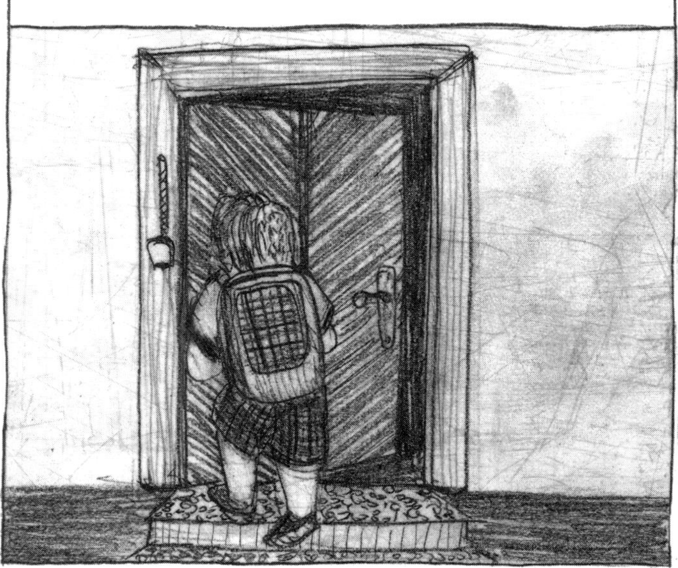

ICH WAR DAS ERSTE MAL
ALLEINE ZU BESUCH.

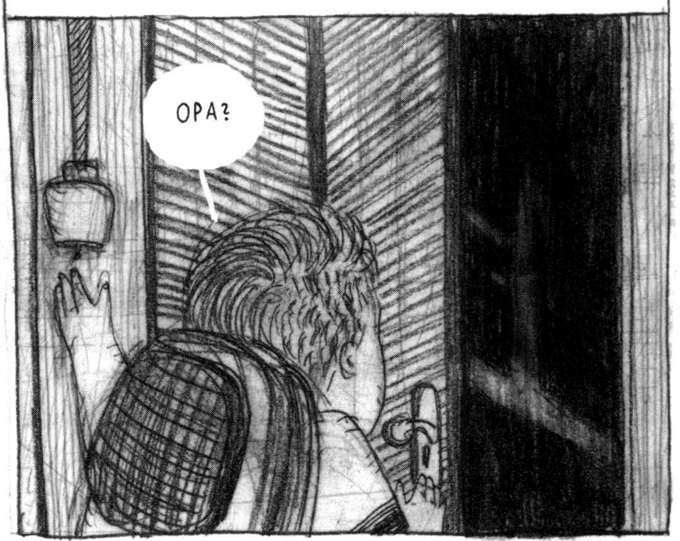

VOM SONNENTAG GING MAN
IN DIE NACHT DES HAUSES.

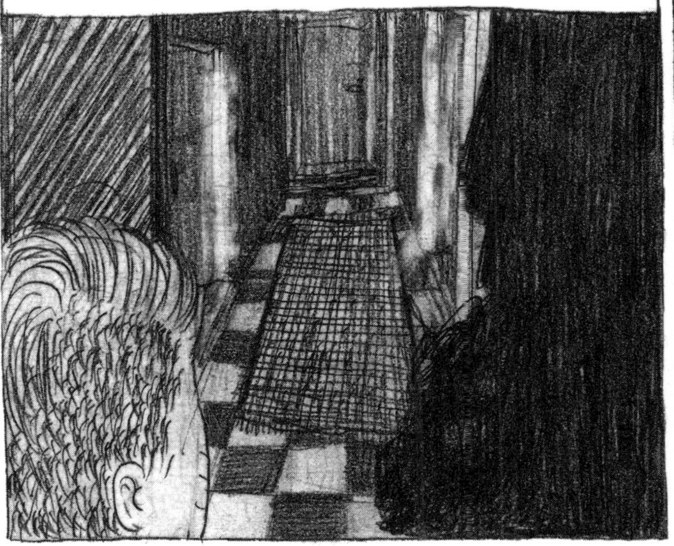

ICH KONNTE MICH NICHT MEHR ERINNERN,
WO DIE EINZELNEN ZIMMER WAREN.

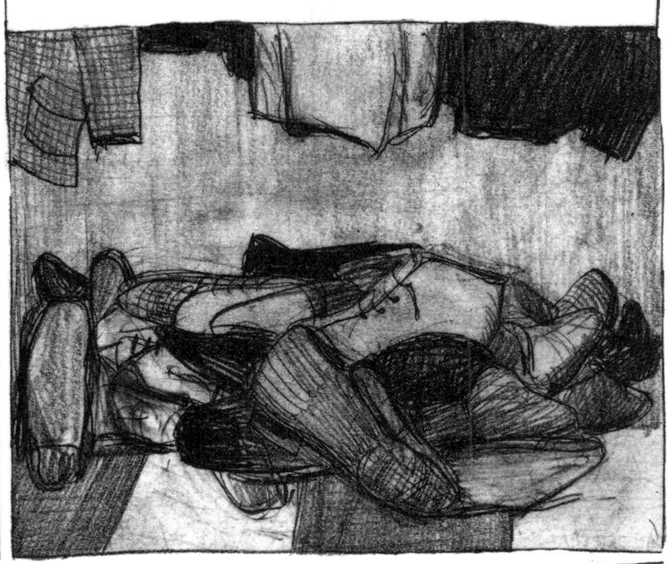

FERNSEHGERÄUSCHE DRÖHNTEN,
JEMAND SPRACH MIT TIEFER STIMME.

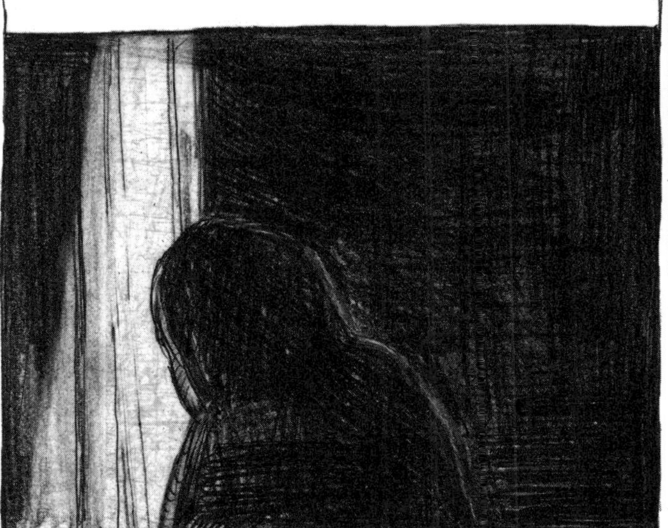

MAMA ERLAUBT MIR NIE, AN EINEM
SOMMERNACHMITTAG FERNZUSEHEN.

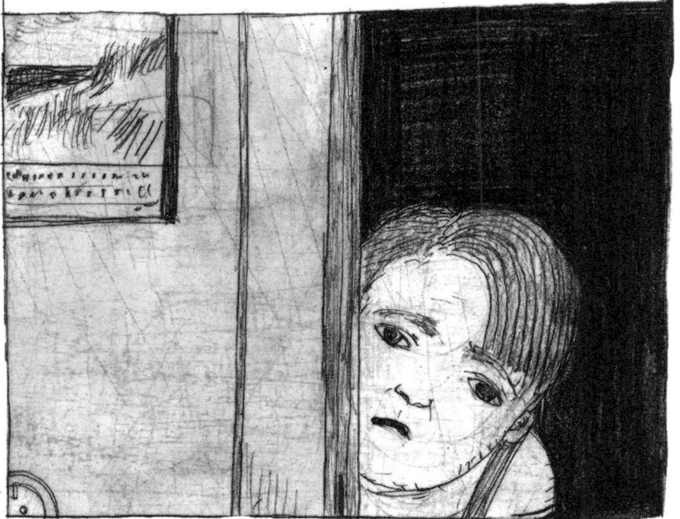

DA WAR ER ENDLICH, LAUT ATMEND IM HALBDUNKEL.

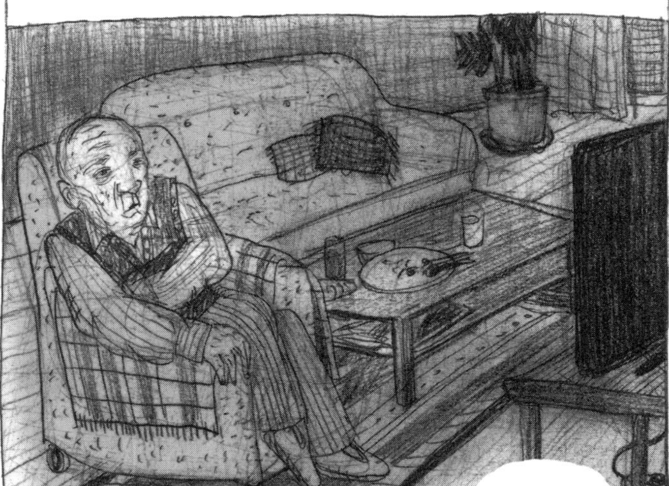

ER WANDTE SICH ZU MIR, SEIN KOPF WACKELTE DABEI STARK.

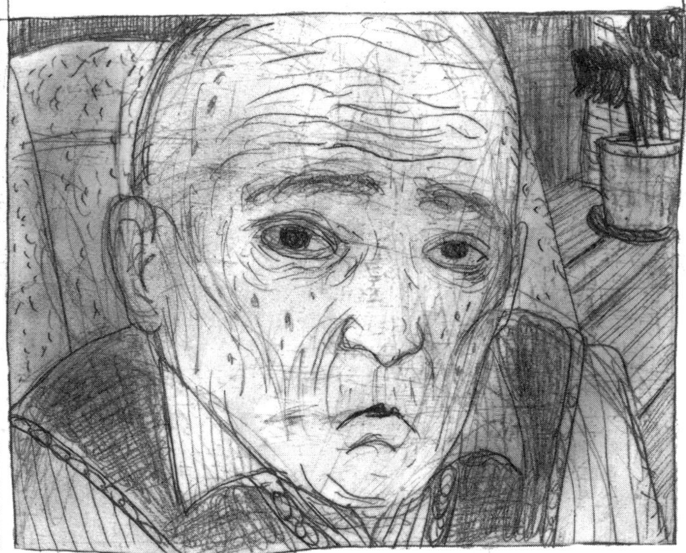

SEINE STIMME ZITTERTE IM SCHLEIM.

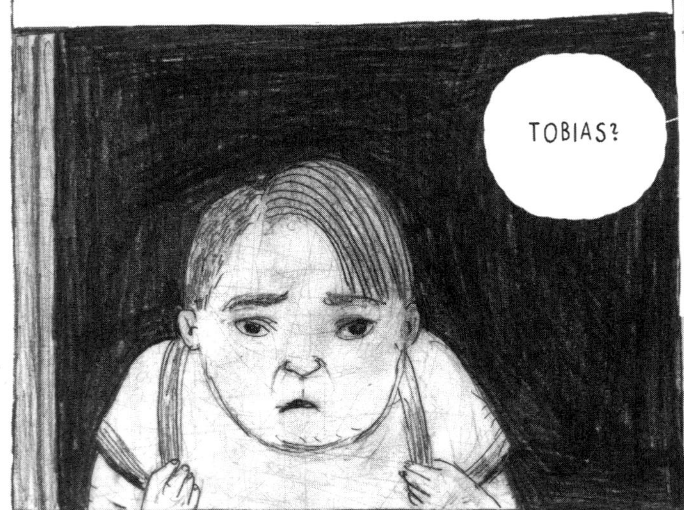

ER RÄUSPERTE SICH MEHRMALS LAUT. DANACH KLANG OPA VERSCHLEIMT UND HEISER WIE ZUVOR.

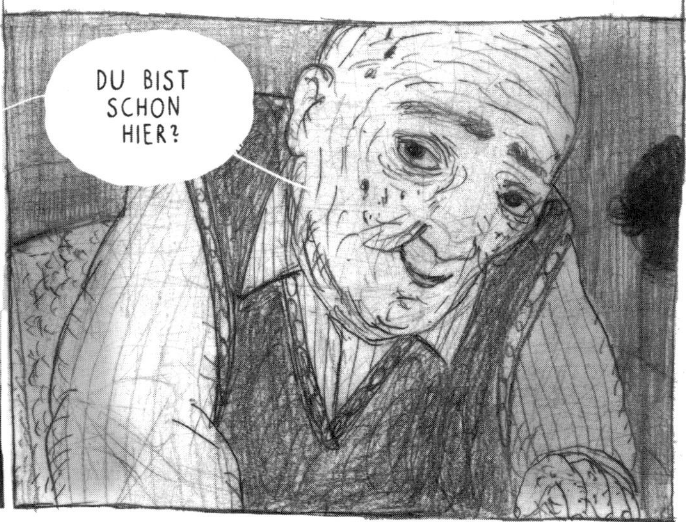

MÜHVOLL UND ZITTRIG STAND ER AUF.
JETZT WACKELTE ALLES AN IHM.

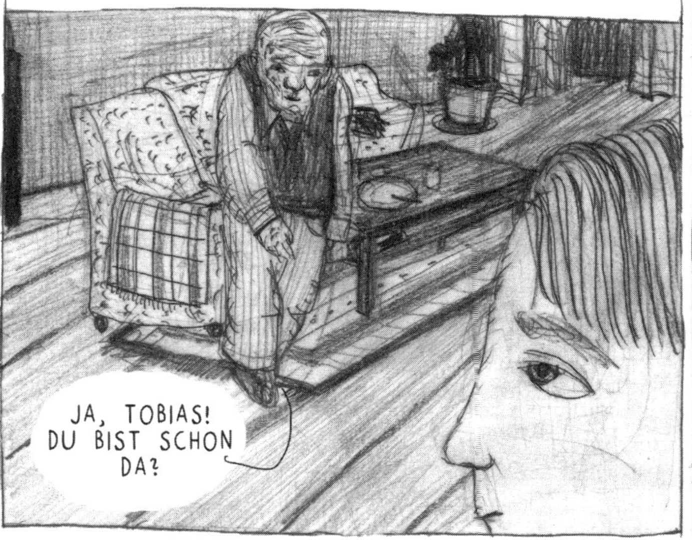

ER SCHWANKTE UND FIEL BEINAHE
WIEDER IN DEN SESSEL ZURÜCK.

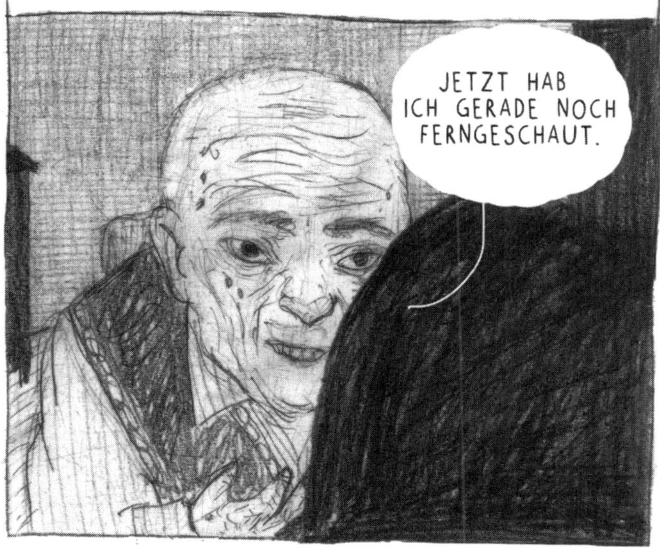

OPA MACHTE EIN SCHLURFENDES
GERÄUSCH BEIM GEHEN.

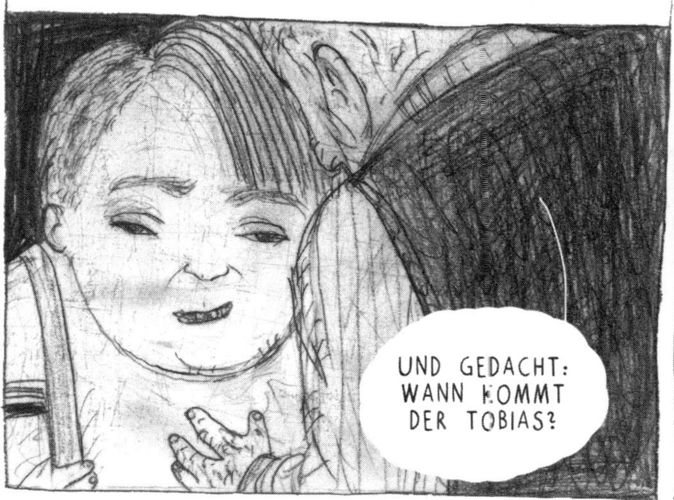

ER HATTE MICH NOCH NIE UMARMT.
GROB DRÜCKTE ER MICH AN SICH.

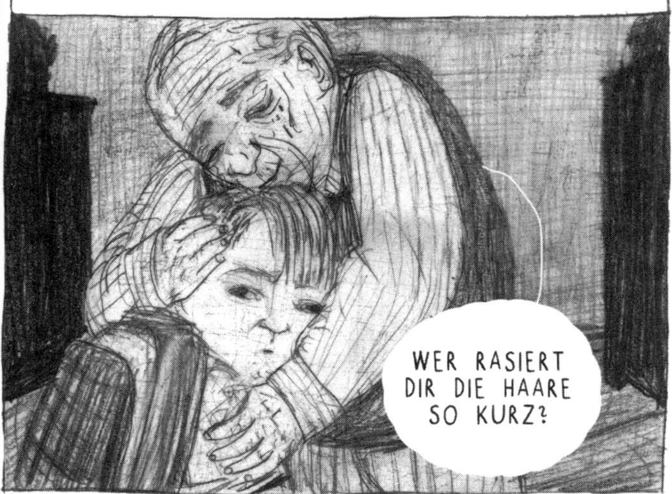

SEIN GESICHT SAH AUS
WIE NASSES PAPIER.

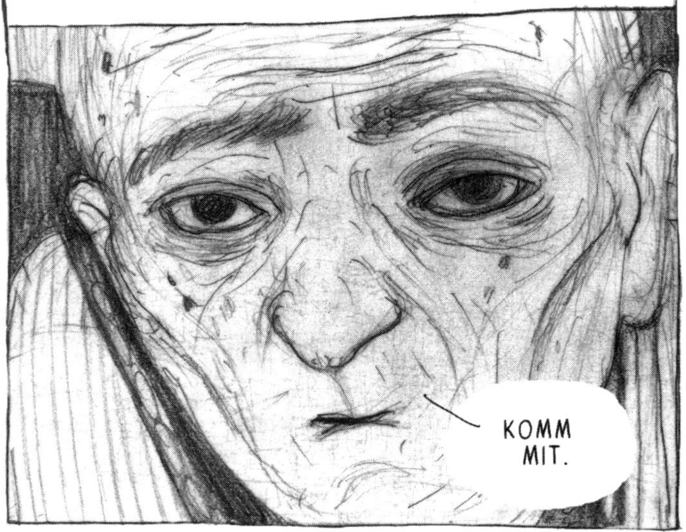

DER RAUM ROCH FEUCHT –
NACH ALTER WÄSCHE.

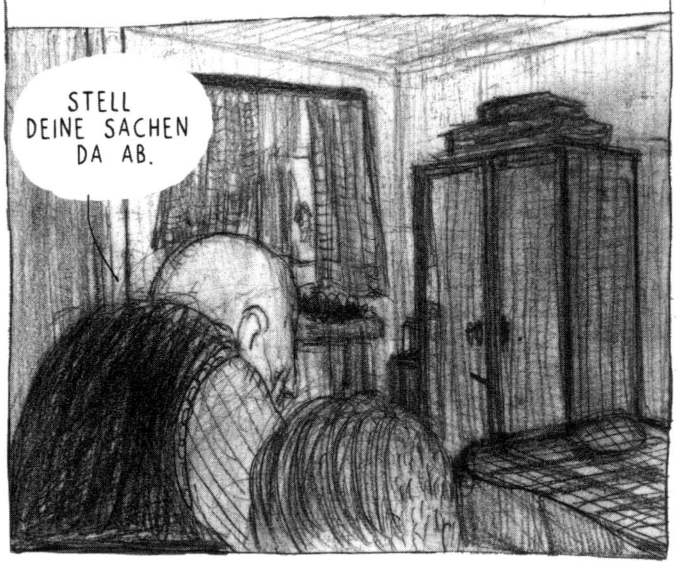

IN DEN BODENECKEN SAMMELTEN
SICH STAUBFUSSEL.

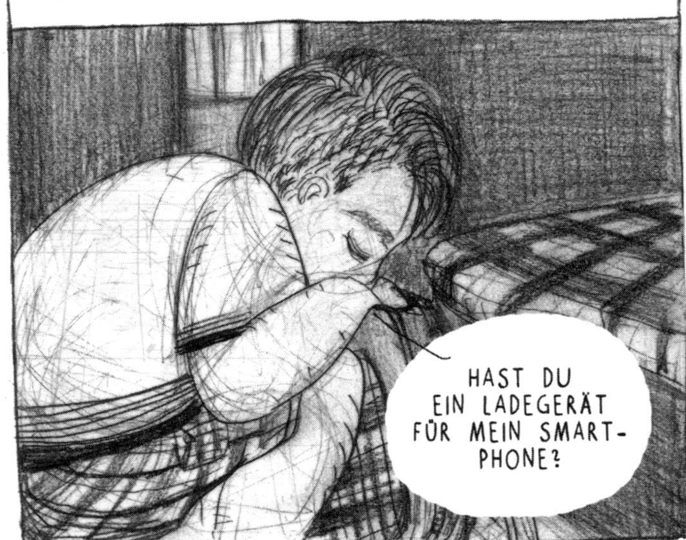

OPA HIELT EINIGE MOMENTE STILL.
NICHTS AN IHM WACKELTE.

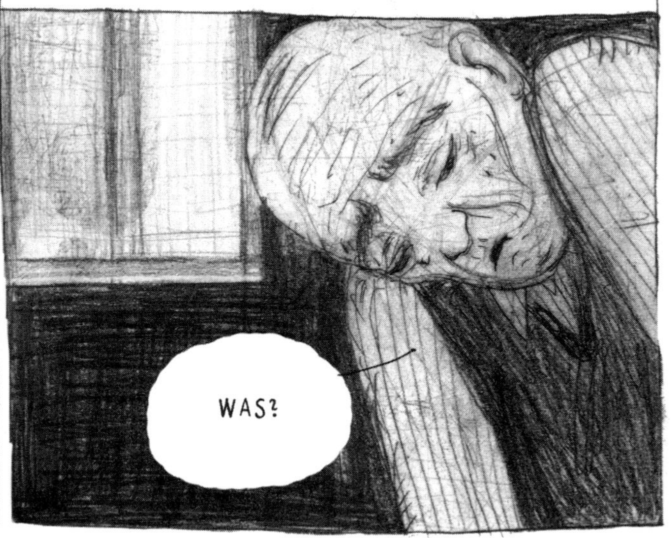

DANN LEUCHTETEN SEINE
WÄSSRIGEN AUGEN AUF.

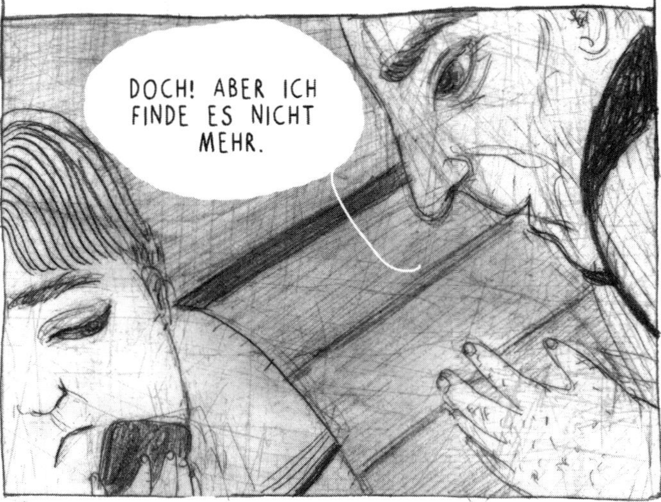

ICH WAR WÜTEND.
MEIN HANDY KONNTE ICH VERGESSEN.

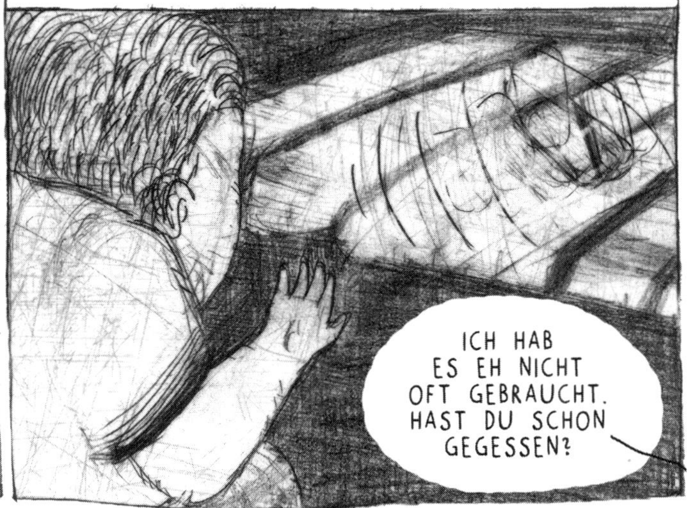

ES VERSCHWAND IN DER RITZE
ZWISCHEN BETT UND MAUER.

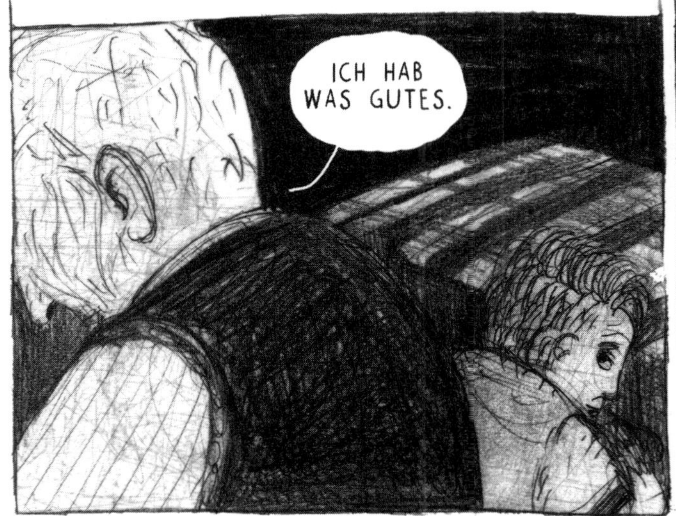

DIE KÜCHE STANK
NACH KALTEM RAUCH.

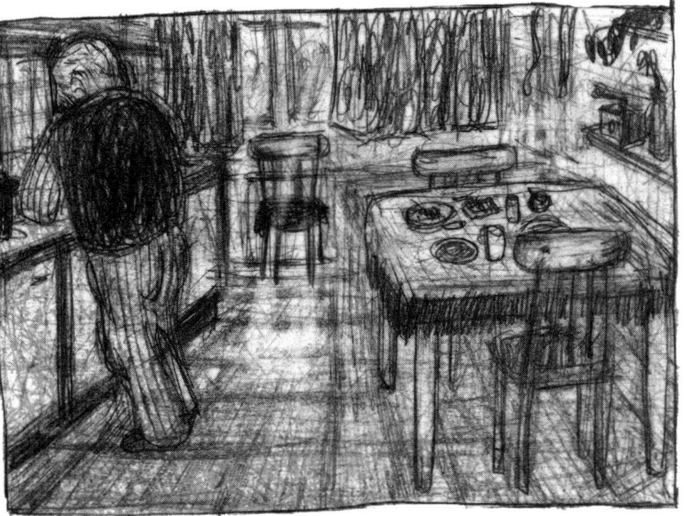

ER KANNTE MEINEN GESCHMACK.

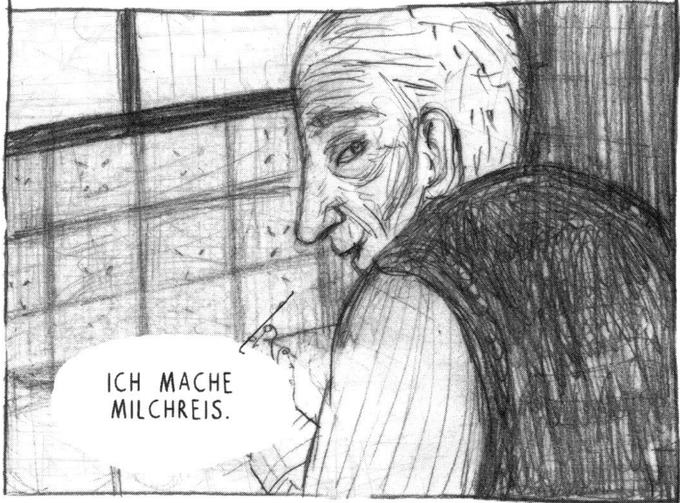

EIGENTLICH WAR ICH GAR NICHT HUNGRIG.

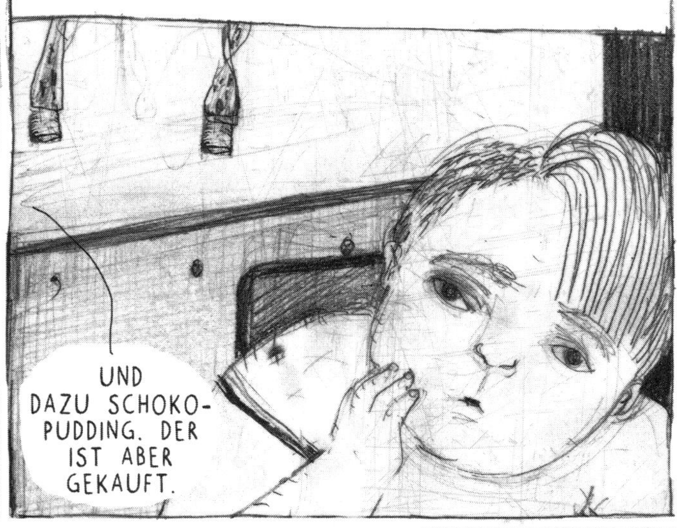

MIT UNSICHEREN FINGERN ZÜNDETE ER DAS GAS.
ES DAUERTE, BIS DIE FLAMME BLIEB.

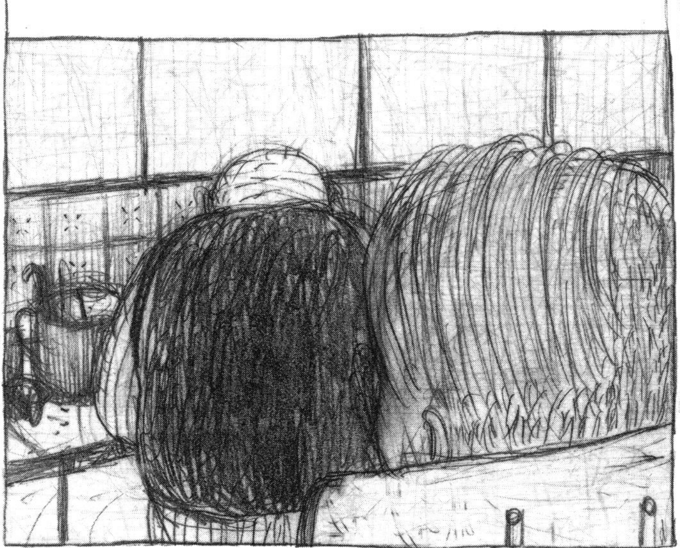

ES DAUERTE AUCH, BIS ER GESCHIRR SPÜLTE.
MAMA WÜRDE NÖRGELN.

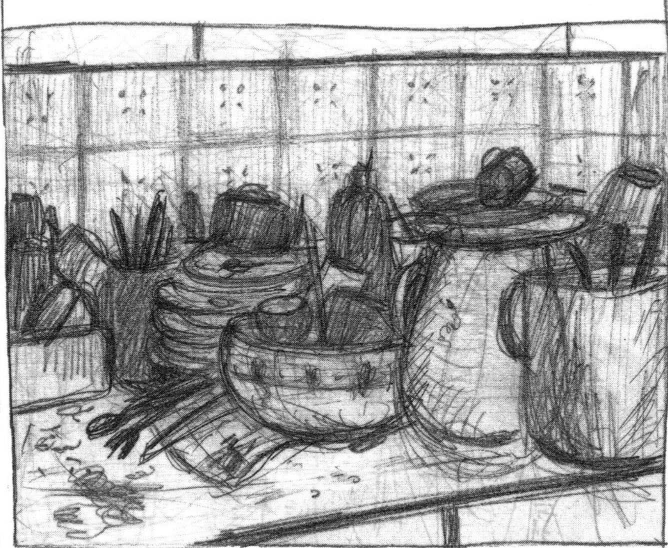

ÜBERALL STANDEN VOLLE ASCHENBECHER HERUM. UND GEFÄSSE, DIE ALS ASCHENBECHER VERWENDUNG FANDEN.

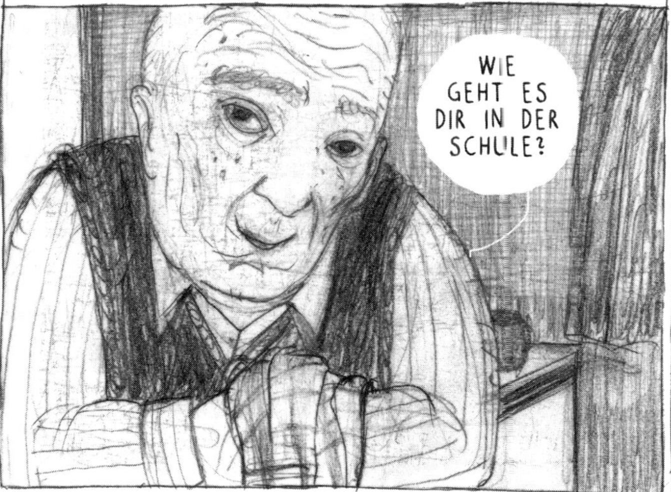

AUF DEM TISCH, AM FENSTER, BEIM HERD.

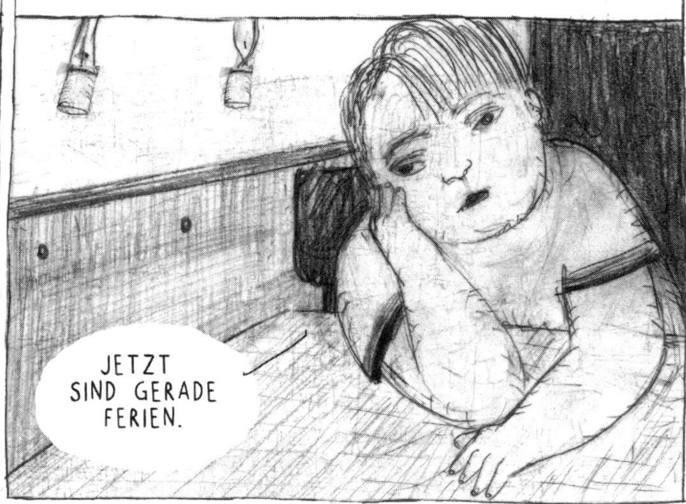

ALTE ZEITUNGEN STAPELTEN SICH HINTER DER KÜCHENTÜR.

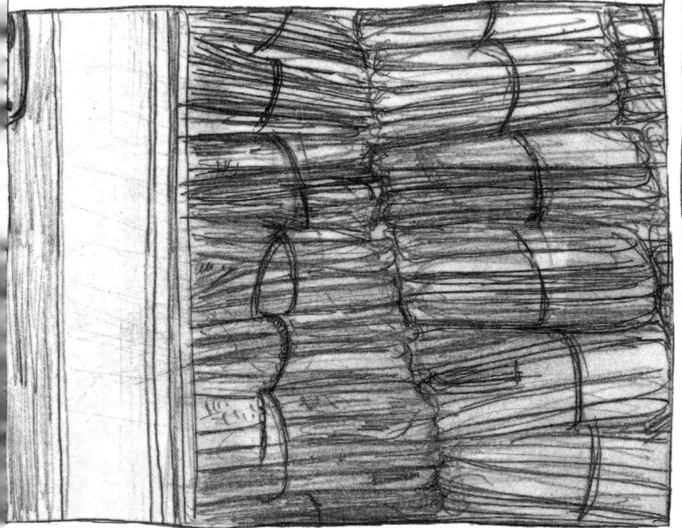

WOZU? SIE ROCHEN VERSTAUBT UND DAS KITZELTE IN DER NASE.

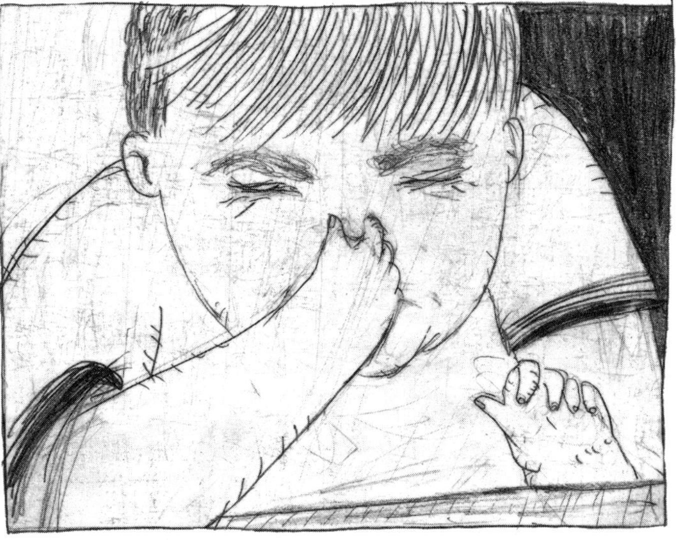

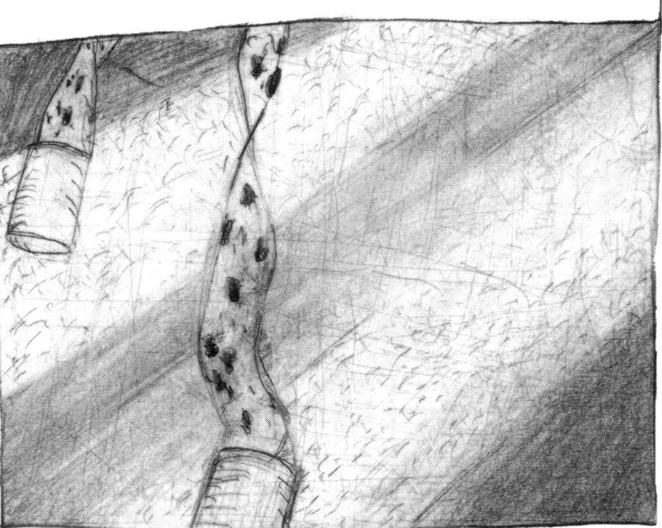
STAUBTEILCHEN SCHWEBTEN HERUM
UND DREHTEN SICH IN DER LUFT.

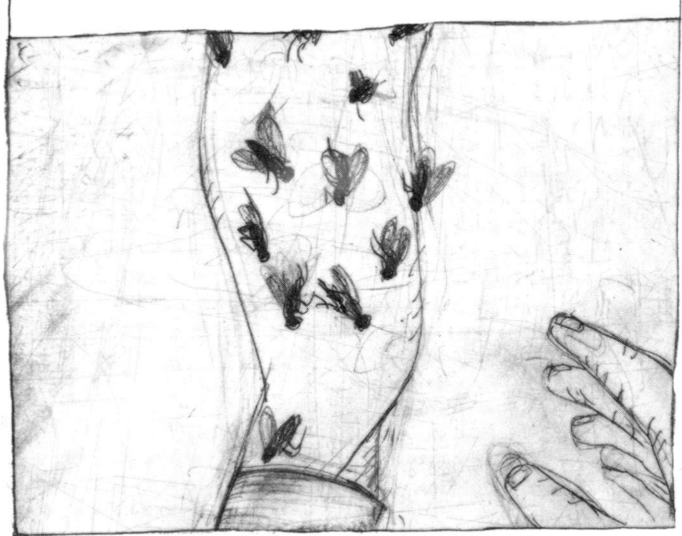
DER FLIEGENSTREIFEN DREHTE SICH MIT.
EINE FLIEGE LEBTE NOCH.

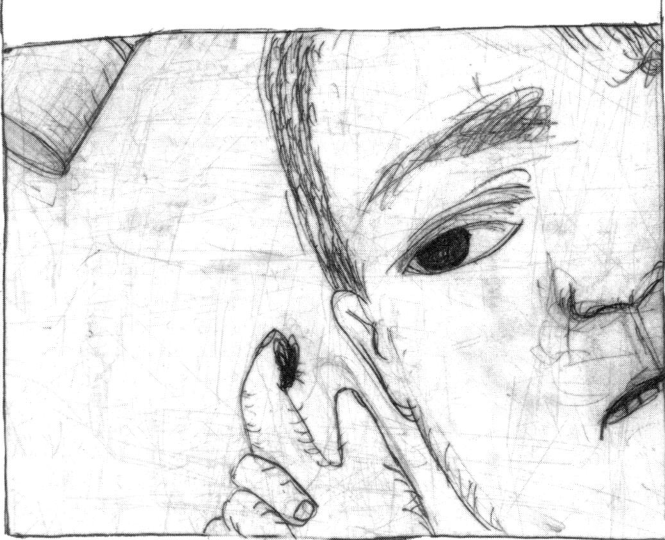
SIE KLEBTE AUF MEINEM FINGER,
ZUCKTE MIT DEN FLÜGELN,
KAM ABER NICHT WEG.

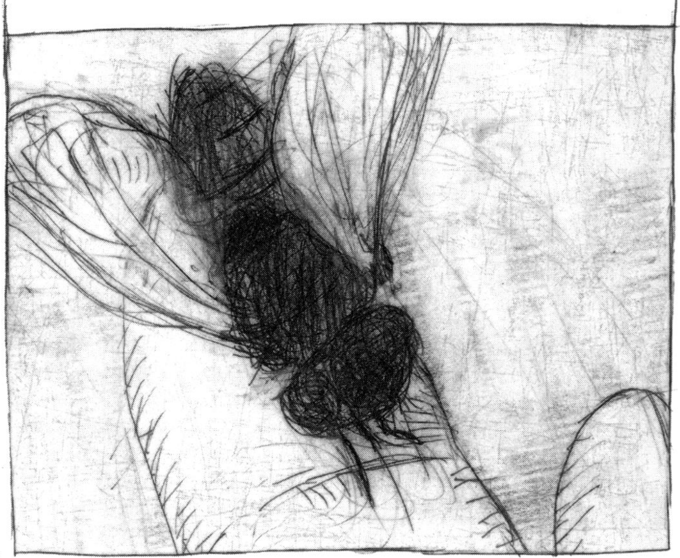
ICH SCHÜTTELTE MEINE HAND.
SIE BLIEB ABER HAFTEN.

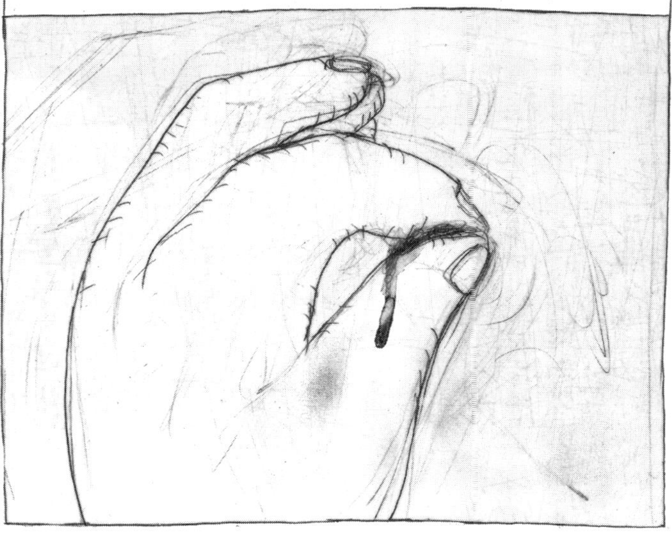
DER MILCHREIS BRANNTE AN.
ZUERST WAR ES EIN PELZIGES GEFÜHL
ZWISCHEN DEN FINGERN ...

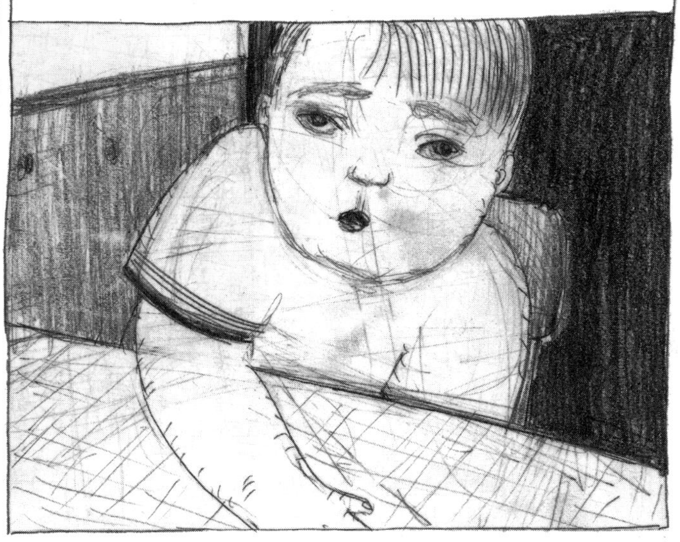
DANN NICHT MEHR.
ICH WISCHTE DEN FLIEGENBREI INS TISCHTUCH.

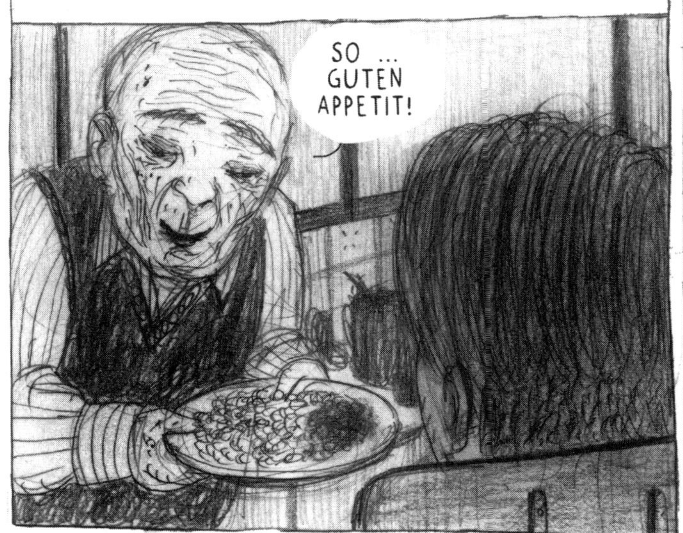
ES SAUGTE NICHT.
ICH STREIFTE MEINE FINGER AM STUHLKISSEN AB.
SO ... GUTEN APPETIT!

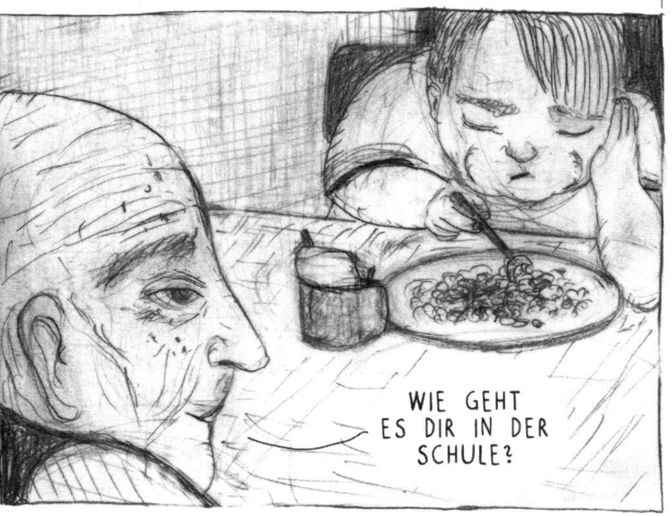
DAS ESSEN SCHMECKTE ANGEBRANNT,
ABER SÜSS. SCHMERZHAFT SÜSS.
WIE GEHT ES DIR IN DER SCHULE?

DAS WAR NICHT SCHLECHT.

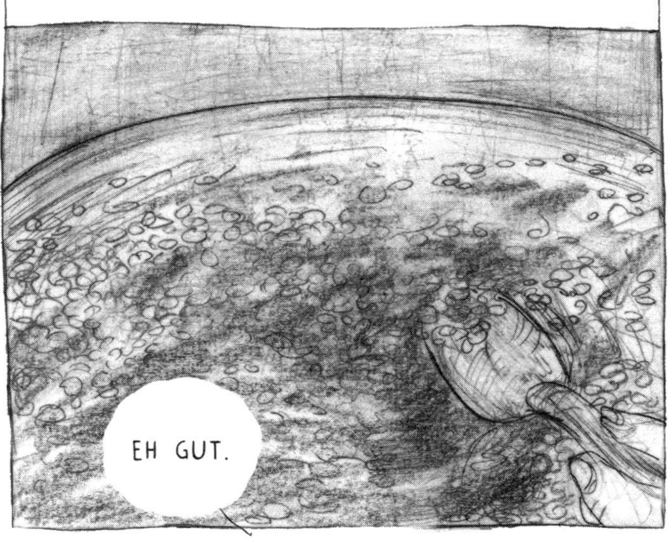

OPA ZÜNDETE SICH EINE ZIGARETTE AN.
DANN SOFORT NOCH EINE.

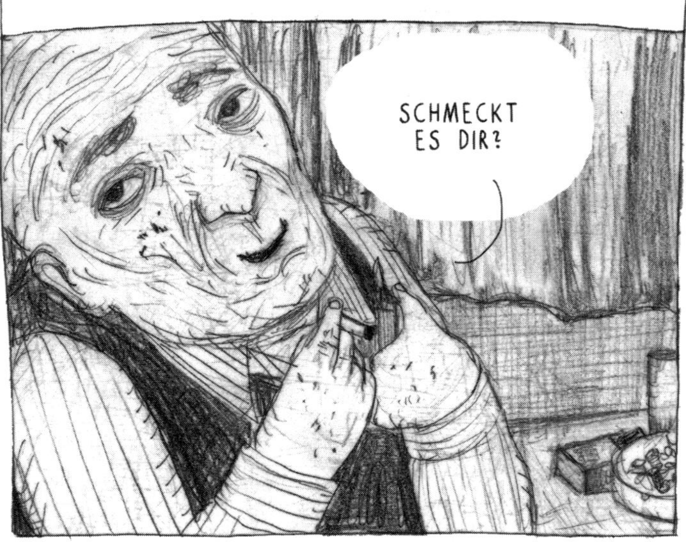

ICH NICKTE HEFTIG UND BRUMMTE ZUSTIMMUNG.
REISKÖRNER FIELEN MIR DABEI AUS DEM MUND
AUF DEN KÜCHENBODEN.

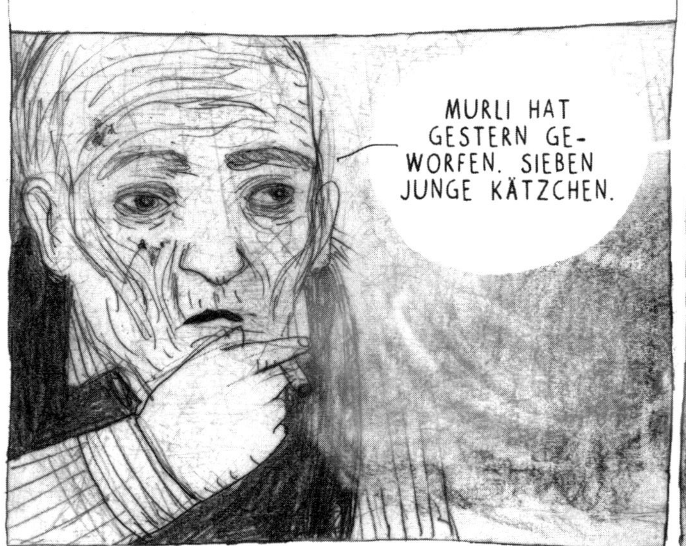

SOGAR DORT LAGEN ÜBERALL
ZIGARETTENSTUMMEL HERUM.
ICH VERSCHLUCKTE MICH.

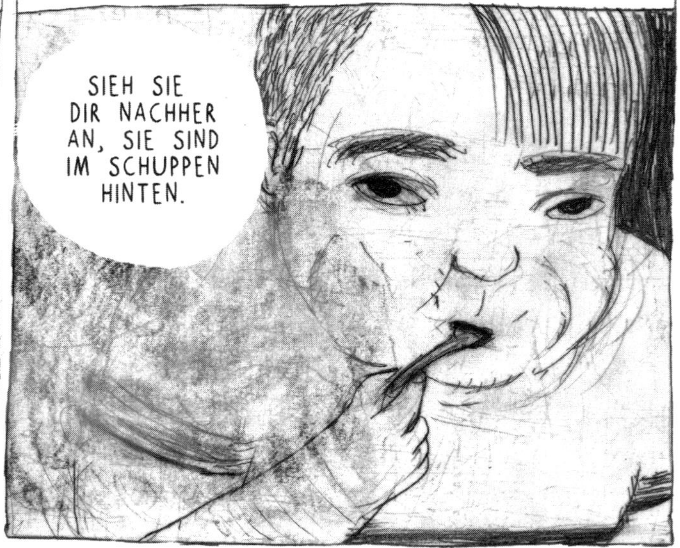

PLÖTZLICH WOLLTE DER MILCHREIS ZURÜCK AUF DEN TELLER, ZURÜCK AUF DEN TISCH.

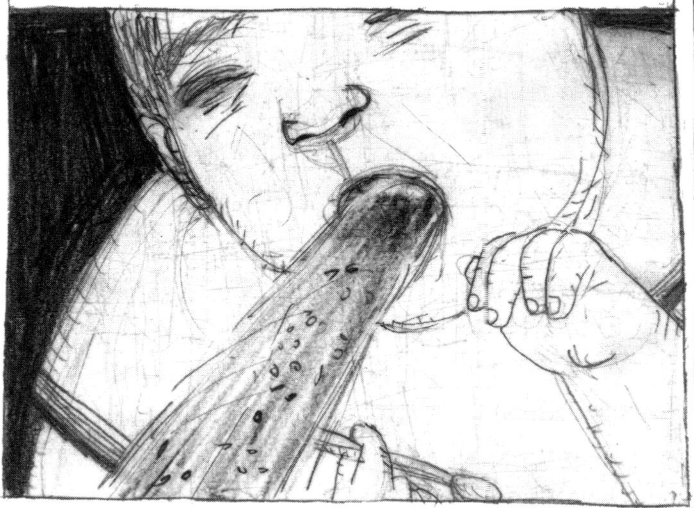

MEIN HALS BRANNTE WIE FEUER.

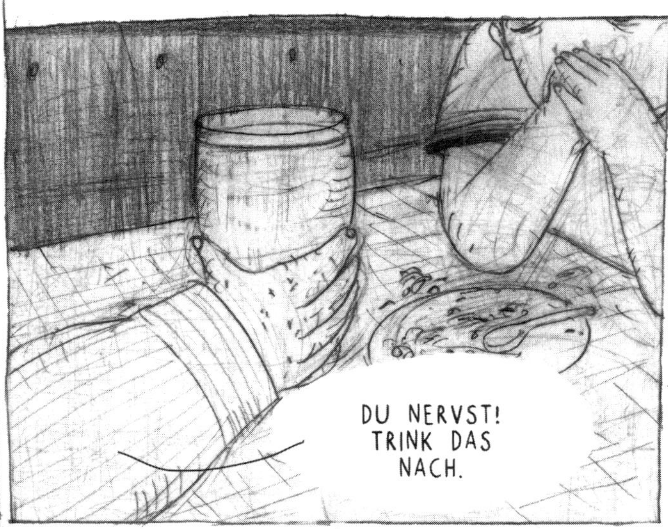

OPA SAH NOCH FALTIGER AUS UND GAB MIR MILCH GEGEN DEN SCHMERZ.

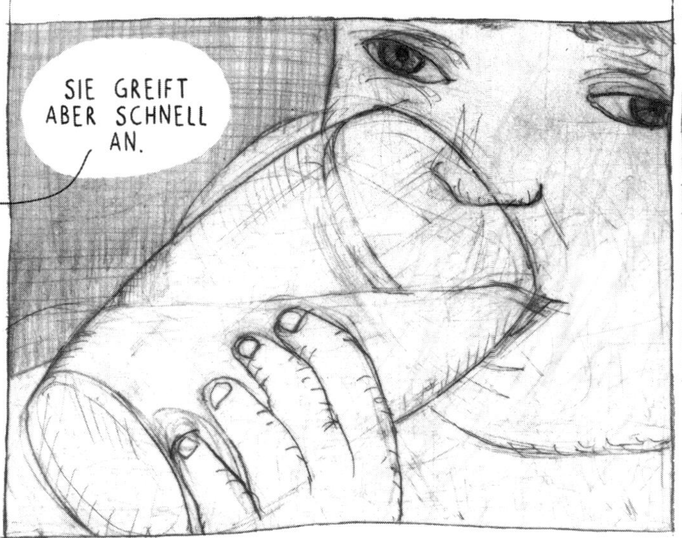

GROB DRÜCKTE ER DIE ZIGARETTE AUS.

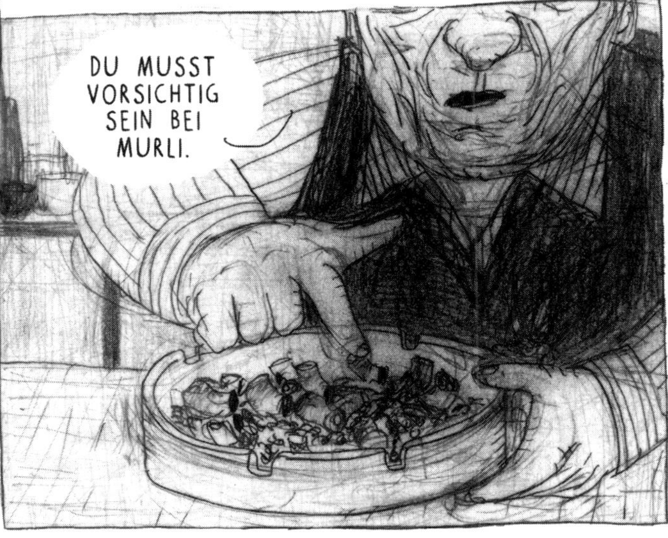

OPA WISCHTE MIT DEM GESCHIRRTUCH
MEIN ERBROCHENES AUF.
ABER NUR SCHLAMPIG.

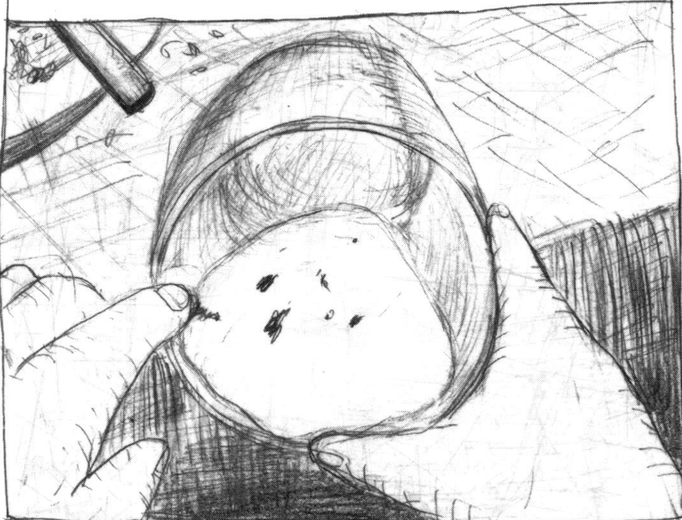

ES SCHIEN IHN NICHT ZU STÖREN.
ER DECKTE DIE KOTZSUPPE MIT DEM TUCH ZU.

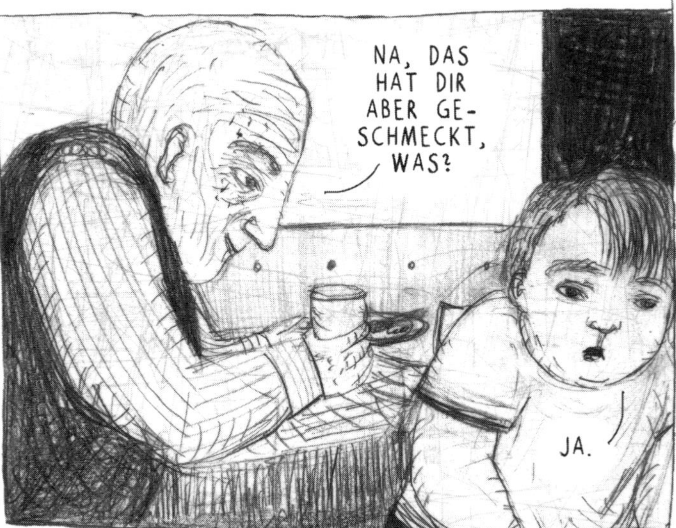

ER VERGRÖSSERTE DEN BERG MIT
SCHMUTZIGEM GESCHIRR UND NAHM
ETWAS AUS DER SCHUBLADE.

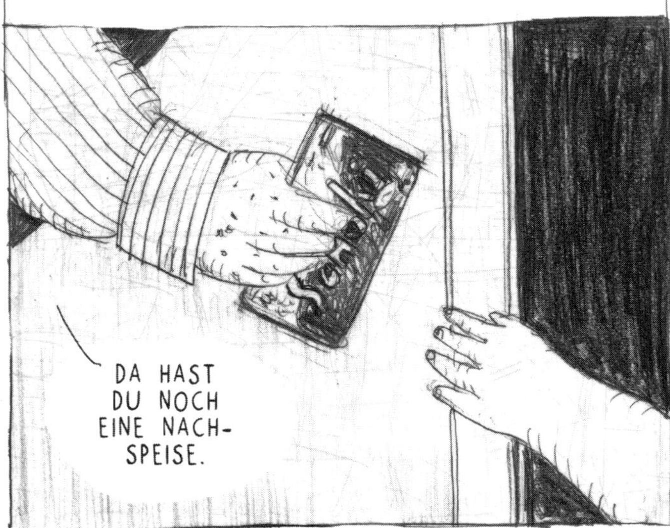

MAMA WÜRDE MIR NIE SCHOKOLADE
NACH MILCHREIS ERLAUBEN.
BEI OPA WAR ES SUPER.

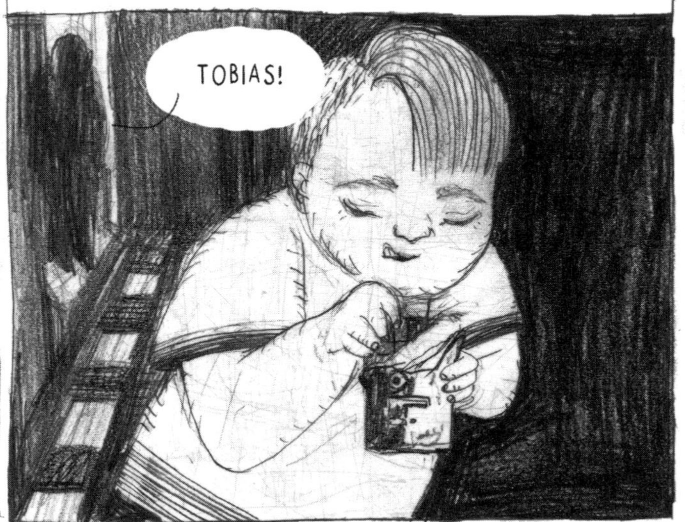

OPA LIEF MIR STRAMM NACH,
OHNE ZITTERN UND WACKELN
STAMPFTE ER AUF.

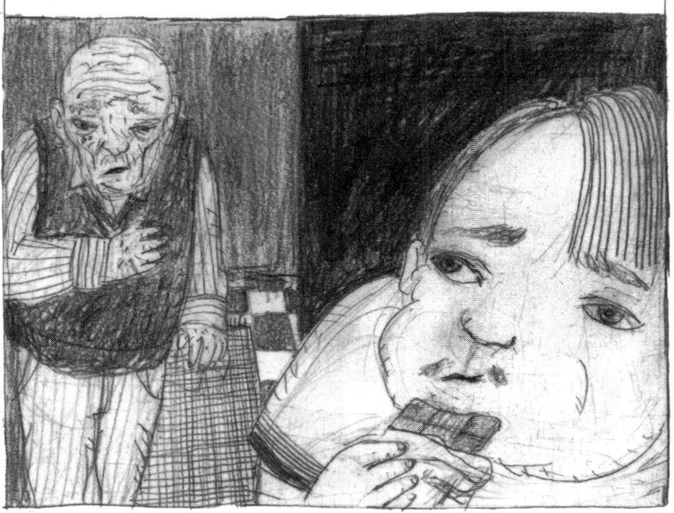

DIE BODENPLANKEN BEBTEN UND
SEINE STIMME WAR DUNKEL
UND GANZ OHNE SCHLEIM.

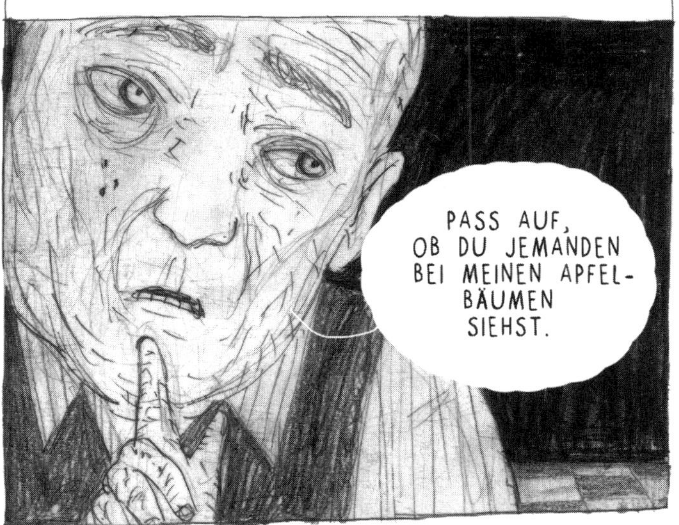

MAMA LIESS SEINE ÄPFEL
IMMER SO LANGE HERUMLIEGEN,
BIS SIE VERFAULT WAREN.

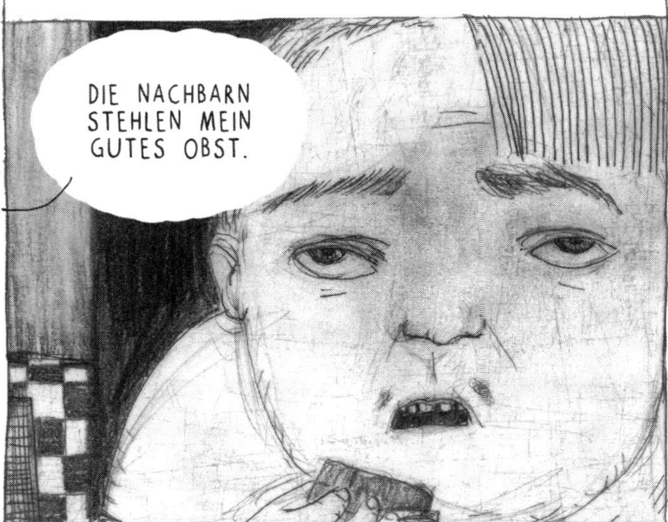

MIT EINEM KURZEN NÖRGELN
WARF SIE DAS ZEUG DANN WEG.
ENERGISCH MARSCHIERTE OPA INS WOHNZIMMER.

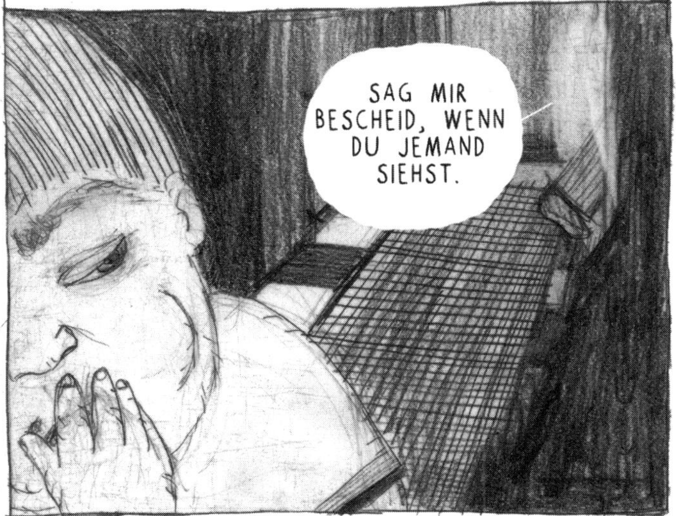

VIER TAFELN SCHOKOLADE AN EINEM TAG WAREN MEINE BESTE LEISTUNG BISHER.

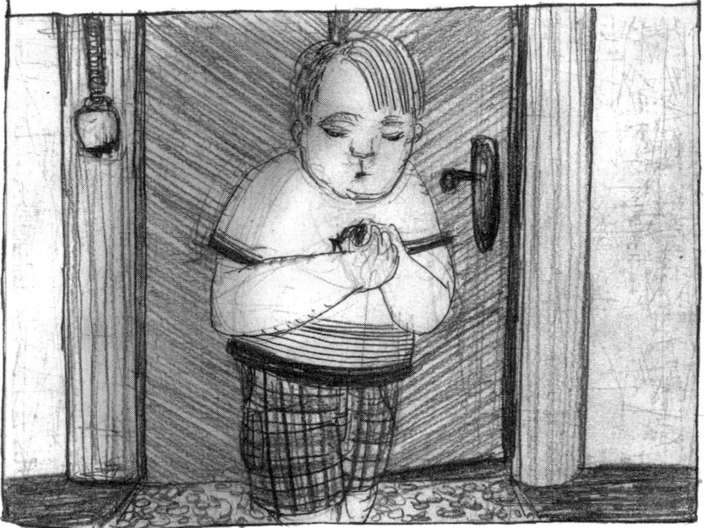

ICH STOPFTE DIE VERPACKUNG IRGENDWOHIN.

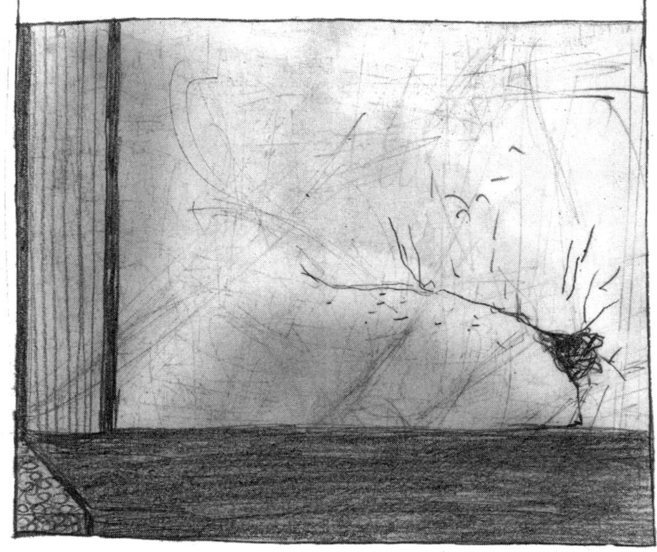

MEIN BAUCH FÜHLTE SICH SCHWER AN.

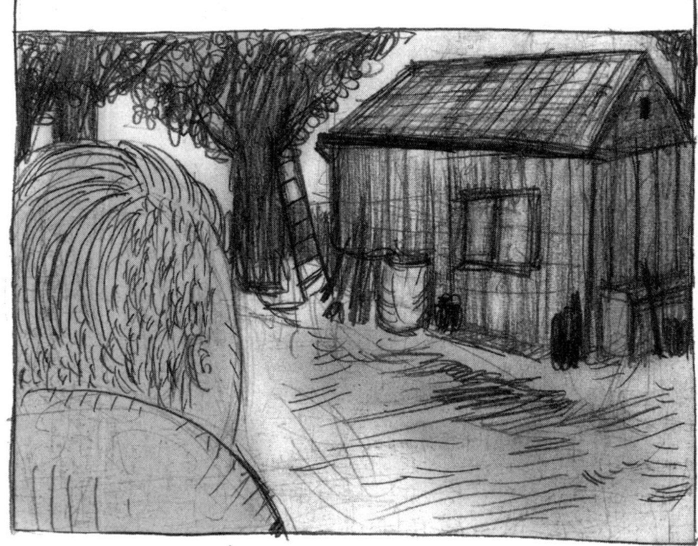

ZARTE TIERGERÄUSCHE KLANGEN AUS DER DUNKELSTEN ECKE.

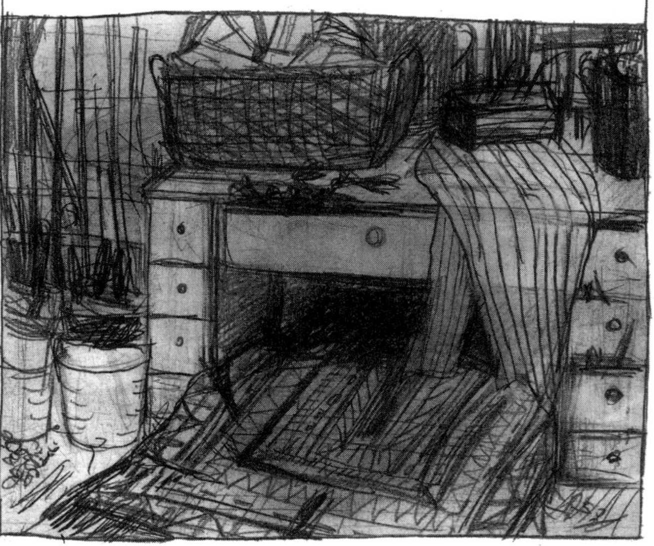

MIT "MIETZ MIETZ" WOLLTE ICH SIE LOCKEN.

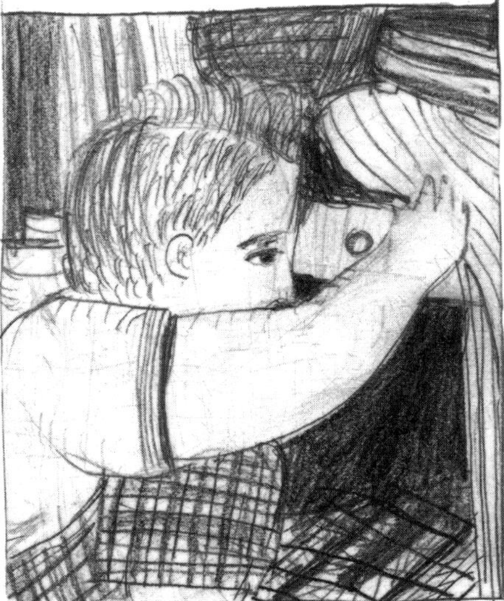

EINE BÖSE ANTWORT KAM ZURÜCK.

BLÖDES VIEH!

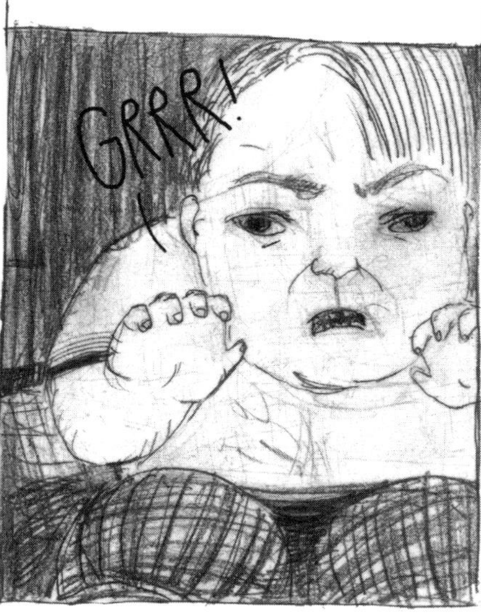

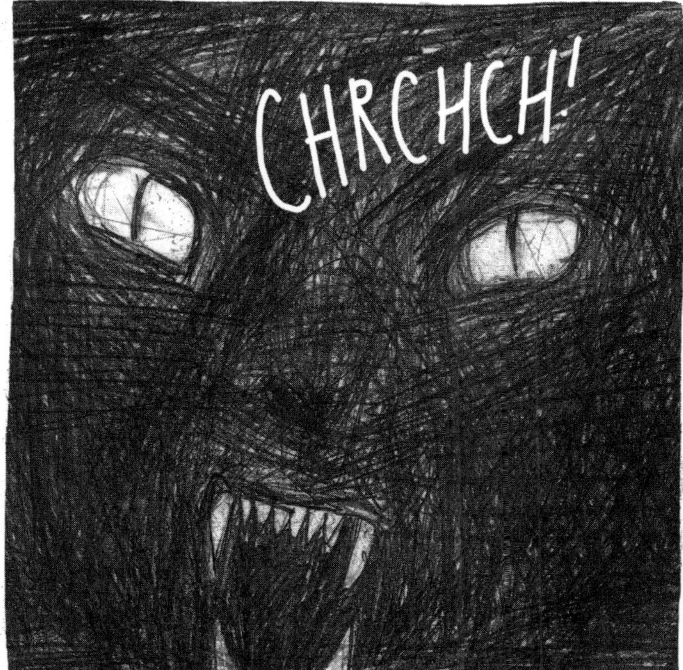

DIE KONNTE MICH MAL.

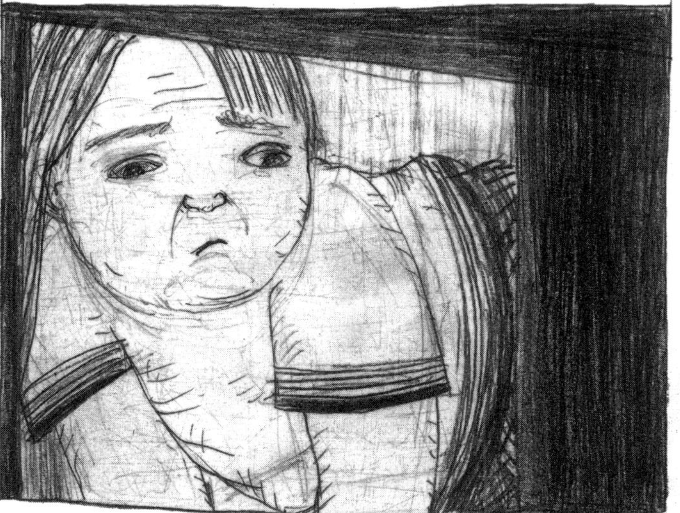

NIEMAND WAR IN DEN GÄRTEN
ODER DEN HÄUSERN ZU SEHEN.

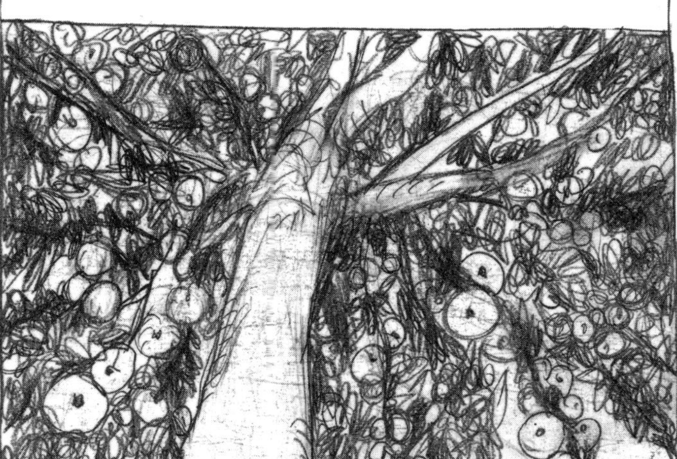

FÜR DIESE ÄPFEL INTERESSIERTE
SICH BESTIMMT KEIN NACHBAR.

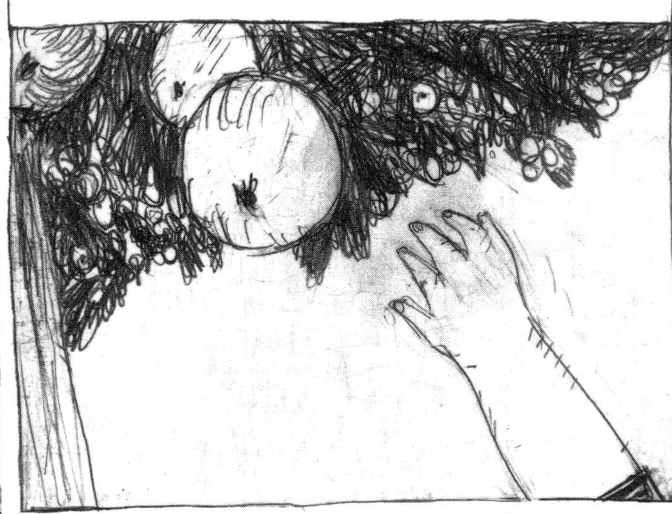

HALLO, DORT DRÜBEN!

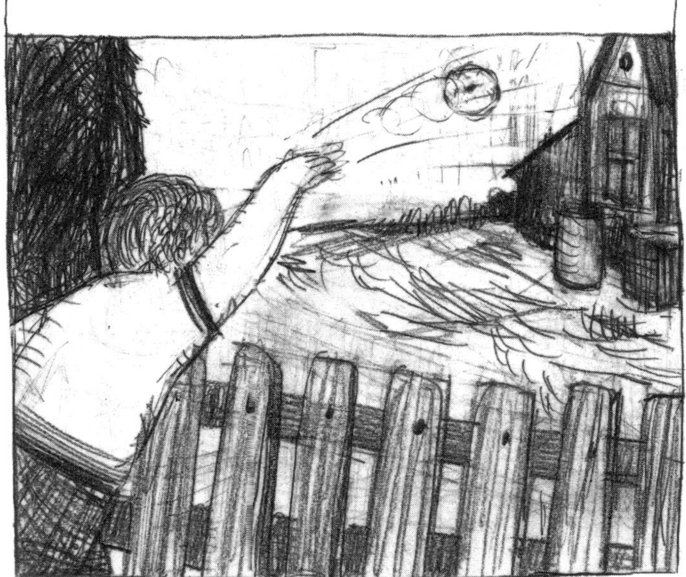

JETZT HATTEN SIE OBST
VON OPA HERUMLIEGEN.

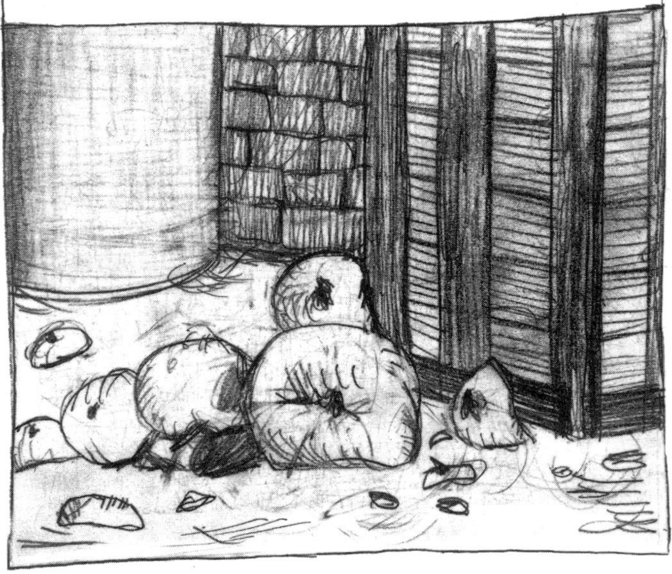

DER BODEN WAR WARM.

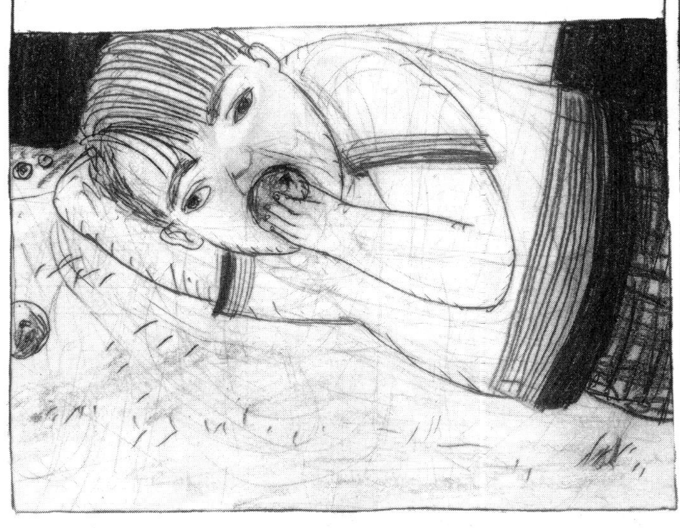

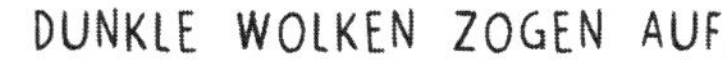

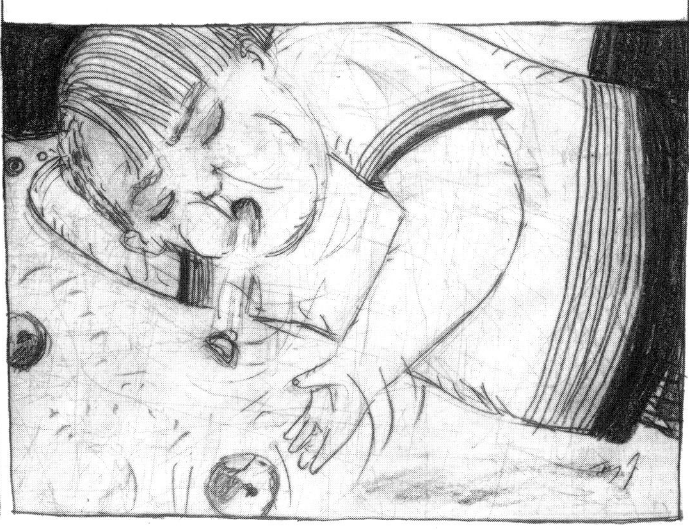

ICH DACHTE AN MEIN HANDY
UND MIR WURDE KOMISCH.

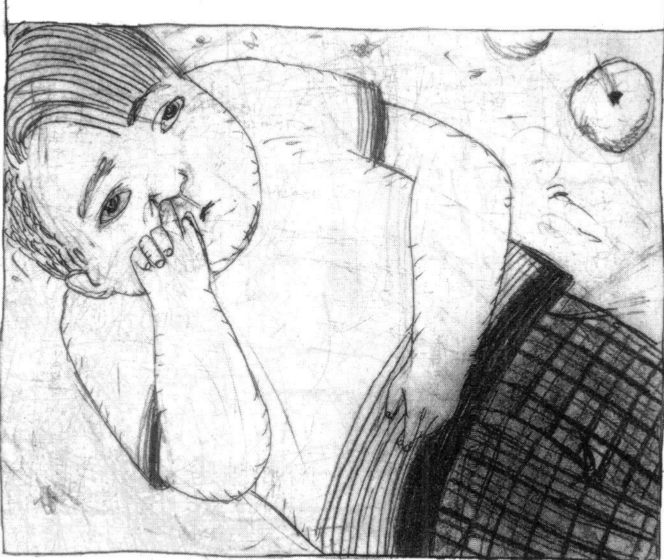

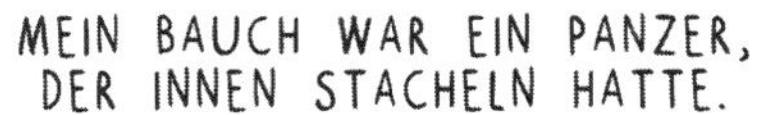

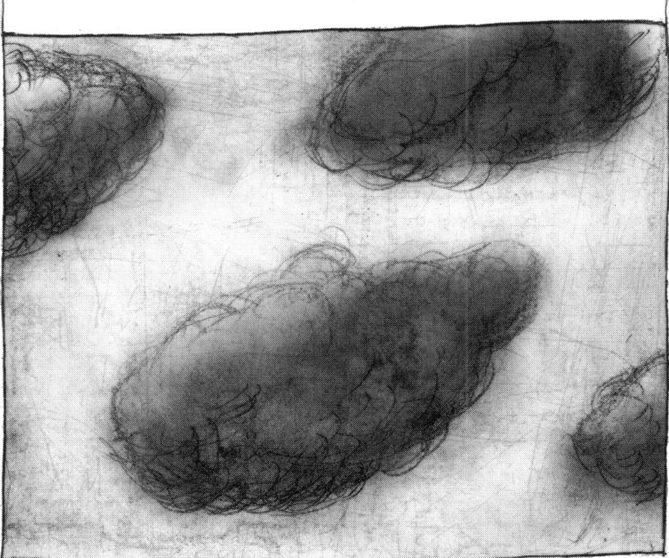

ES KRACHTE UND DONNERTE.
ICH MUSSTE LANGE UND LAUT FURZEN.

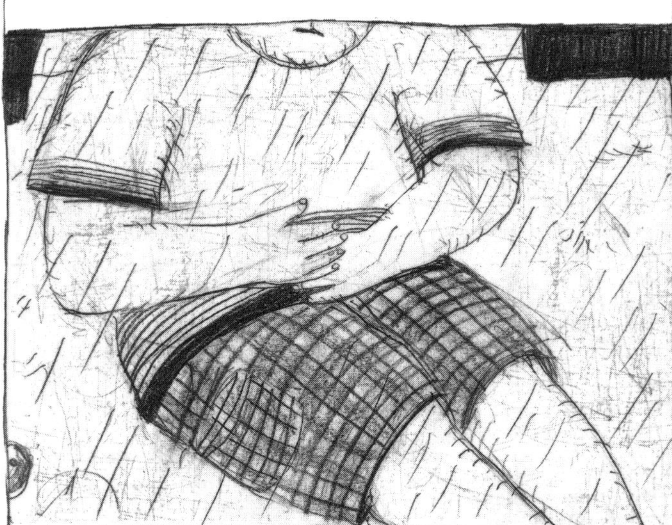

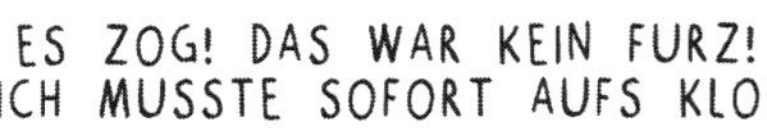

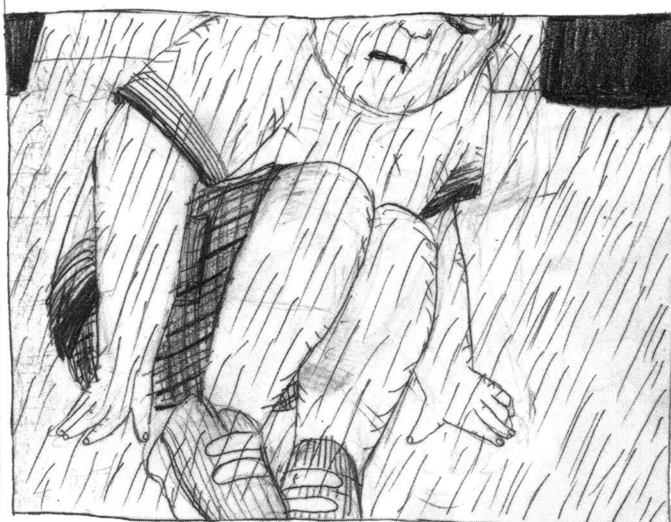

ICH MUSSTE FEST ZUSAMMENZWICKEN.
ICH WACKELTE UND ZITTERTE BEIM GEHEN.

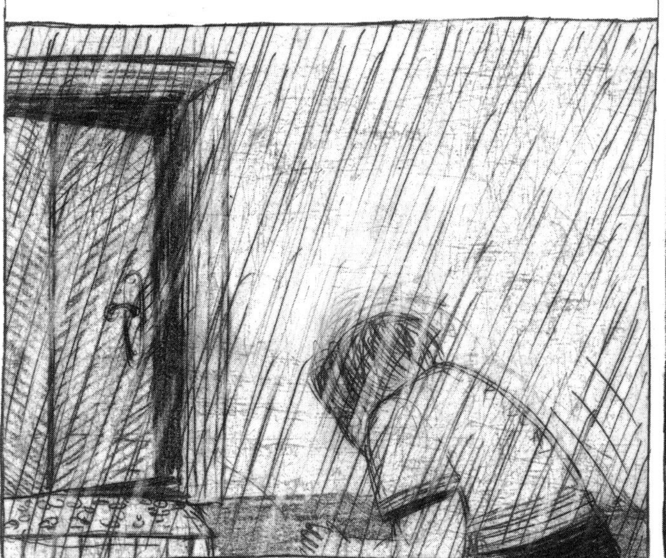

LEISE SPRACH OPA MIT DEM FERNSEHER
UND LÄCHELTE IHN AN.

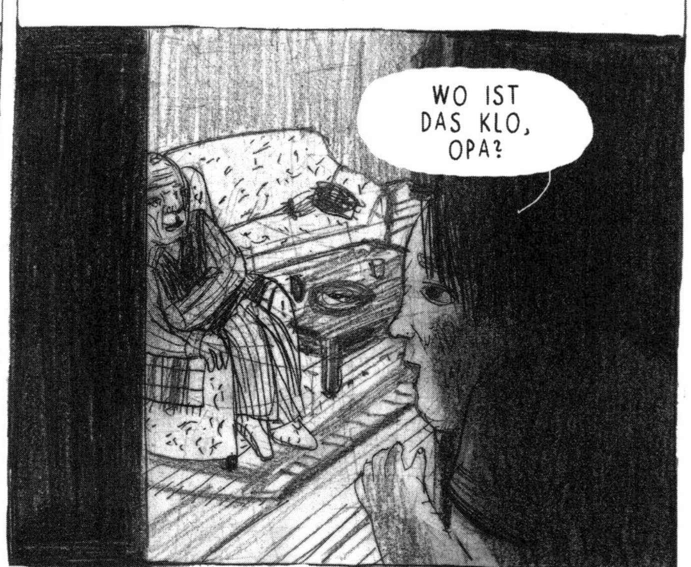

ICH KONNTE NICHT MEHR!

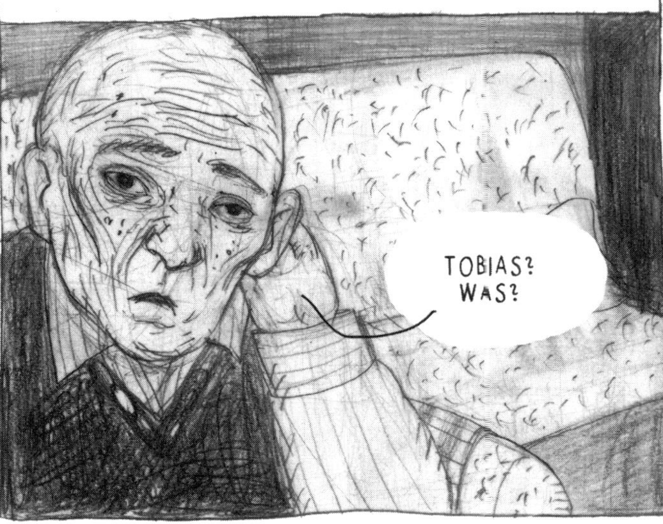

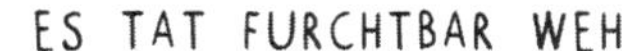
ES TAT FURCHTBAR WEH.

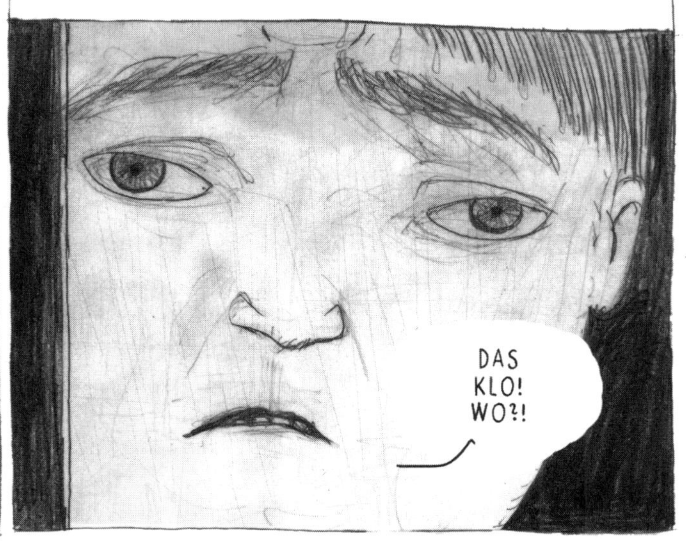

WUSST ER ES DENN SELBST NICHT?

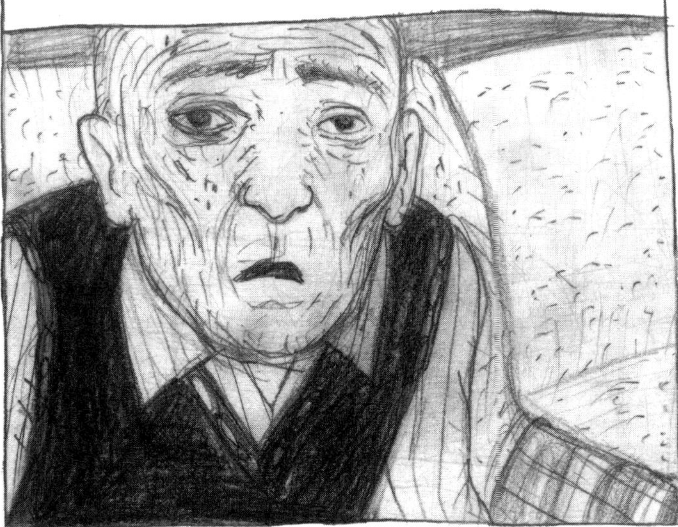

DOCH!

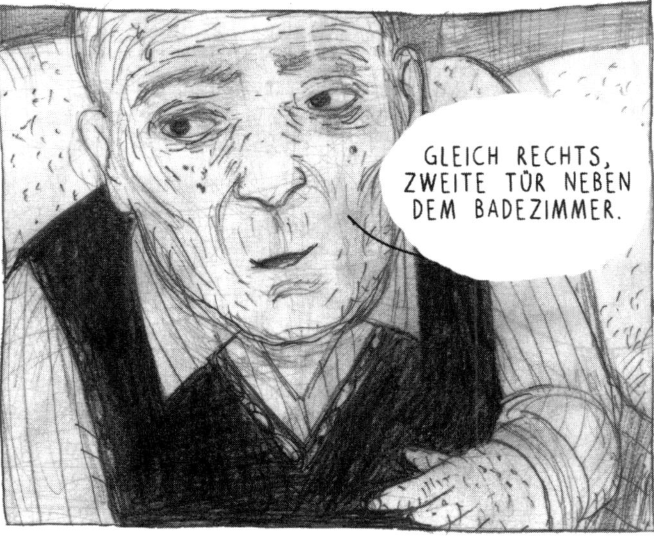

ZU SPÄT! EINIGES HATTE ICH
SCHON IN DIE UNTERHOSE GEDRÜCKT.

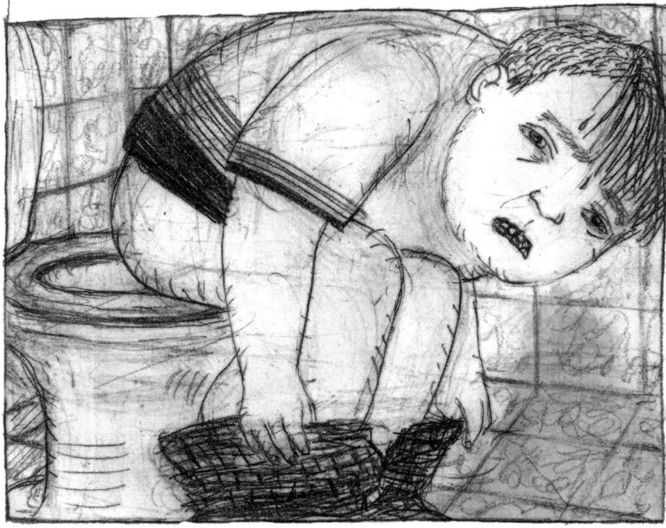

UND EINIGES WAR WEITER NACH UNTEN
GELAUFEN AN MEINEM RECHTEN BEIN.

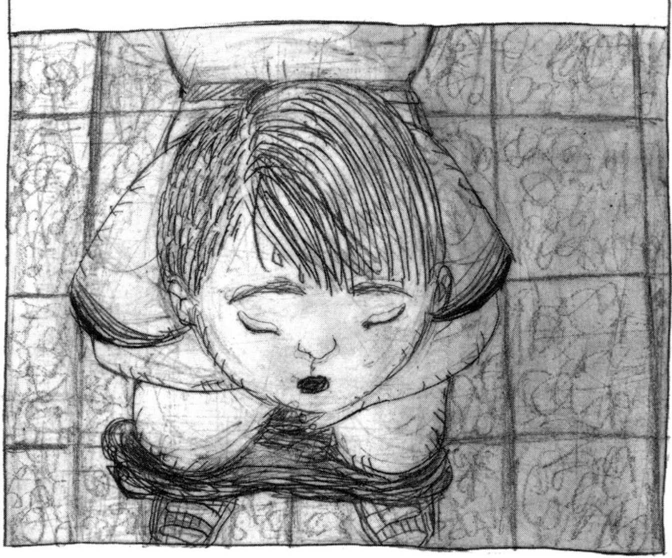

ICH MUSSTE MICH NACHHER SAUBER WISCHEN.

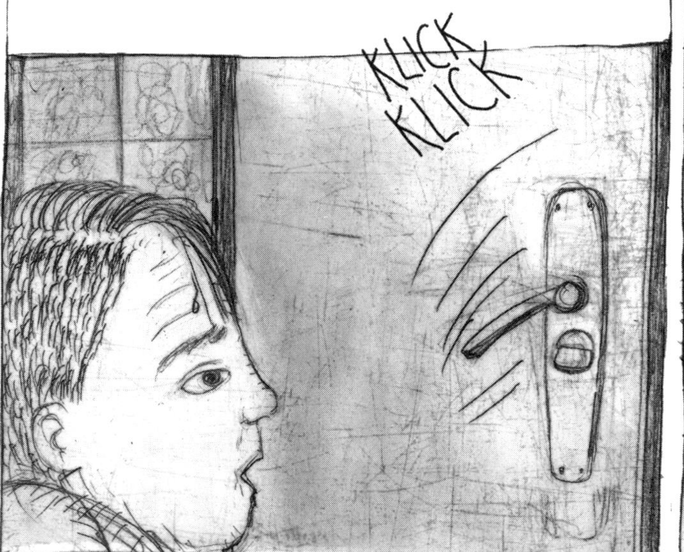

UND DIE HOSE AUCH.

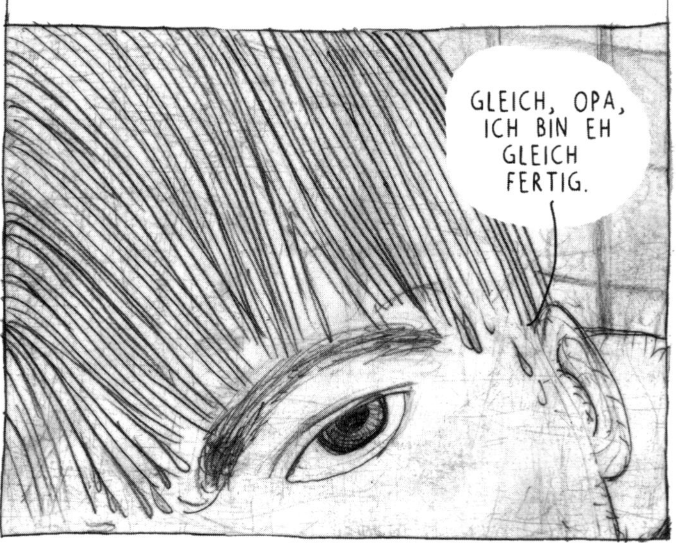

IN EILE PRESSTE ICH FESTER.

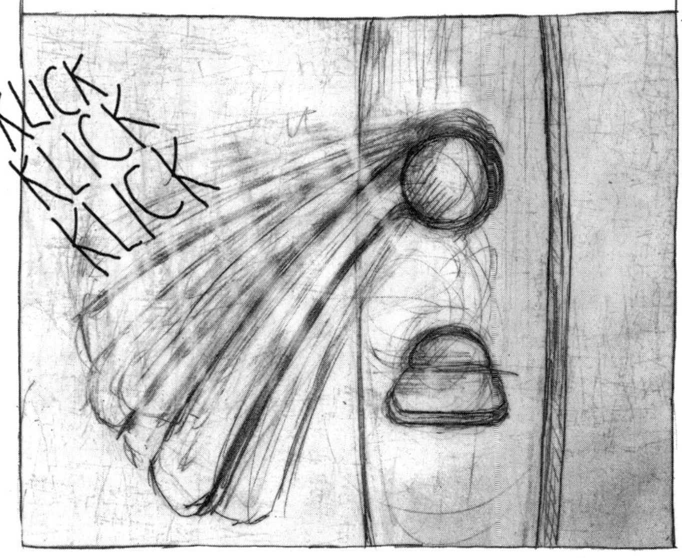

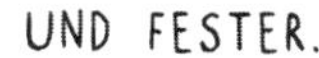

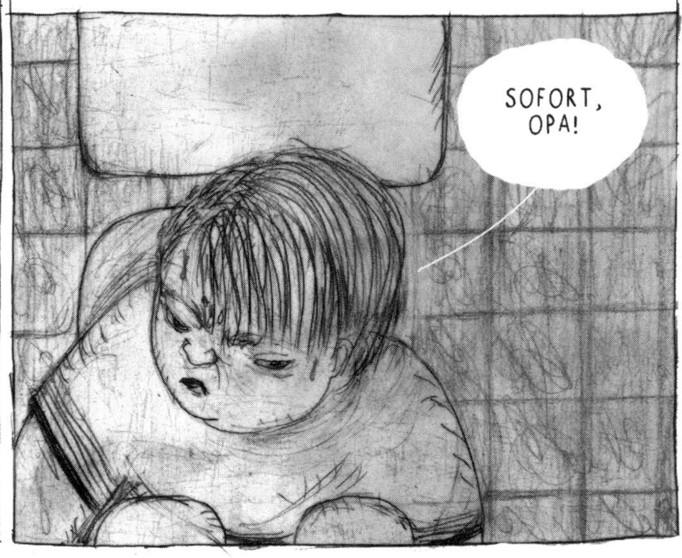

NIRGENDWO SAH ICH
EINE KLOPAPIERROLLE.

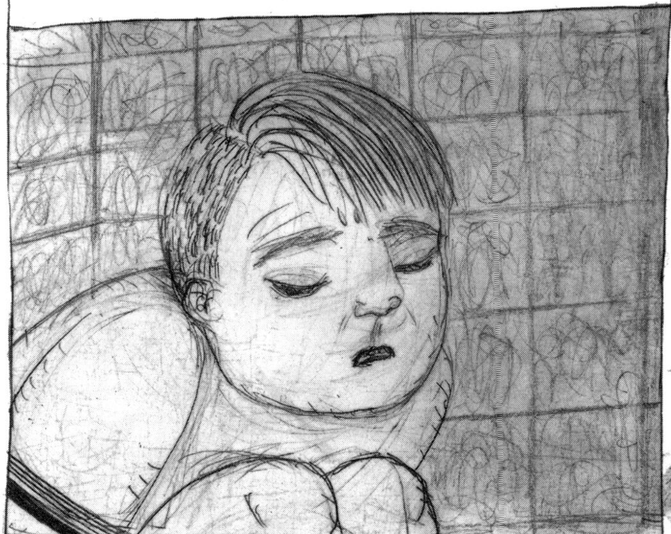

DANN FIEL ES MIR EIN:
OPAS SPARSAMKEIT KAUFTE NIE WELCHES.
ER BENUTZTE KLEINGERISSENES ALTPAPIER.

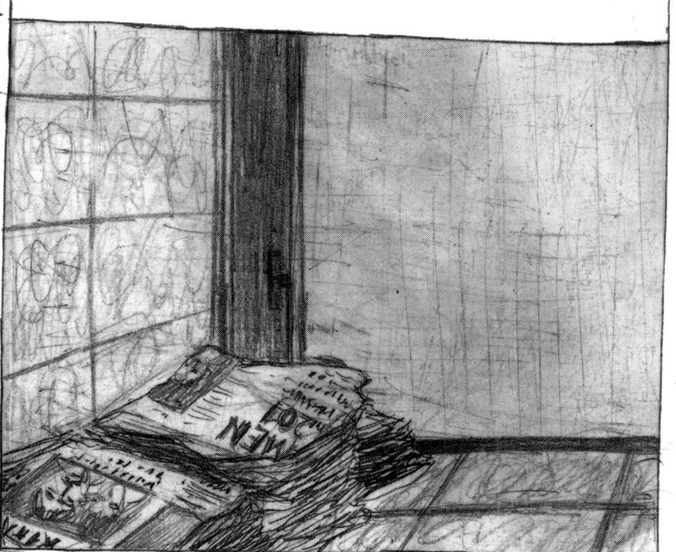

DIE PAPIERFETZEN WAREN BUNT
UND HART UND SAUGTEN ÜBERHAUPT NICHT.

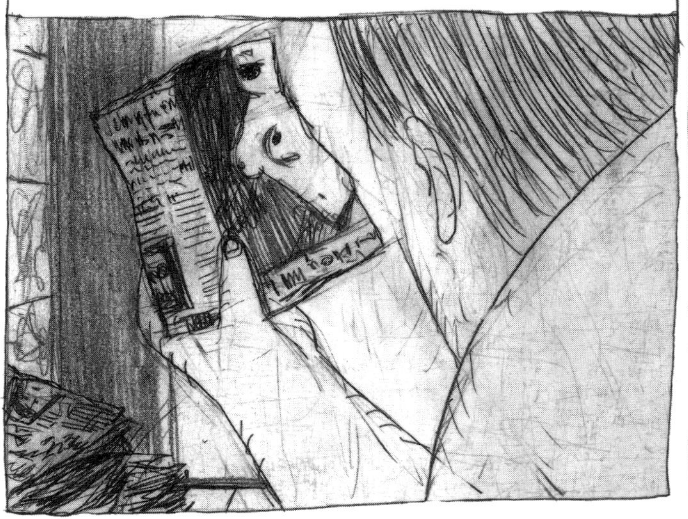

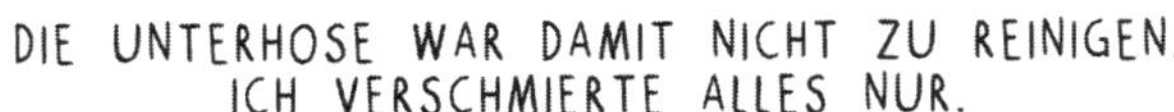

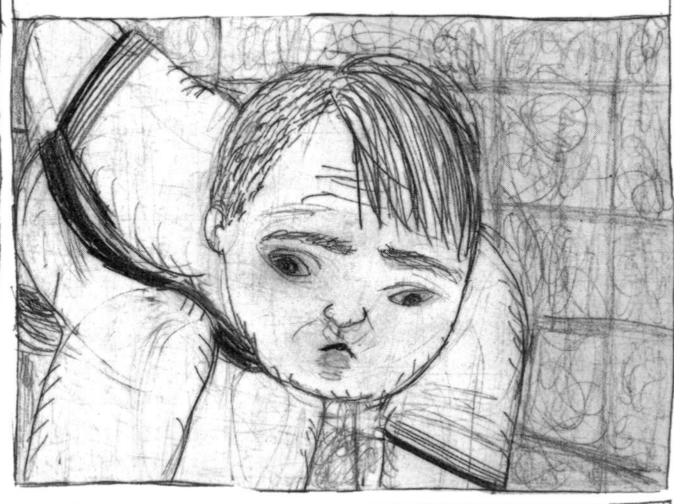

ICH WARF DIE UNTERHOSE INS KLO
UND ZOG DIE SPÜLUNG.

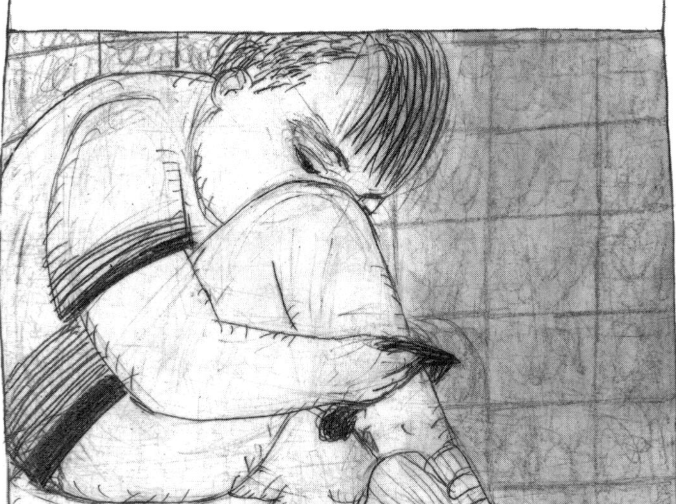

DAS WASSER UND SEIN INHALT
STIEGEN HOCH ZU EINEM SEE.
ICH SPÜLTE NOCH EINMAL.

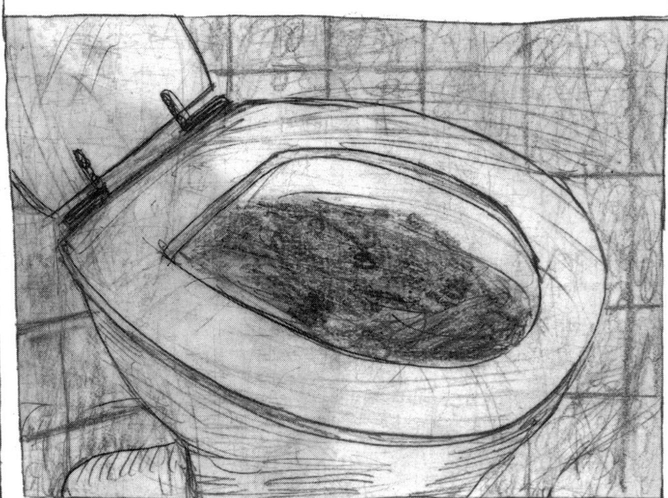

HÖHER UND HÖHER STIEG DER SEE,
BLIEB ABER AM KLORAND STEHEN.

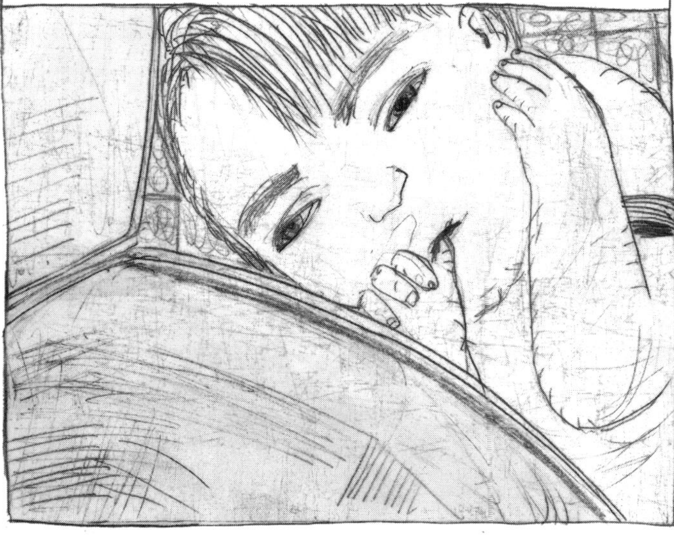

ICH MUSSTE DIE VERSTOPFUNG BESEITIGEN.

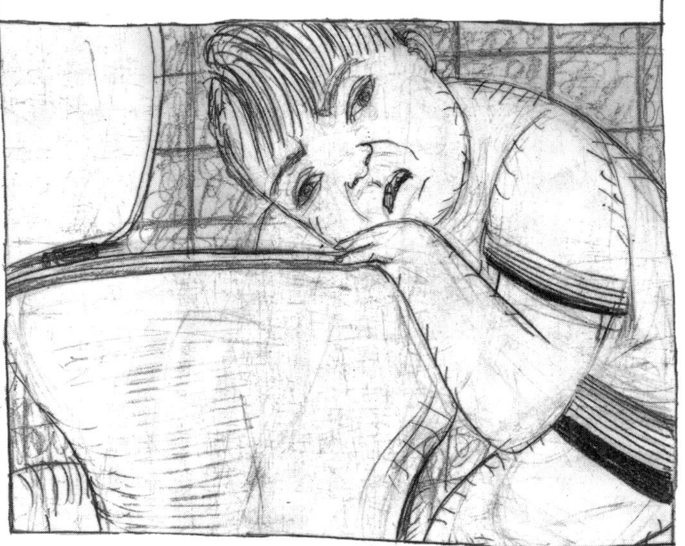

MIT EINEM GURGELN FLOSS
DAS GESTAUTE WASSER WEG.
NUN WAR AUCH MEIN ARM SCHMUTZIG.

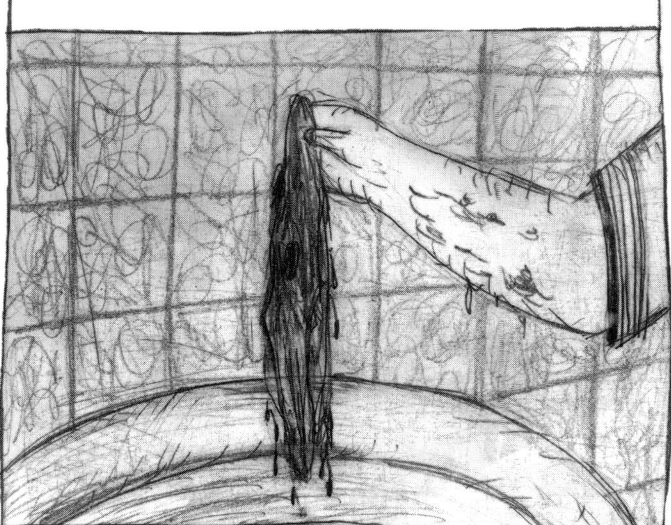

DIE UNTERHOSE WOLLTE ICH TROCKEN
DRÜCKEN UND FALTETE SIE
IN ZEITUNGSPAPIER.

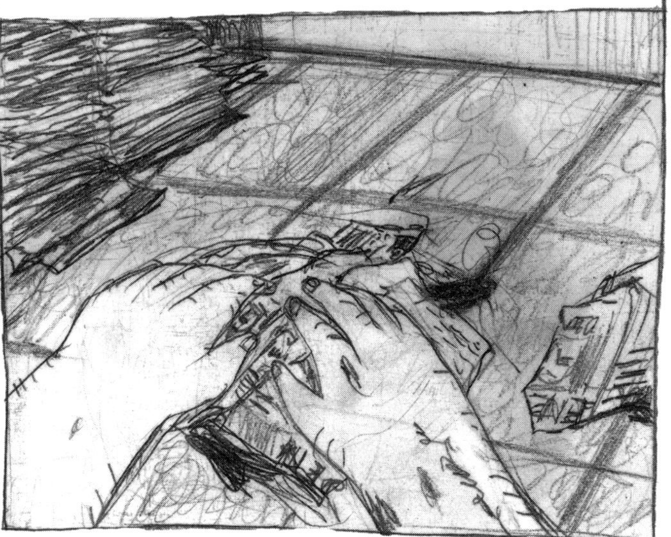

VORSICHTIG ZOG ICH MICH AN,
DIE EINGEWICKELTE UNTERHOSE IN DER HAND.
HOFFENTLICH STAND OPA NICHT VOR DER TÜR.

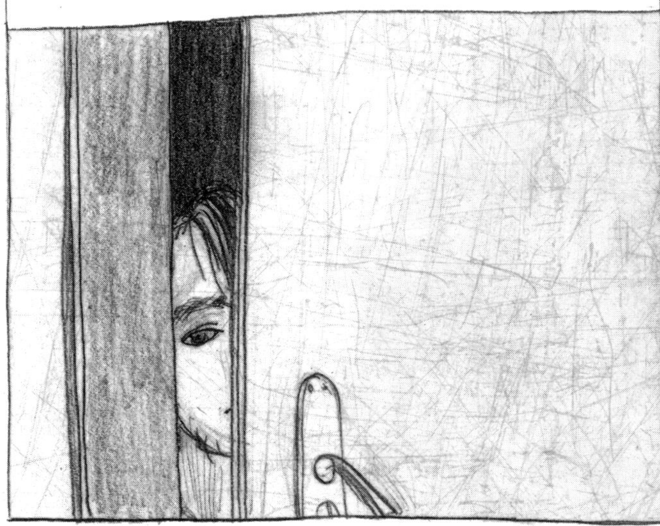

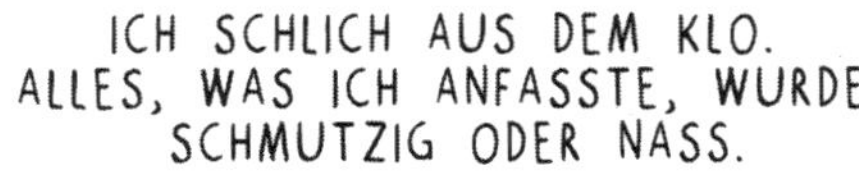

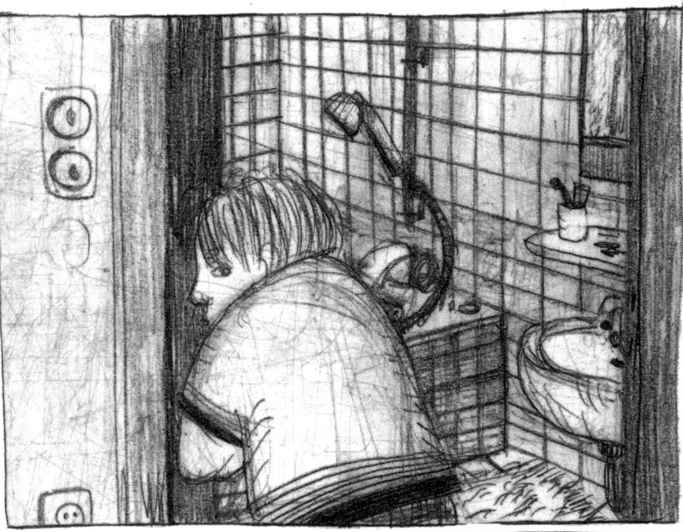

DAS UNTERHOSENPAKET
WARF ICH IN DIE BADEWANNE.
ICH WOLLTE MICH WASCHEN.

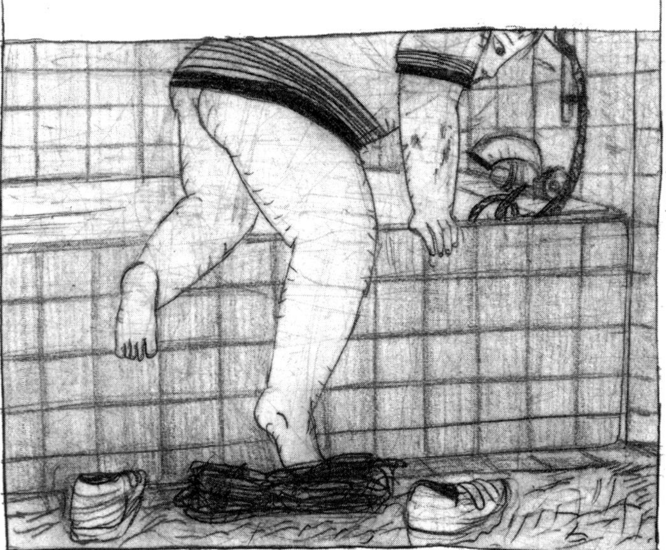

UND RUTSCHTE AUF DEM
NASSEN PAKET AUS.

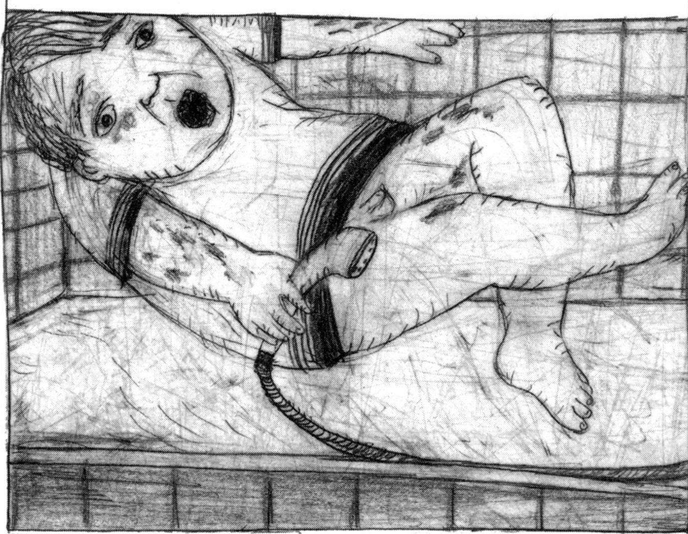

EIN HOHLES, TIEFES GERÄUSCH.
DANN ÜBERALL SCHWÄRZE;
DARIN HELLE BLITZE VOLLER SCHMERZ.

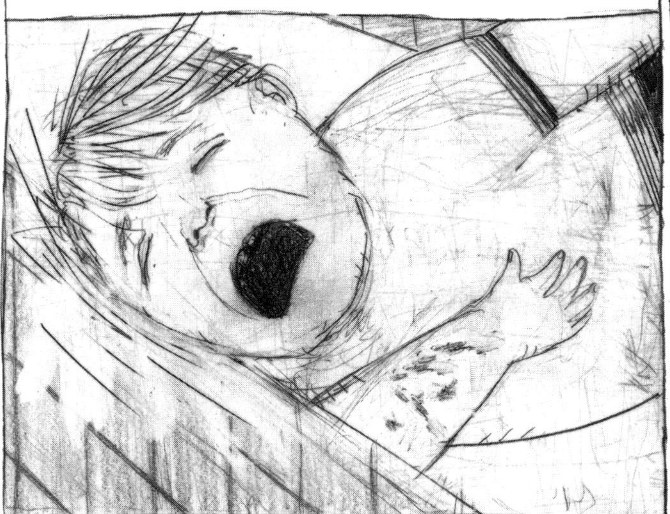

MIR WAR, ALS HÄTTE ICH MAMA NÖRGELN GEHÖRT.
MEIN KOPF VIBRIERTE.

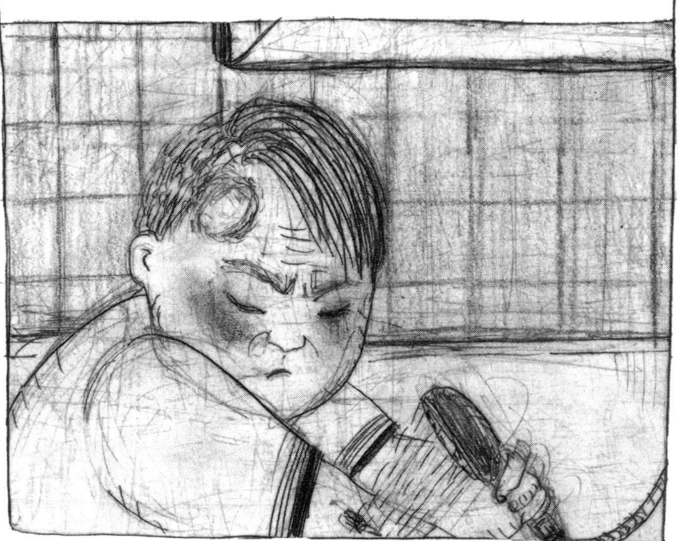

ICH WOLLTE DIE SCHEISSUNTERHOSE
FÜR IMMER LOSWERDEN

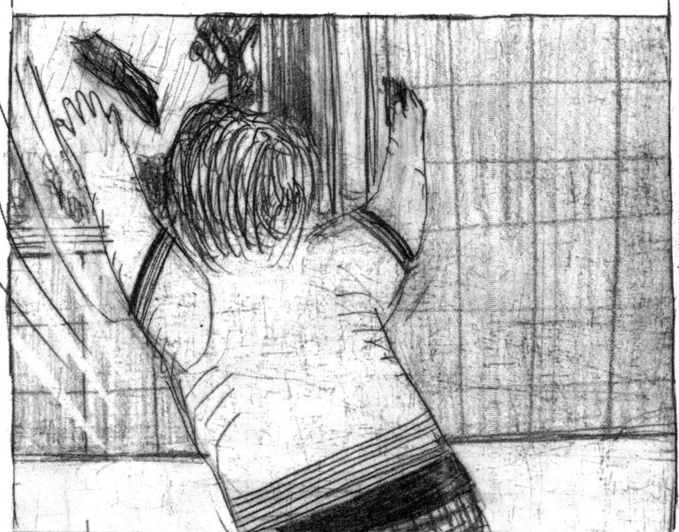

SIE KAM NUR BIS ZUM NÄCHSTEN STRAUCH.

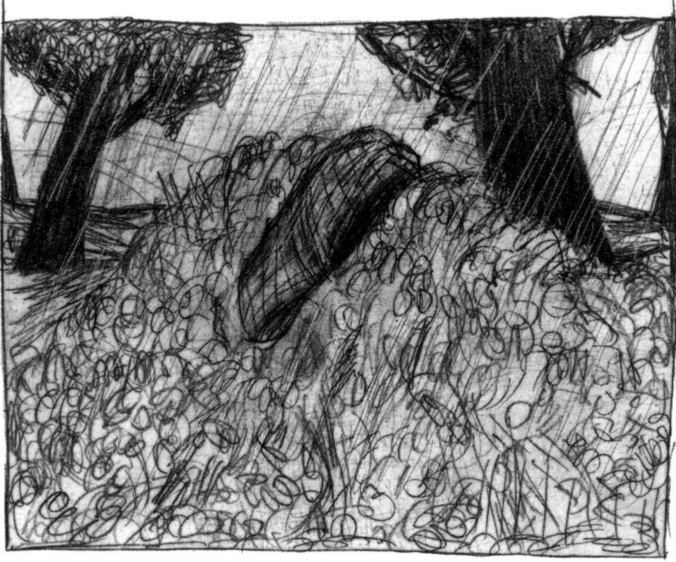

BLIND STOLPERTE ICH HINAUS
UND STOPFTE DIE UNTERHOSE TIEFER HINEIN.

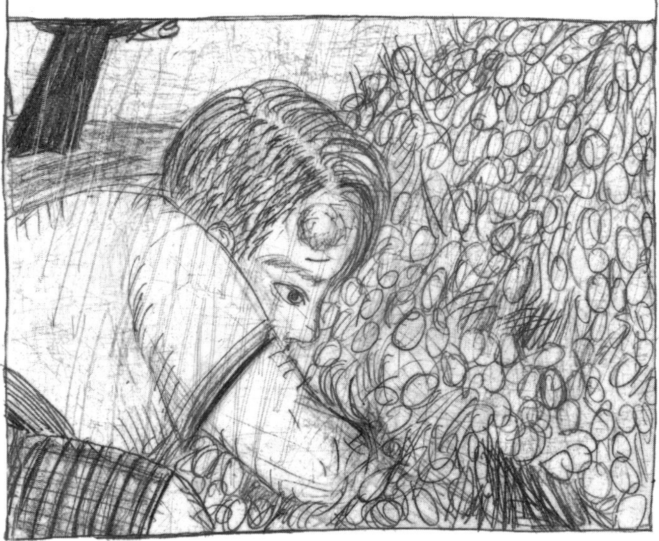

BEIM HOCHKOMMEN HATTE ICH ZERKRATZTE ARME.

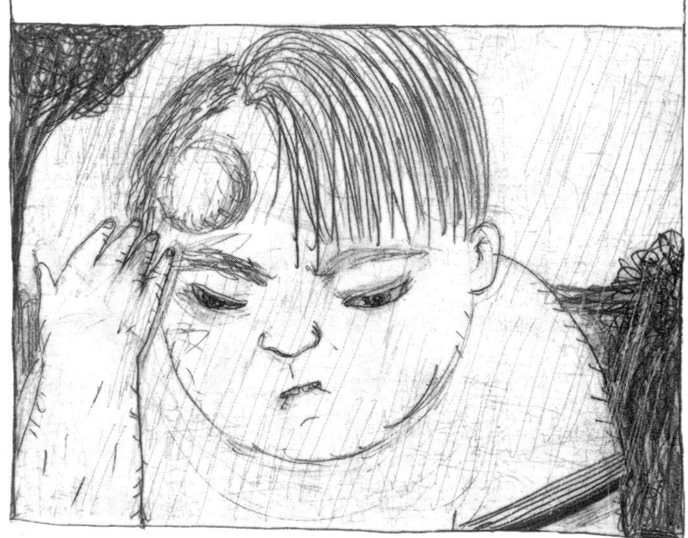

MEIN KOPF TAT MIR GANZ ARG WEH.
ICH BRAUCHTE DRINGEND HILFE.

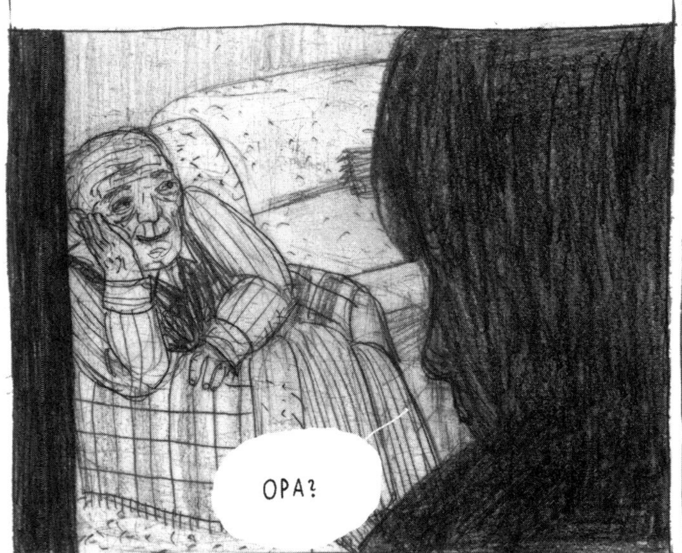

DER SCHMERZ HÖRTE NICHT AUF ZU HÄMMERN.

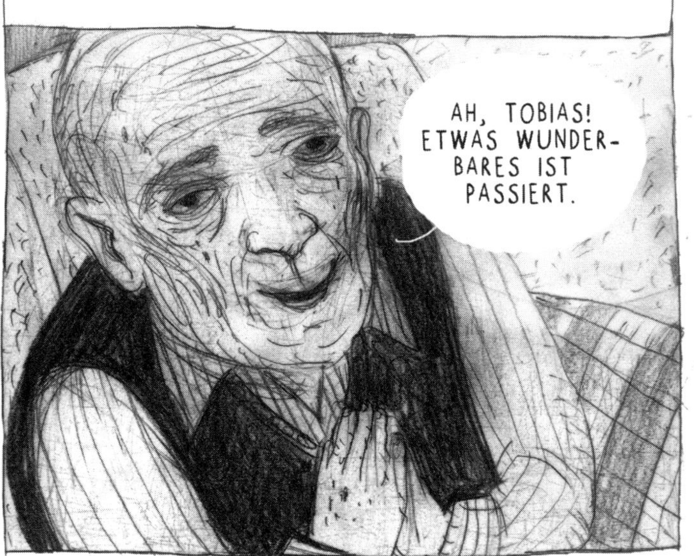

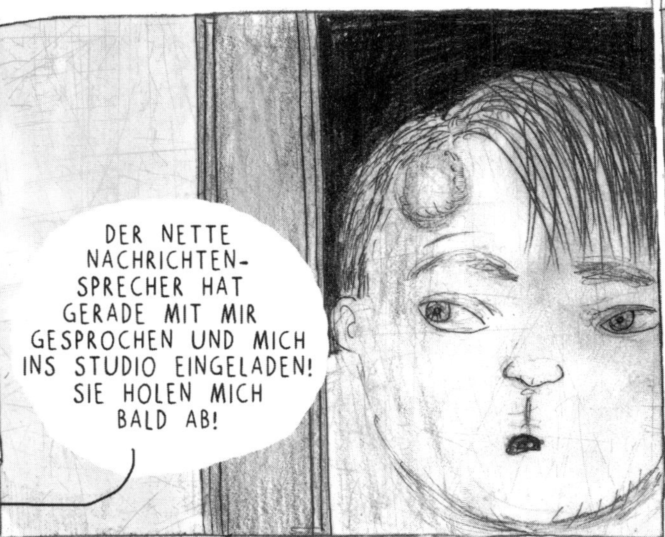
DER FERNSEHER WAR LAUT UND OPA FLÜSTERTE FLEHEND. ICH SPITZTE DIE OHREN.
DER NETTE NACHRICHTEN-SPRECHER HAT GERADE MIT MIR GESPROCHEN UND MICH INS STUDIO EINGELADEN! SIE HOLEN MICH BALD AB!

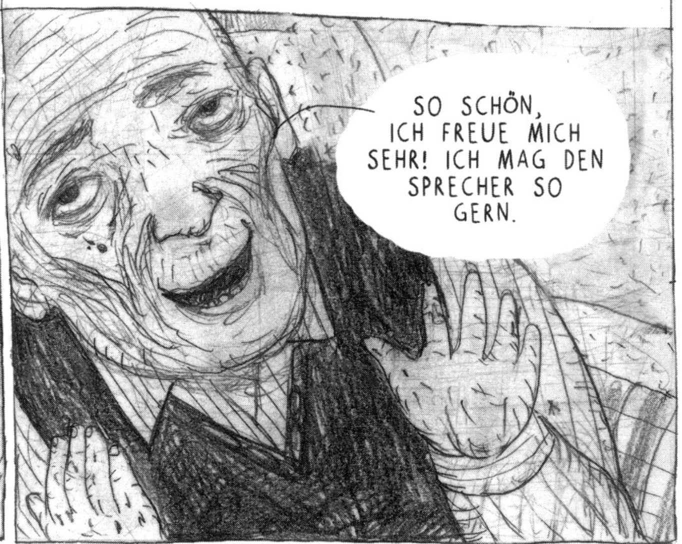
TRÄNEN LIEFEN SEINE WANGEN HINUNTER, BAHNTEN SICH IHREN WEG ZWISCHEN SEINEN TIEFEN FURCHEN UND FIELEN AUF SEIN HEMD.
SO SCHÖN, ICH FREUE MICH SEHR! ICH MAG DEN SPRECHER SO GERN.

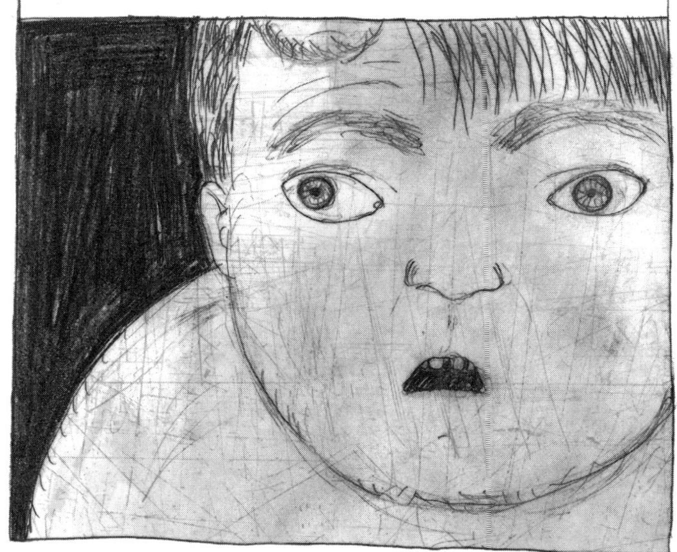
LANGE ZOG ER SEINEN ROTZ DURCH DIE NASE ZURÜCK.

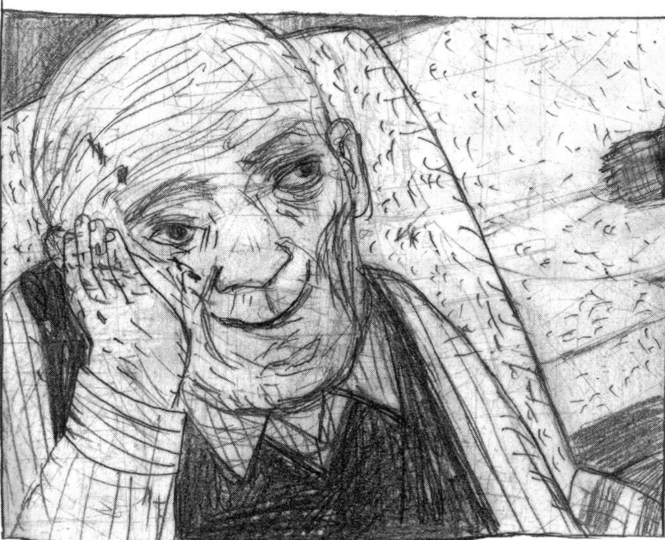
DANN BLIEB ER STUMM UND SAH WIEDER FERN.

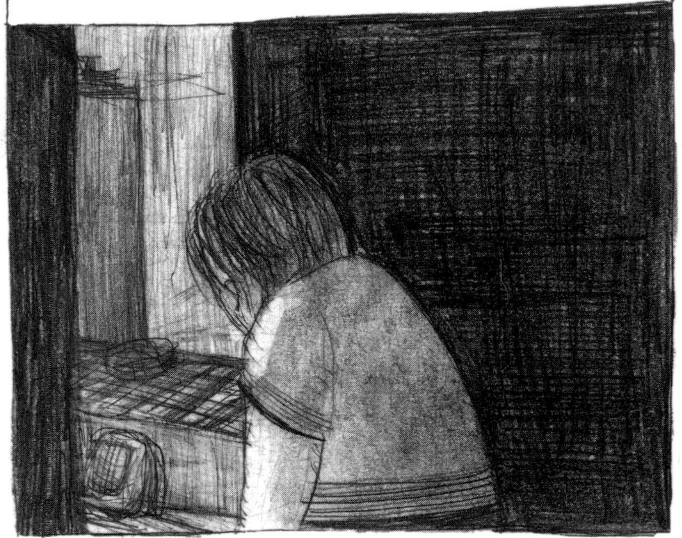
MEIN KOPF WURDE ZU KLEIN FÜR DEN SCHMERZ.

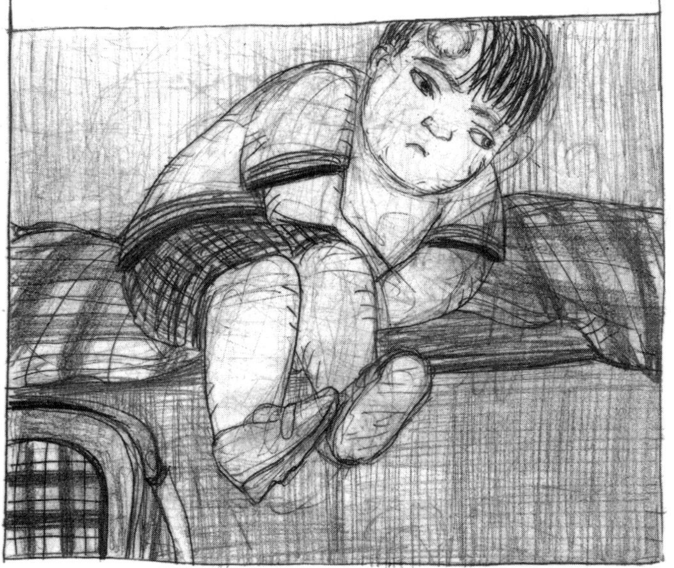
ICH WOLLTE ZU MAMA NACH HAUSE.

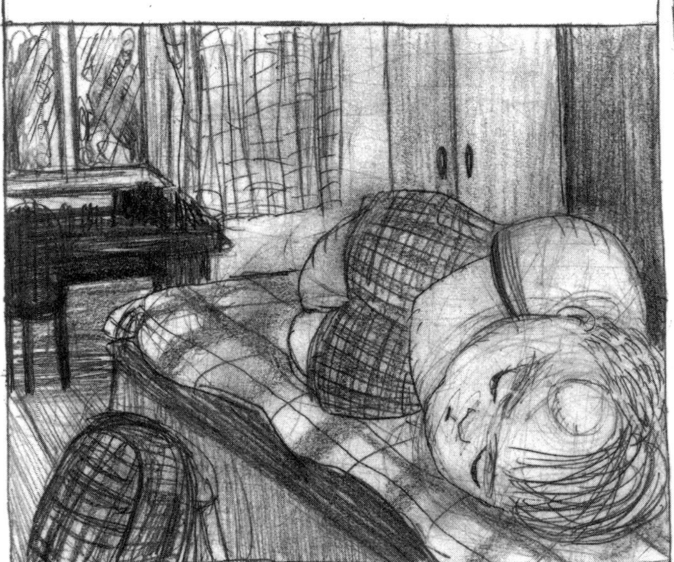
OPA SPRACH IM WOHNZIMMER LAUT.
DANN LACHTE ER LANG.

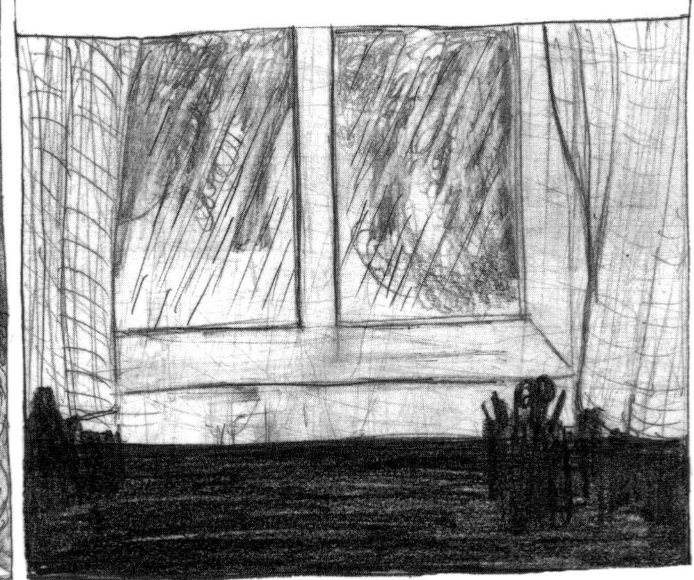
ICH HÄTTE DIE ZWEITE UNTERHOSE
EINPACKEN SOLLEN. ALLES WAR GRAU.

DER DRÖHNENDE FERNSEHER WECKTE MICH AUF.
REGEN PRASSELTE ANS FENSTER.

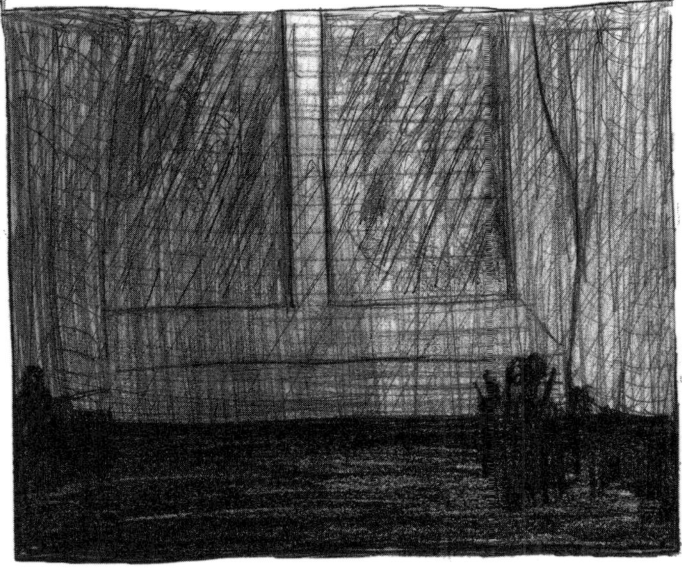

MEIN BAUCH KULLERTE WILD.
ICH LIEF AUFS KLO.

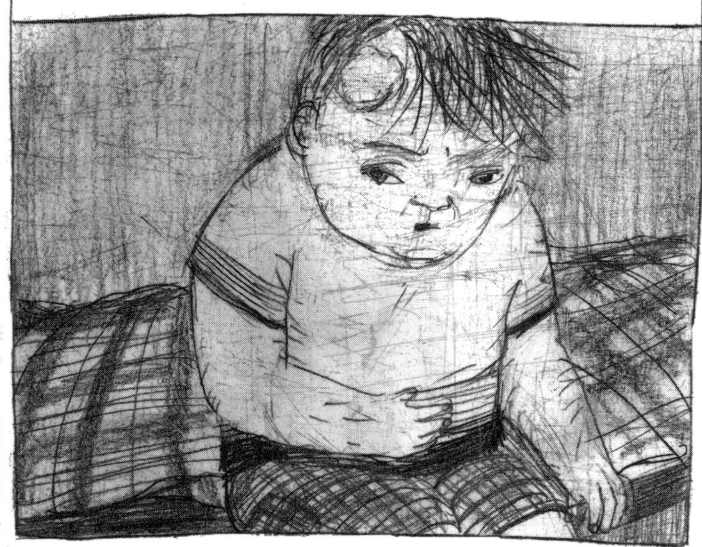

OPA SCHLIEF IM SESSEL.

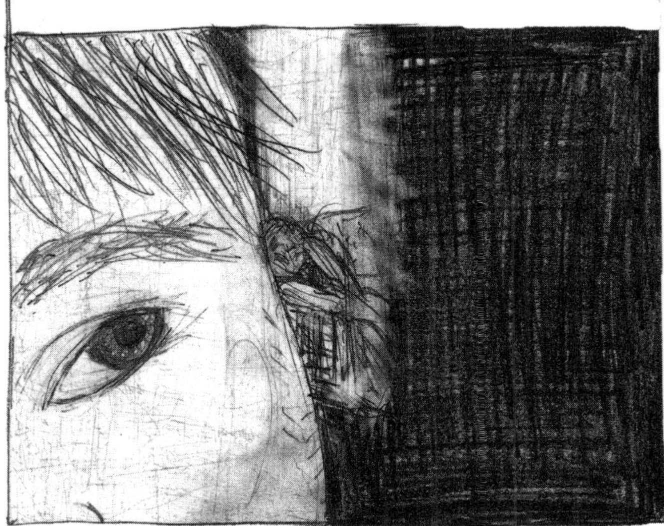

GOTT SEI DANK NUR FÜRZE UND PISSE.

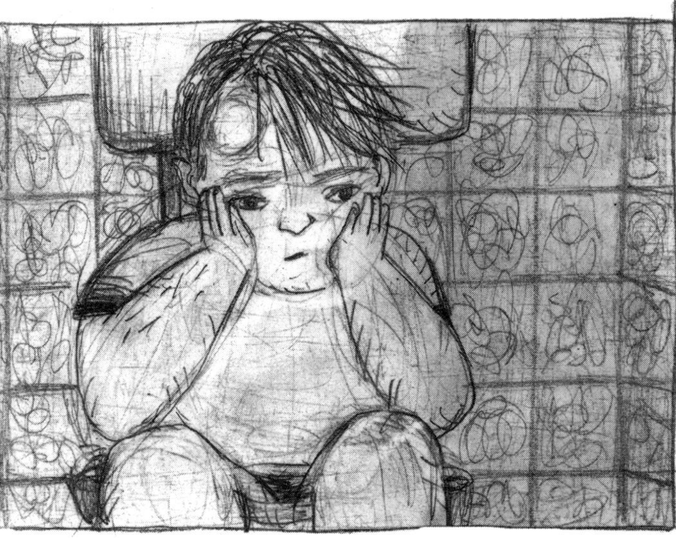

OPA SCHNARCHTE.

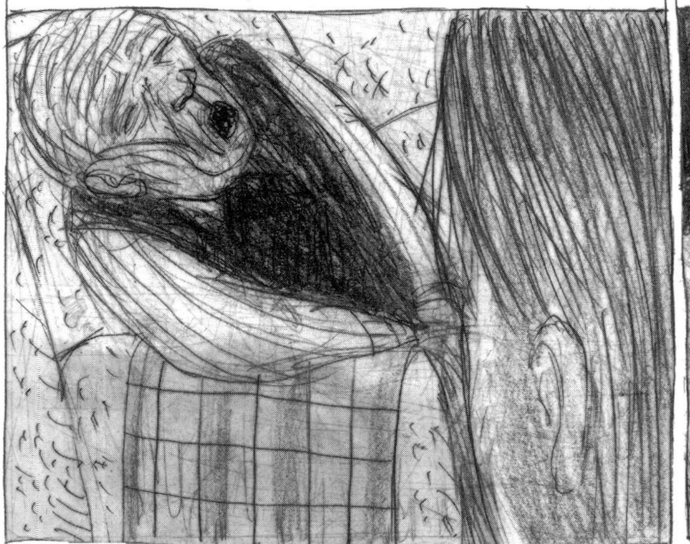

MIT LEEREM MUND.

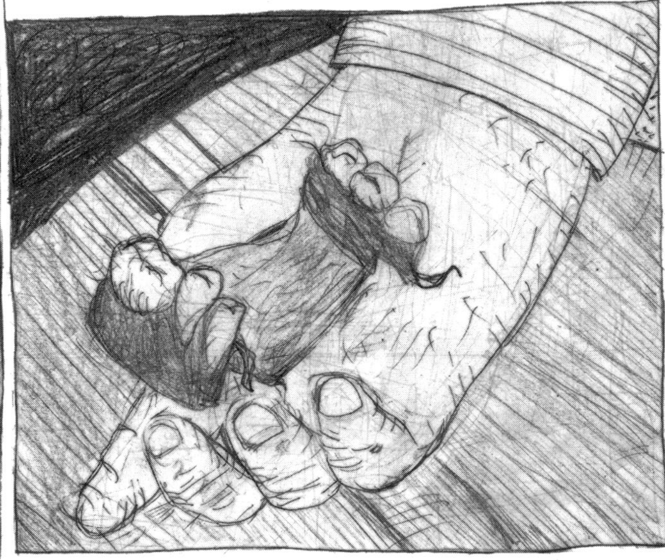

UND WEHENDEM NASENGEBÜSCH.

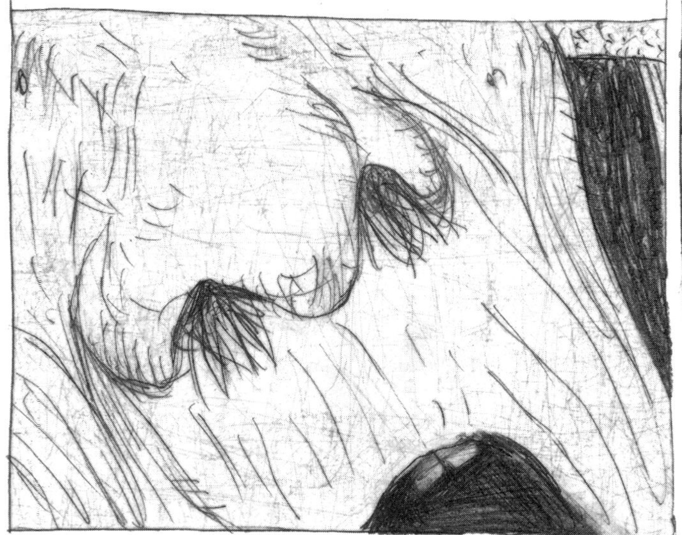

UND HALBOFFENEN AUGEN.

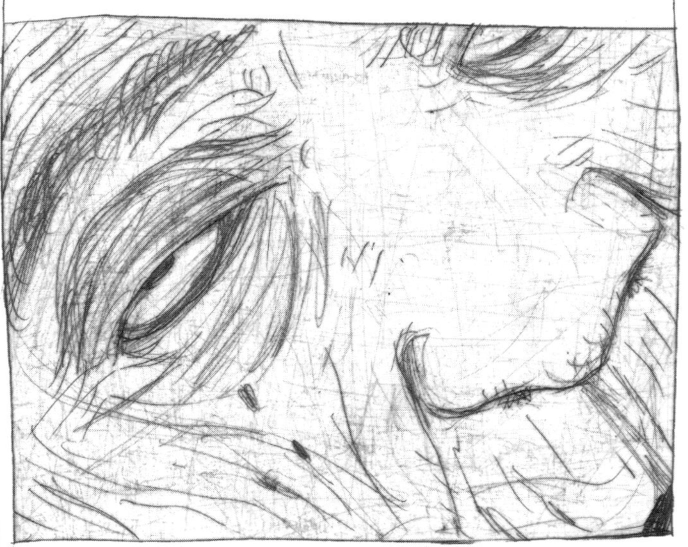

DA WAR ETWAS.

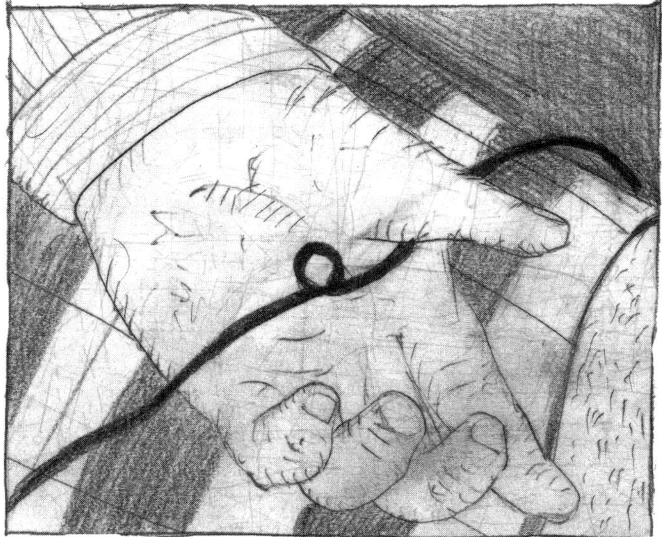

ETWAS LANGES.

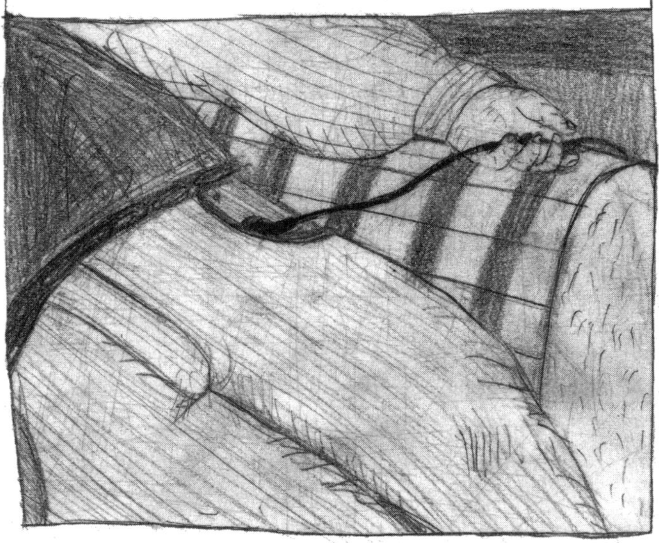

EIN LADEKABEL!

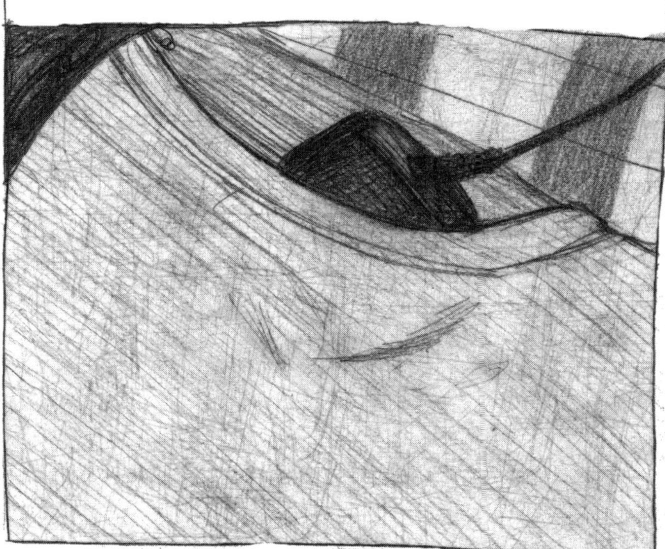

VORSICHT WOLLTE ICH ES AUS SEINER HOSENTASCHE HERAUSZIEHEN. ES BLIEB ABER HÄNGEN.

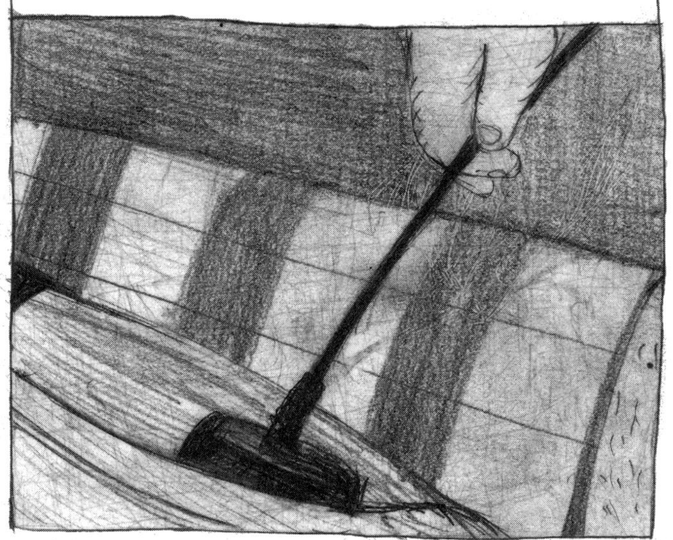

PLÖTZLICH ZUCKTE ER ZUSAMMEN.

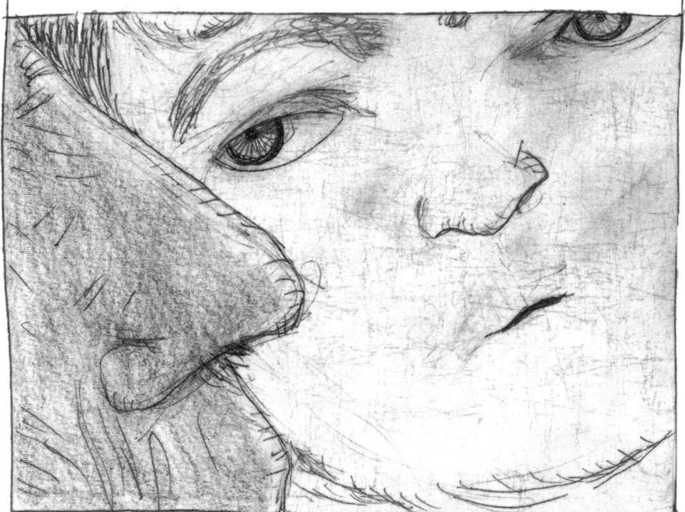

ICH TRAUTE MICH NICHT MEHR,
DAS KABEL ANZUFASSEN.

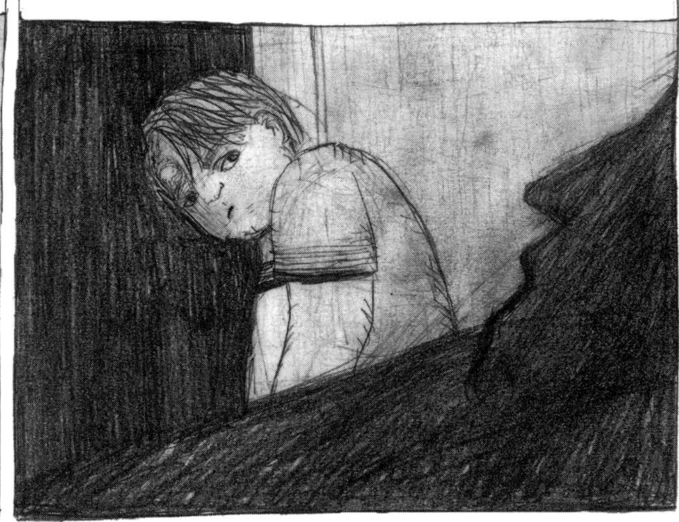

ZUHAUSE GAB ES NIE SO VIELE STERNE
IN DER NACHT. ODER SO EINEN
SCHÖNEN MOND.

EINE STERNSCHNUPPE FIEL!
ICH WÜNSCHTE MIR EIN NEUES HANDY.

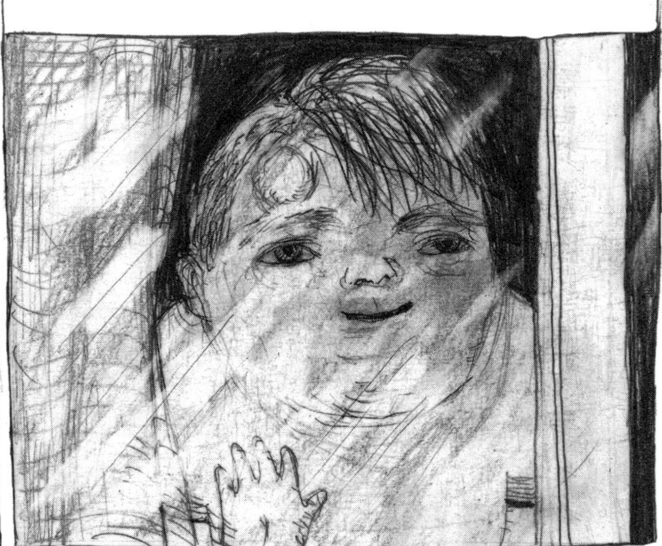

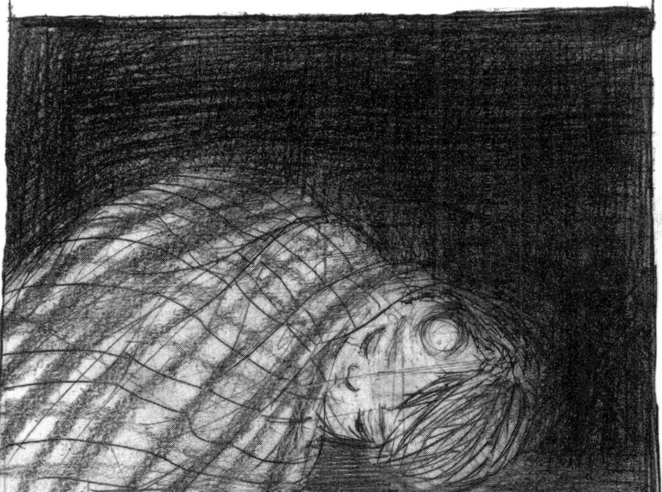
DAS STERNENLICHT UND DER GROSSE MOND ZEICHNETEN MONSTERSCHATTEN IN DIE DUNKELHEIT.

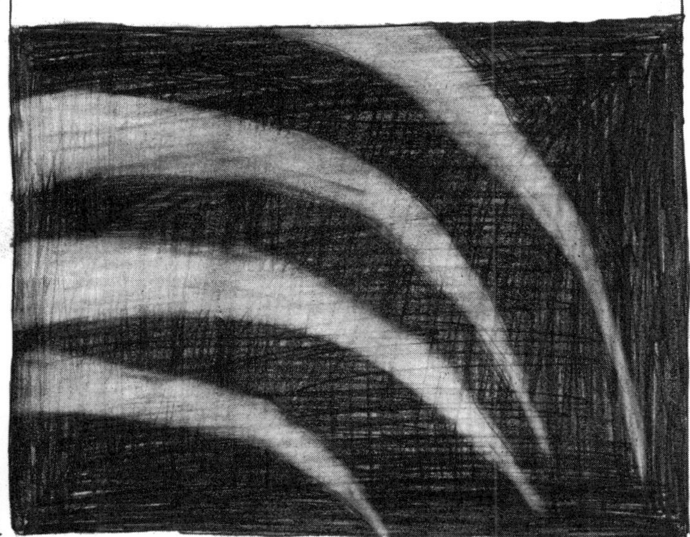
ICH FÜRCHTETE MICH UND WÜRDE SICHER NICHT EINSCHLAFEN KÖNNEN.

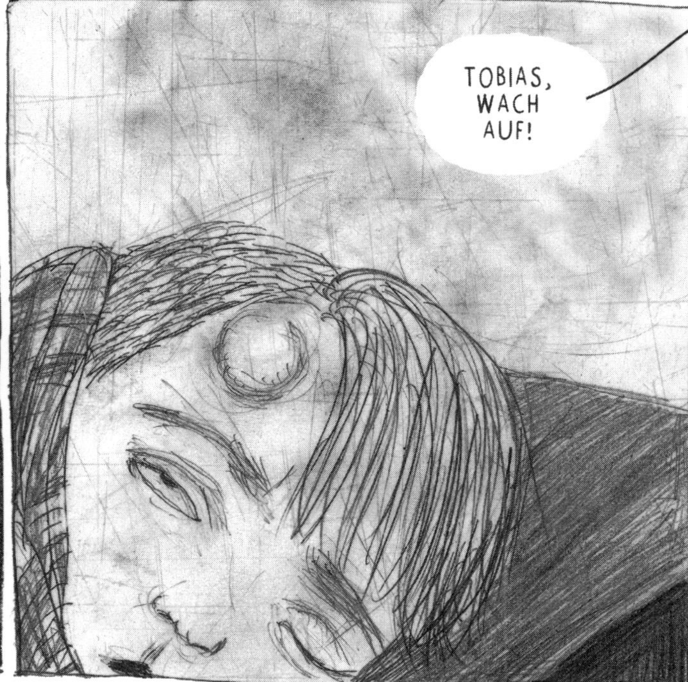
TOBIAS, WACH AUF!

OPAS STIMME BRINGT DEN NEUEN TAG:
BRÜCHIG, HEISER UND VOLLER FREUDE.

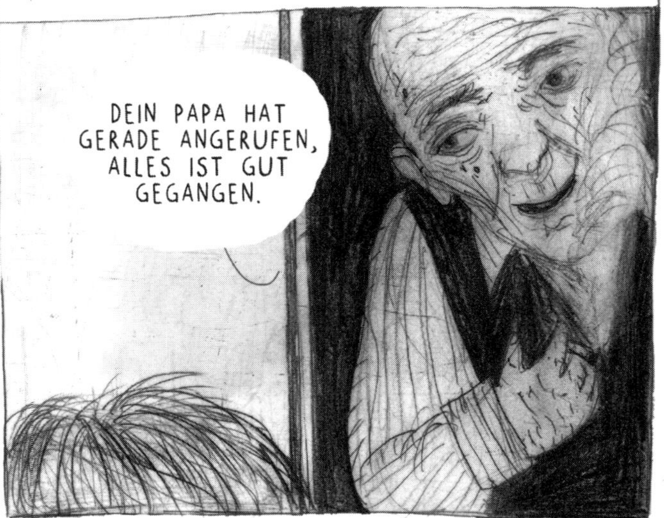

ICH SPÜRTE DIE BEULE NOCH IMMER.
ABER WENIGER SCHMERZHAFT.

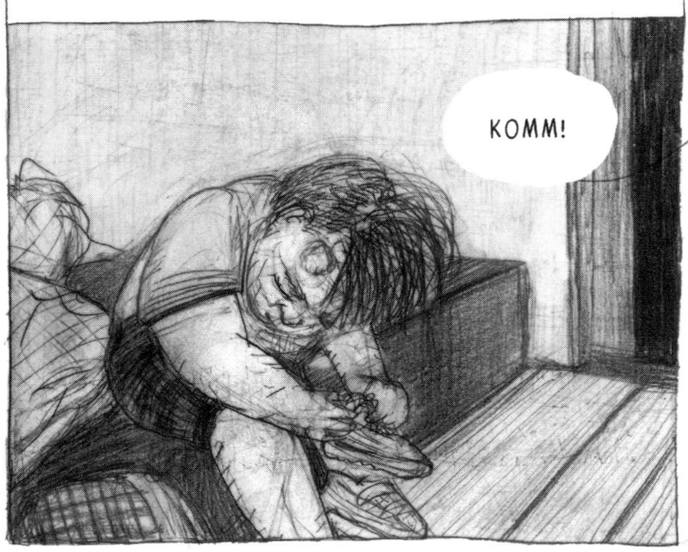

IN DER KÜCHE WAR ÜBERALL FRISCHER RAUCH.

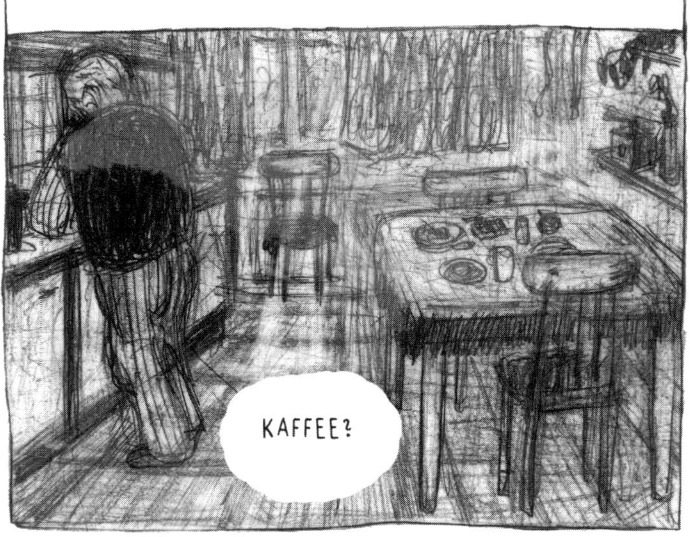

DOCH DIE ASCHENBECHER WAREN ALLE GELEERT,
UND AUCH AUF DEM BODEN WAR KEIN
EINZIGER ZIGARETTENSTUMMEL.

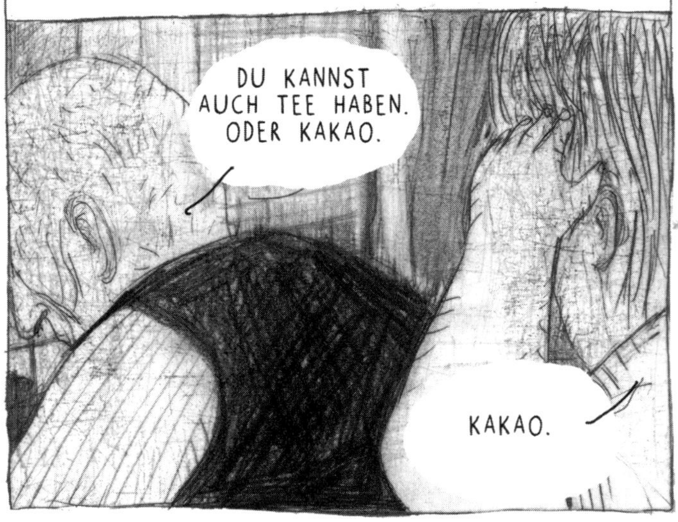

DUMME GERÄUSCHE KAMEN AUS MEINEM BAUCH.
DER KAKAO WAR OHNE ZUCKER.

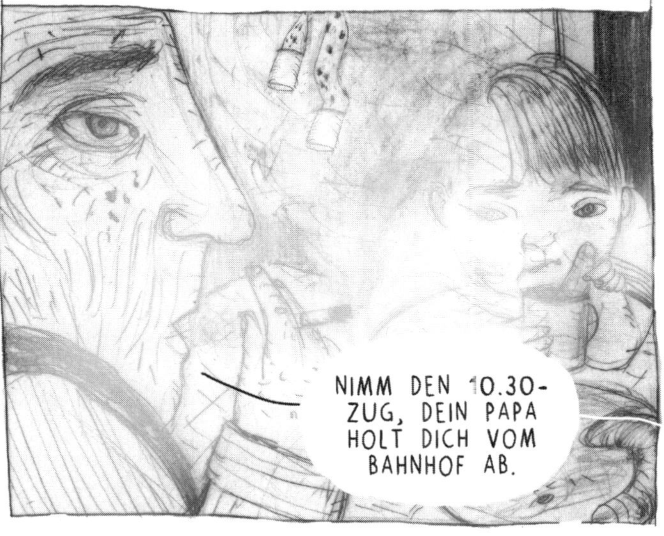

ZUERST KAUTE ICH LANGSAM AM KIPFERL.
DANN ABER SEHR SCHNELL.

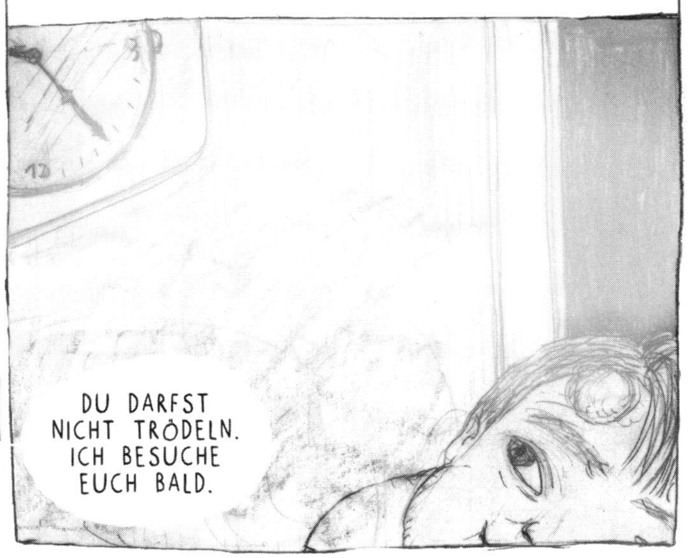

OPA NAHM ETWAS AUS DER SPEISEKAMMER.

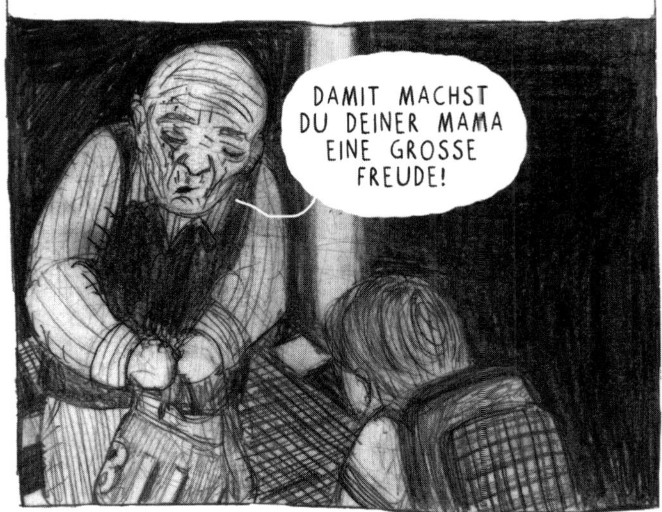

EINE SCHWERE TASCHE VOLLER ÄPFEL,
DIE KEINER MOCHTE.

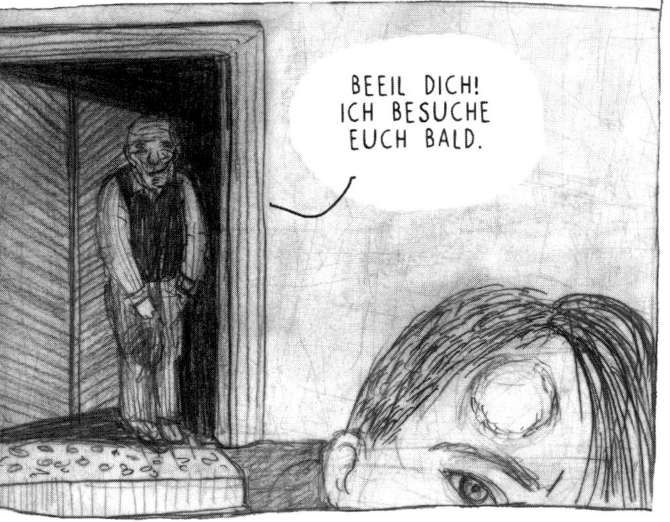

NEBEN DEM GARTENTOR ENTDECKTE ICH MEINE UNTERHOSE.

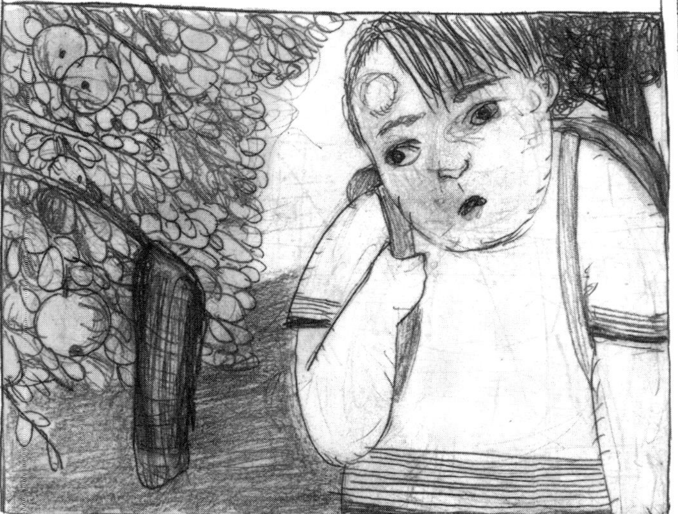

WIE KAM DIE HIERHER?

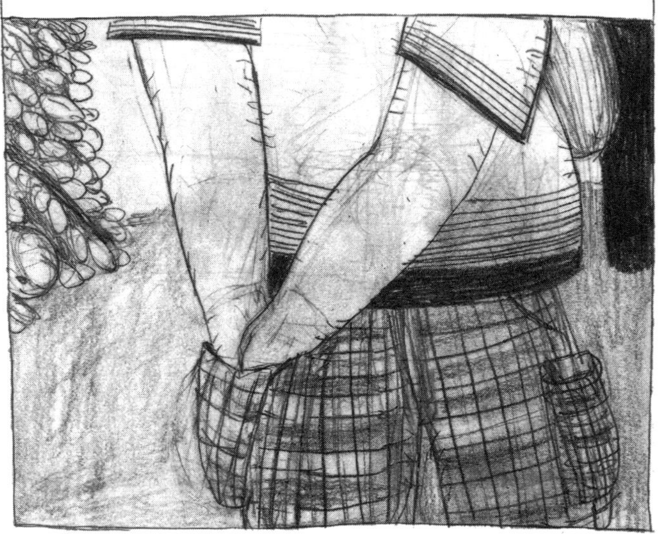

IN MEINER HOSENTASCHE WAR SIE KÜHL UND FEUCHT.

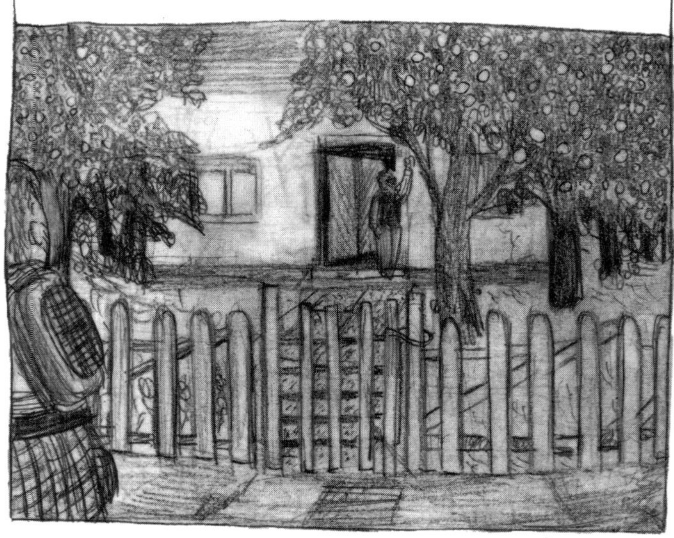

FÜR DEN SACK MIT ÄPFELN FAND ICH EINEN GUTEN PLATZ BEIM NACHBARN. ERLEICHTERT LIEF ICH ZUM BAHNHOF.

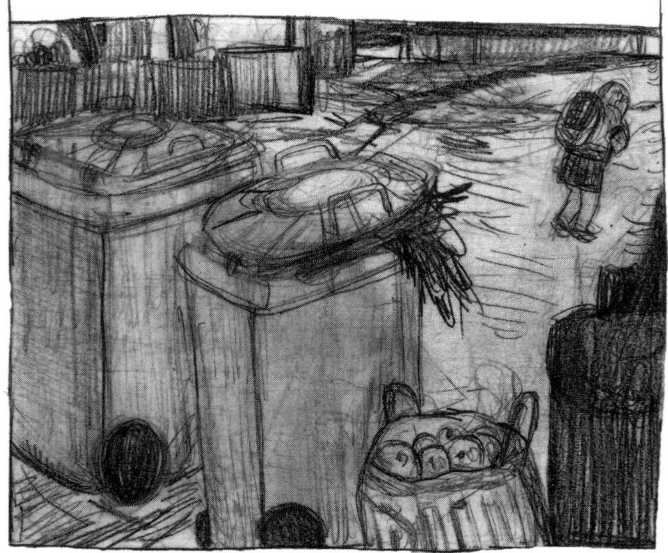

AUSSER ATEM STIEG ICH IN DEN ZUG.
DIE UNTERHOSE WAR NACH WIE VOR KLAMM.

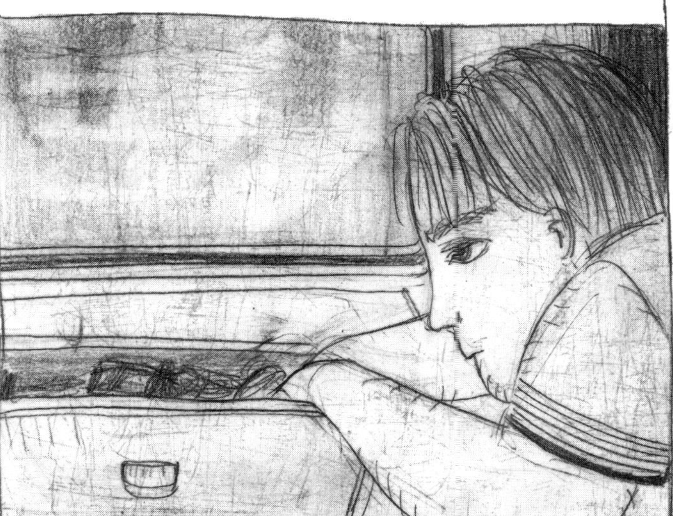

ICH VERGRUB SIE IM MÜLLEIMER.
ABER MEIN HANDY!

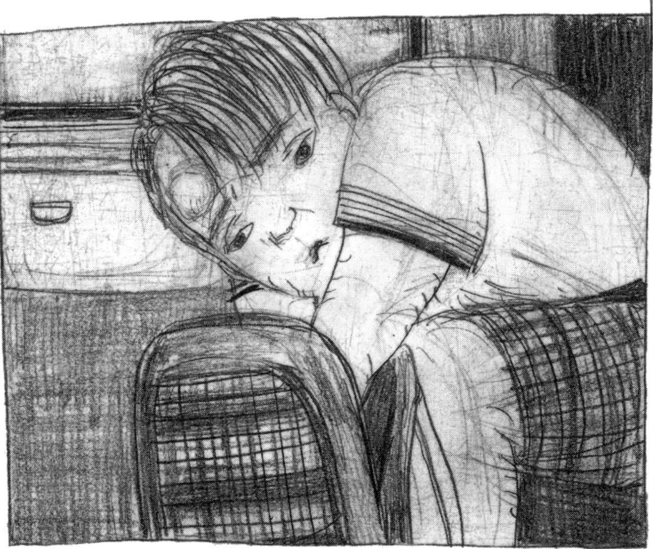

ES LAG NOCH IMMER BEI OPA.

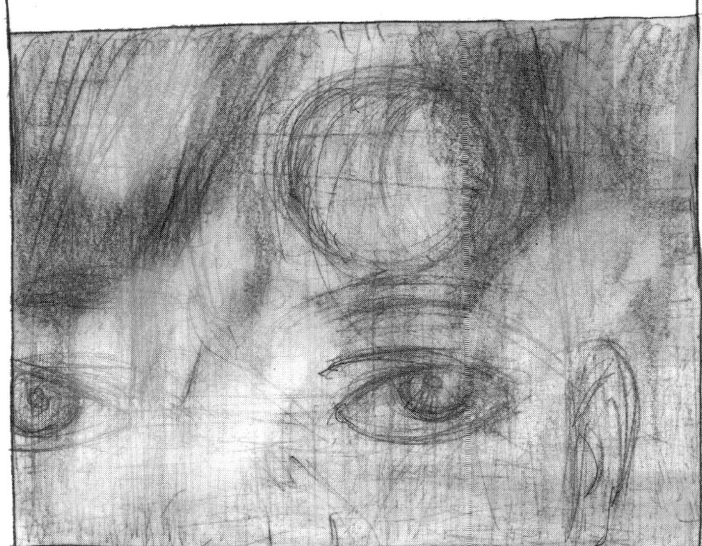

IN DER SPALTE ZWISCHEN BETT UND MAUER.

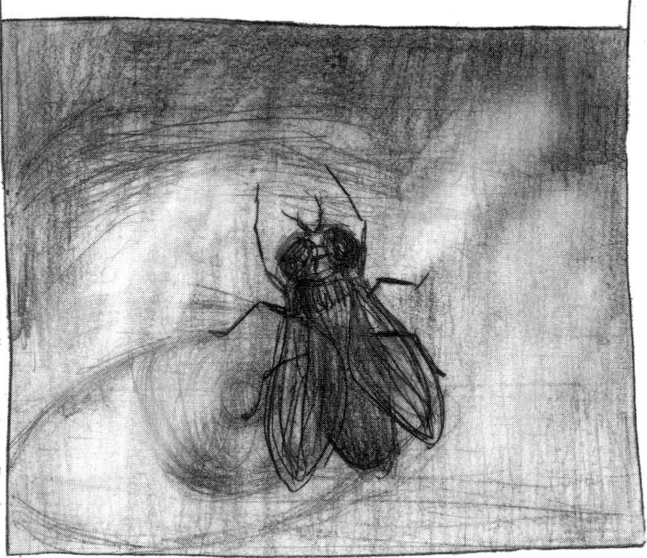

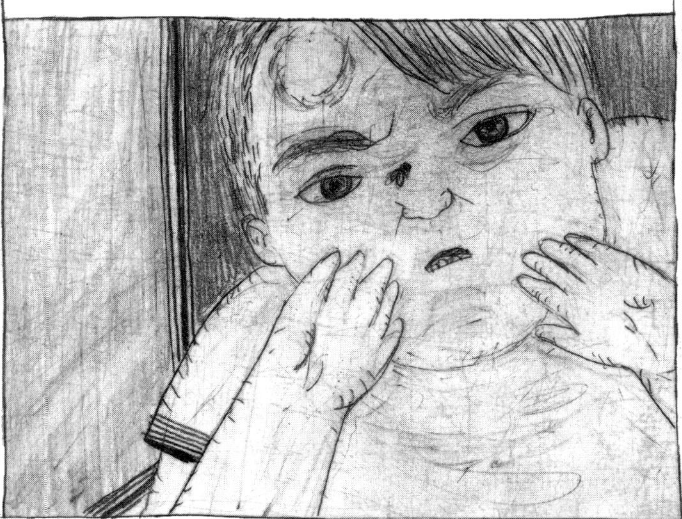
DIE FLIEGE NERVTE.
ICH WOLLTE SIE ZERQUETSCHEN.

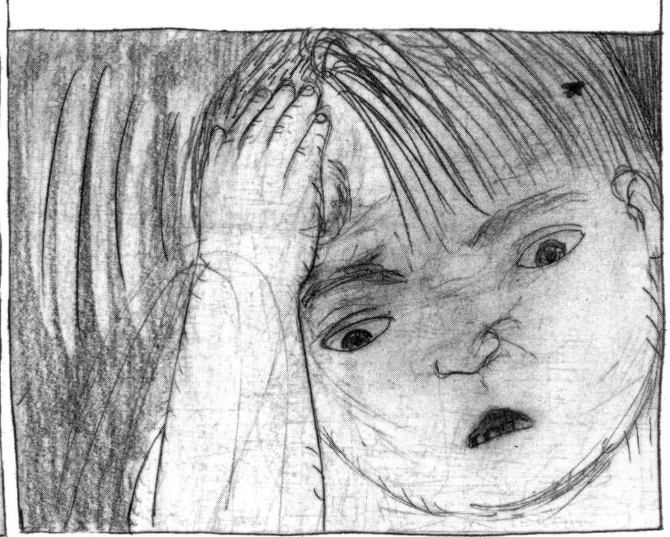
SIE SETZTE SICH AUF MEINE STIRN.
ICH SCHLUG ZU.

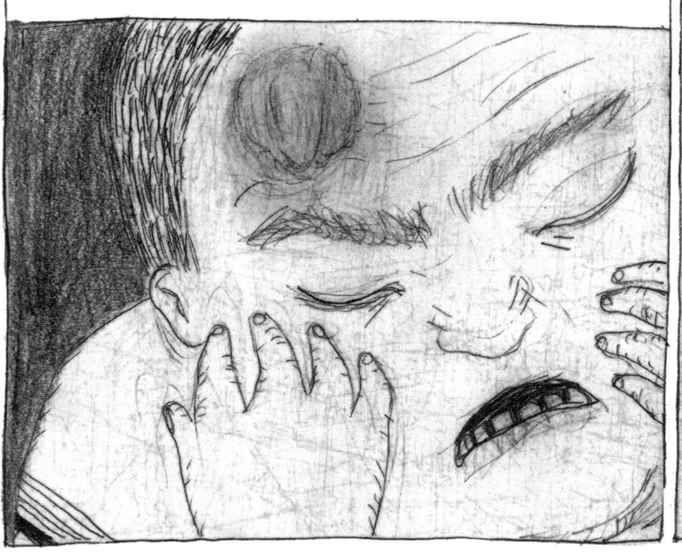
ICH TRAF MEINE BEULE.
DIE FLIEGE SUMMTE GEHÄSSIG.

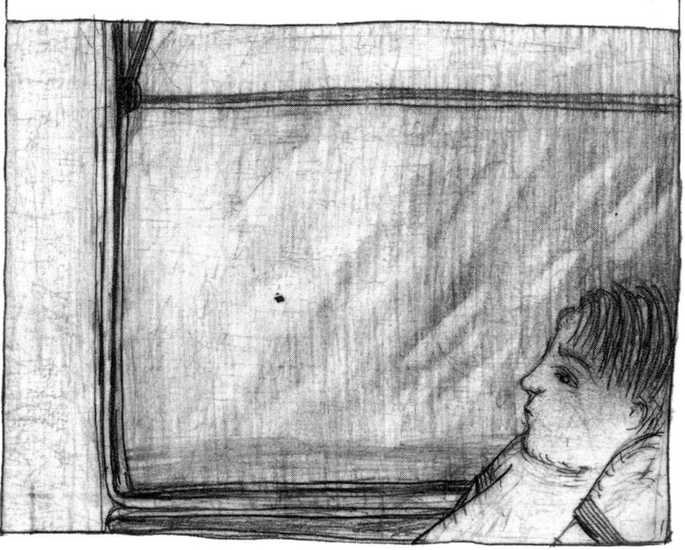
DANN SCHWEBTE SIE INS FREIE.

WIR KAMEN IN DIE STADT.

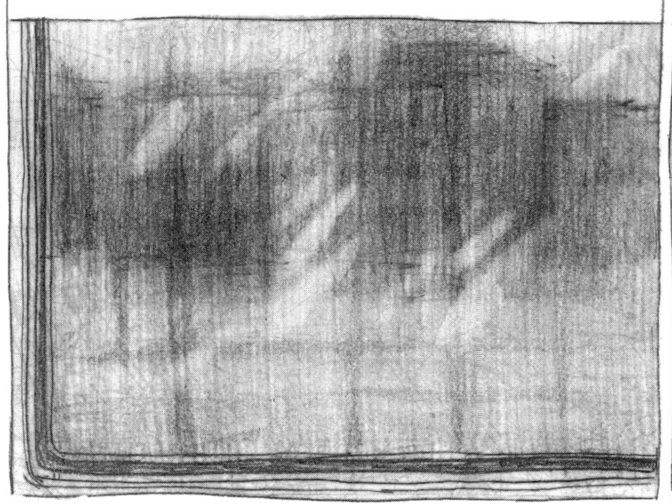

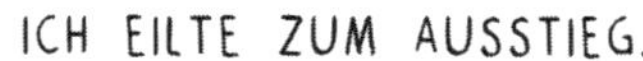

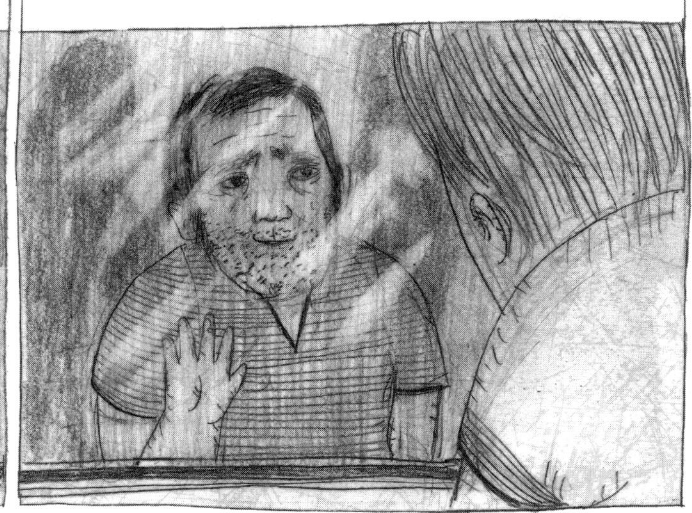

PAPA SAH FALTIG UND MÜDE AUS.

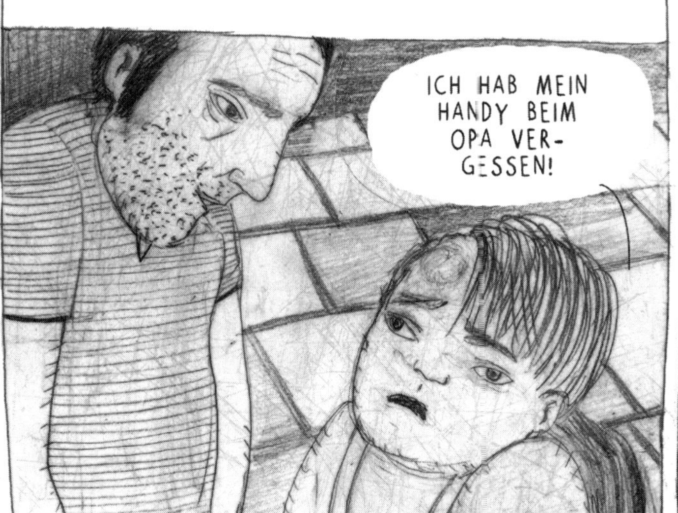

UND KLANG GENAUSO HEISER WIE OPA.

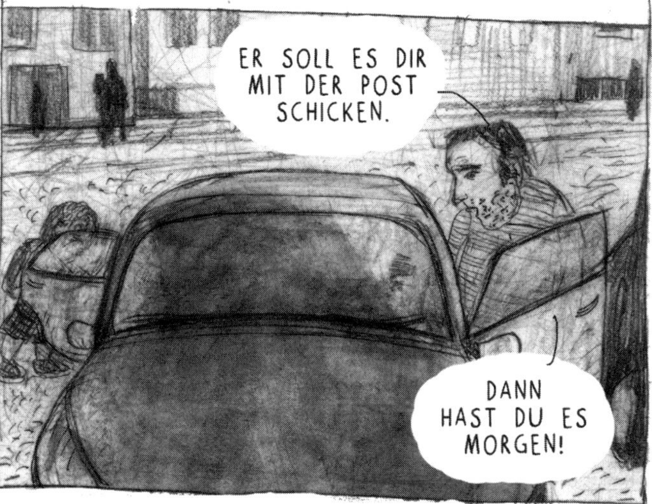

DAS AUTO WAR NOCH IMMER EIN ÜBERHITZTER KOCHTOPF.

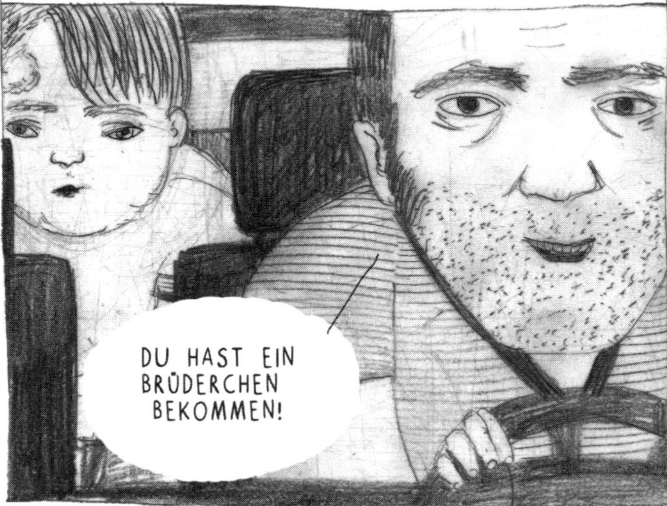

NUR NOCH HEISSER.

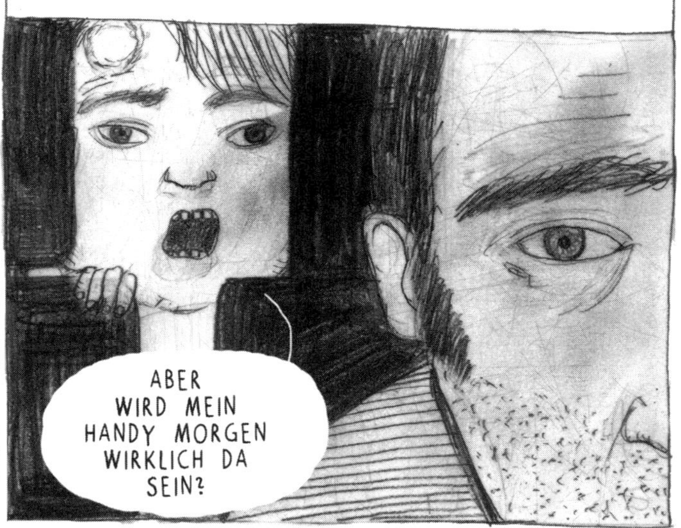

OPA KONNTE GAR NICHT ZUM POSTAMT GEHEN.

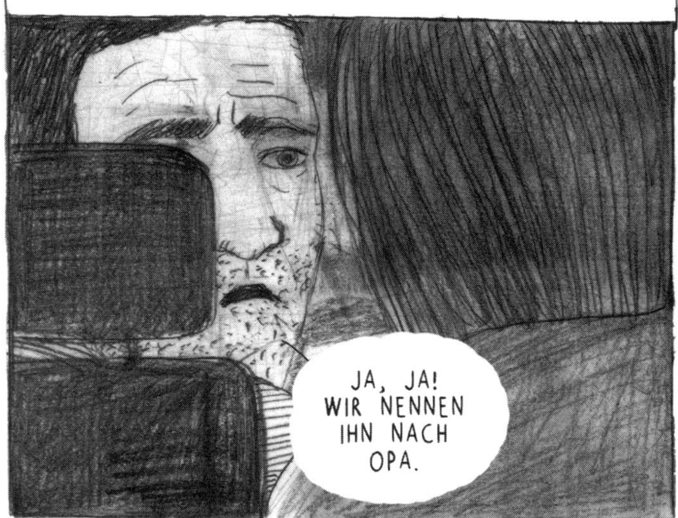

ER WIRD BEIM FERNSEHSPRECHER SEIN.

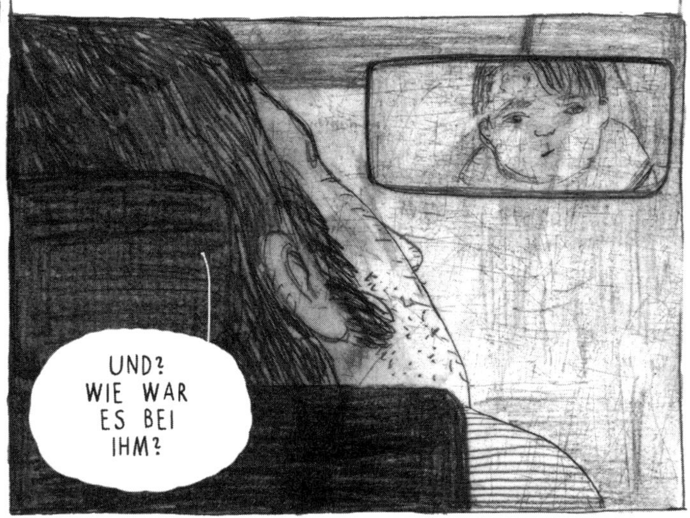

ICH WÜRDE MEIN HANDY NIE MEHR WIEDERSEHEN.

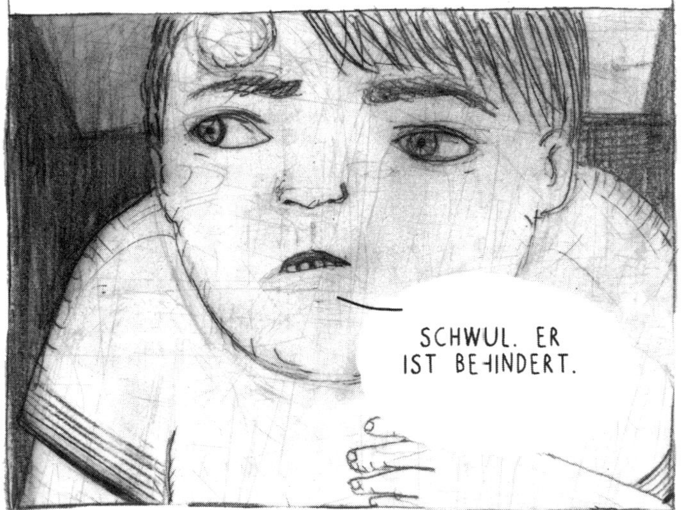

MEIN BAUCH KNURRTE.
ICH WAR HUNGRIG.

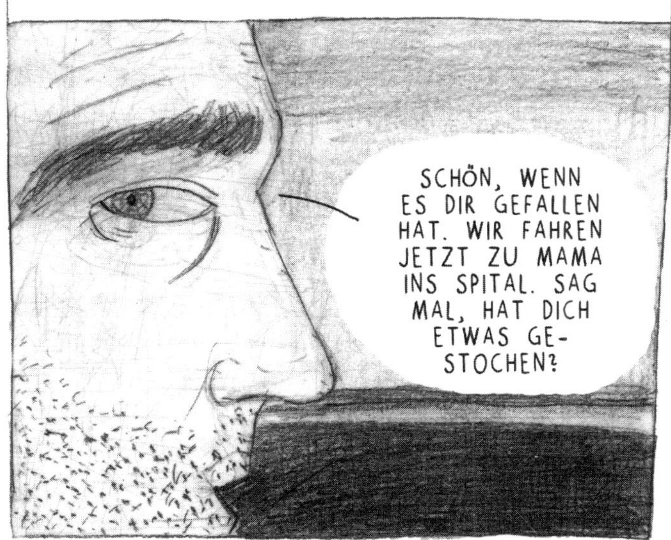

ICH HATTE LUST,
EINEN APFEL ZU ESSEN.

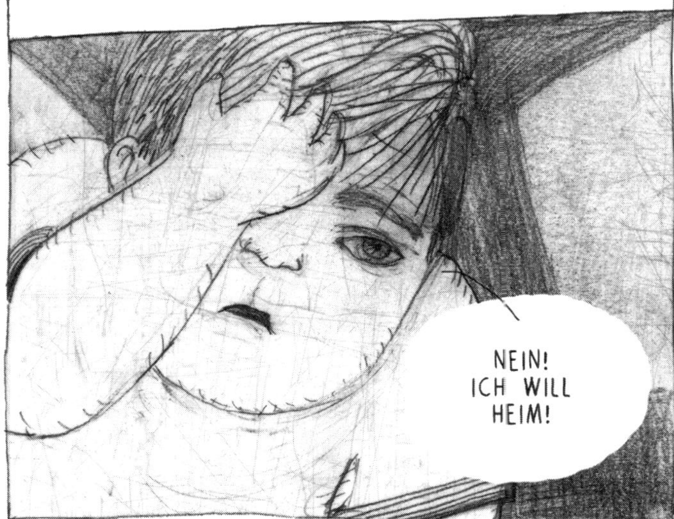

EINEN VON OPA.

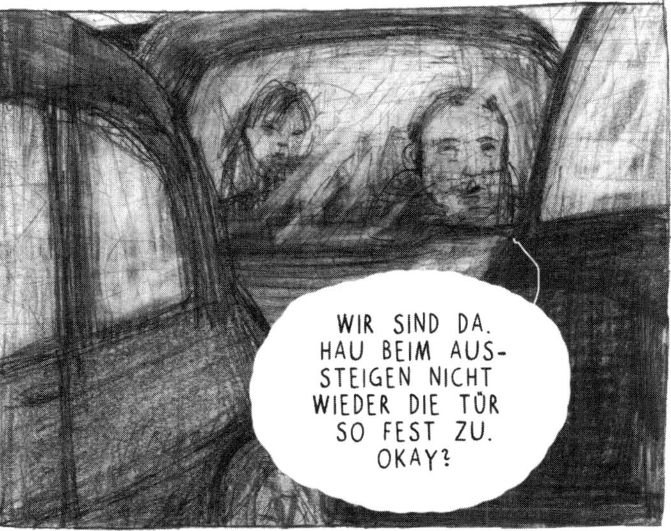

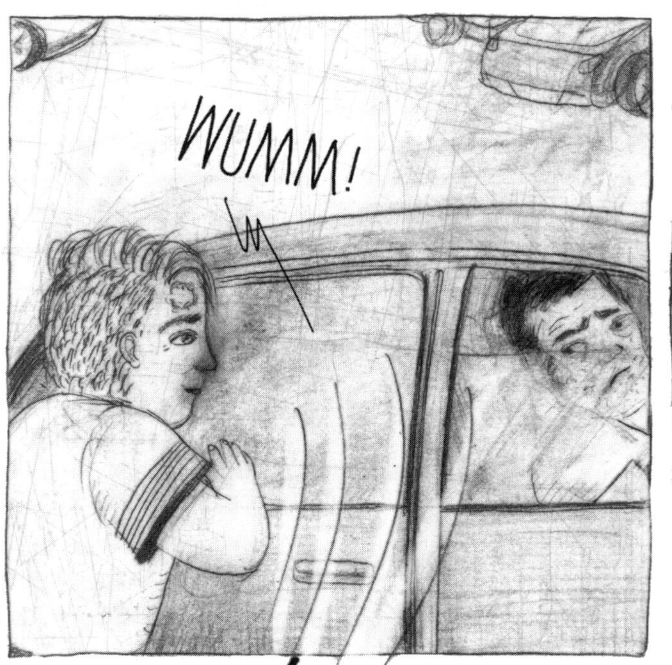
WUMM!

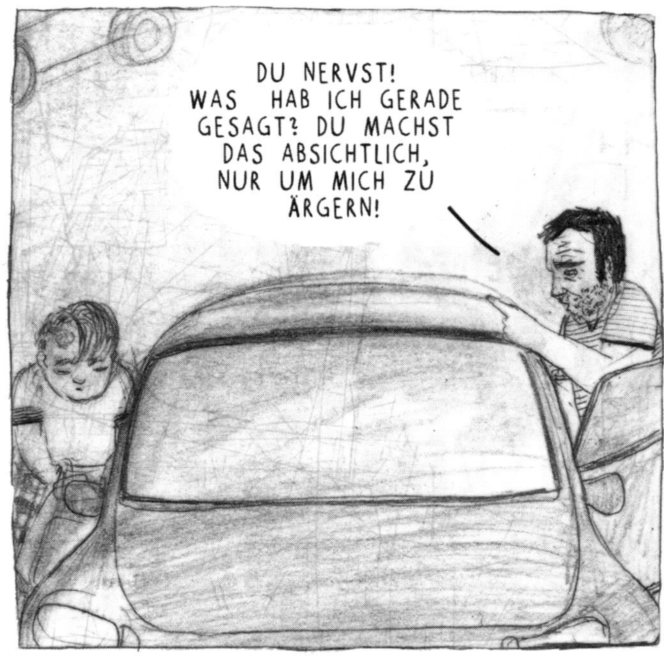
DU NERVST!
WAS HAB ICH GERADE GESAGT? DU MACHST DAS ABSICHTLICH, NUR UM MICH ZU ÄRGERN!

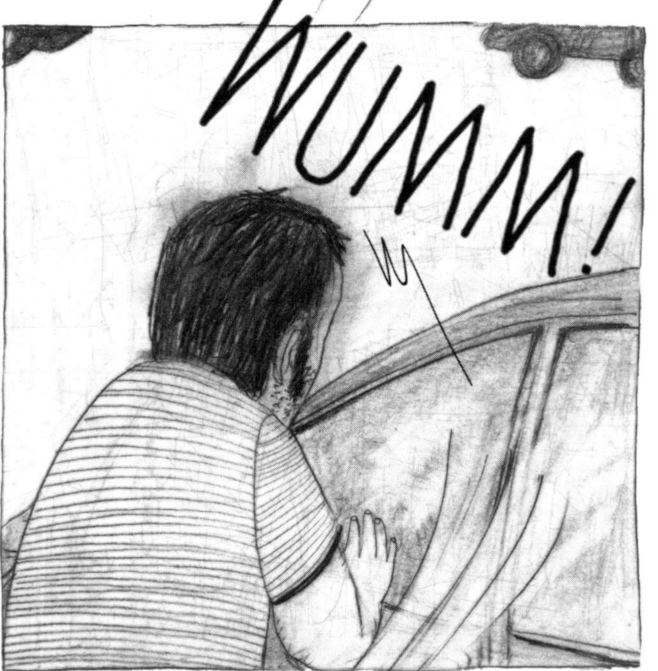
WUMM!

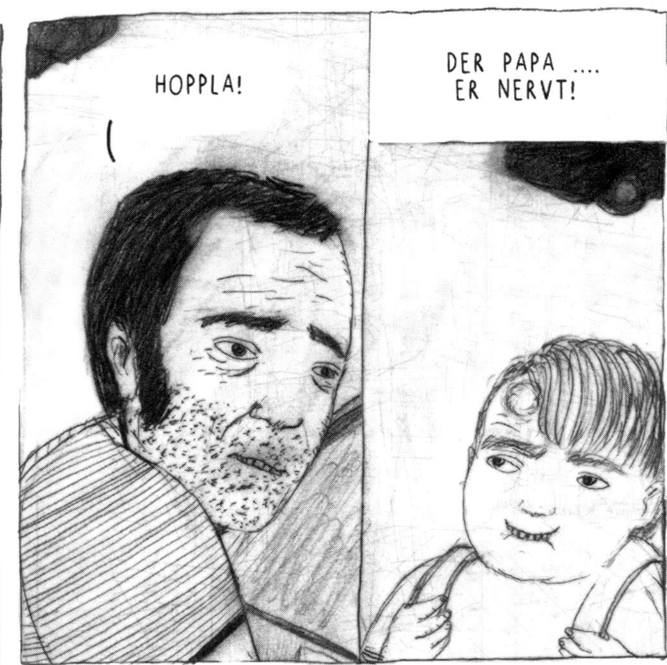
HOPPLA!
DER PAPA ....
ER NERVT!

ENDE

4. ORT (IN ASPERN)

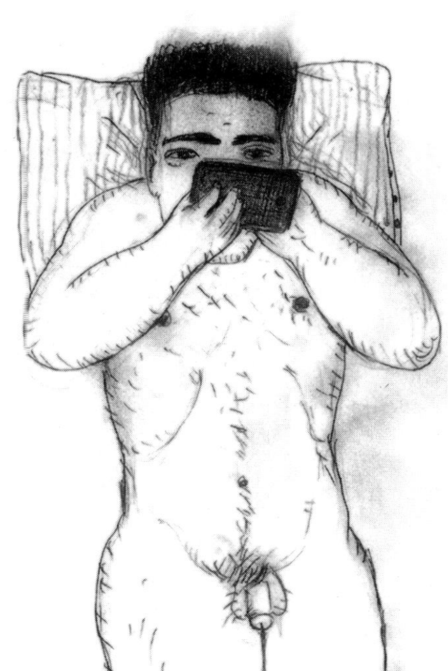

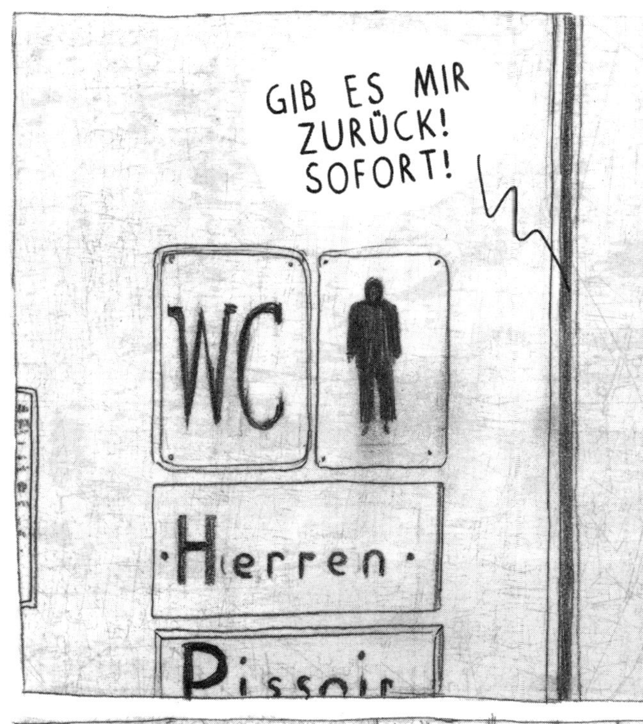
GIB ES MIR ZURÜCK! SOFORT!
WC
Herren
Pissoir

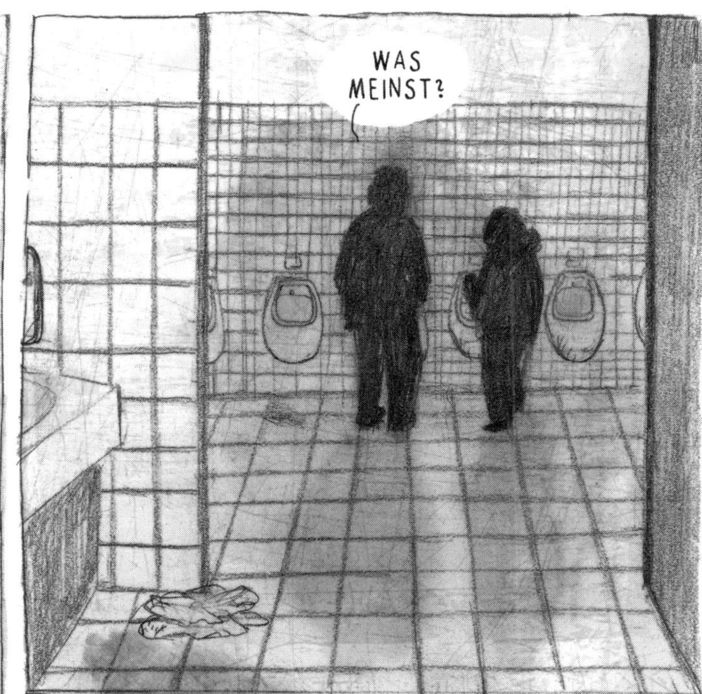
WAS MEINST?

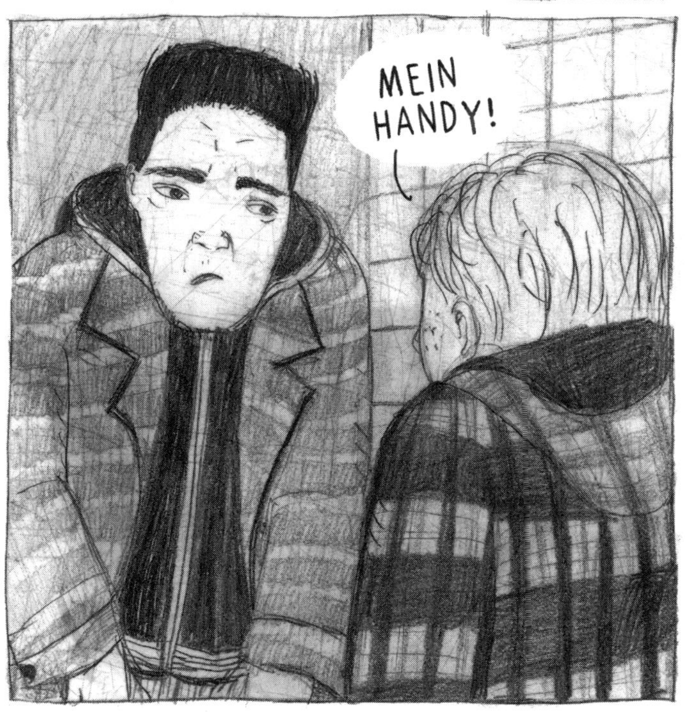
MEIN HANDY!

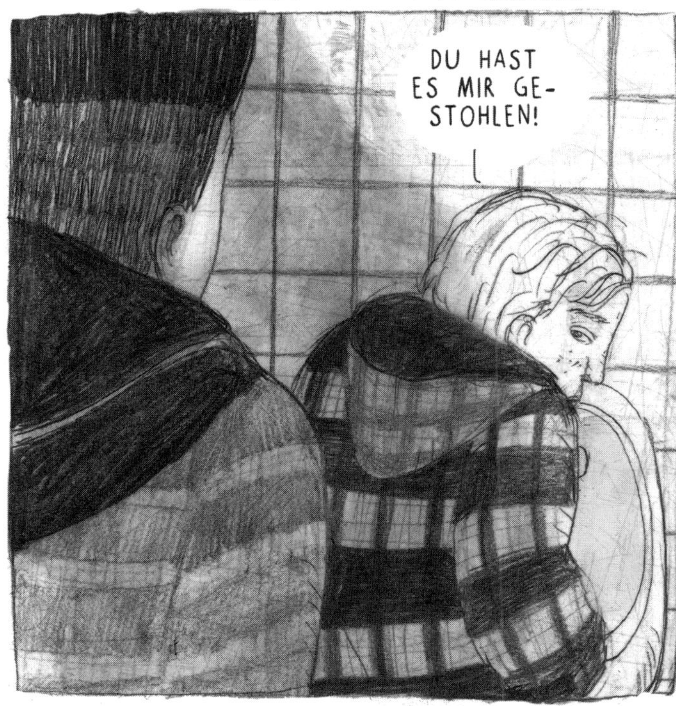
DU HAST ES MIR GE- STOHLEN!

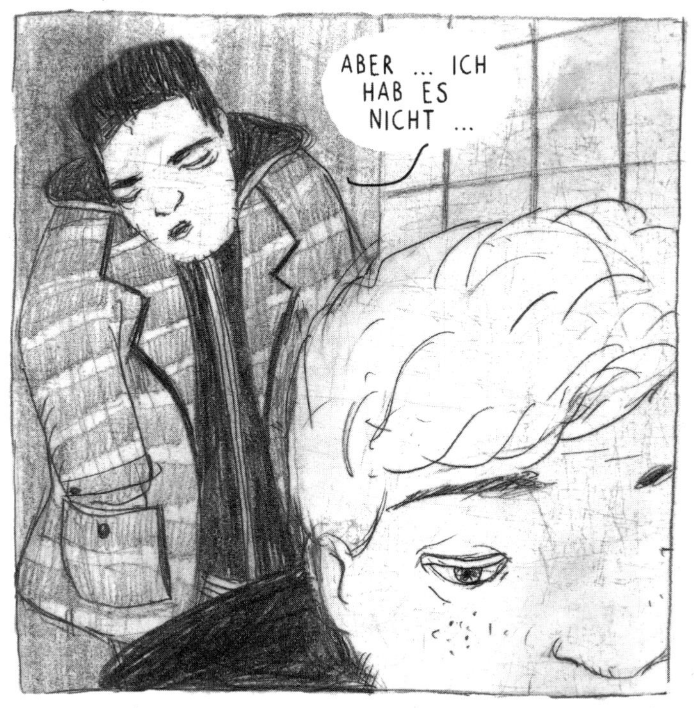
ABER ... ICH HAB ES NICHT ...

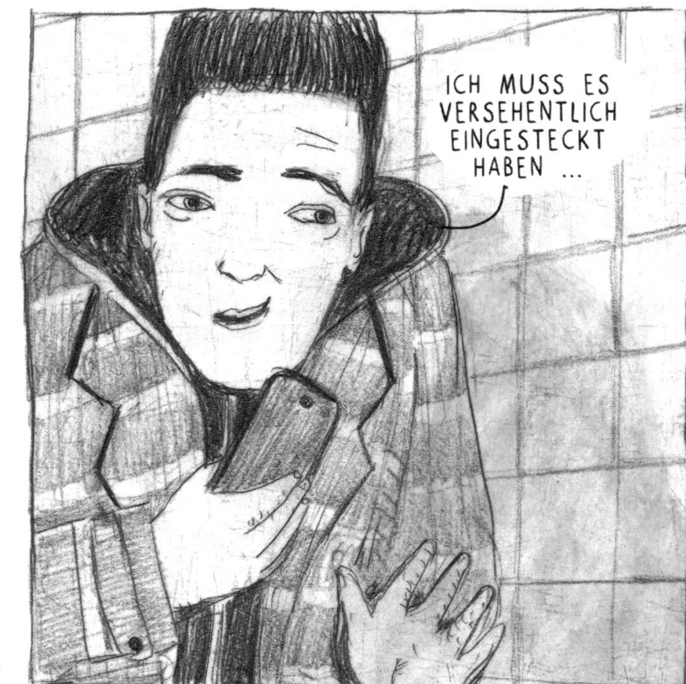
ICH MUSS ES VERSEHENTLICH EINGESTECKT HABEN ...

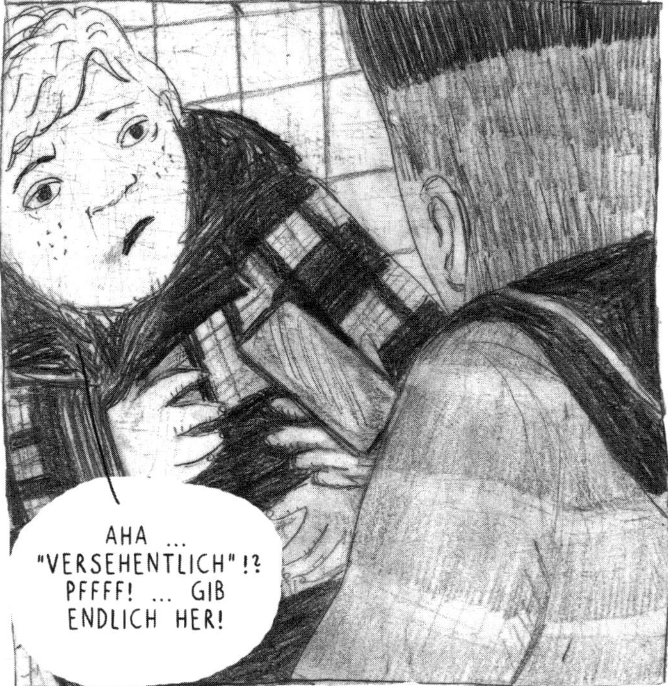
AHA ... "VERSEHENTLICH"!? PFFFF! ... GIB ENDLICH HER!

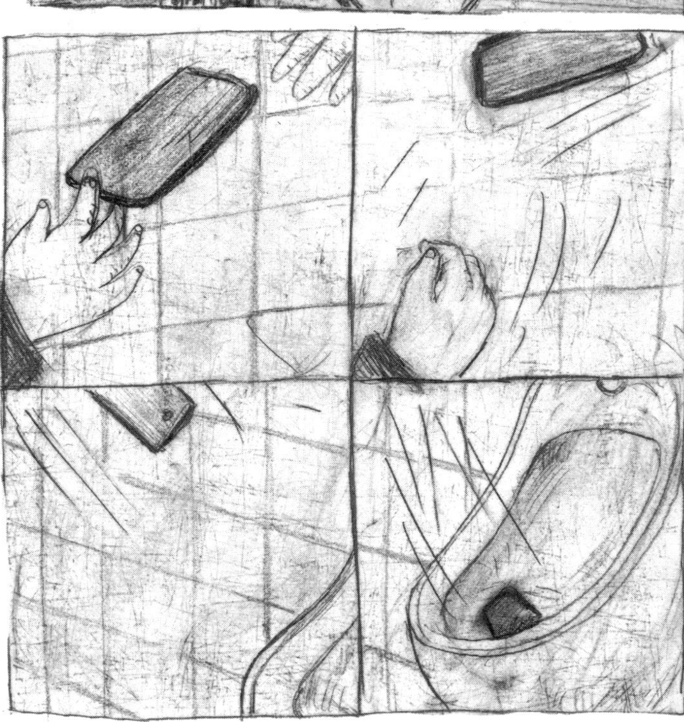

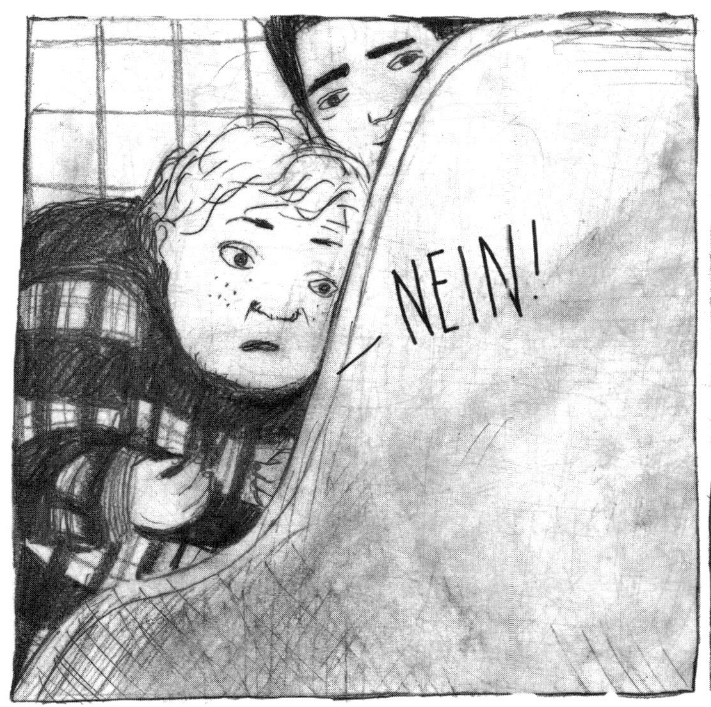
NEIN!

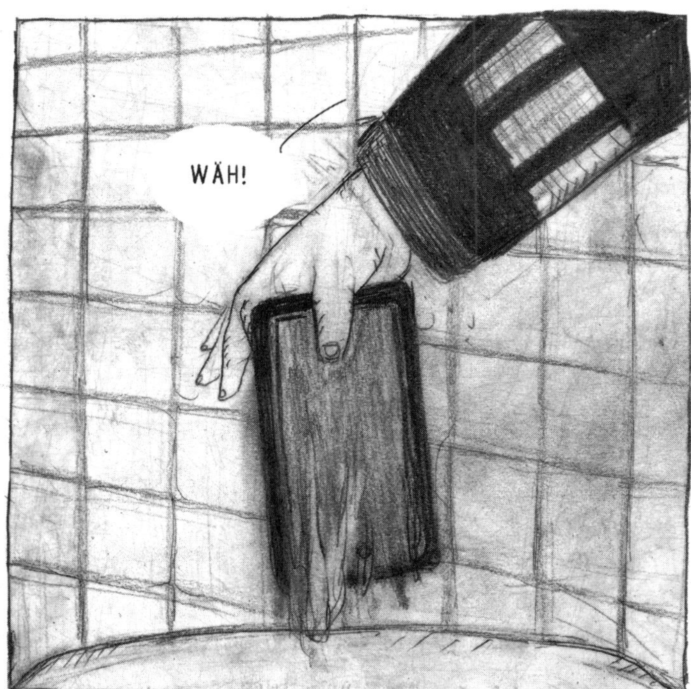
WÄH!

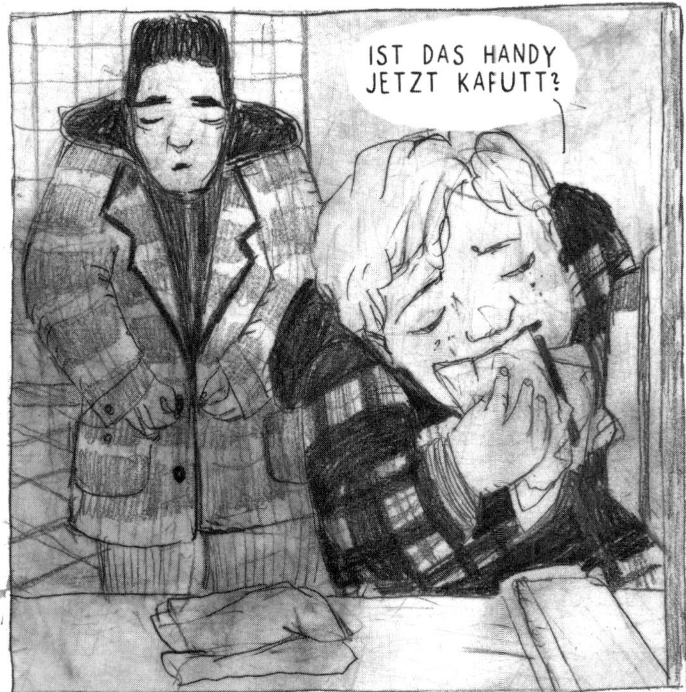
IST DAS HANDY JETZT KAFUTT?

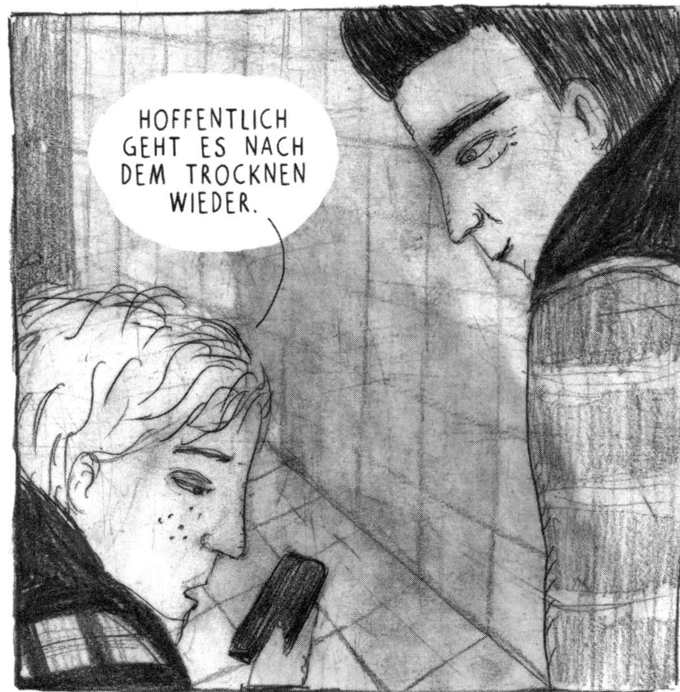
HOFFENTLICH GEHT ES NACH DEM TROCKNEN WIEDER.

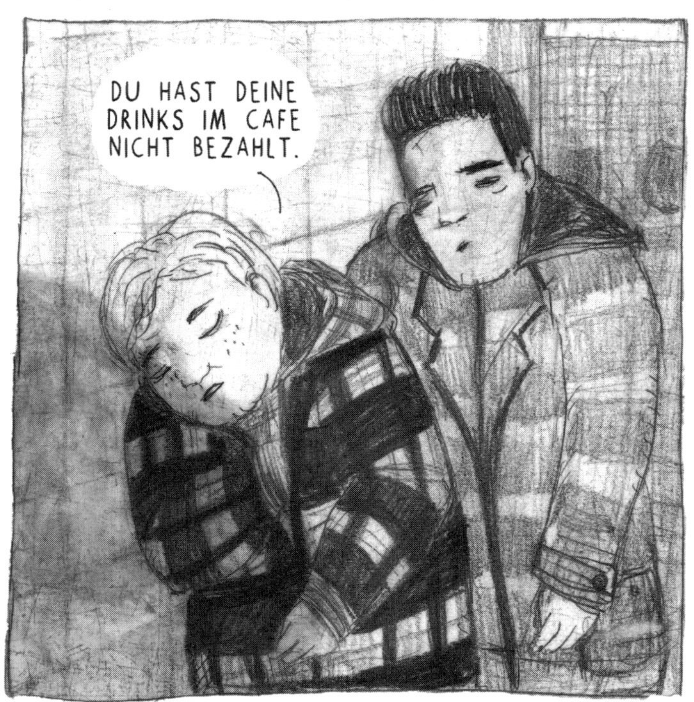
DU HAST DEINE
DRINKS IM CAFE
NICHT BEZAHLT.

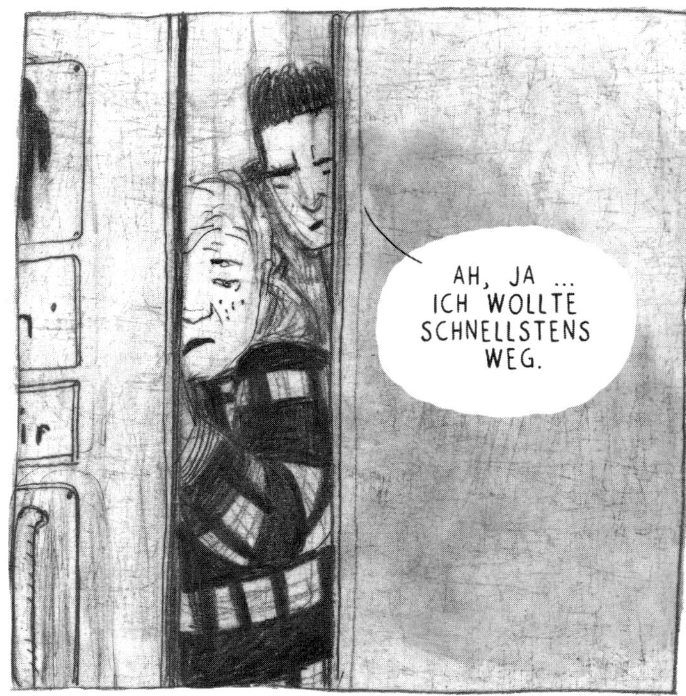
AH, JA ...
ICH WOLLTE
SCHNELLSTENS
WEG.

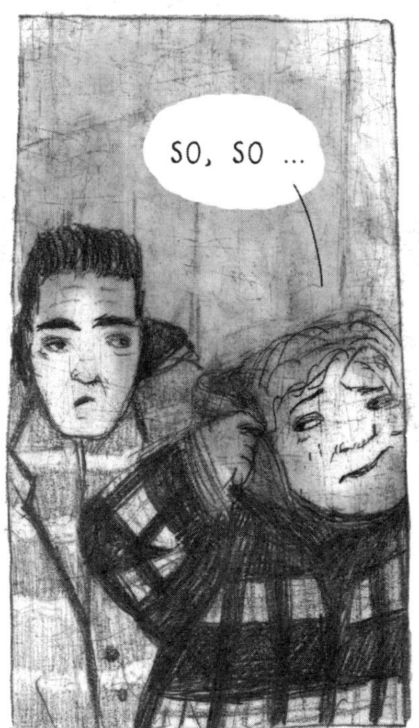
SO, SO ...

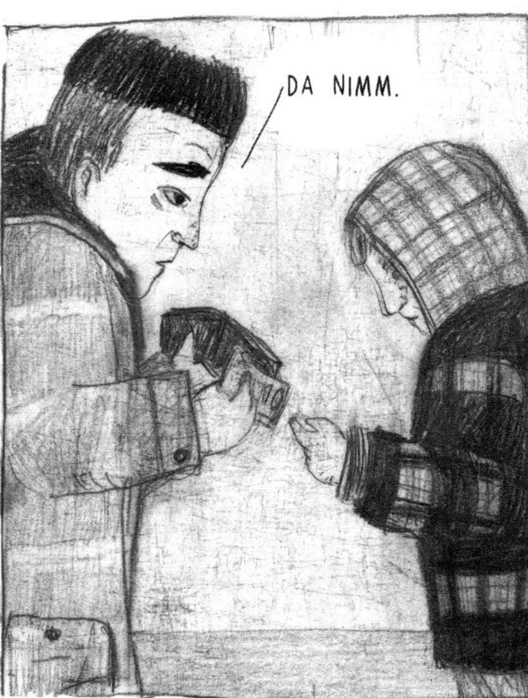
DA NIMM.

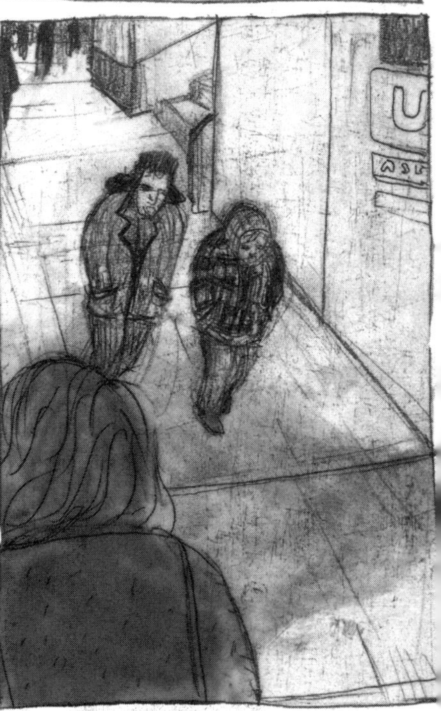

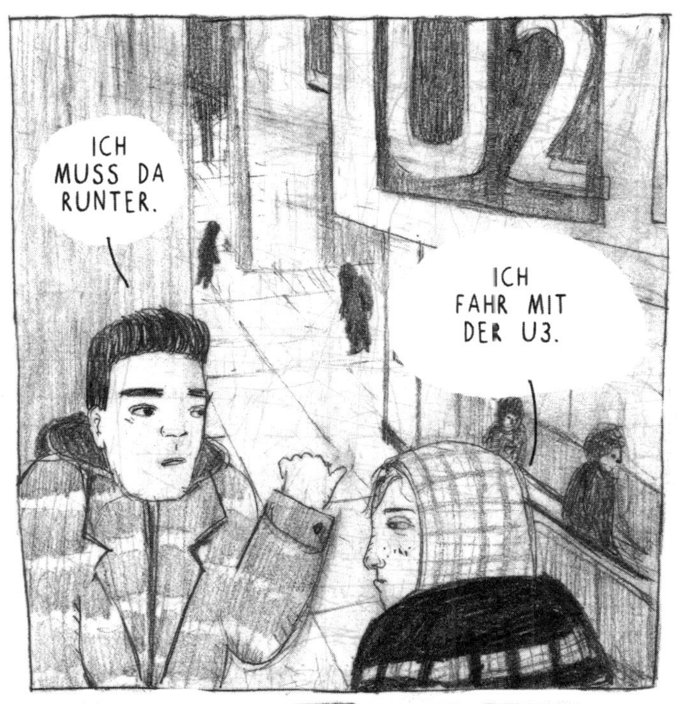
ICH MUSS DA RUNTER.
ICH FAHR MIT DER U3.
U2

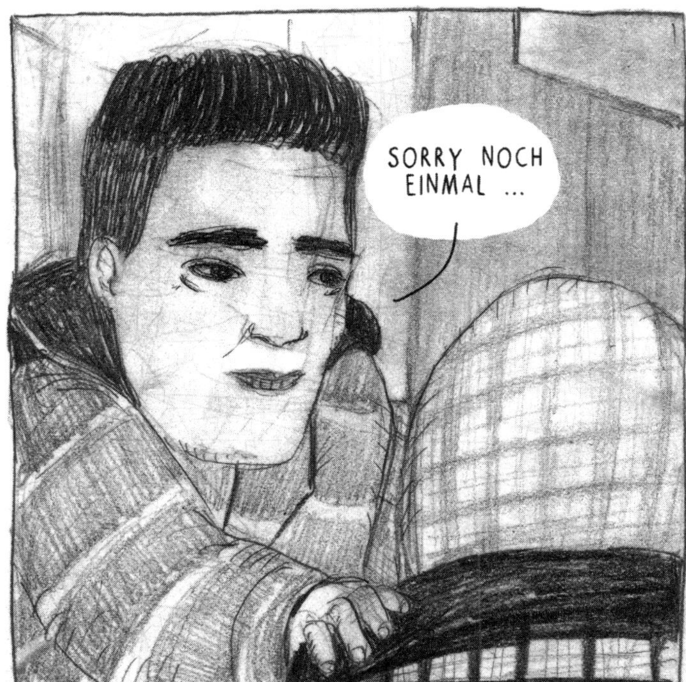
SORRY NOCH EINMAL ...

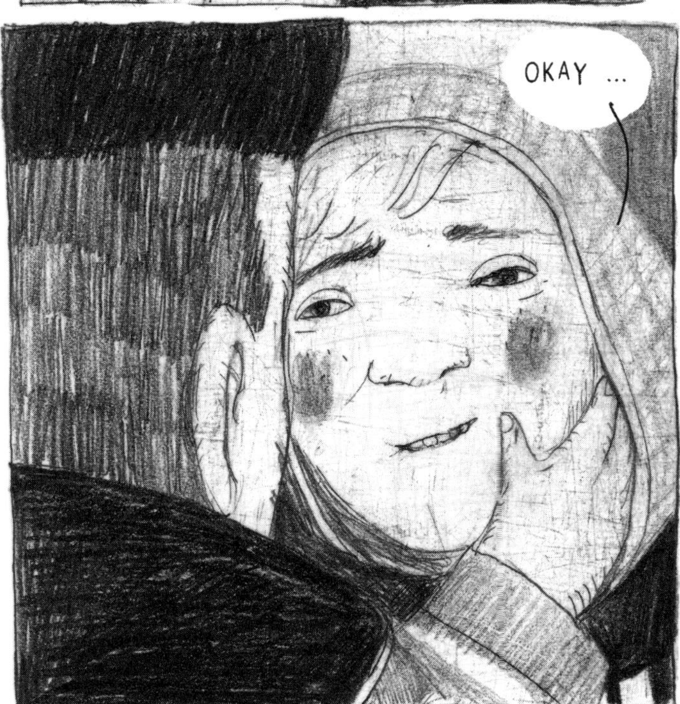
OKAY ...

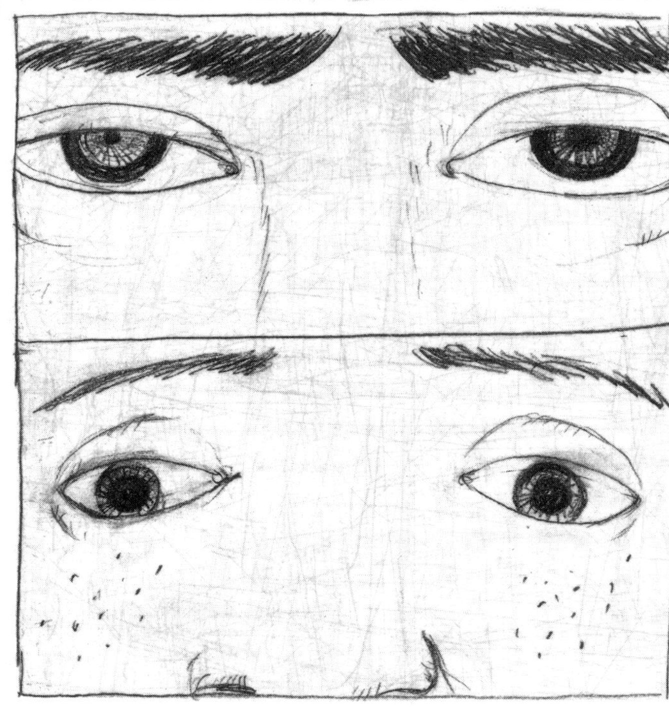

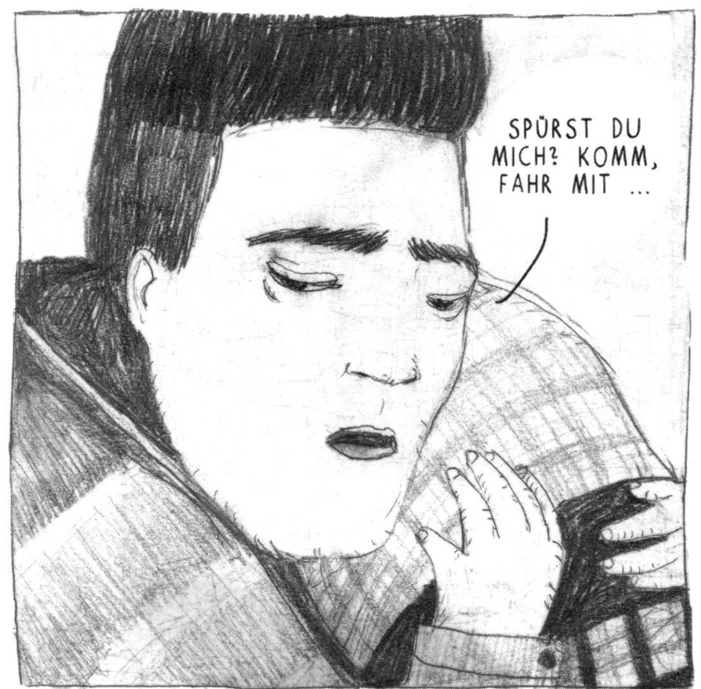
SPÜRST DU MICH? KOMM, FAHR MIT …

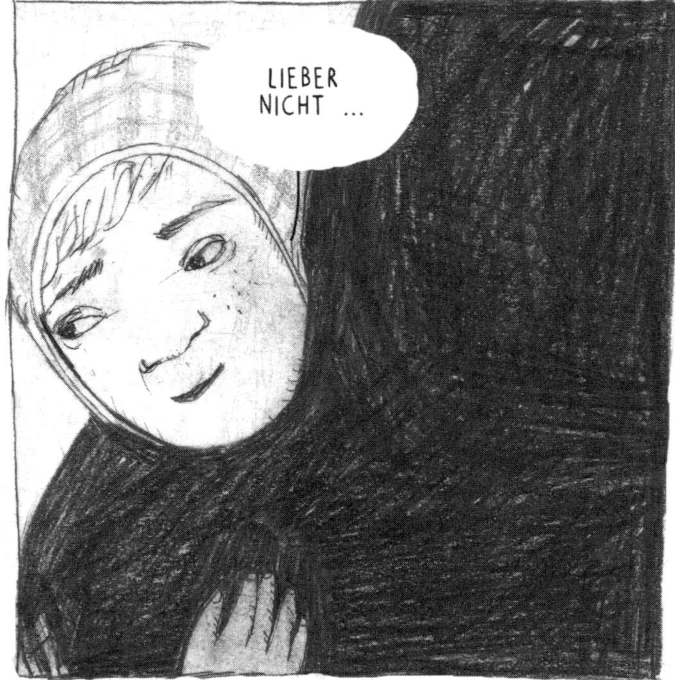
LIEBER NICHT …

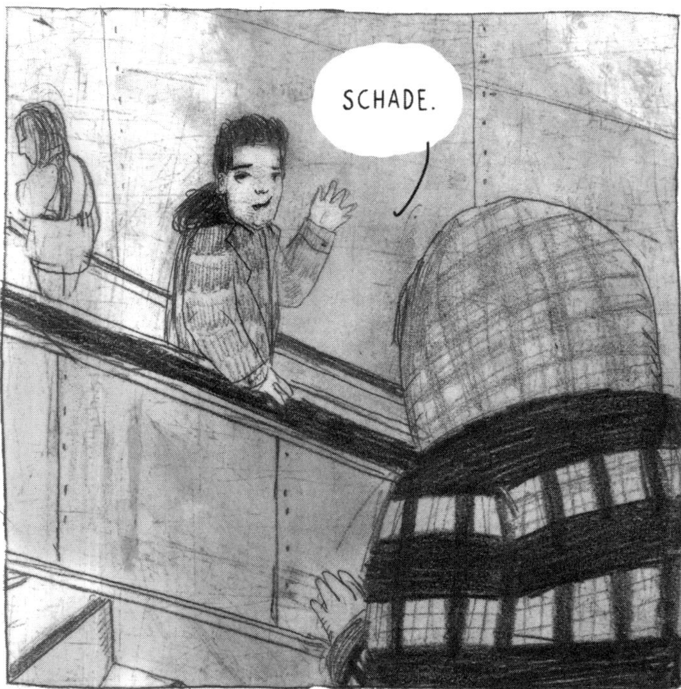
SCHADE.

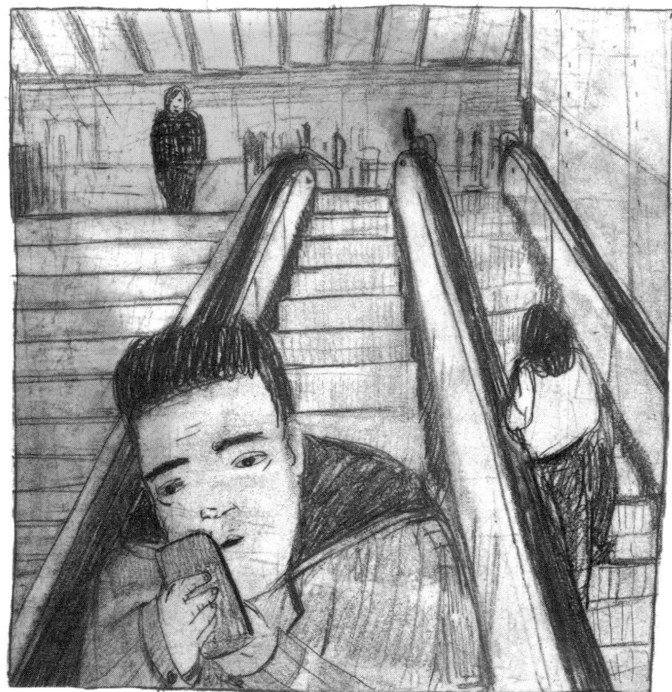

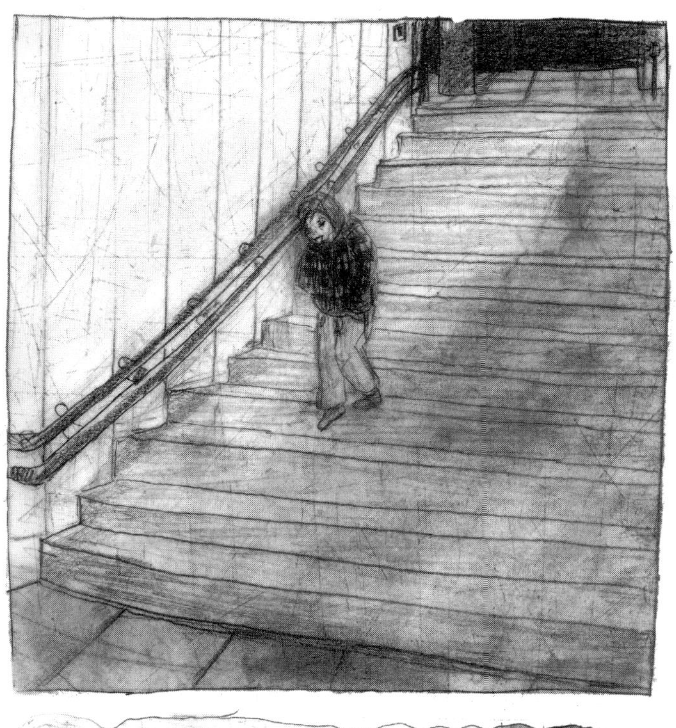

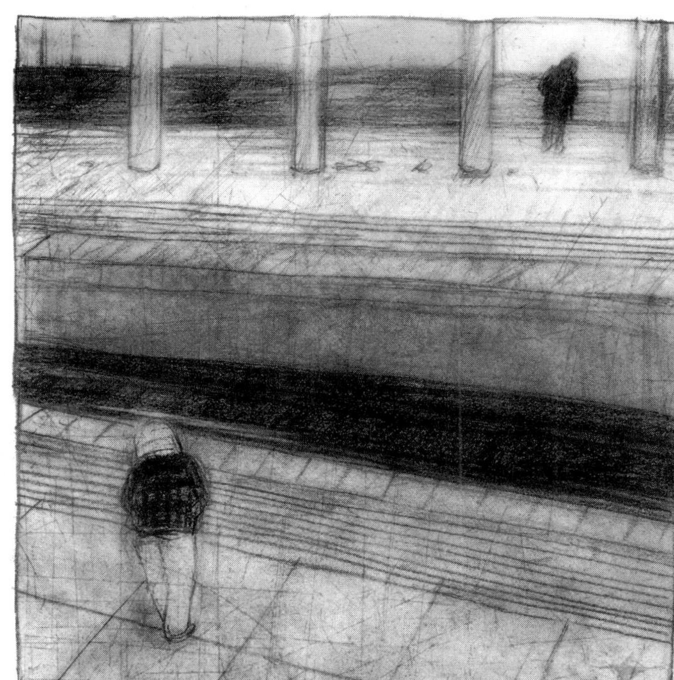

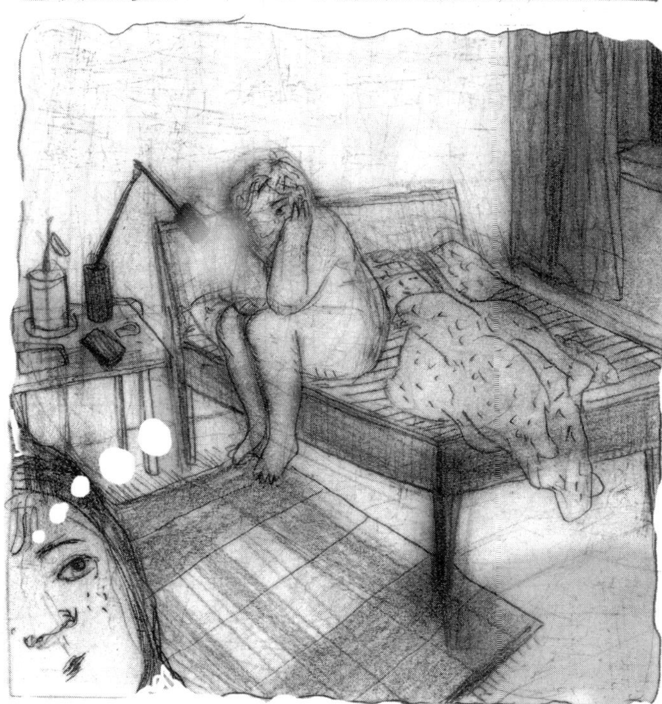

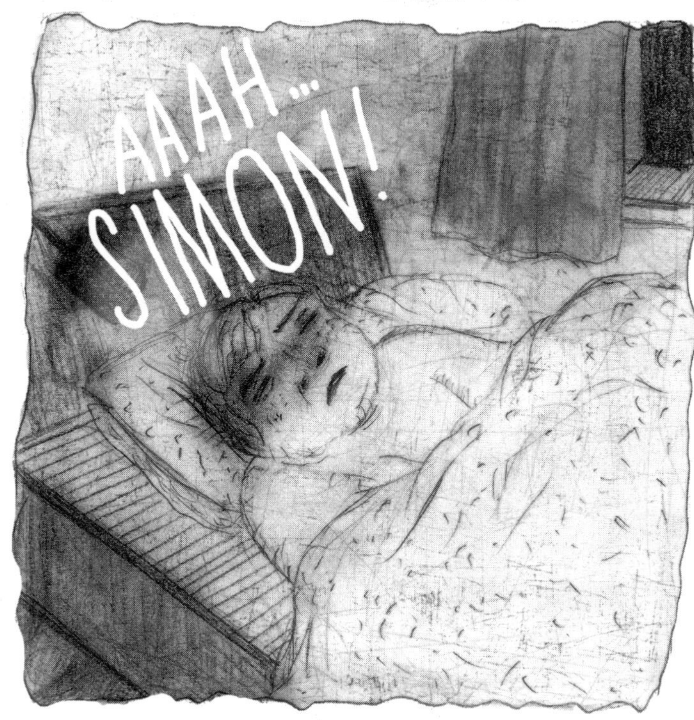

AAAH…
SIMON!

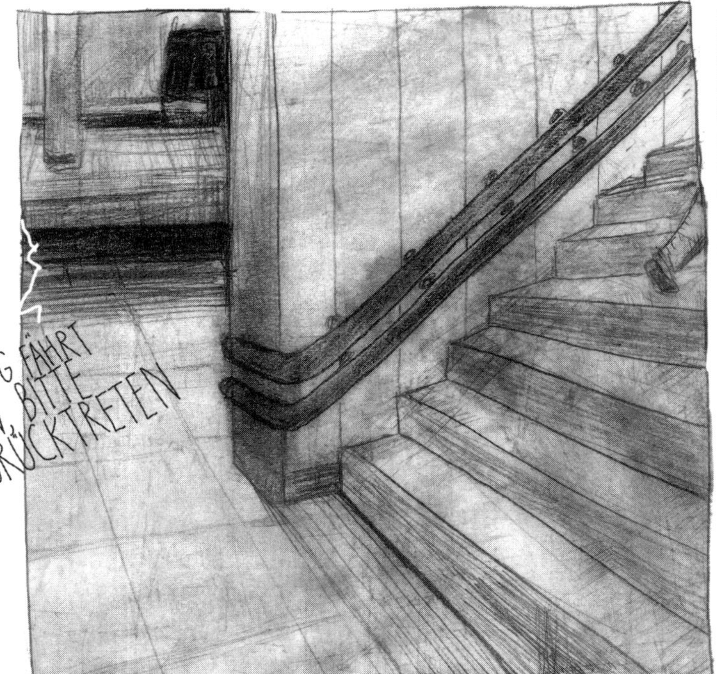
ZUG FÄHRT
EIN, BITTE
ZURÜCKTRETEN
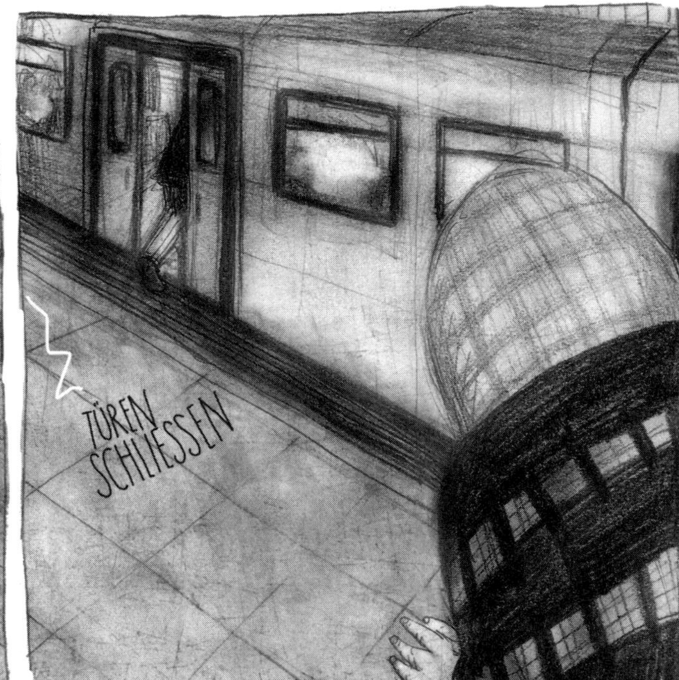
TÜREN
SCHLIESSEN
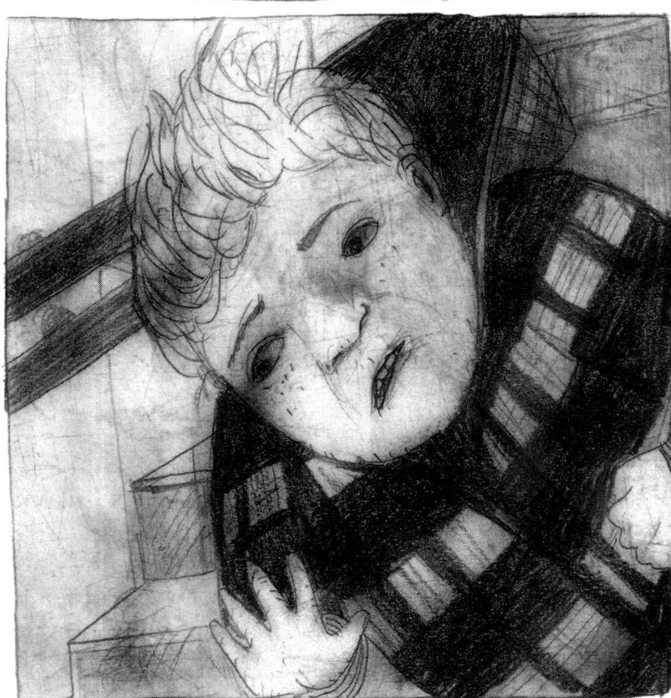
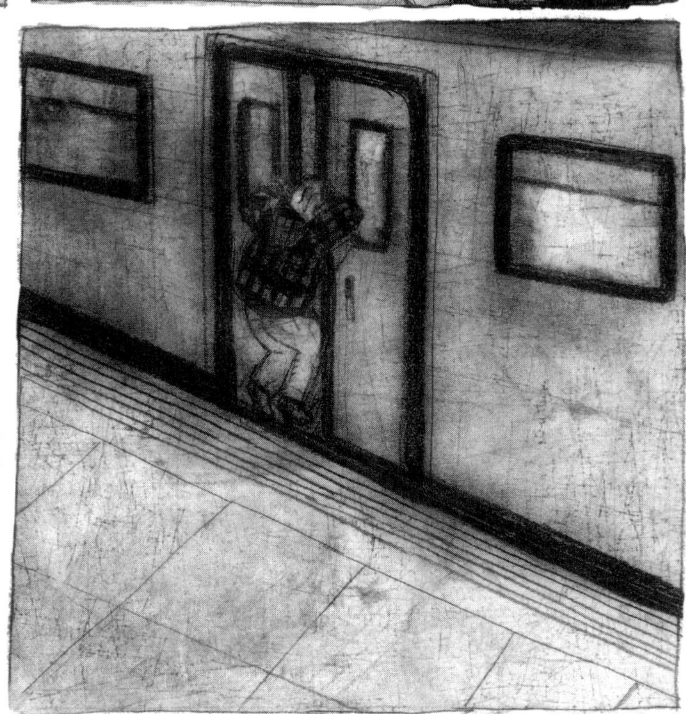

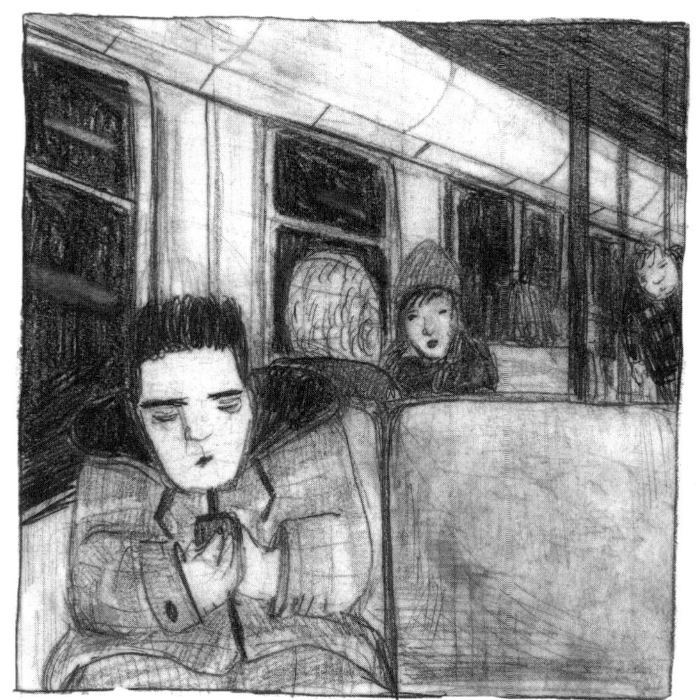

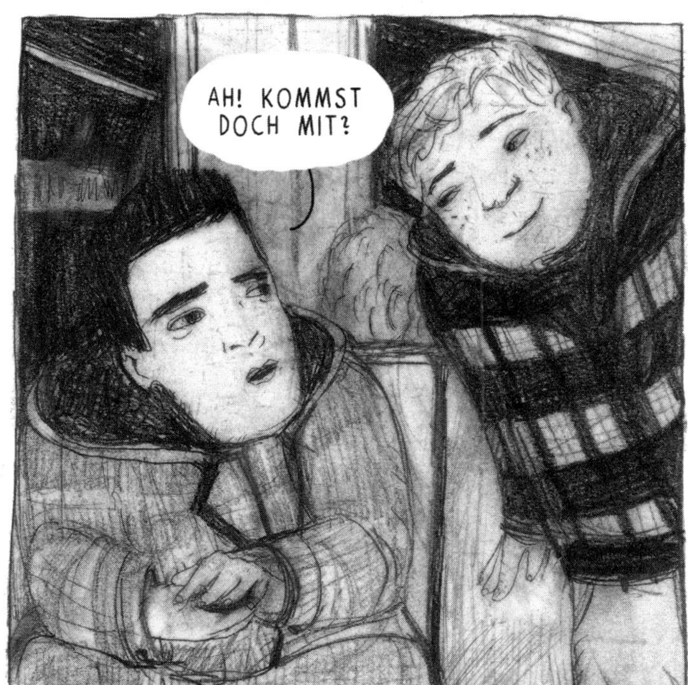
AH! KOMMST DOCH MIT?

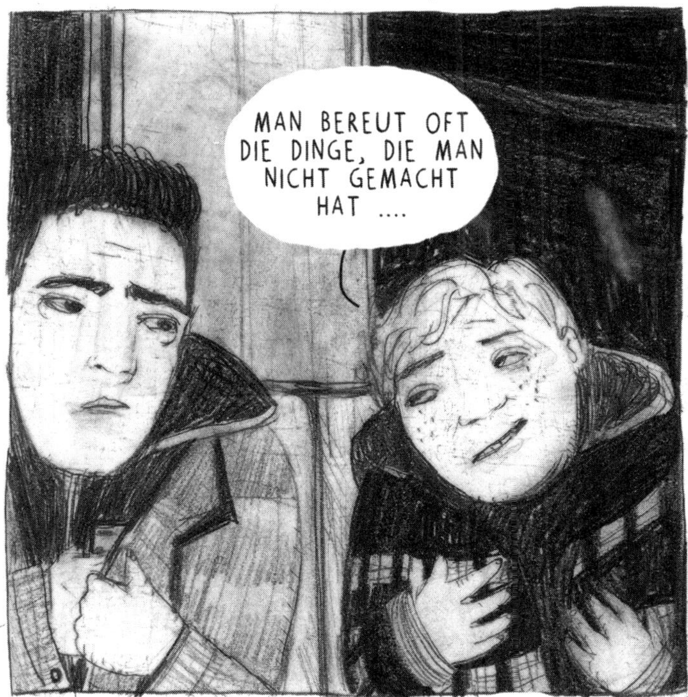
MAN BEREUT OFT DIE DINGE, DIE MAN NICHT GEMACHT HAT ....

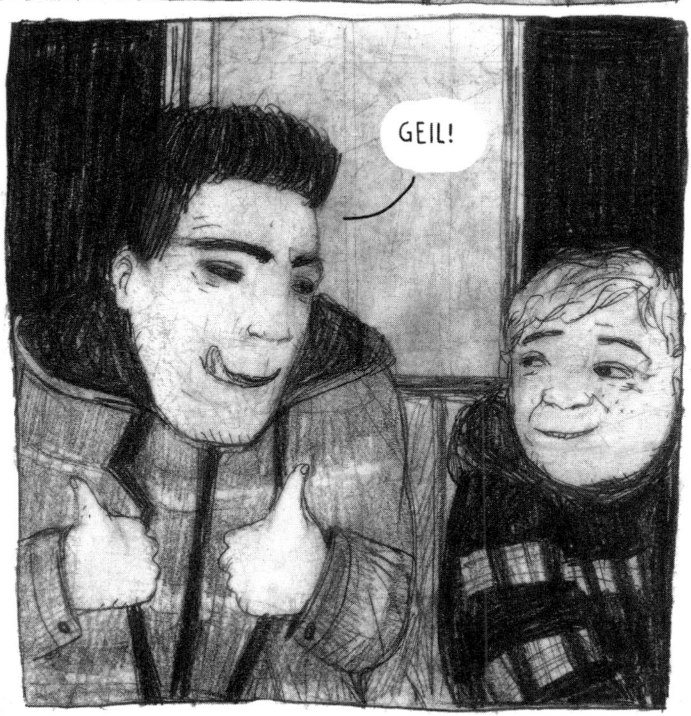
GEIL!

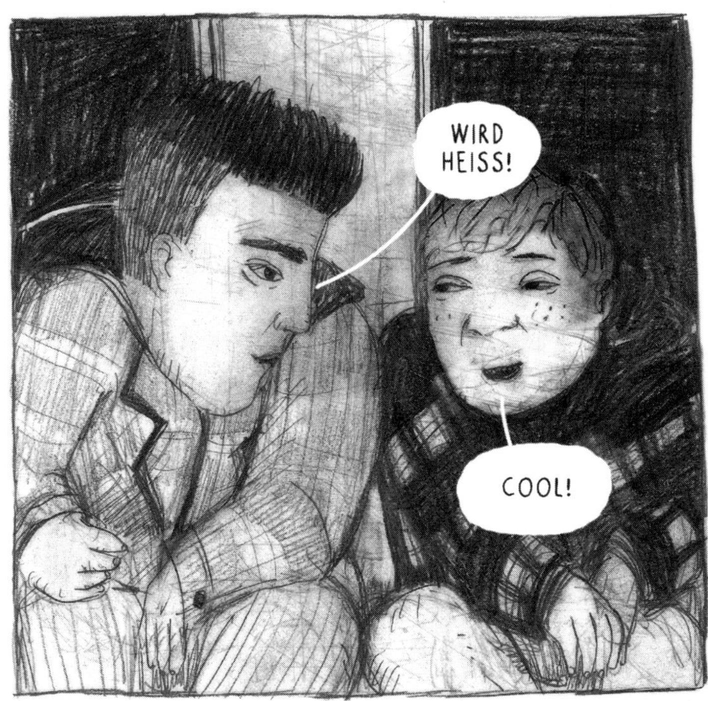
WIRD HEISS!
COOL!

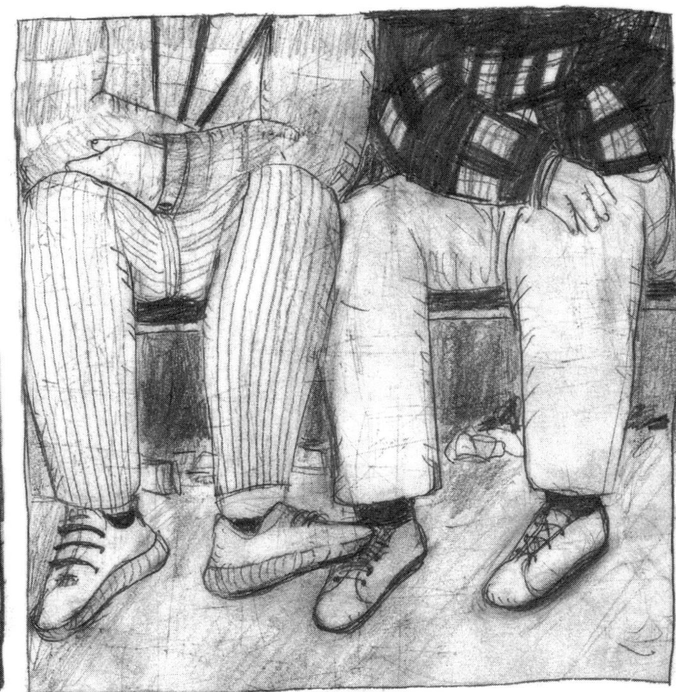

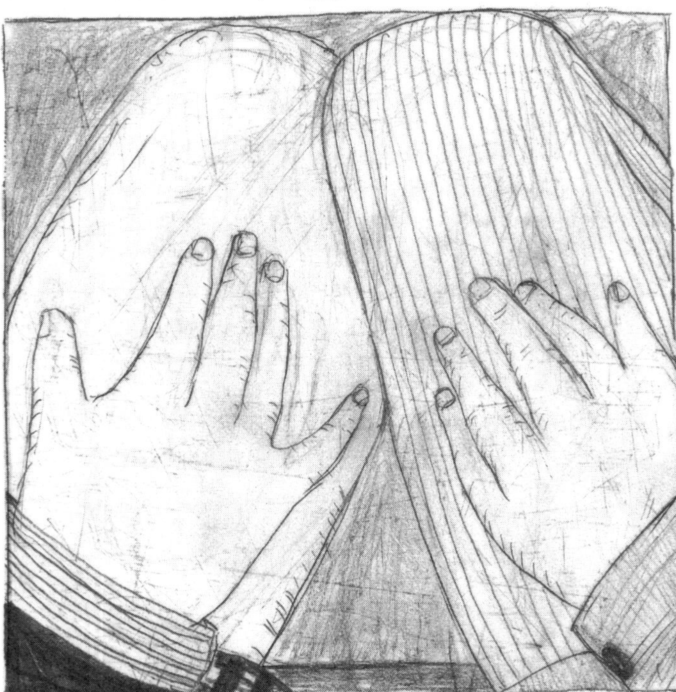

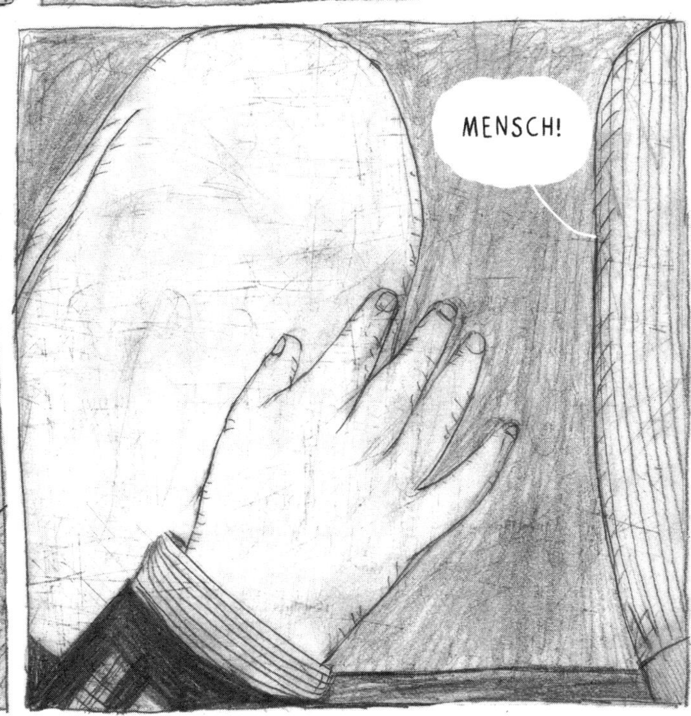
MENSCH!

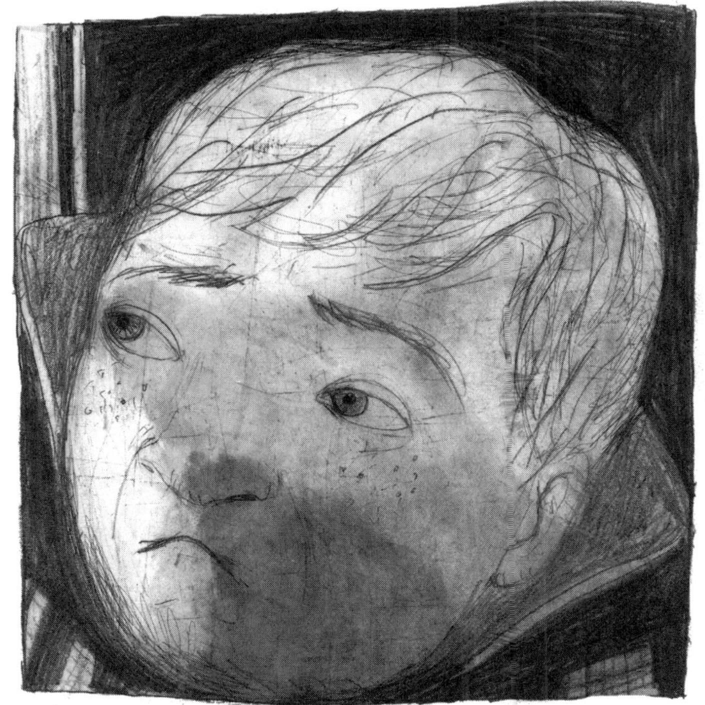

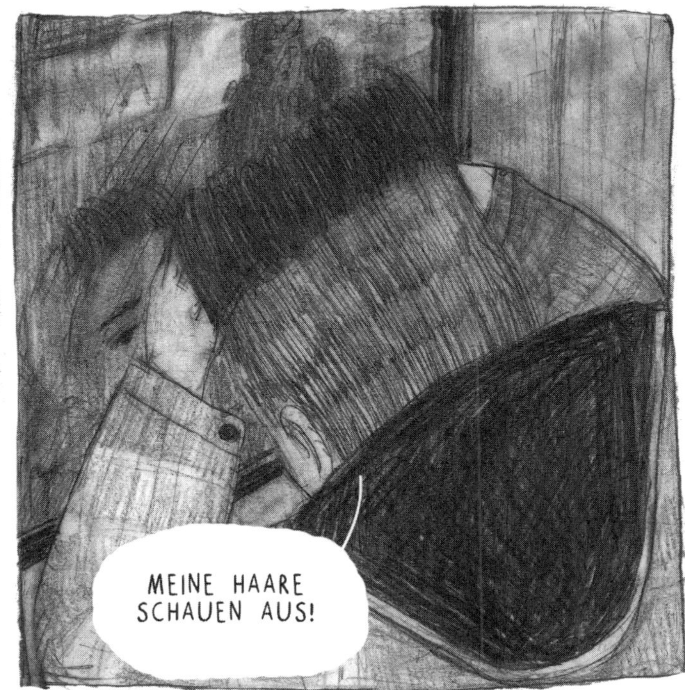
MEINE HAARE
SCHAUEN AUS!

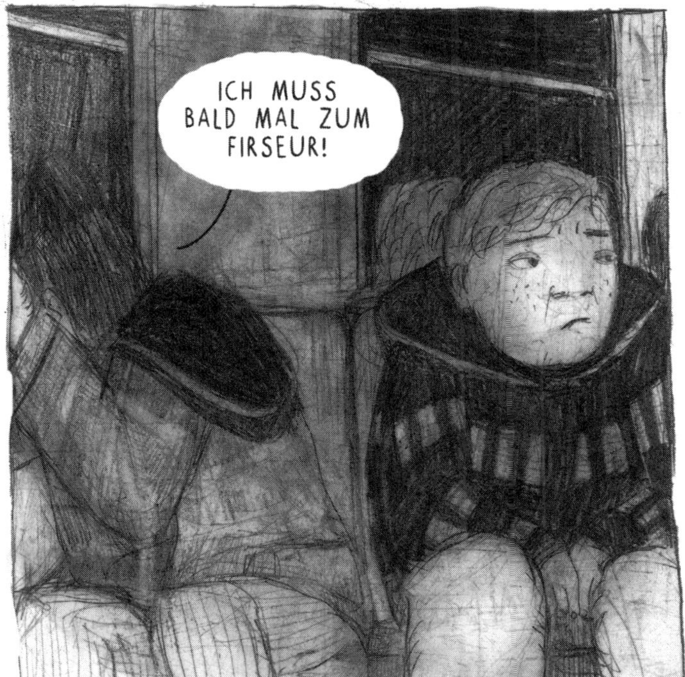
ICH MUSS
BALD MAL ZUM
FIRSEUR!

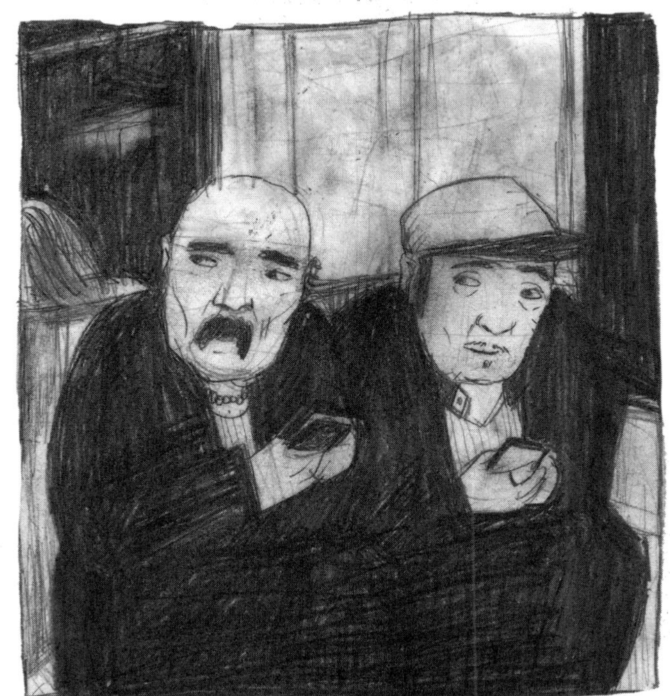

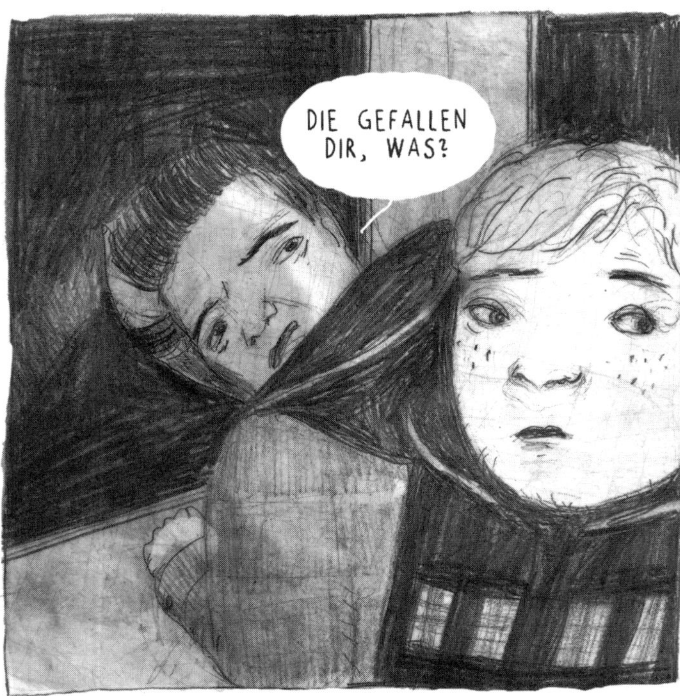
DIE GEFALLEN
DIR, WAS?

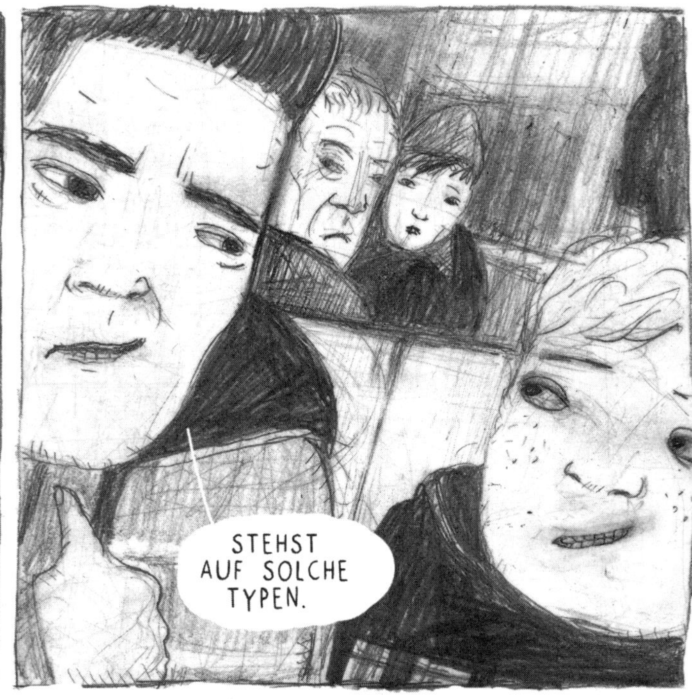
STEHST
AUF SOLCHE
TYPEN.

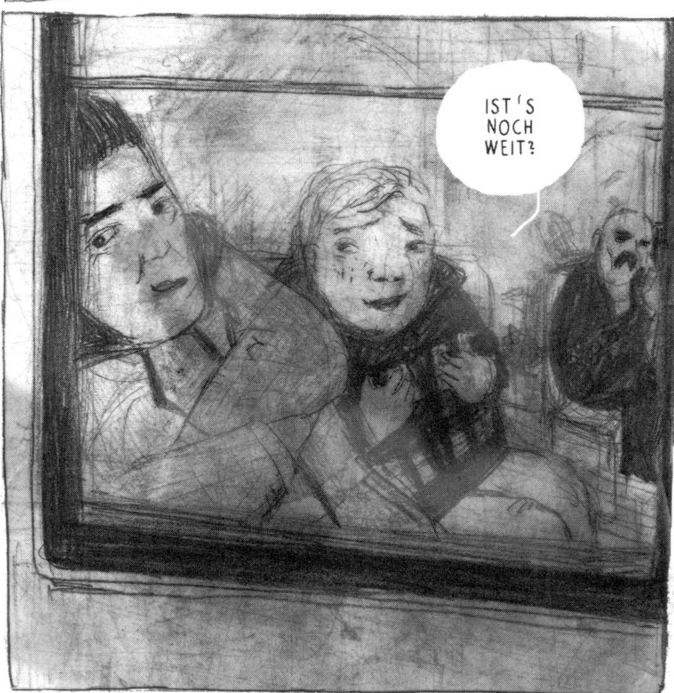
IST'S
NOCH
WEIT?

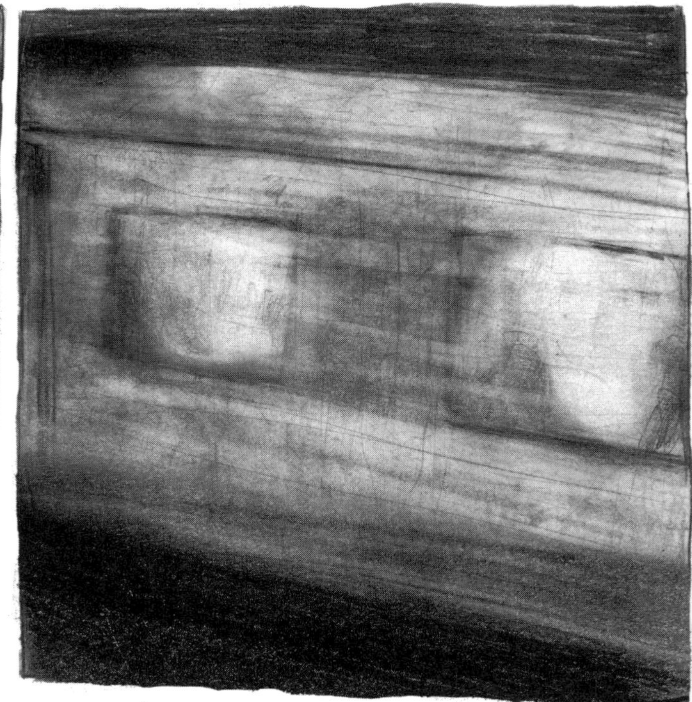

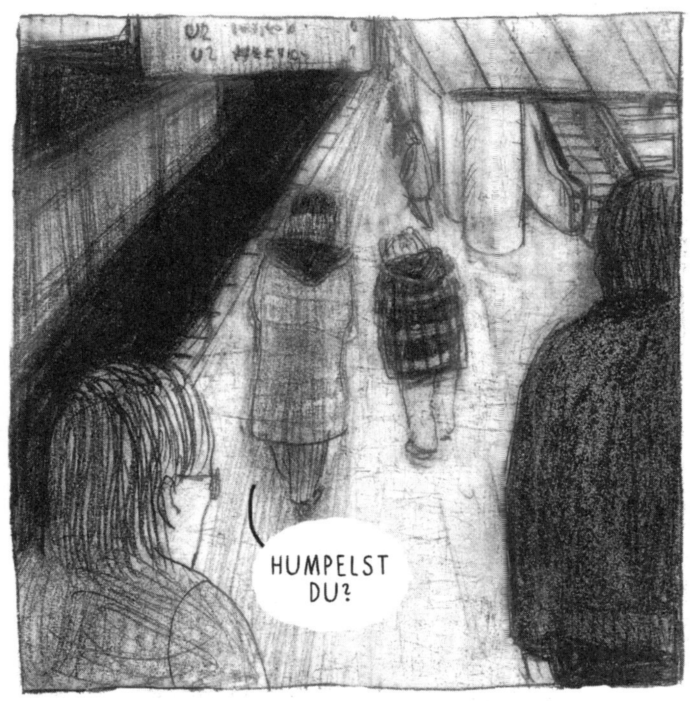
HUMPELST DU?

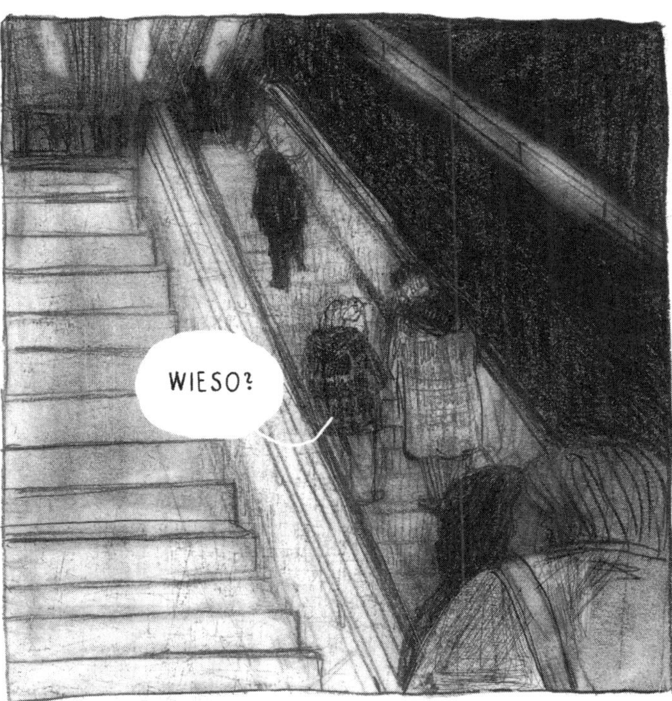
WIESO?

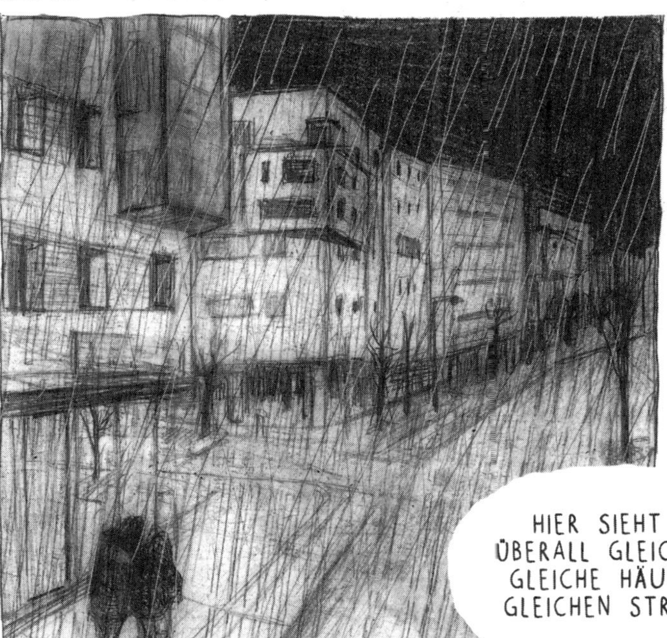

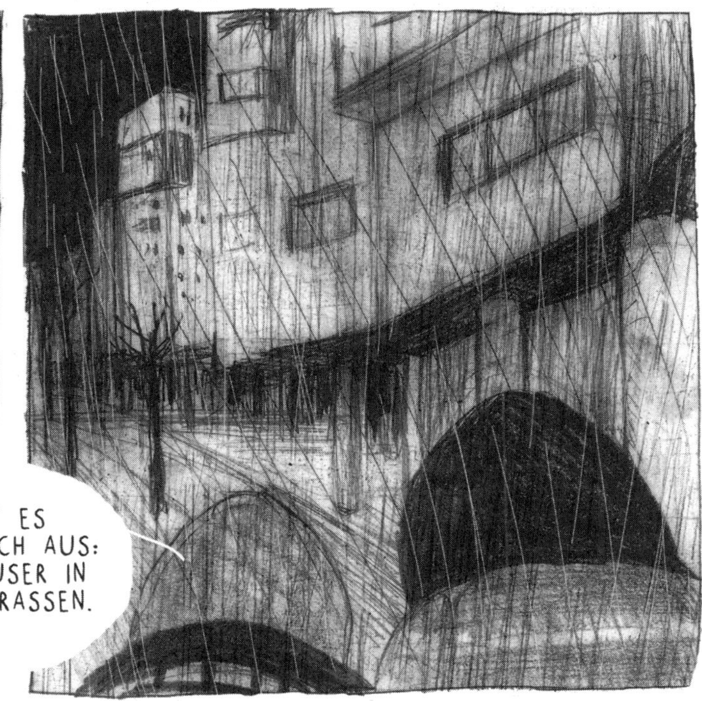
HIER SIEHT ES ÜBERALL GLEICH AUS: GLEICHE HÄUSER IN GLEICHEN STRASSEN.

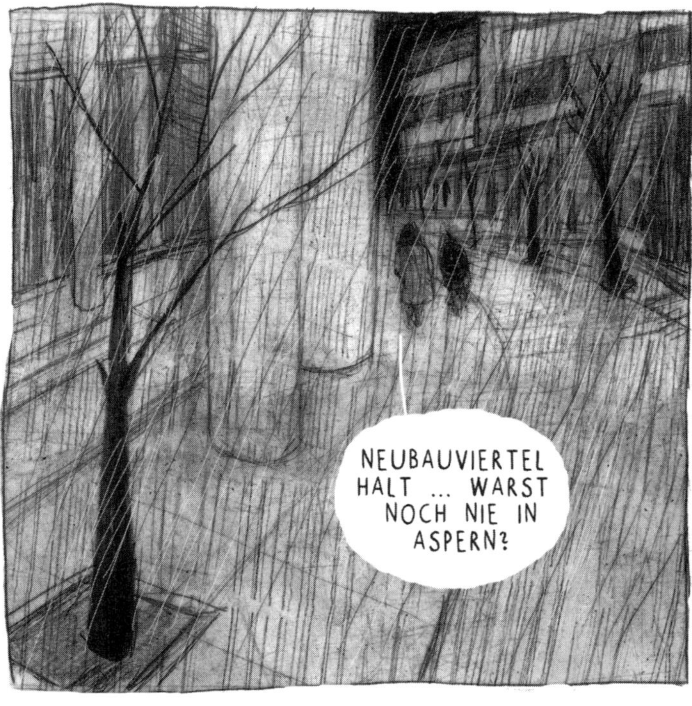
NEUBAUVIERTEL HALT ... WARST NOCH NIE IN ASPERN?

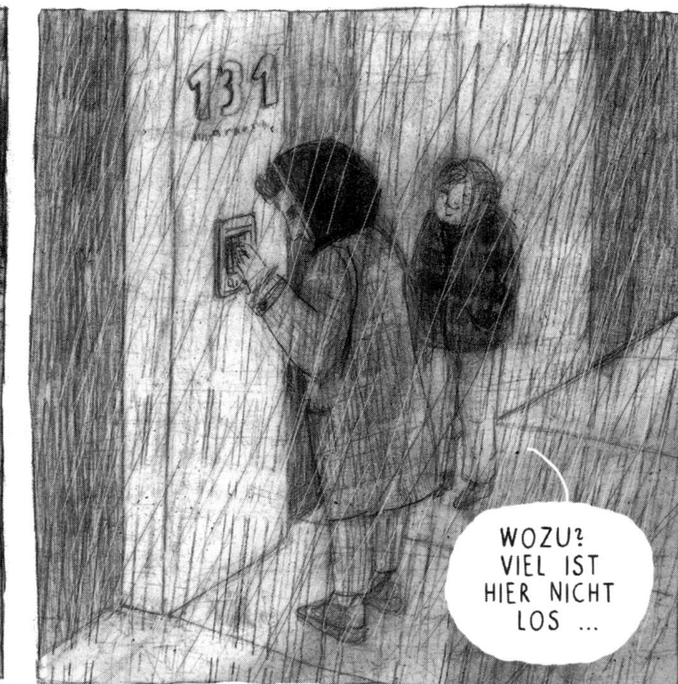
131
WOZU? VIEL IST HIER NICHT LOS ...

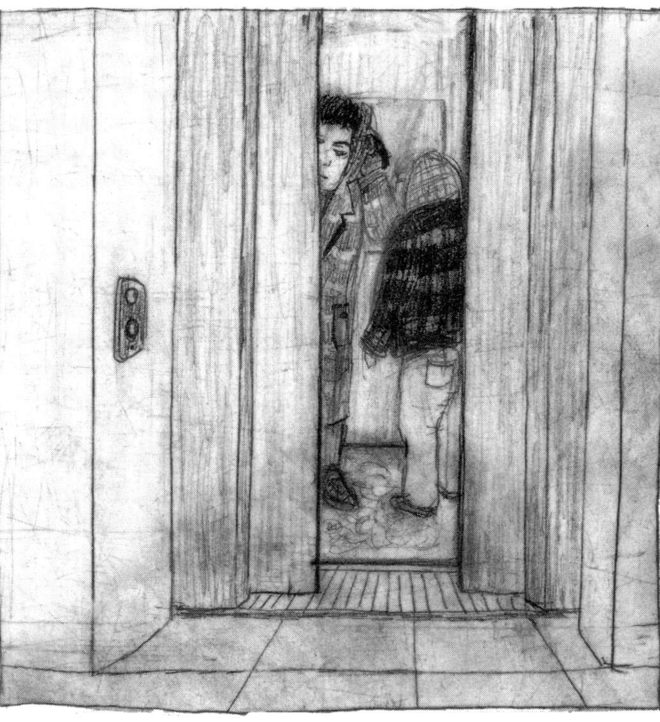

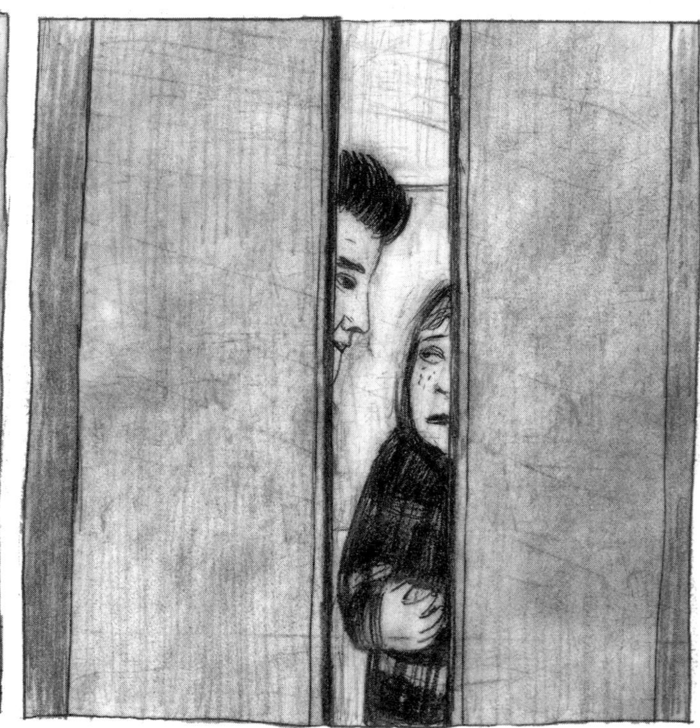

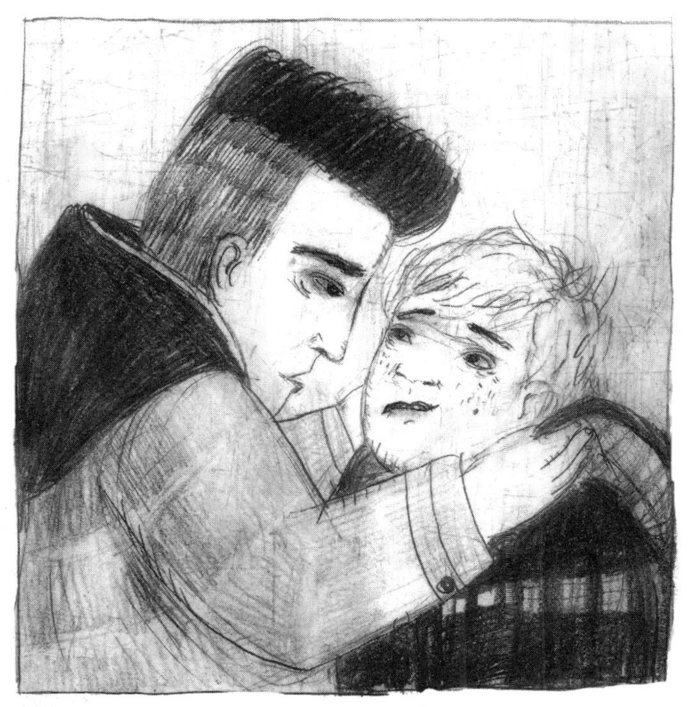
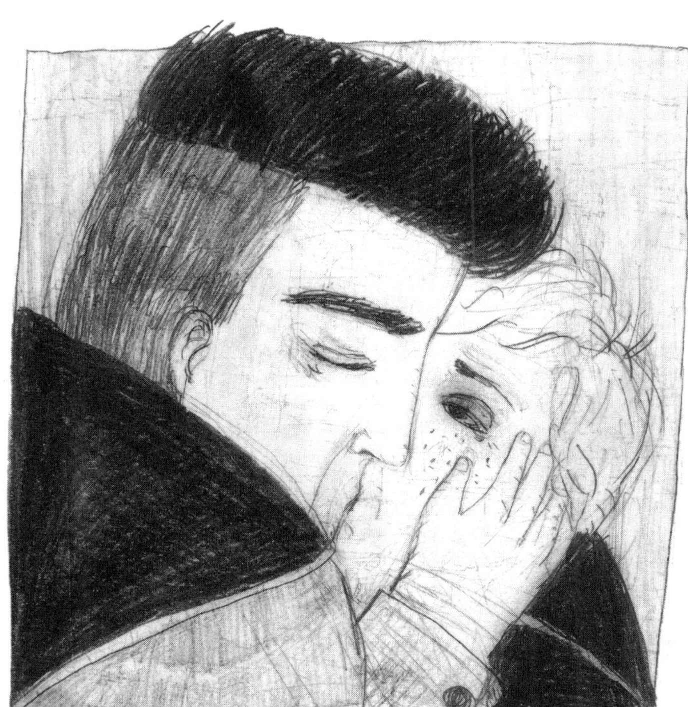
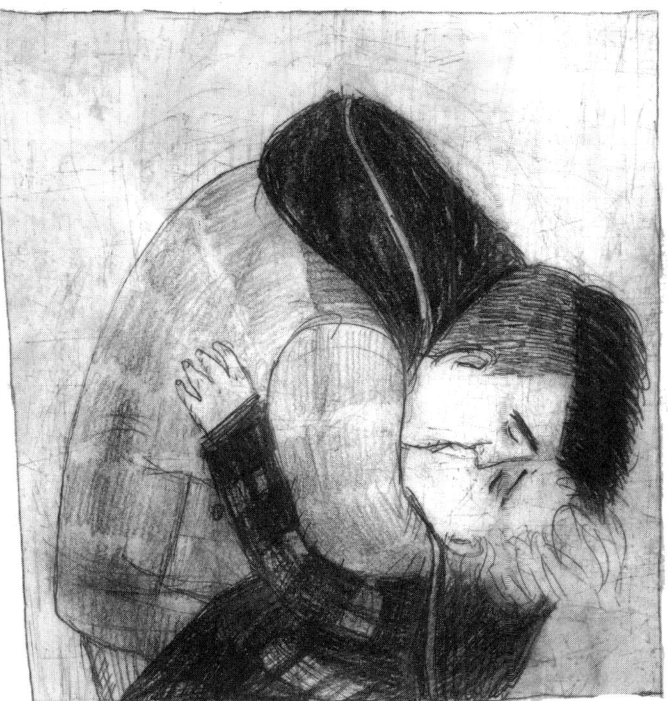
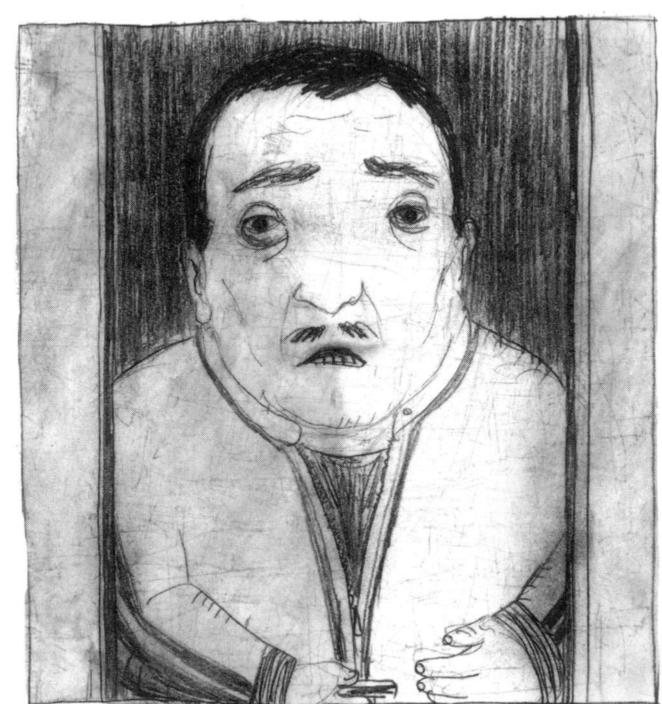

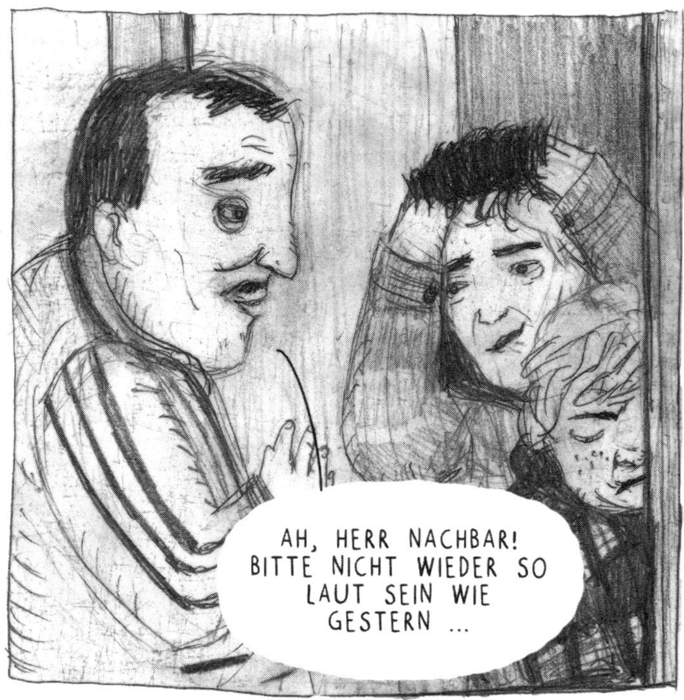
AH, HERR NACHBAR! BITTE NICHT WIEDER SO LAUT SEIN WIE GESTERN ...

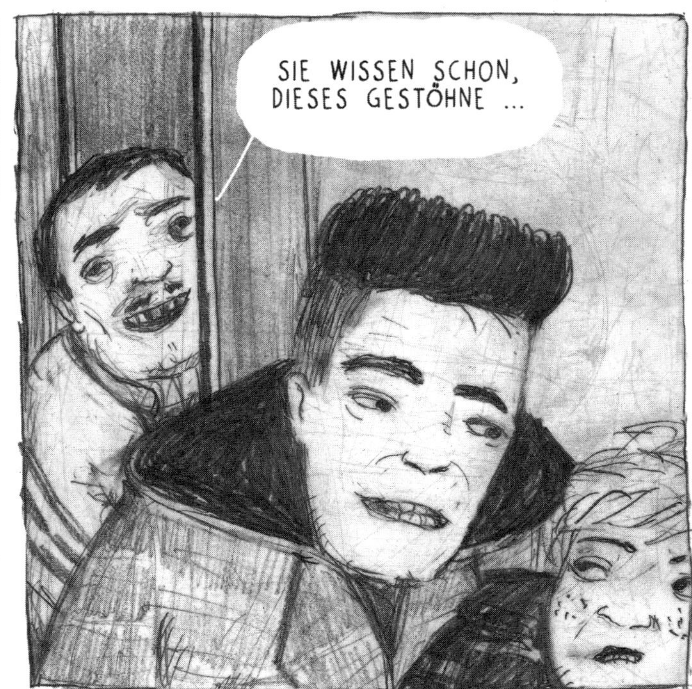
SIE WISSEN SCHON, DIESES GESTÖHNE ...

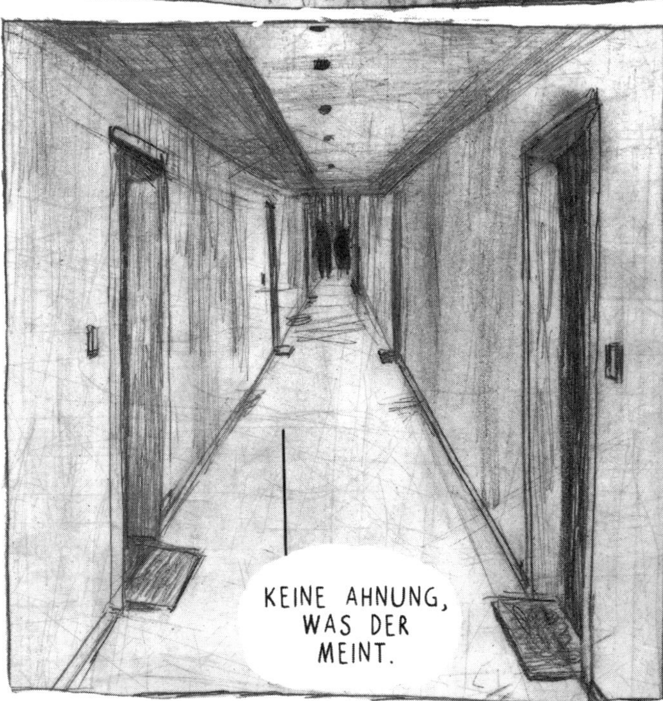
KEINE AHNUNG, WAS DER MEINT.

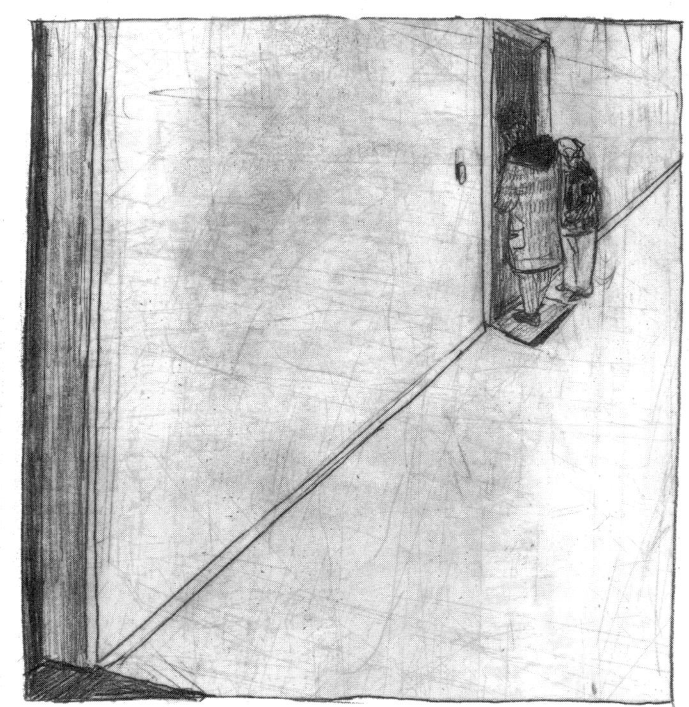

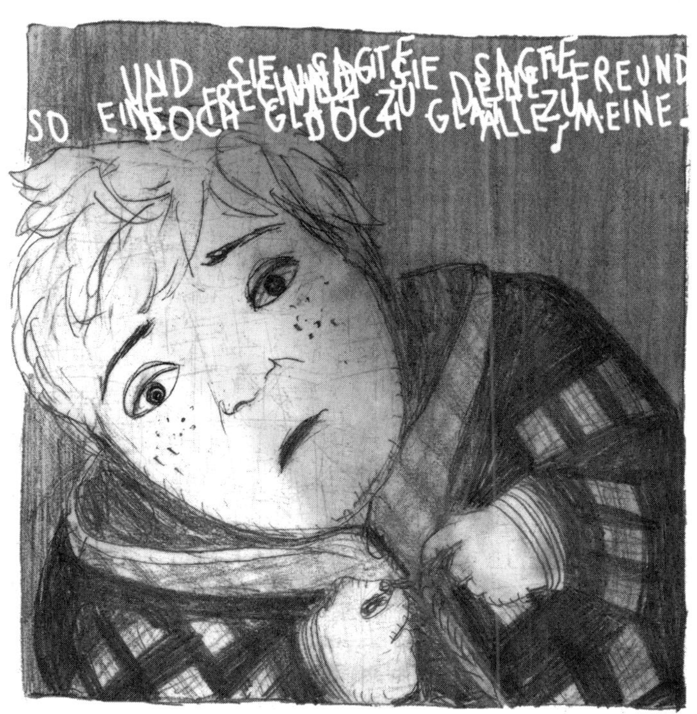
UND SIE SAGTE SIE SAGTE
SO EIN
DOCH
DOCH
ZU
ALLE
MEINE
FREUNDE
HASSEN

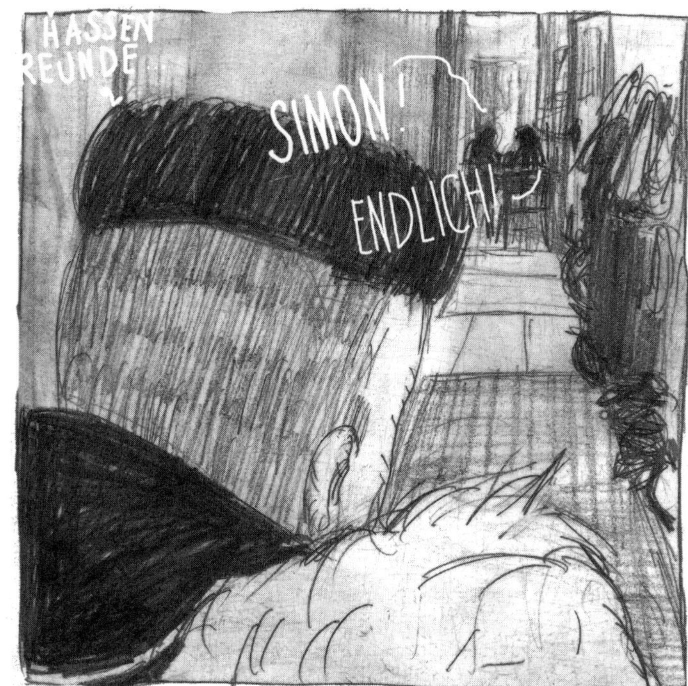
SIMON!
ENDLICH!

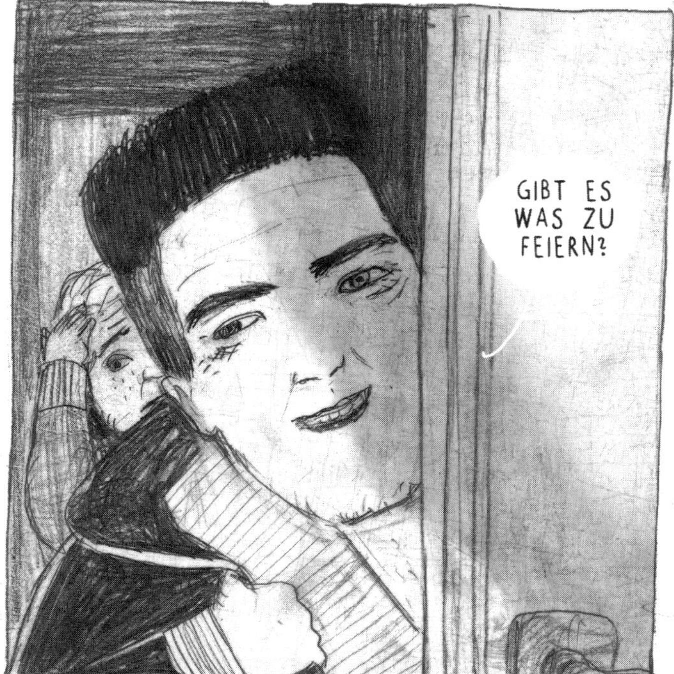
GIBT ES WAS ZU FEIERN?

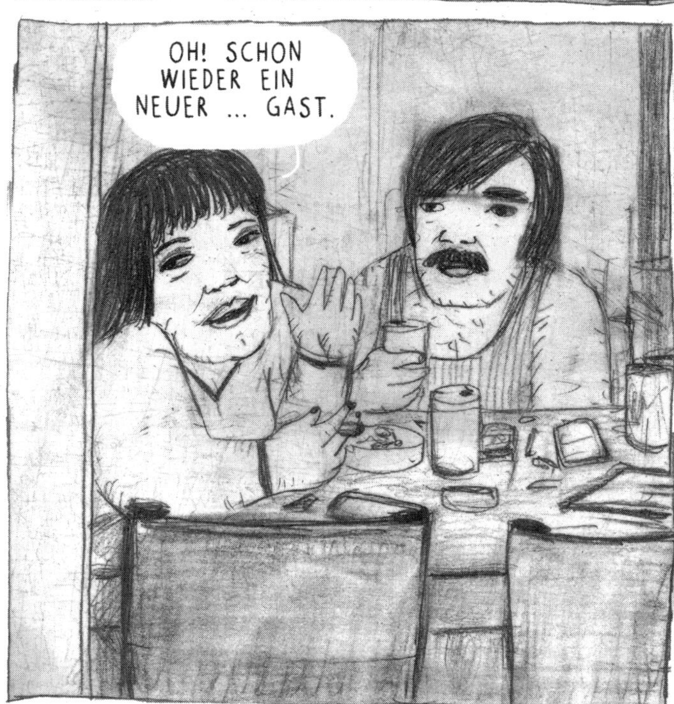
OH! SCHON WIEDER EIN NEUER ... GAST.

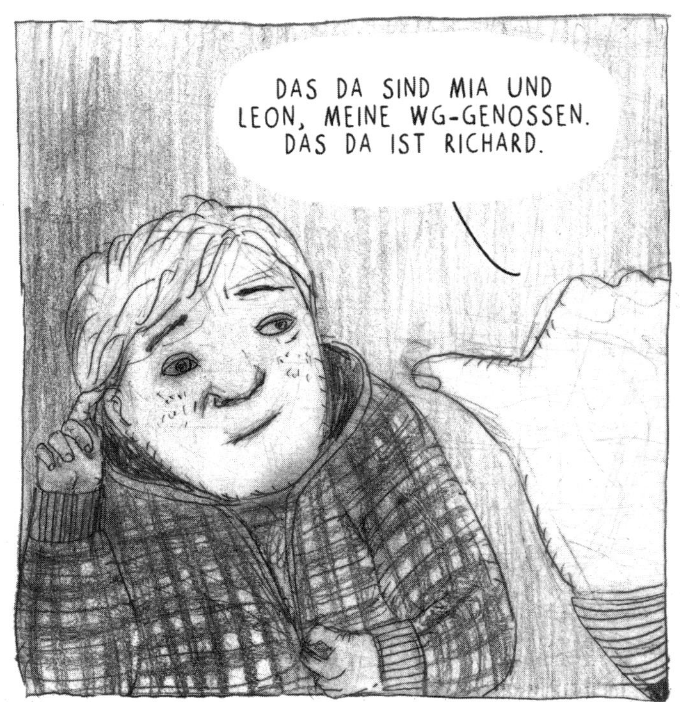
DAS DA SIND MIA UND
LEON, MEINE WG-GENOSSEN.
DAS DA IST RICHARD.

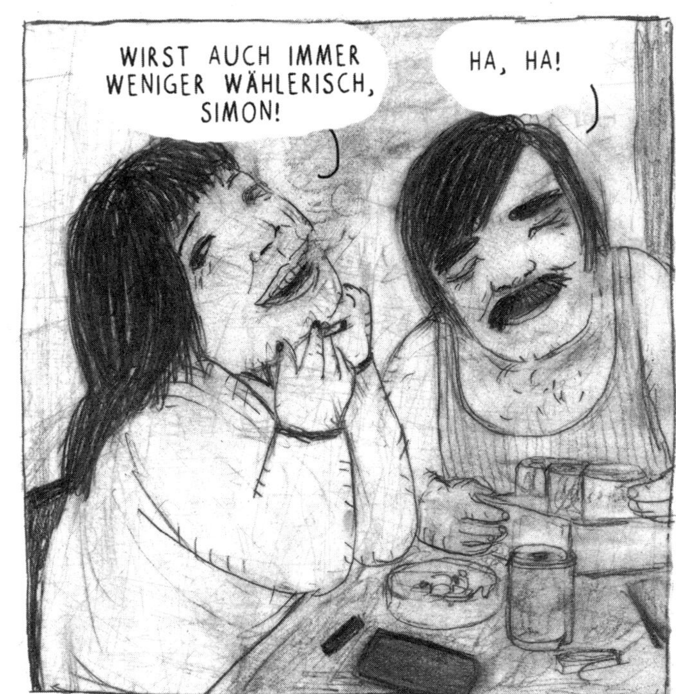
WIRST AUCH IMMER
WENIGER WÄHLERISCH,
SIMON!
HA, HA!

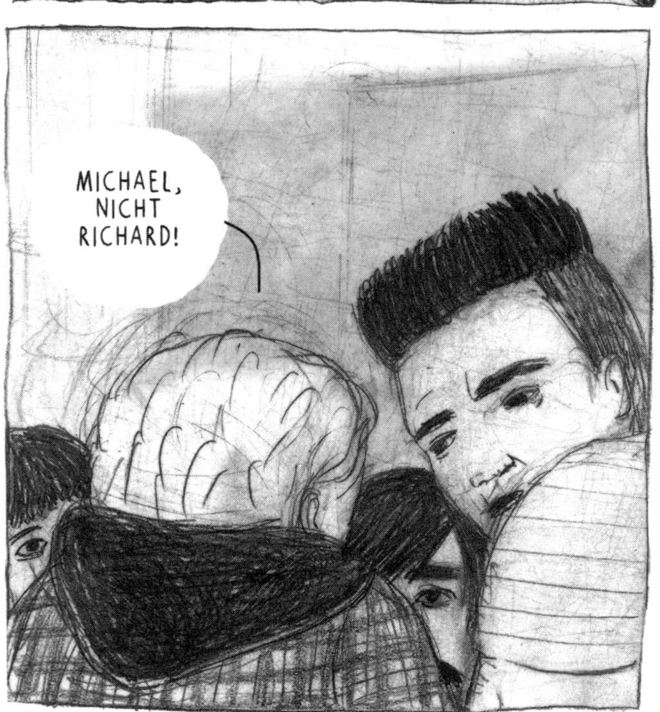
MICHAEL,
NICHT
RICHARD!

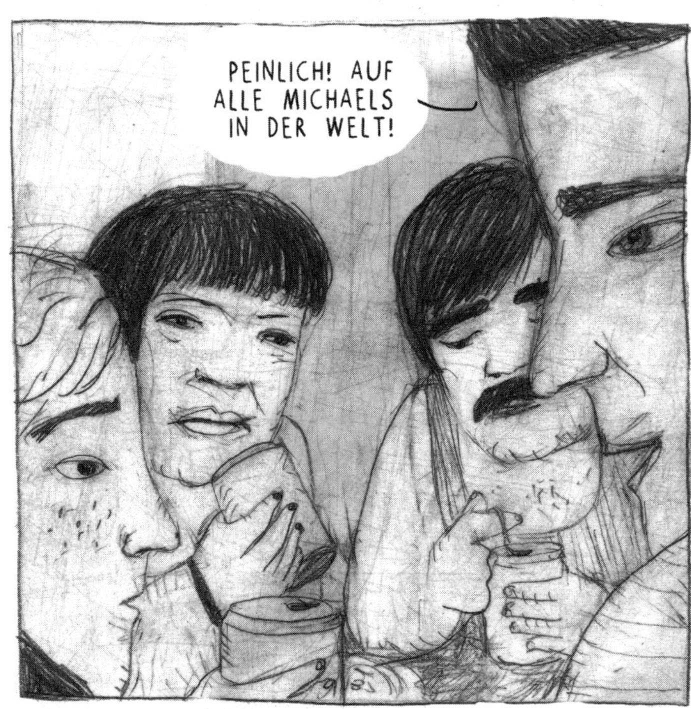
PEINLICH! AUF
ALLE MICHAELS
IN DER WELT!

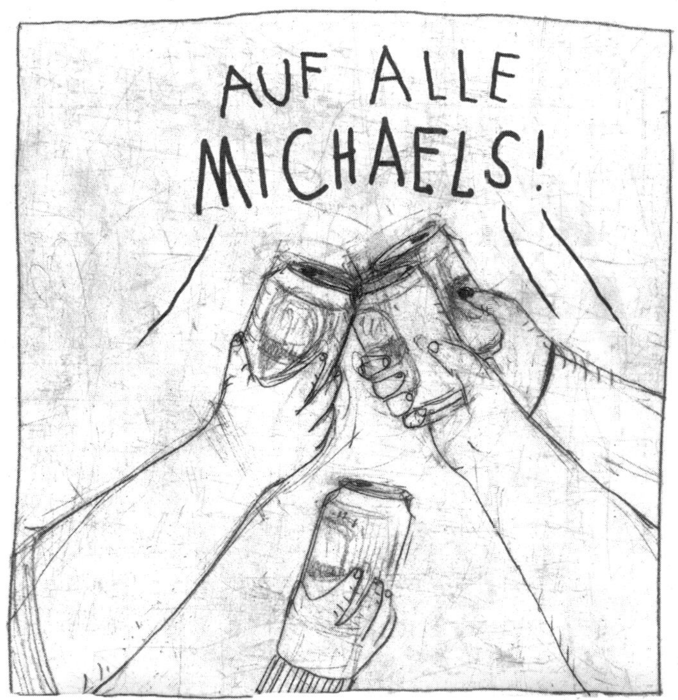

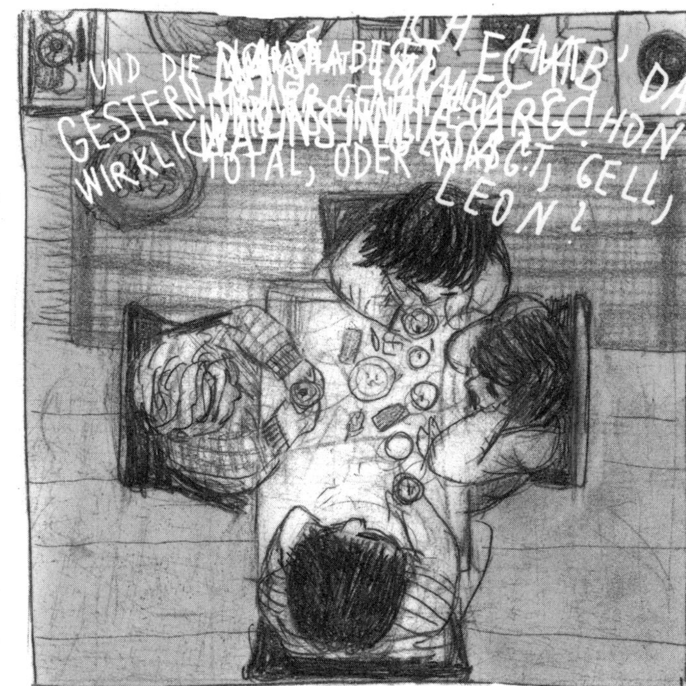

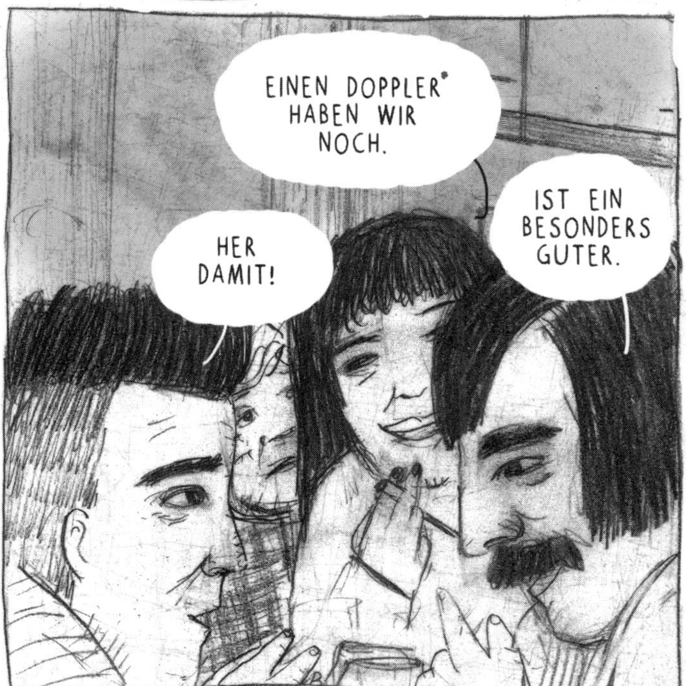

*ZWEI-LITER-WEINFLASCHE

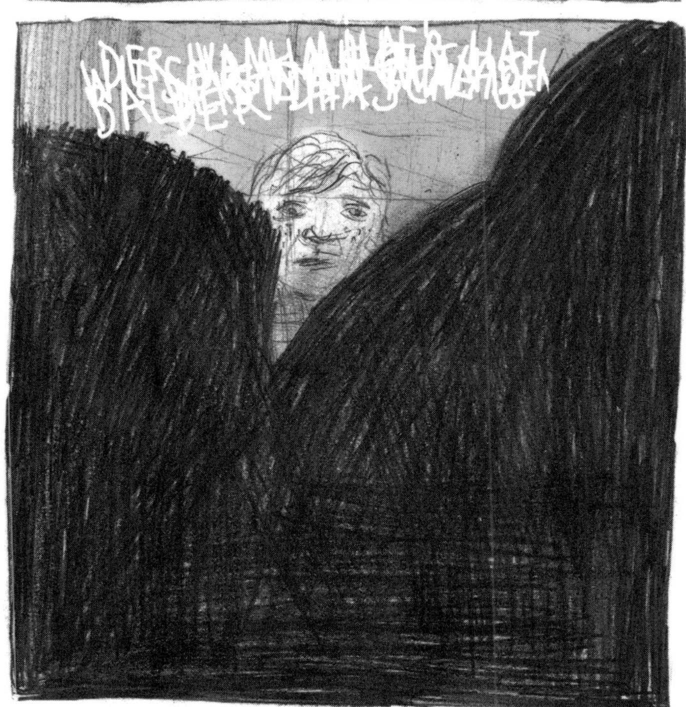

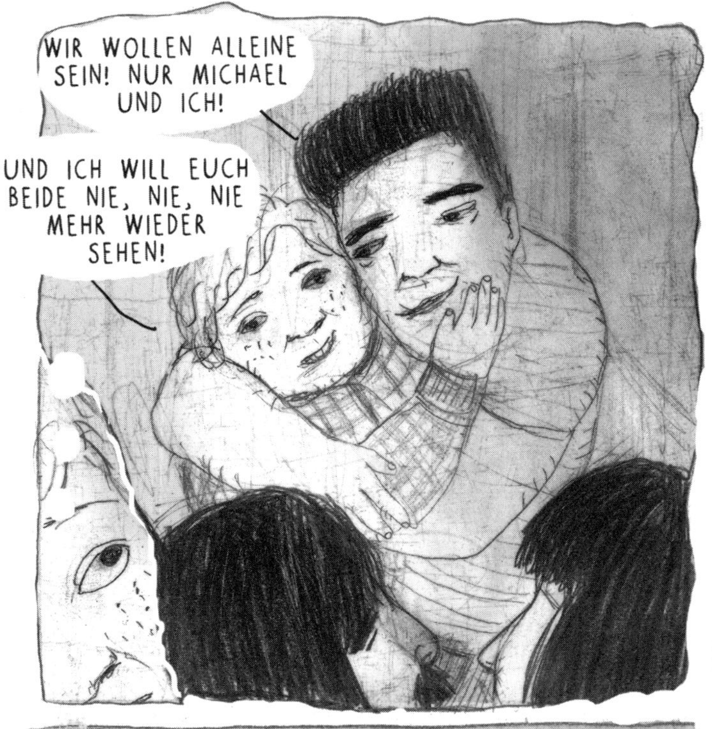
WIR WOLLEN ALLEINE SEIN! NUR MICHAEL UND ICH!
UND ICH WILL EUCH BEIDE NIE, NIE, NIE MEHR WIEDER SEHEN!

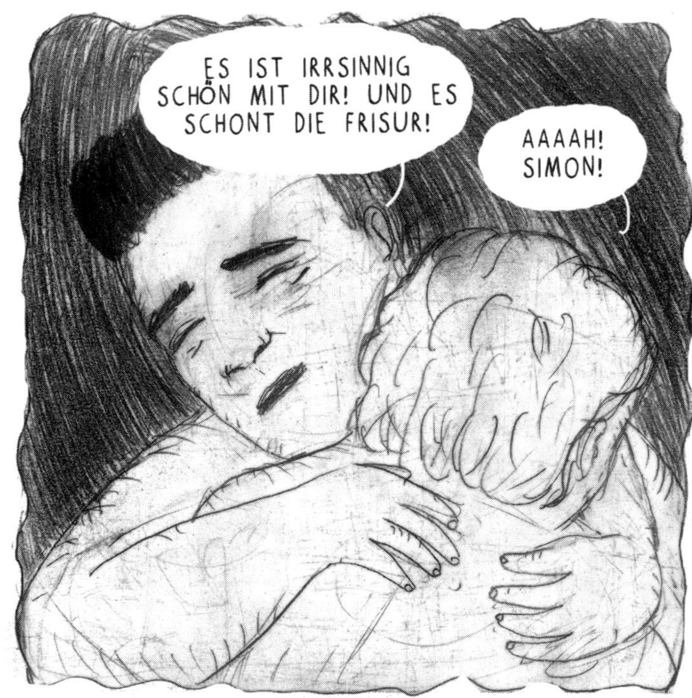
ES IST IRRSINNIG SCHÖN MIT DIR! UND ES SCHONT DIE FRISUR!
AAAAH! SIMON!

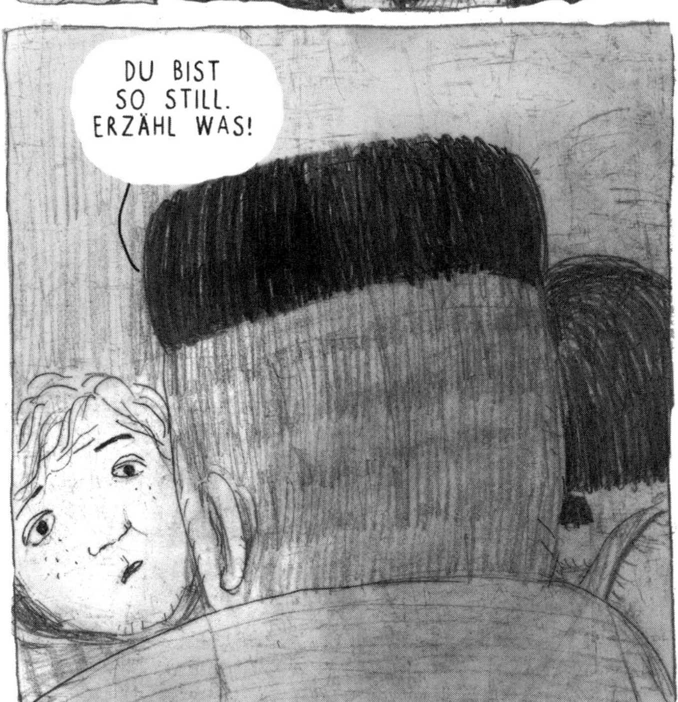
DU BIST SO STILL. ERZÄHL WAS!

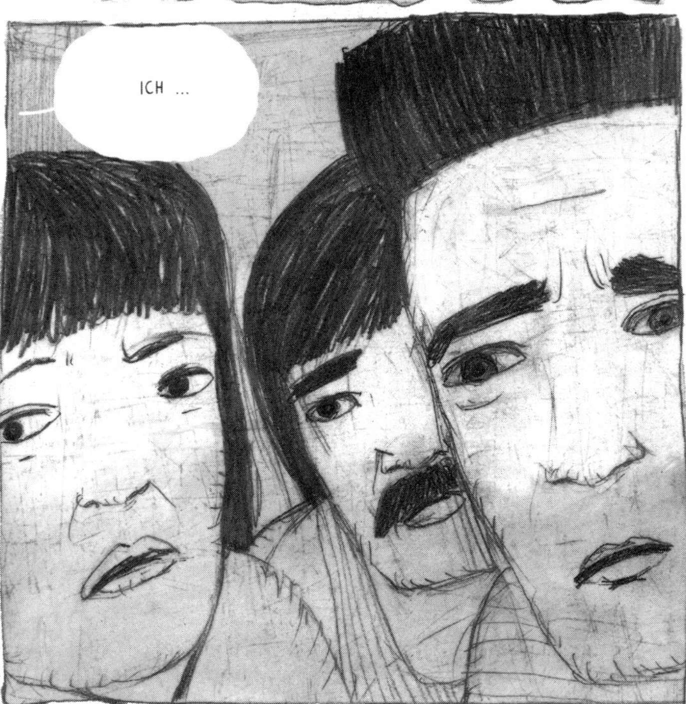
ICH ...

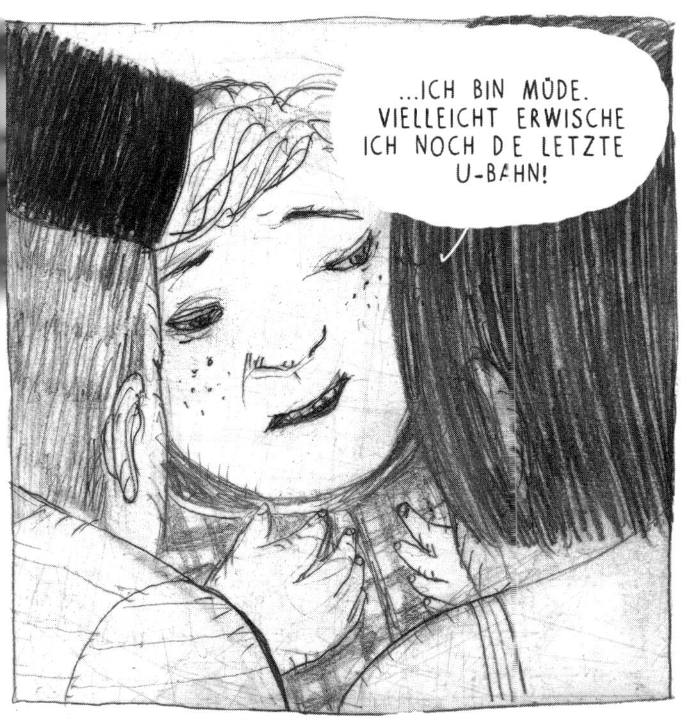
...ICH BIN MÜDE. VIELLEICHT ERWISCHE ICH NOCH DE LETZTE U-BAHN!

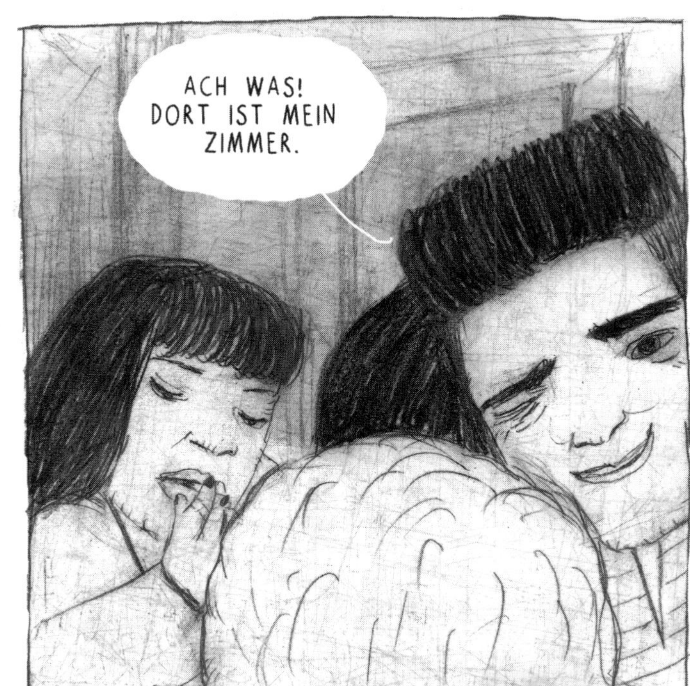
ACH WAS! DORT IST MEIN ZIMMER.

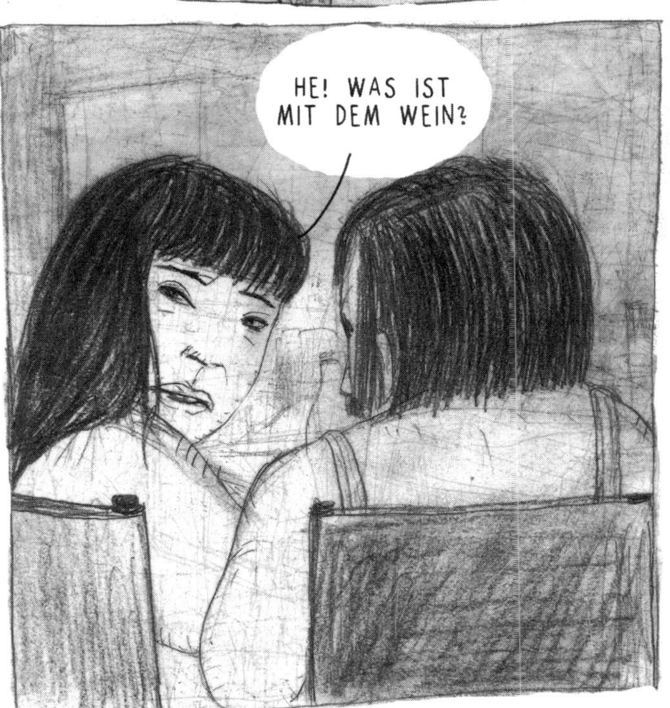
HE! WAS IST MIT DEM WEIN?

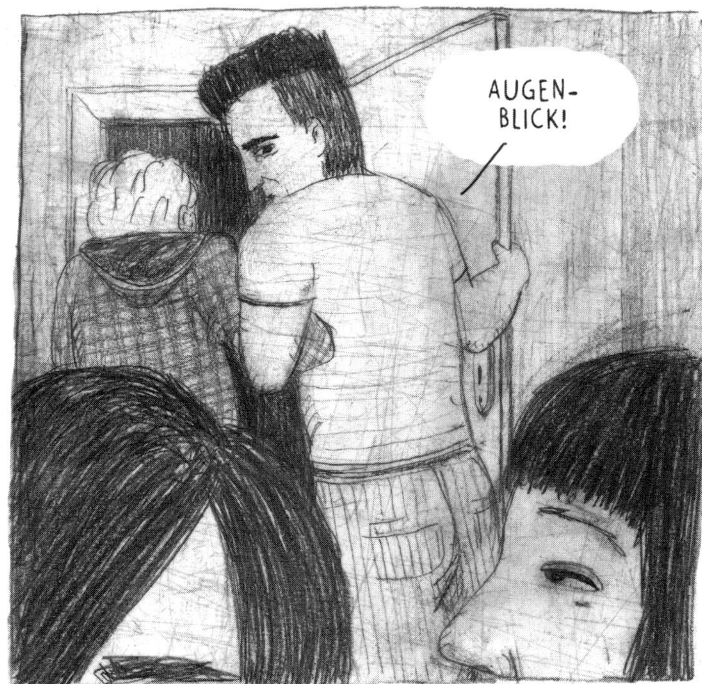
AUGEN-BLICK!

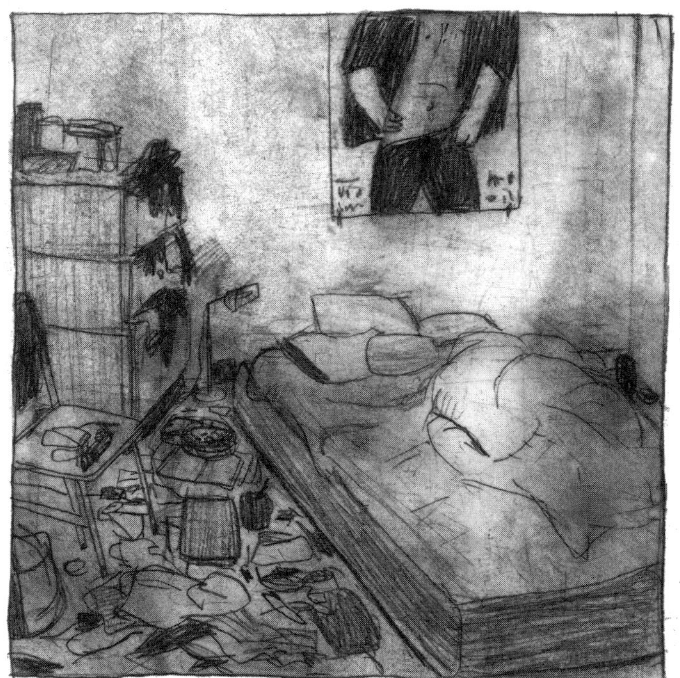

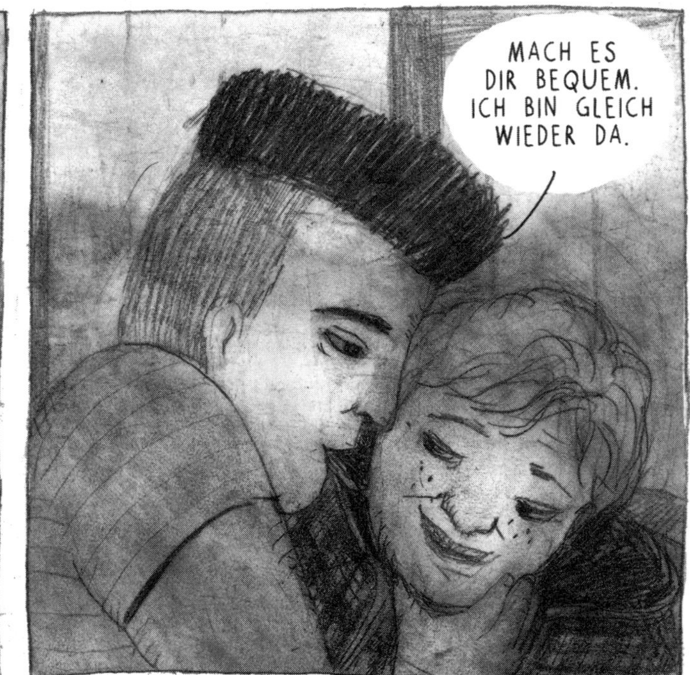
MACH ES DIR BEQUEM. ICH BIN GLEICH WIEDER DA.

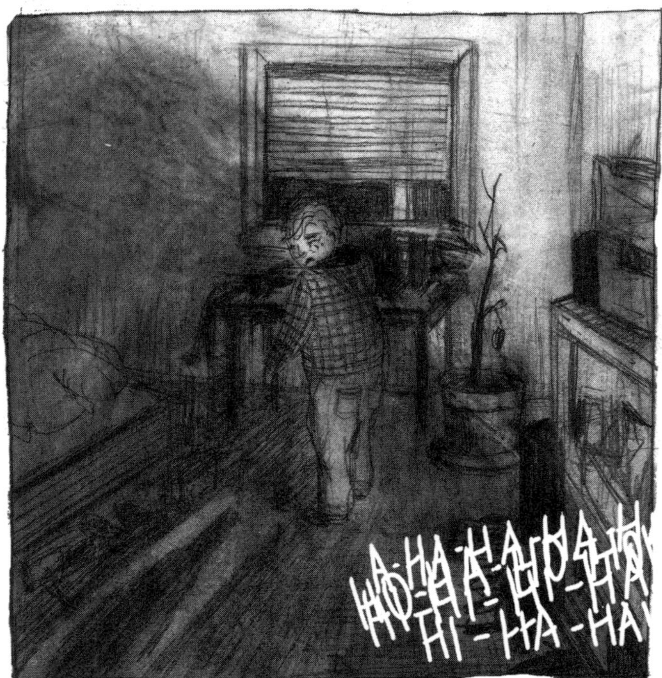

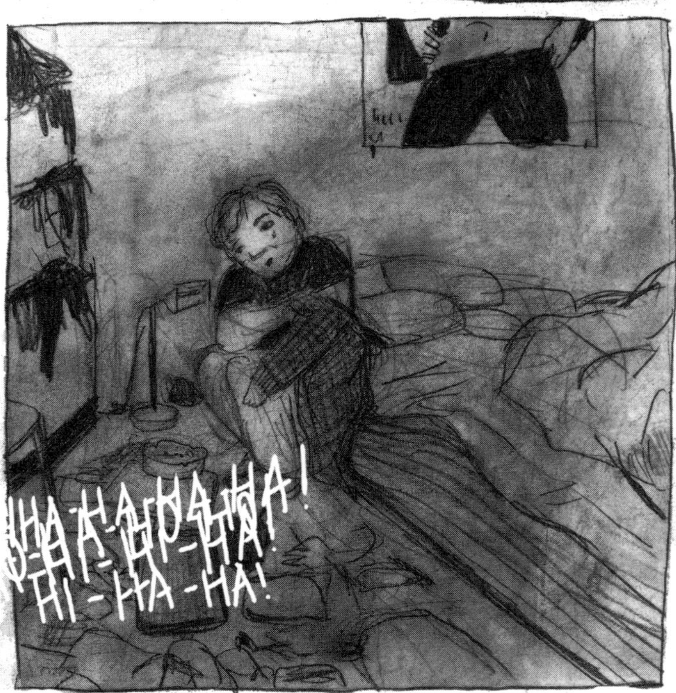
HI - HA - HA!

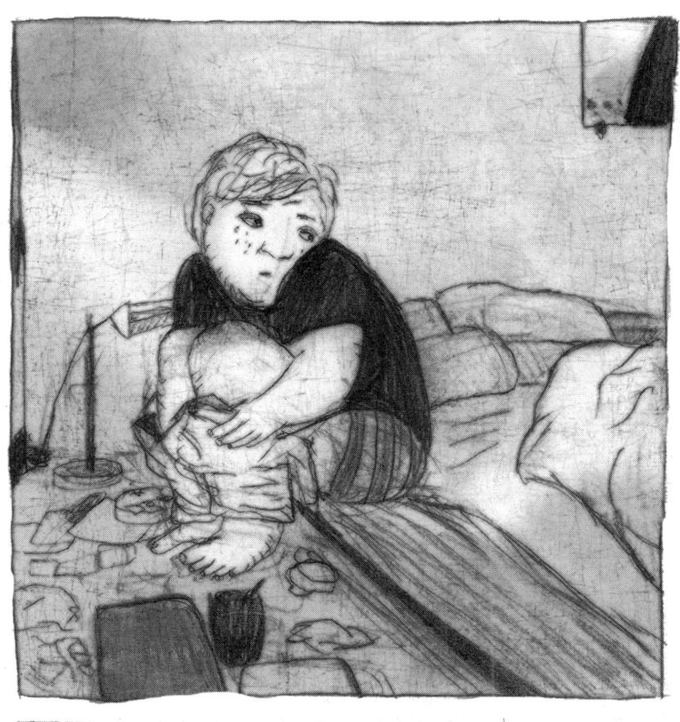

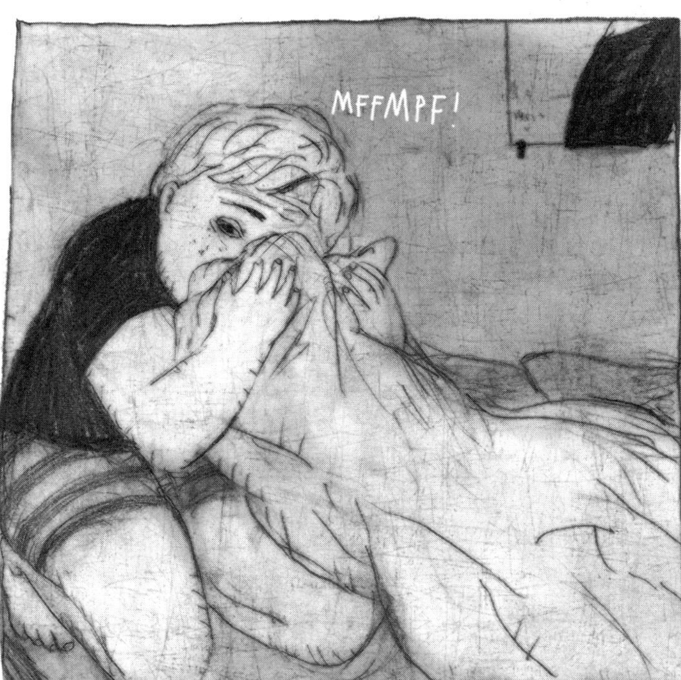
MFFMPF!

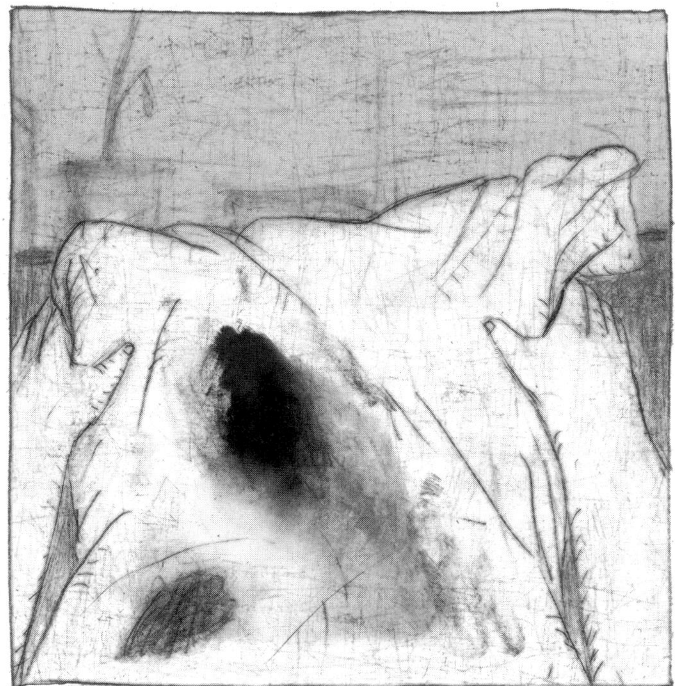

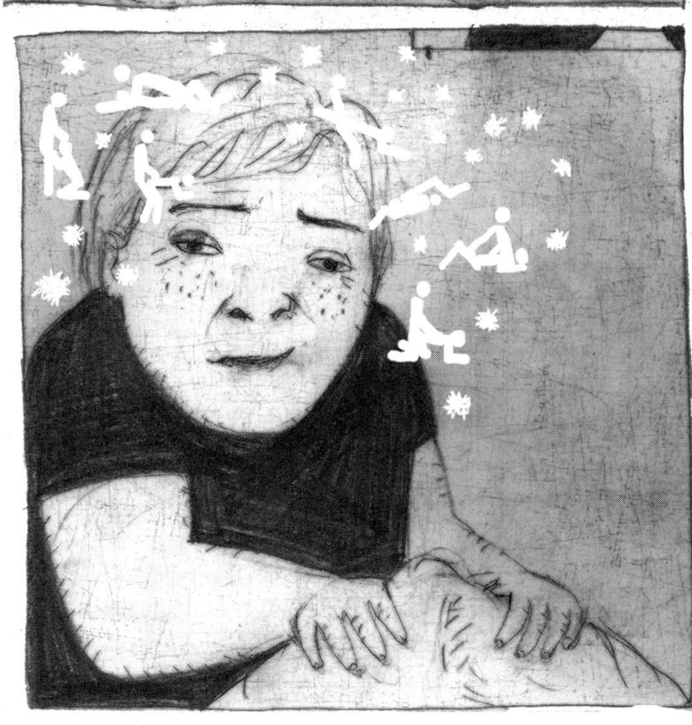

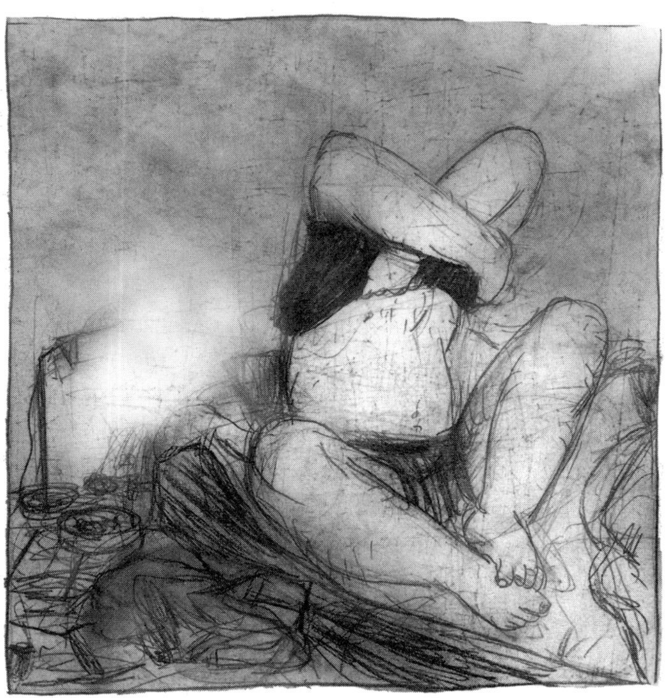
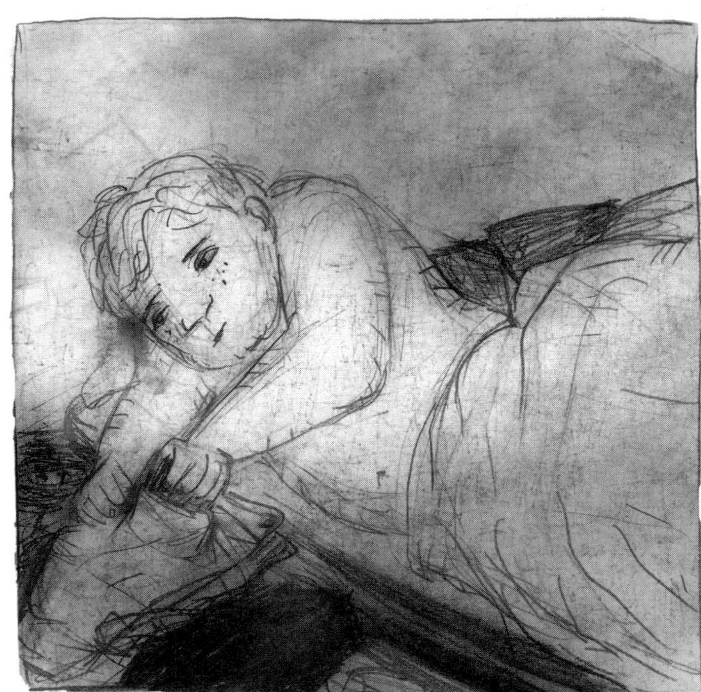
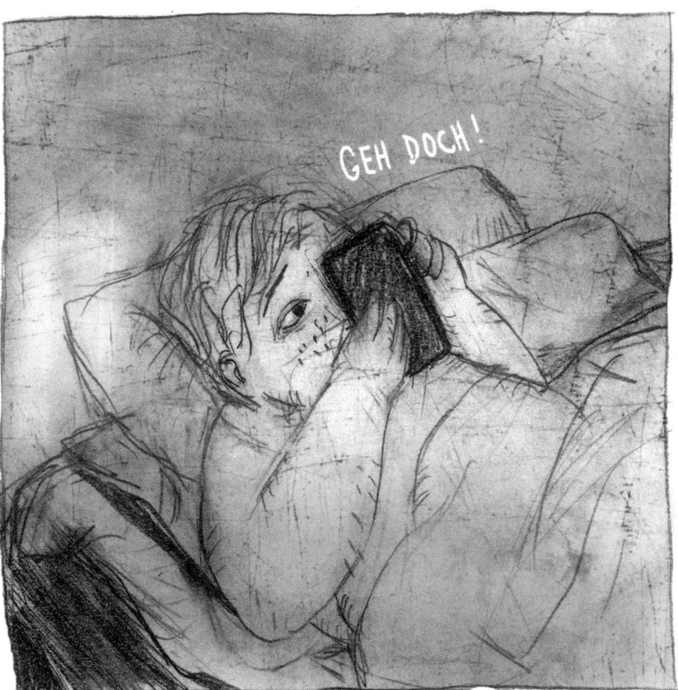
GEH DOCH!
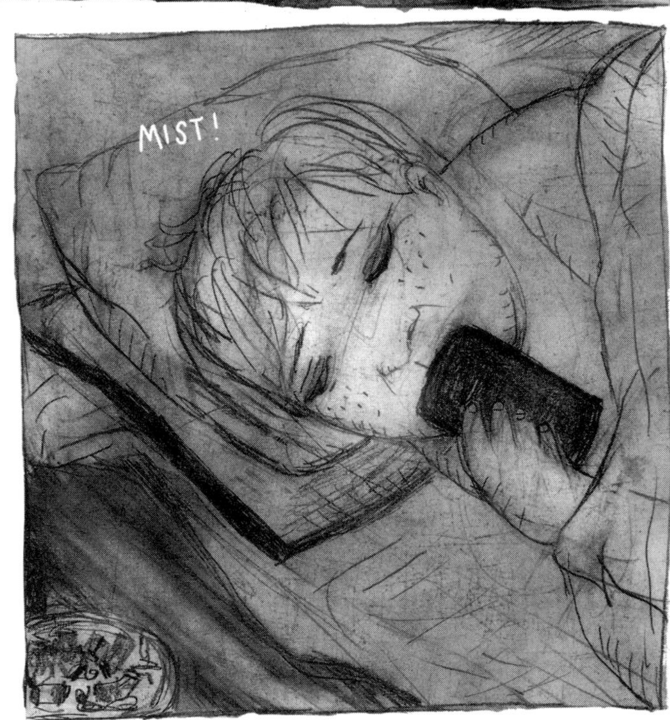
MIST!

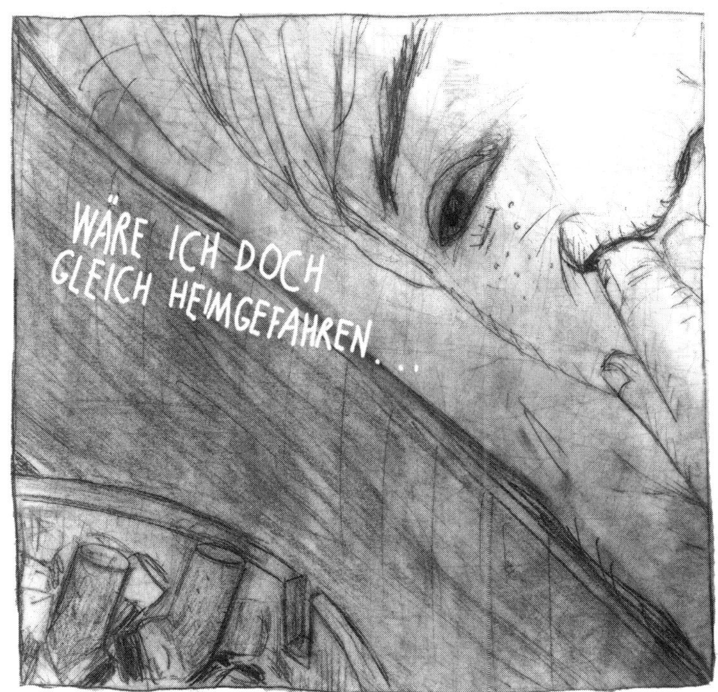
WÄRE ICH DOCH
GLEICH HEIMGEFAHREN...

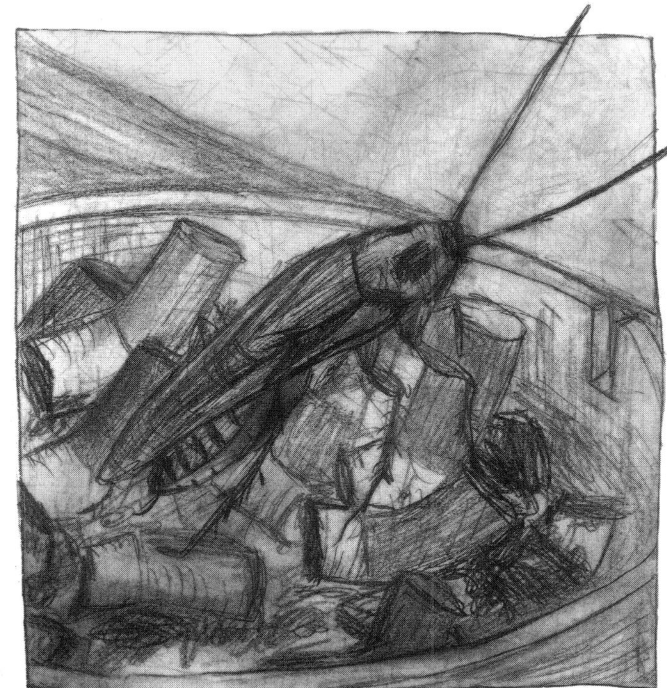

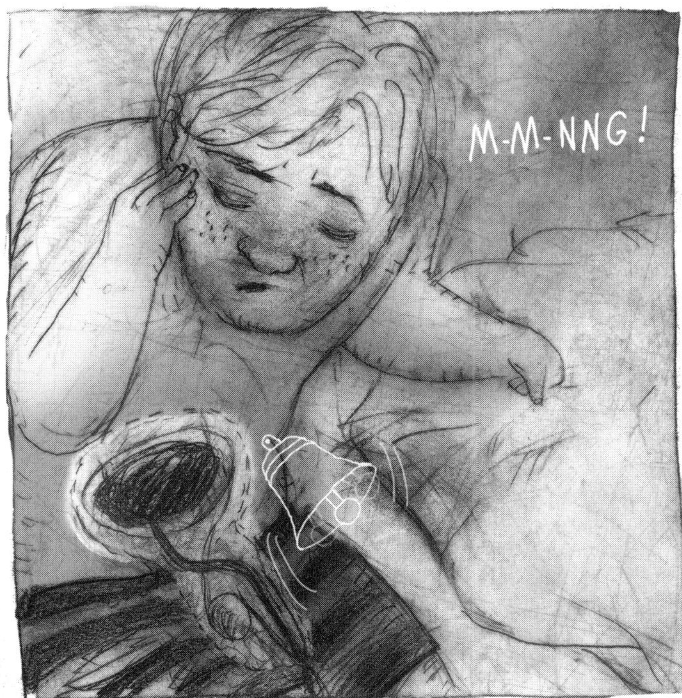
M-M-NNG!

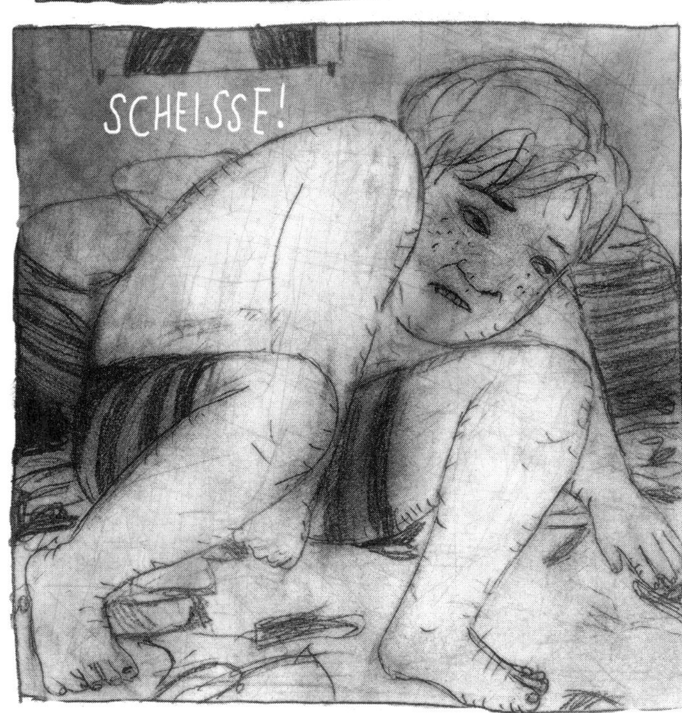
SCHEISSE!

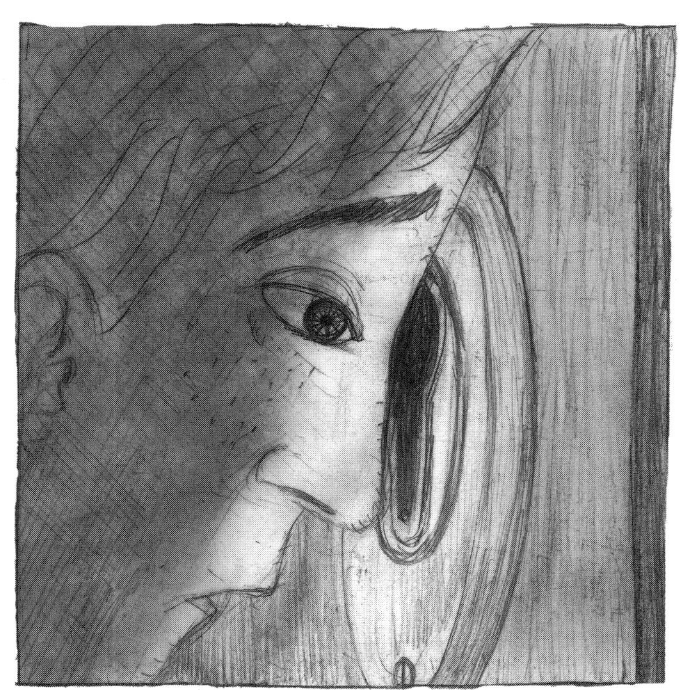

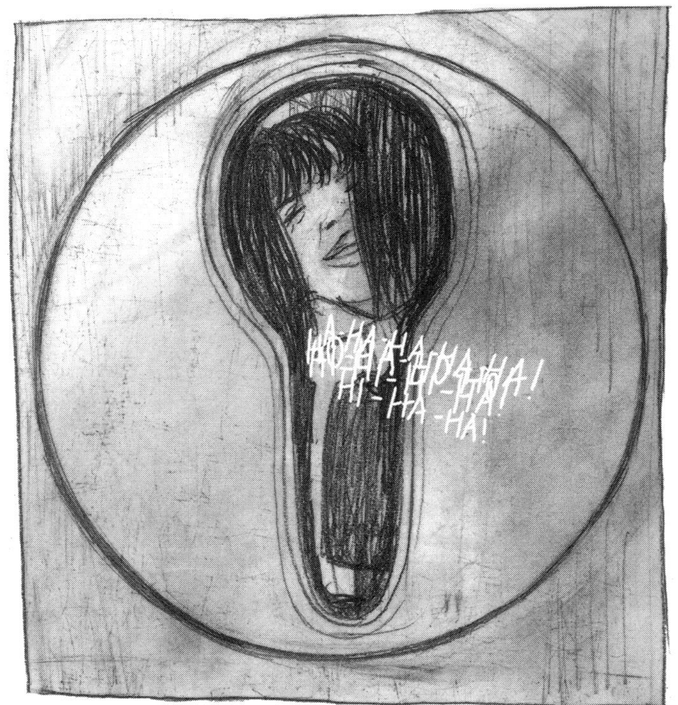

HI - HA - HA!

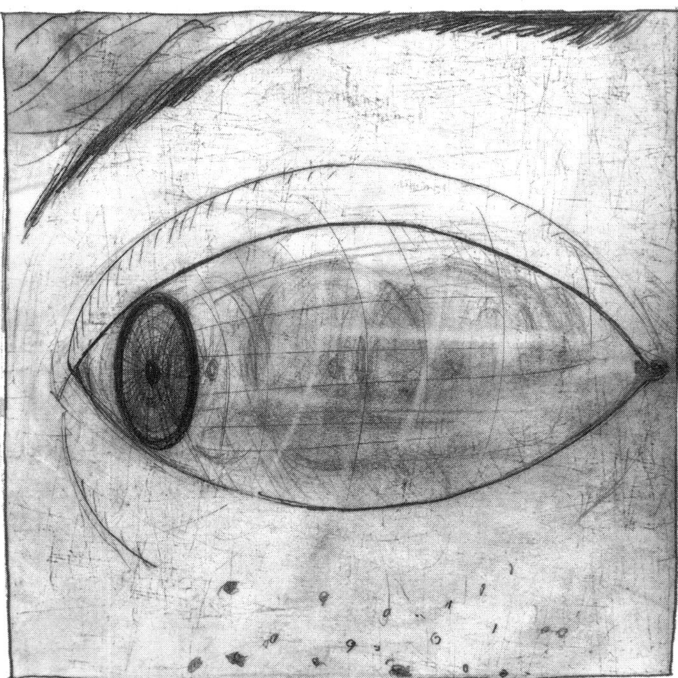

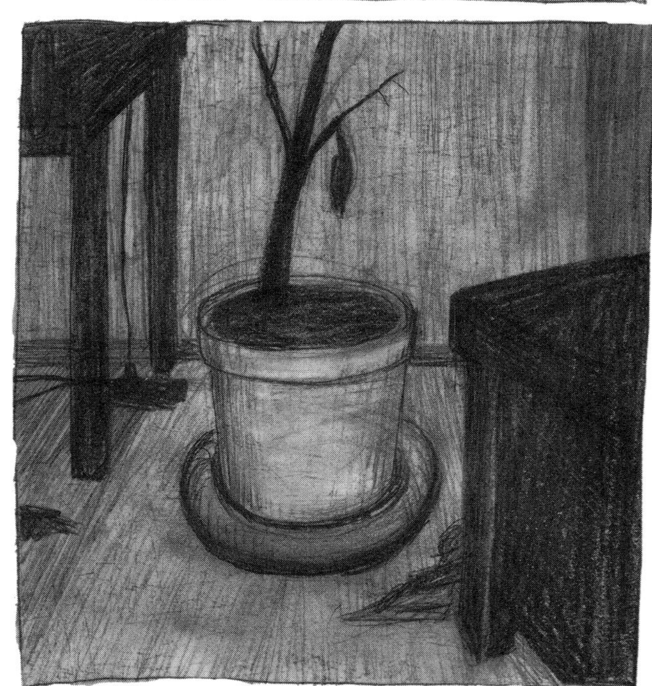

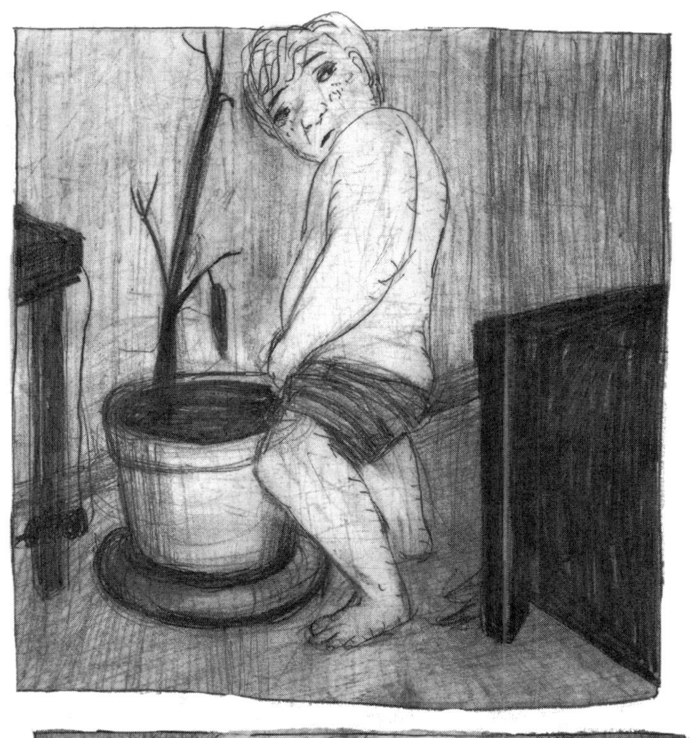

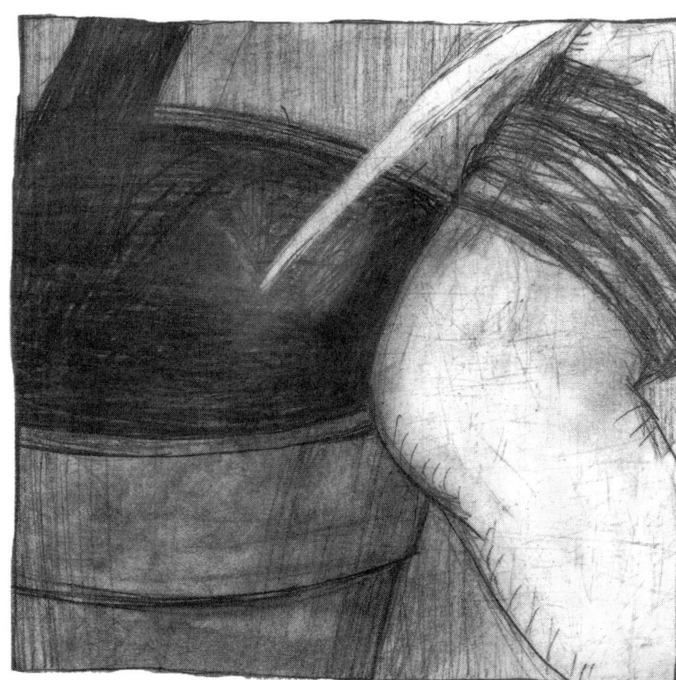

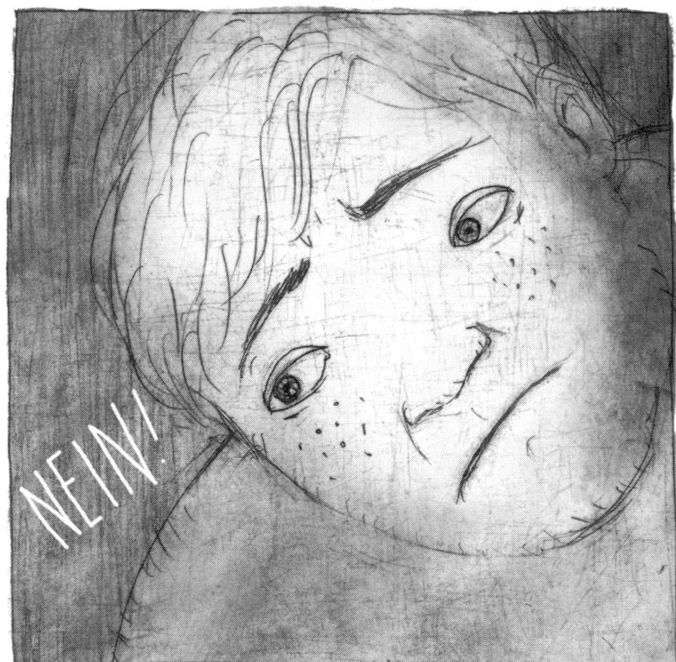
NEIN!

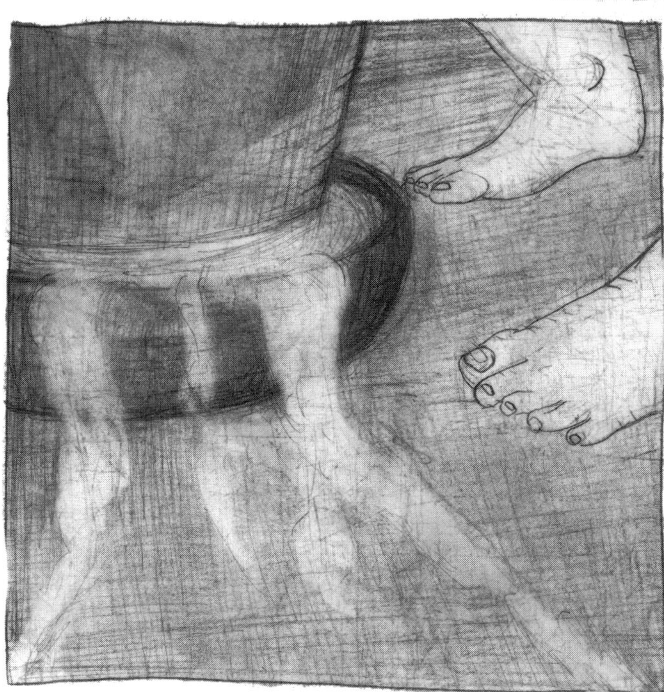

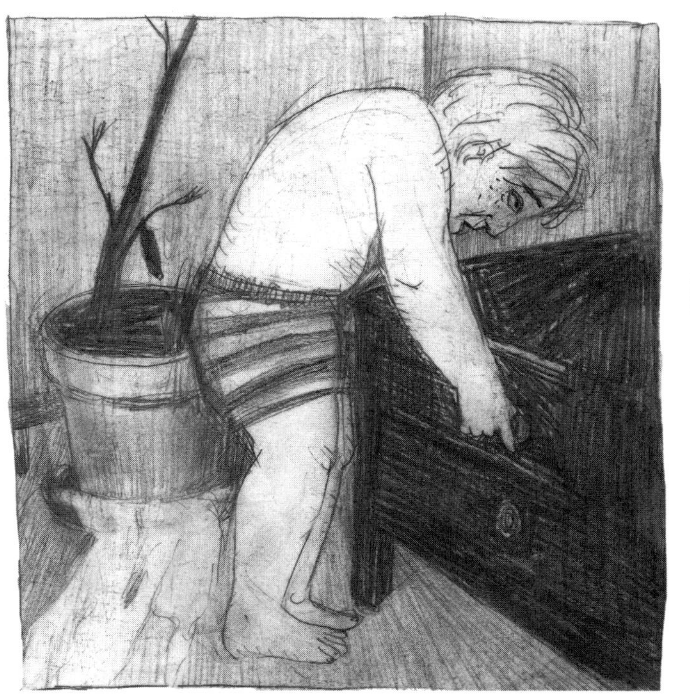

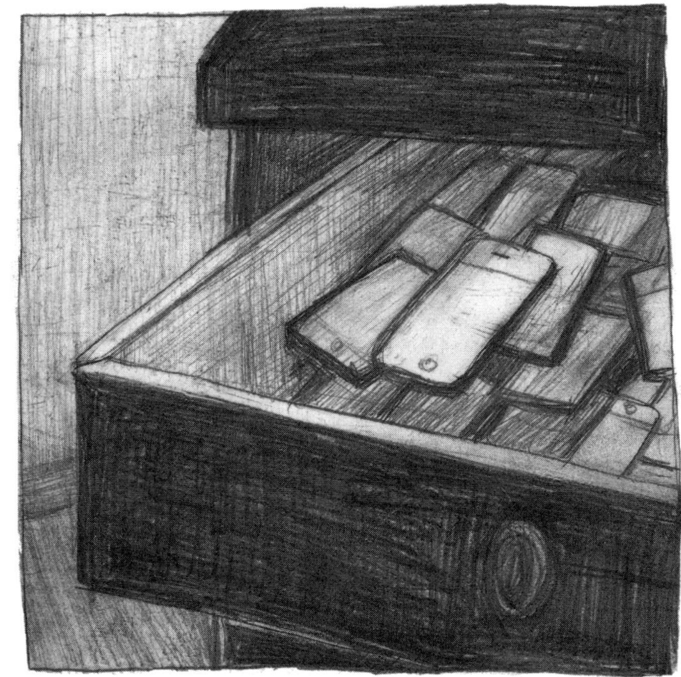

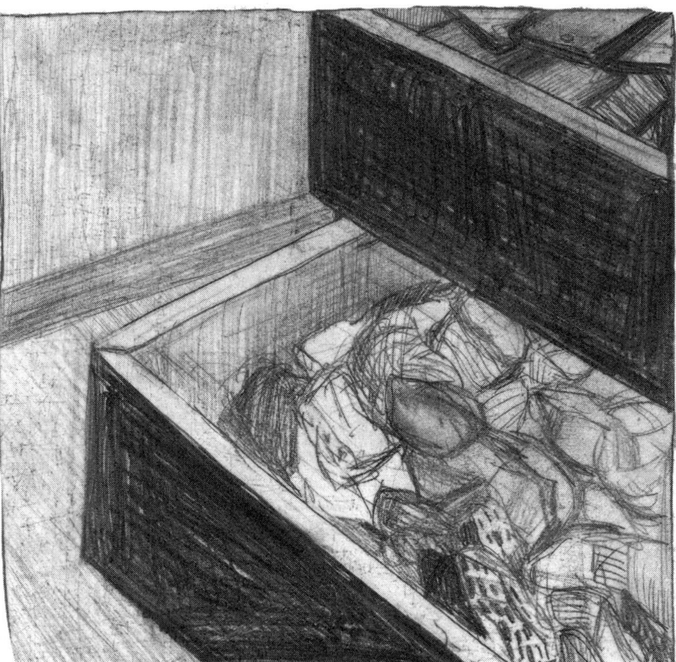

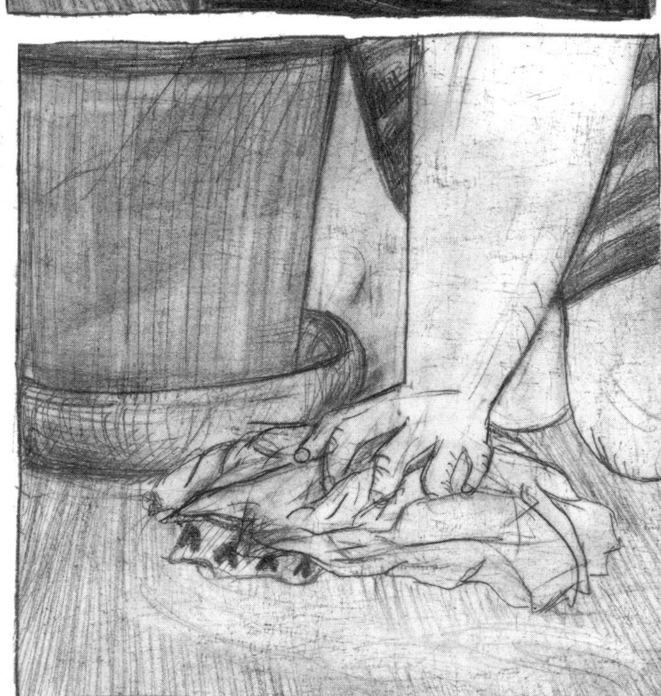

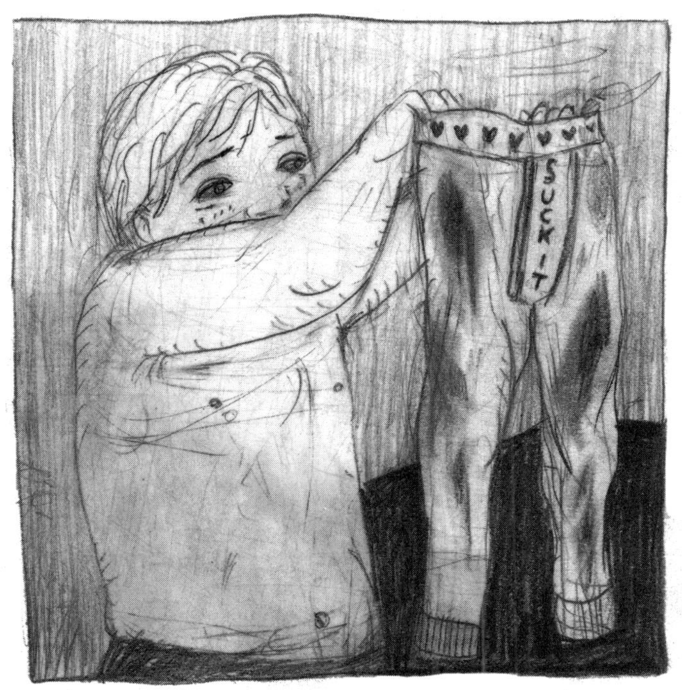
SUCK IT

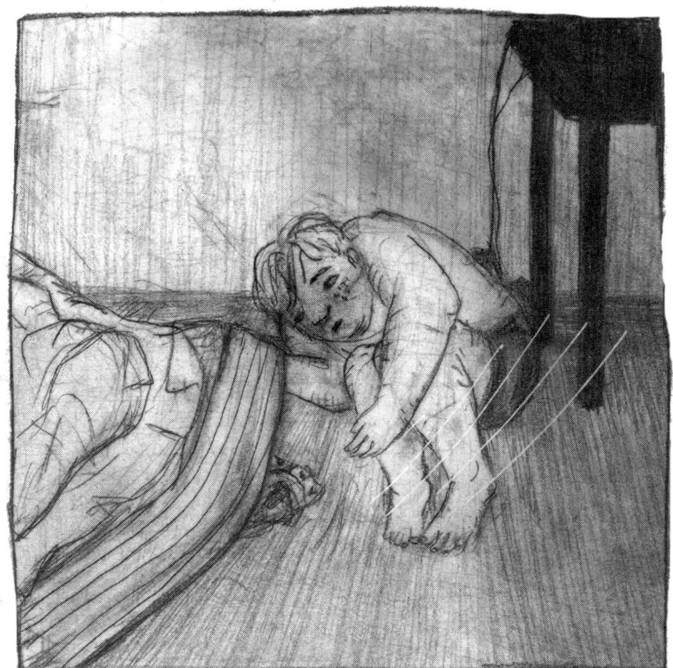

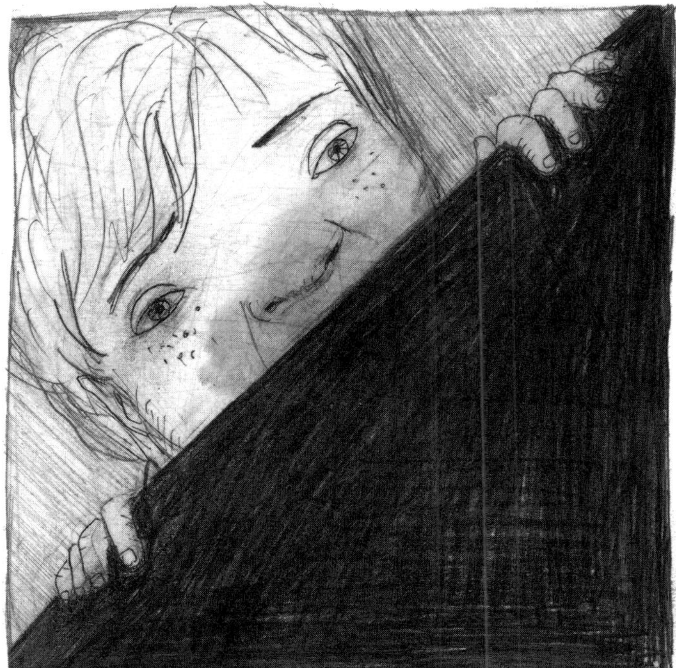

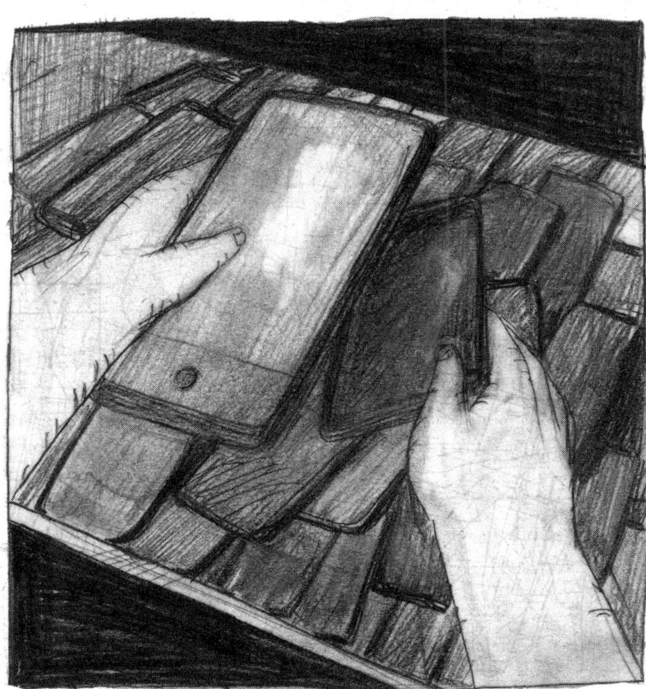

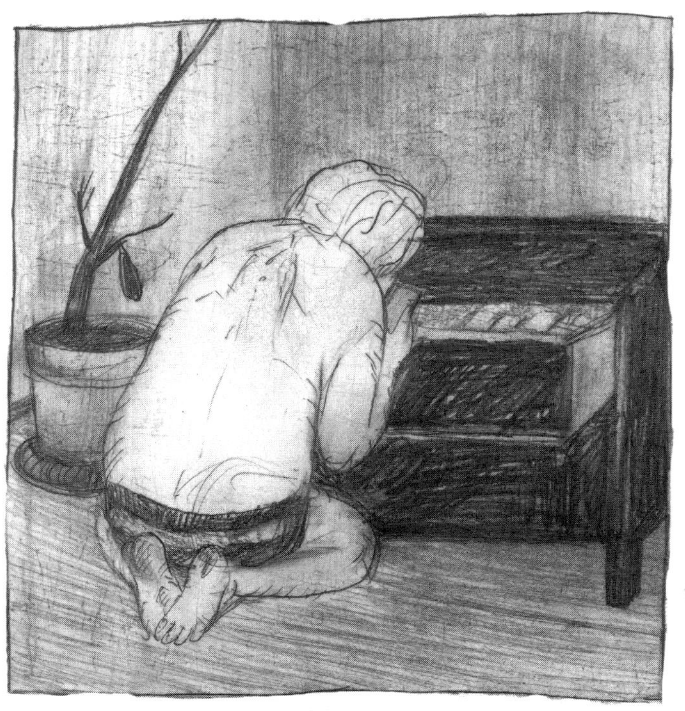

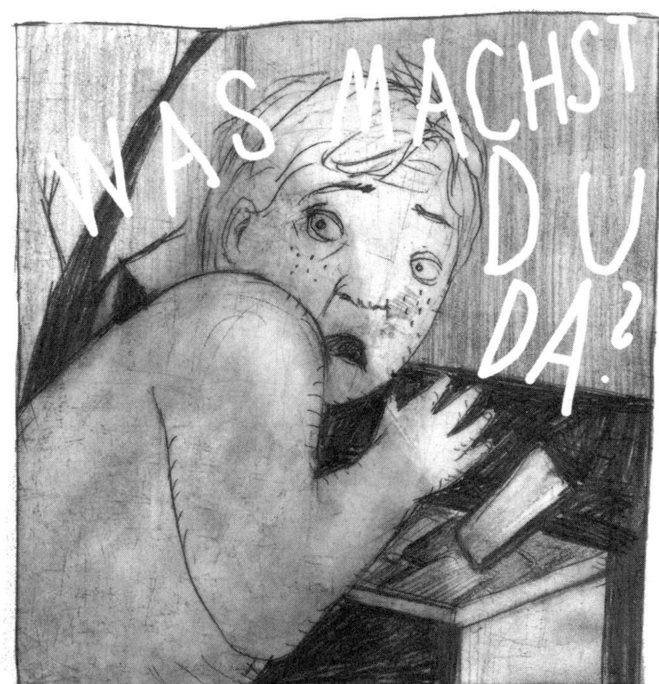
WAS MACHST
DU
DA?

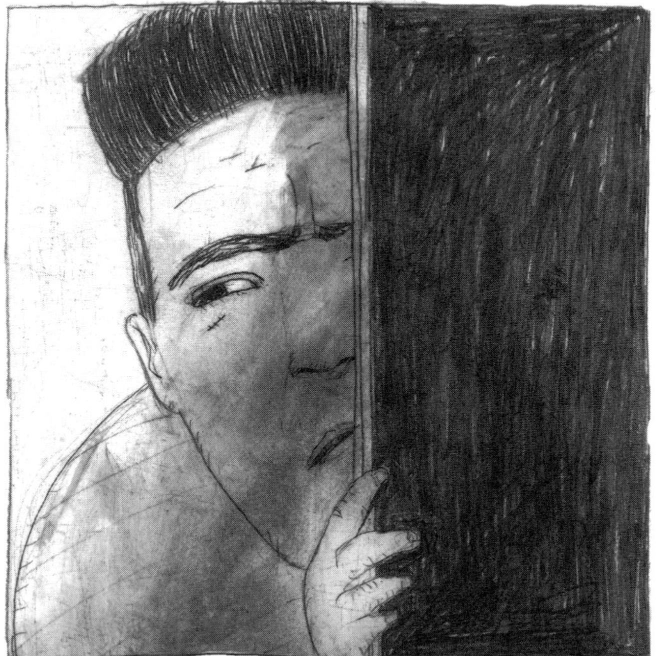

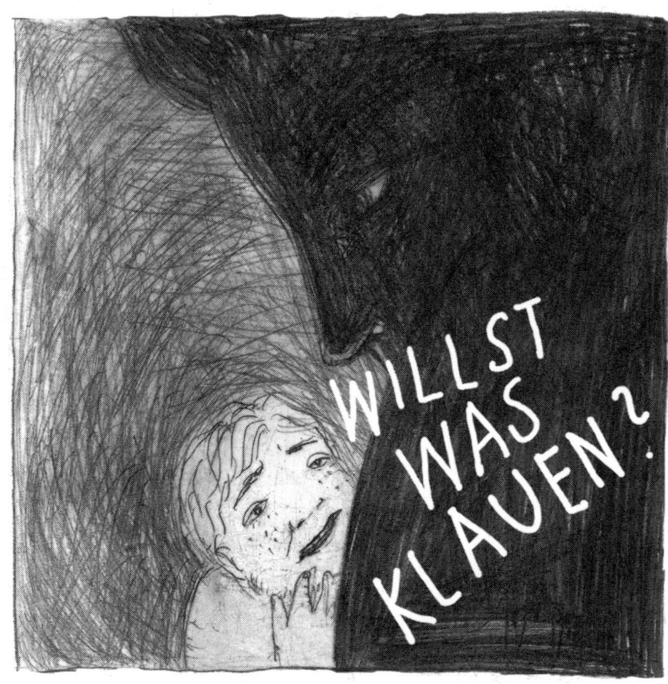
WILLST
WAS
KLAUEN?

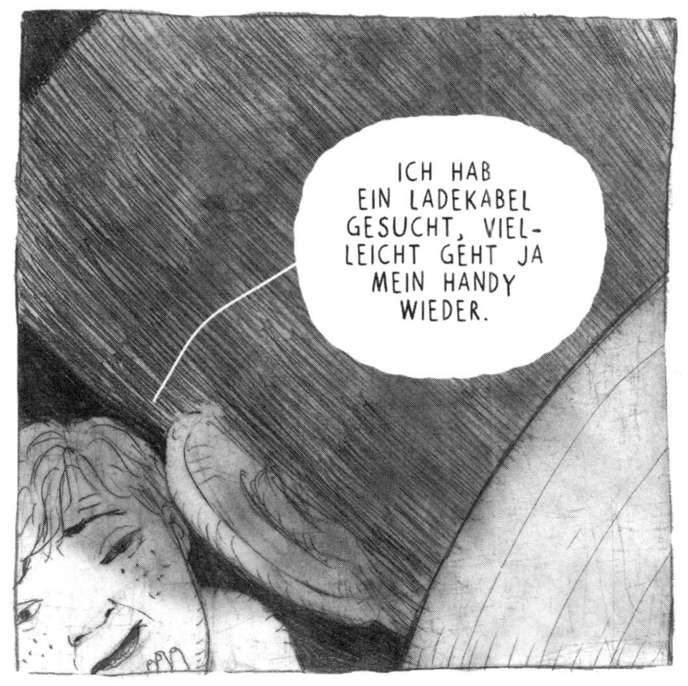
ICH HAB EIN LADEKABEL GESUCHT, VIEL-LEICHT GEHT JA MEIN HANDY WIEDER.

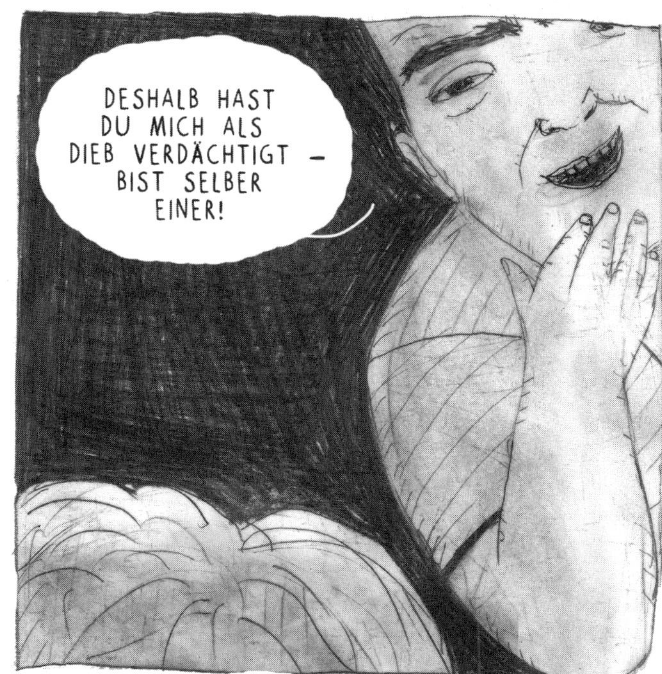
DESHALB HAST DU MICH ALS DIEB VERDÄCHTIGT – BIST SELBER EINER!

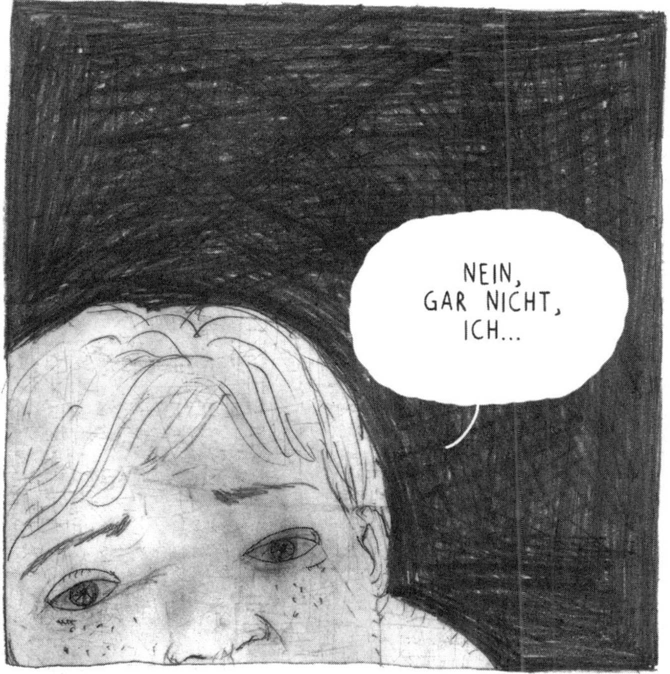
NEIN, GAR NICHT, ICH...

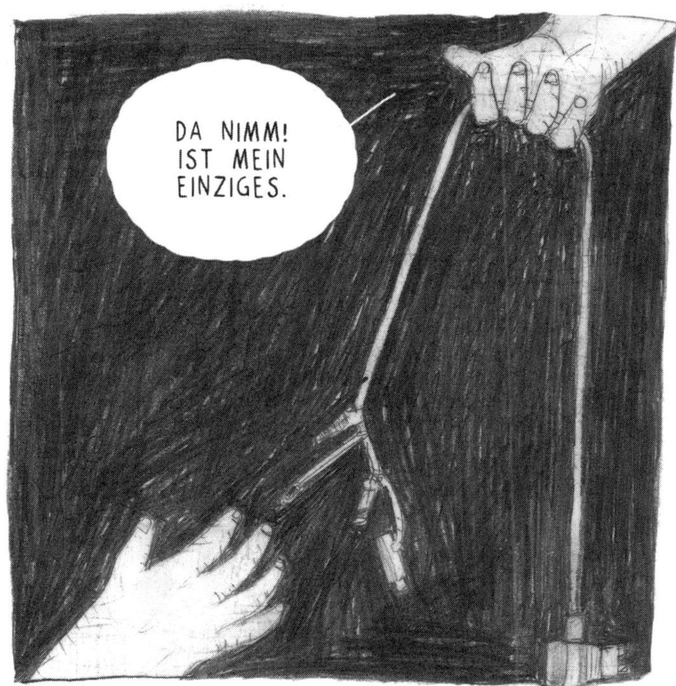
DA NIMM! IST MEIN EINZIGES.

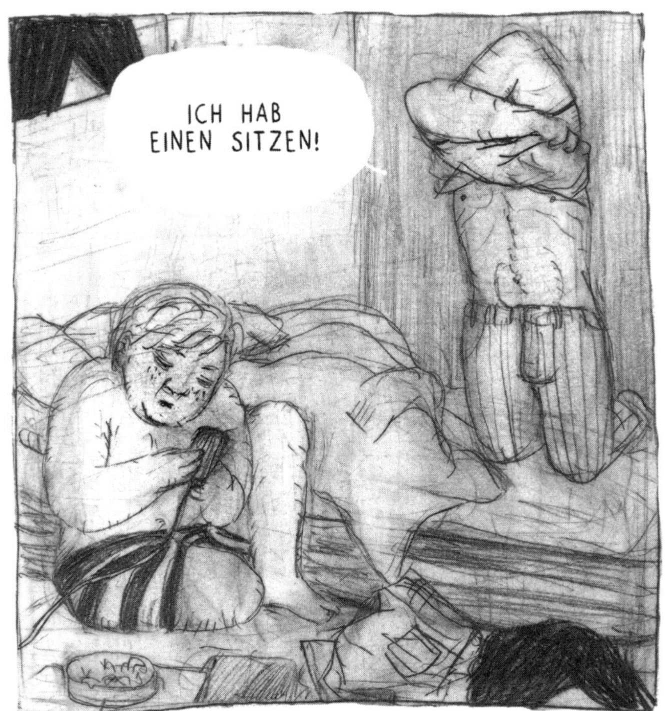
ICH HAB
EINEN SITZEN!

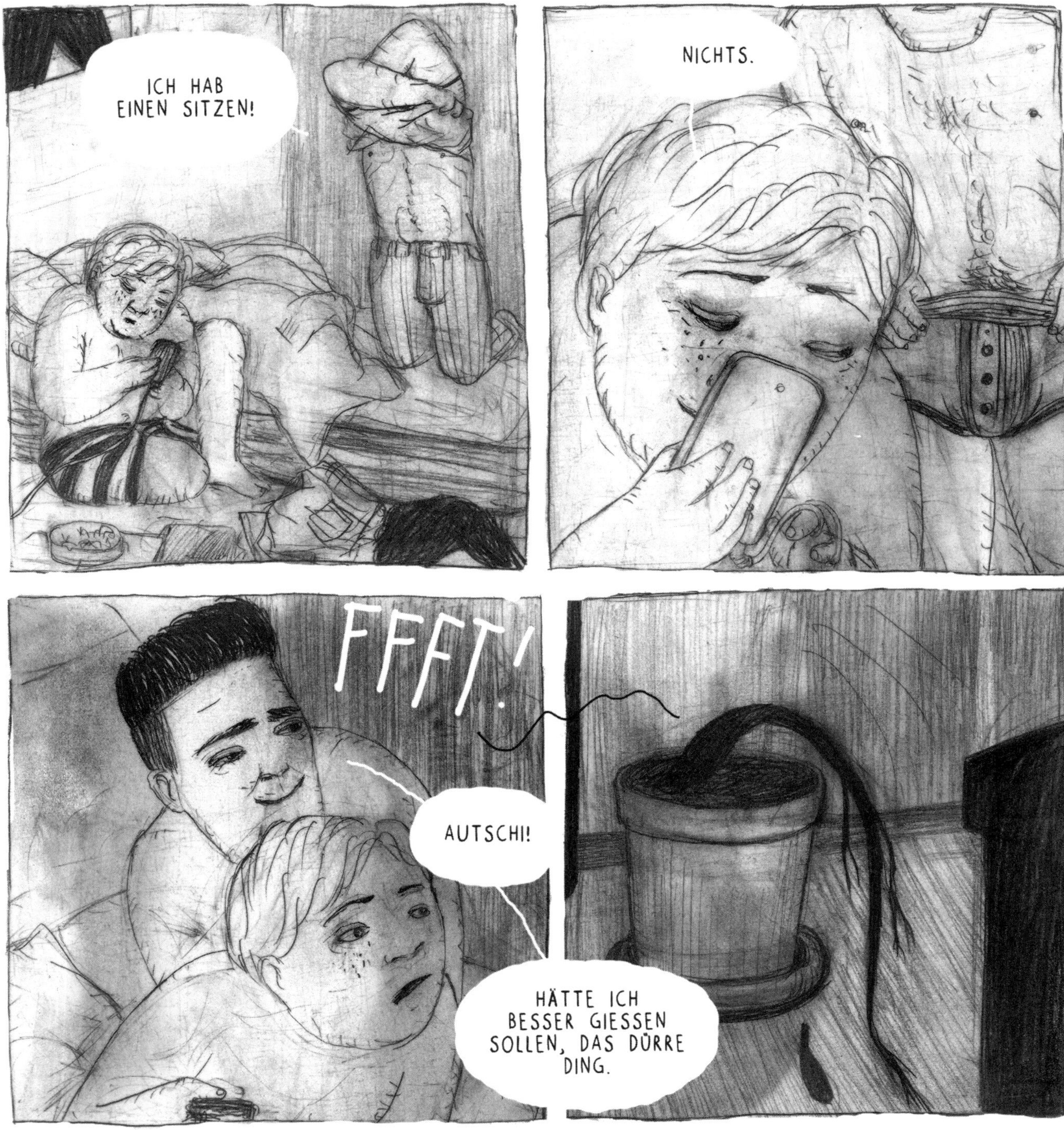

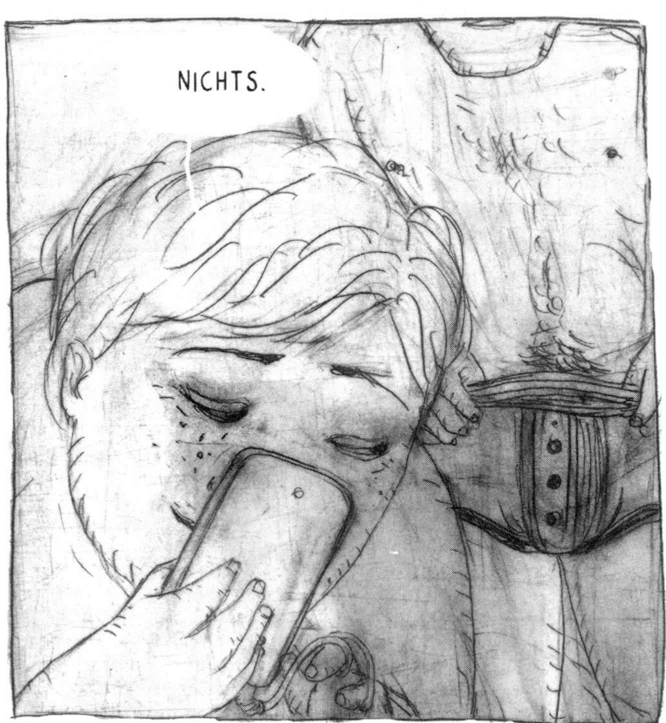
NICHTS.

FFFT!
AUTSCHI!
HÄTTE ICH BESSER GIESSEN SOLLEN, DAS DÜRRE DING.

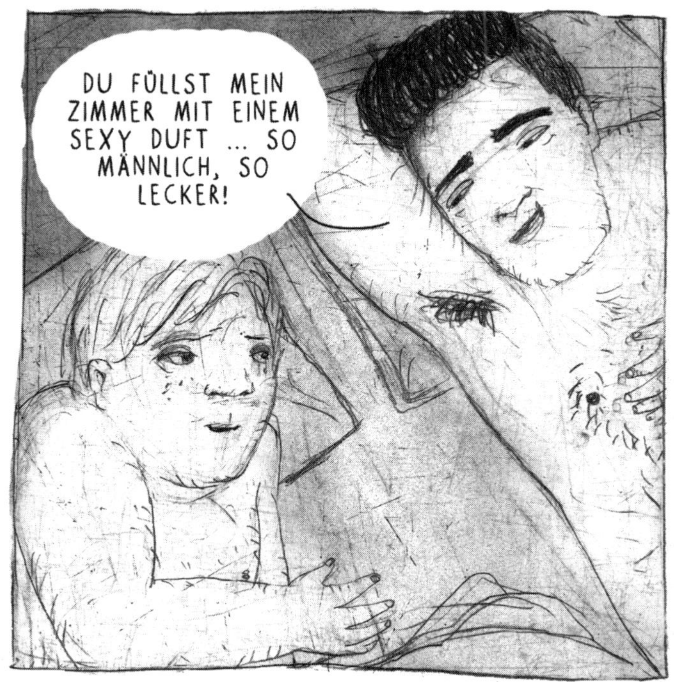
DU FÜLLST MEIN ZIMMER MIT EINEM SEXY DUFT ... SO MÄNNLICH, SO LECKER!

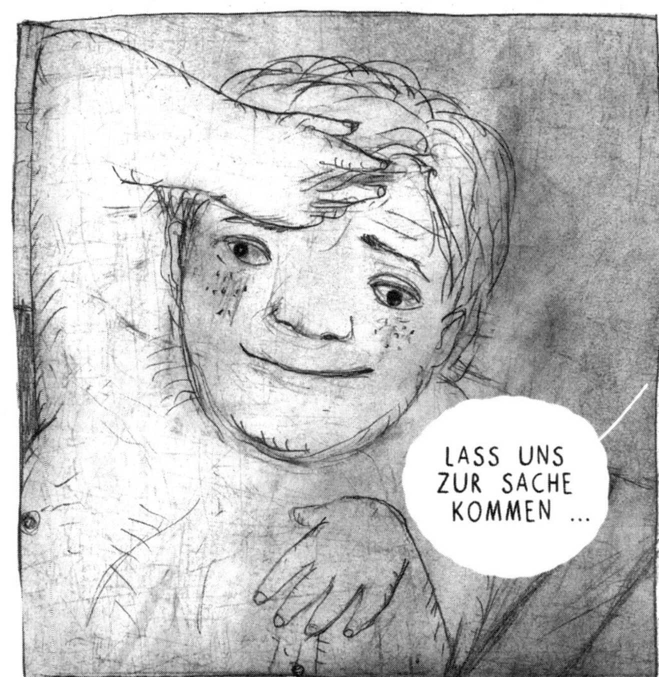
LASS UNS ZUR SACHE KOMMEN ...

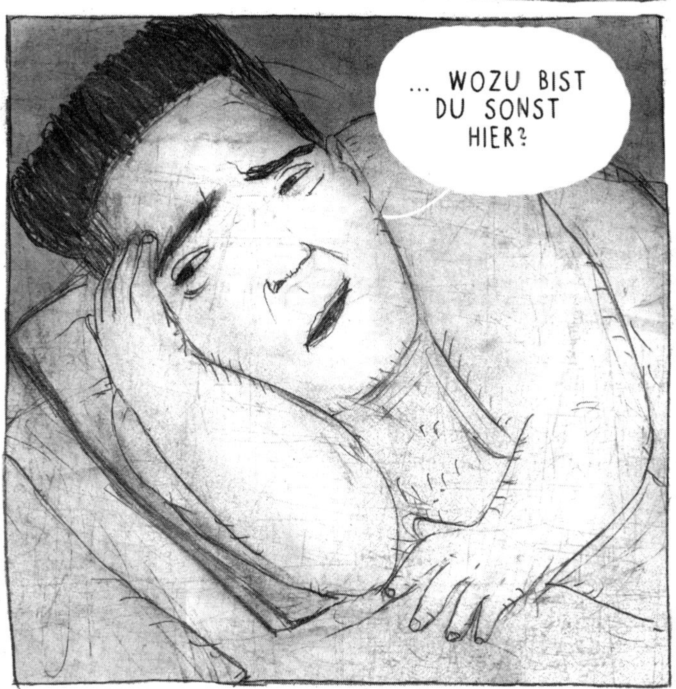
... WOZU BIST DU SONST HIER?

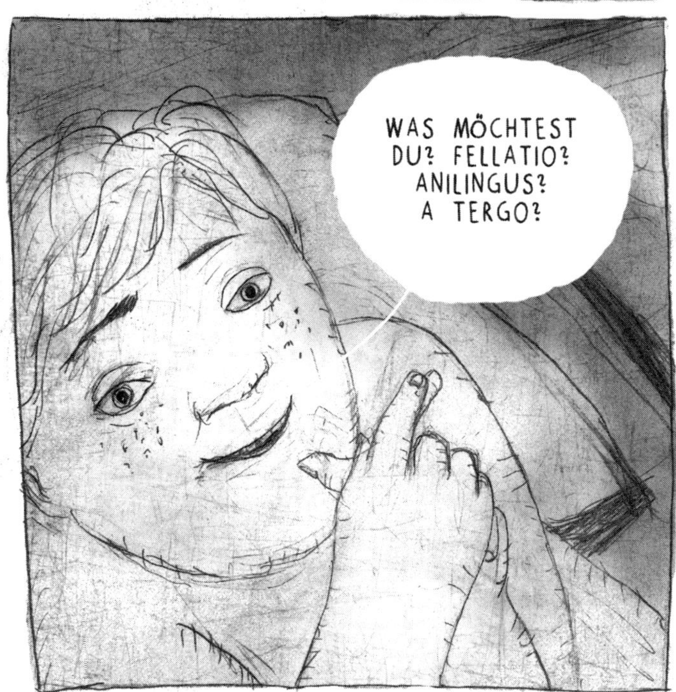
WAS MÖCHTEST DU? FELLATIO? ANILINGUS? A TERGO?

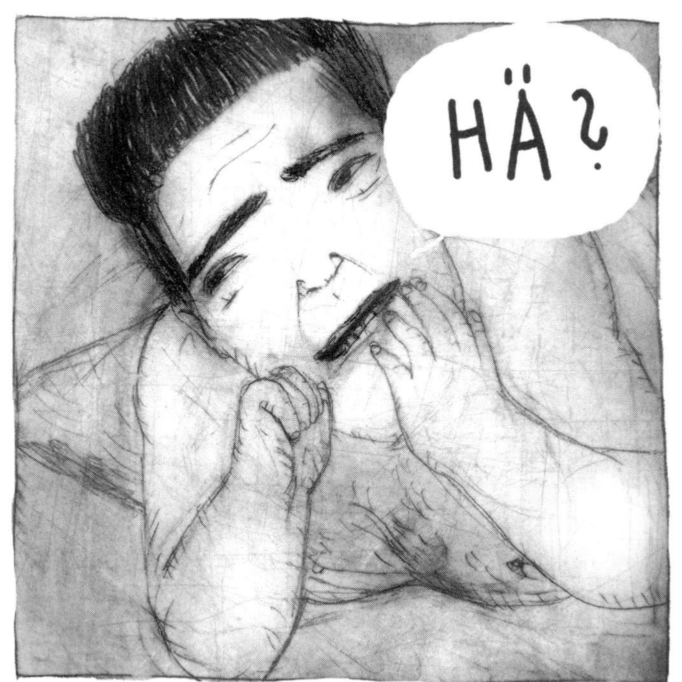
HÄ?

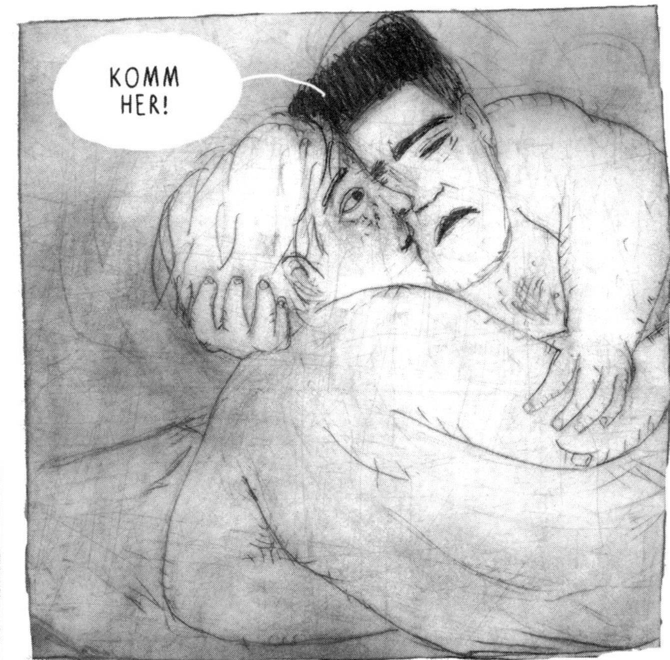
KOMM
HER!

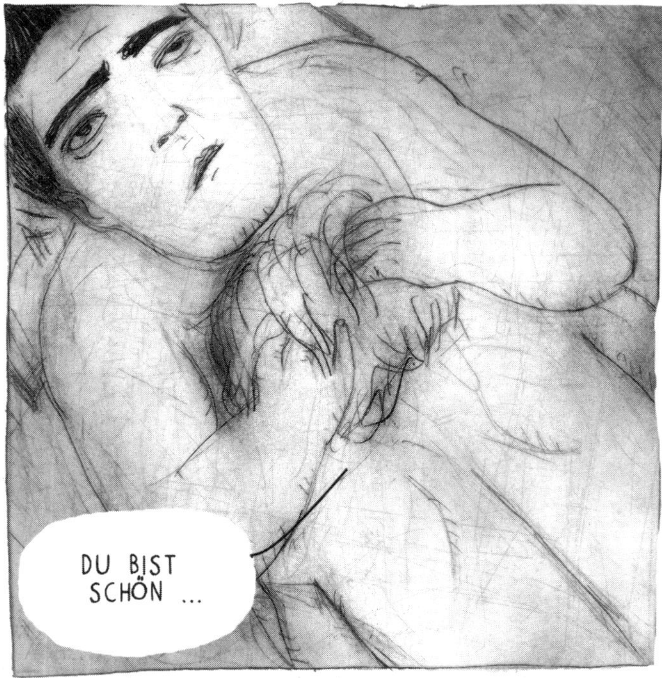
DU BIST
SCHÖN ...

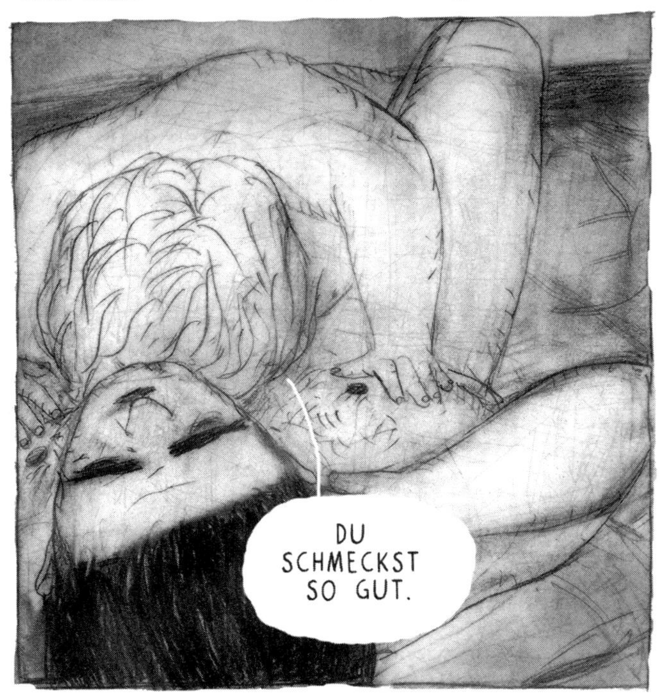
DU
SCHMECKST
SO GUT.

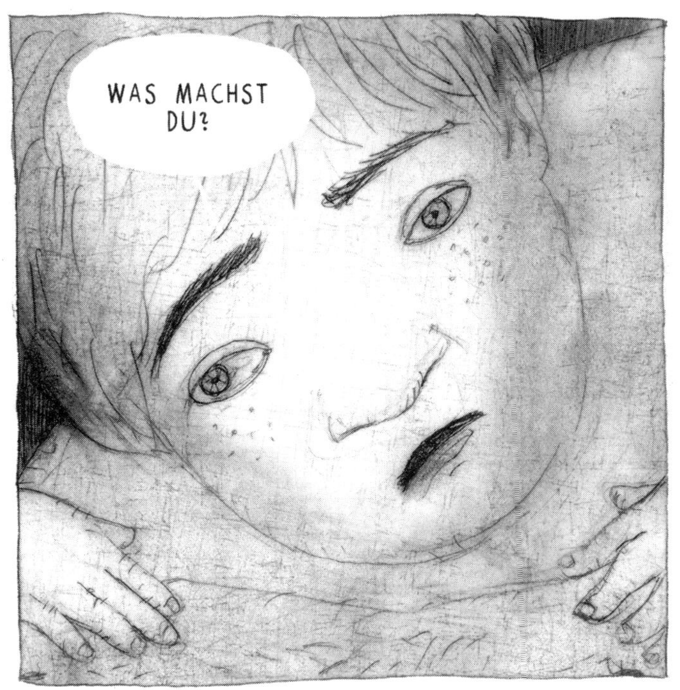
WAS MACHST
DU?

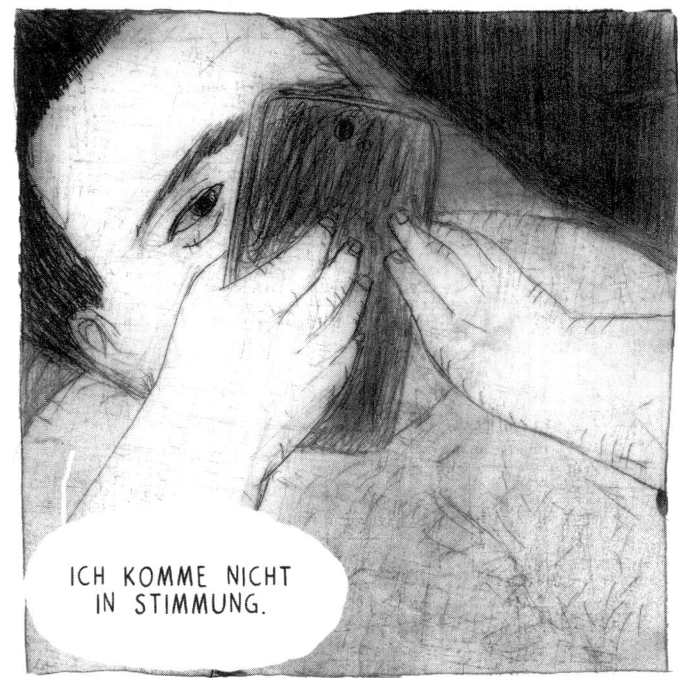
ICH KOMME NICHT
IN STIMMUNG.

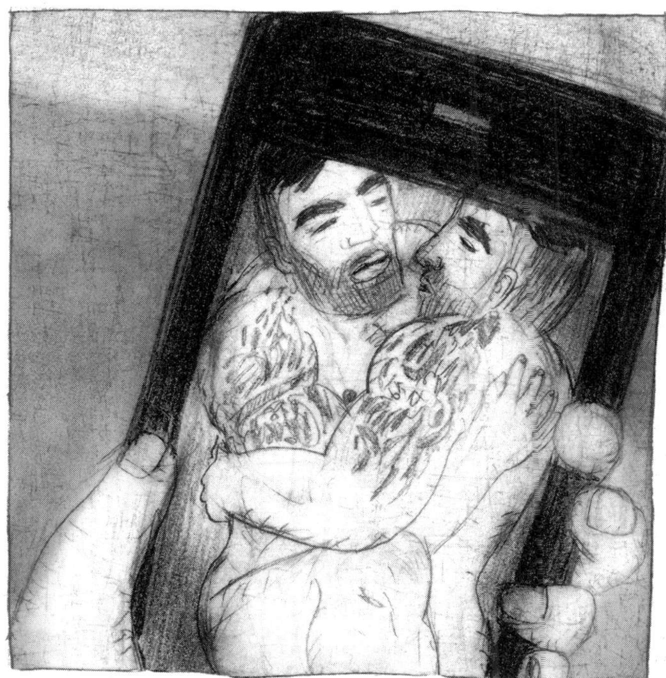

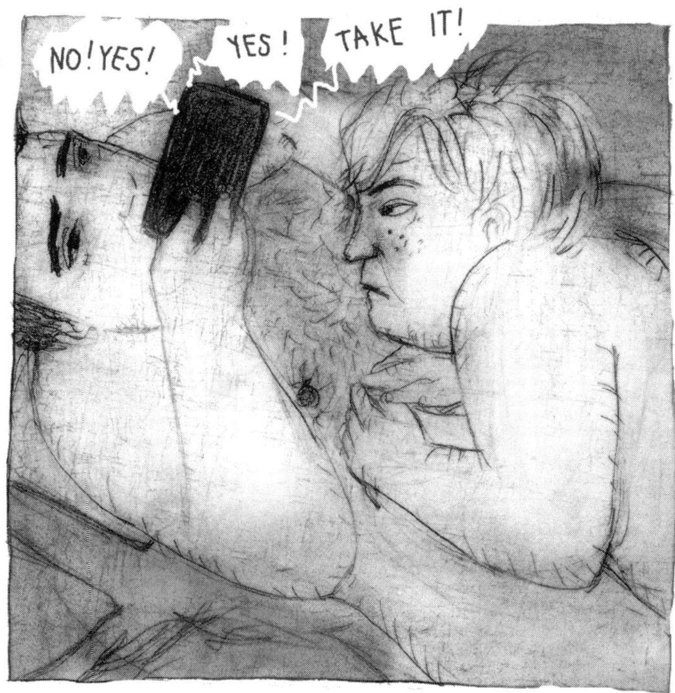
NO! YES!
YES!
TAKE IT!

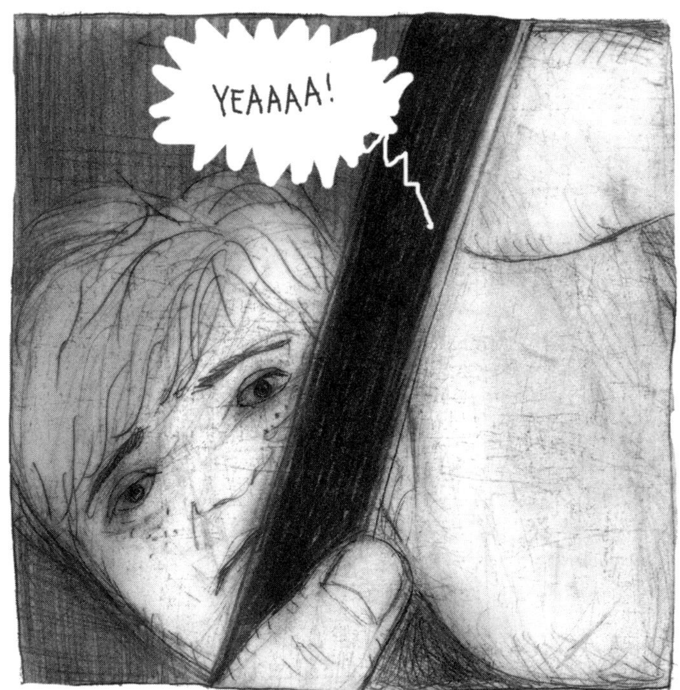
YEAAAA!

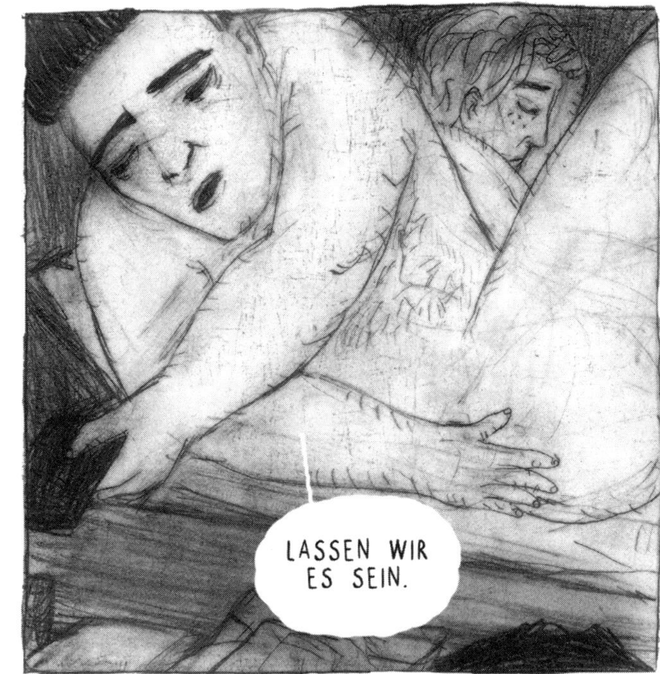
LASSEN WIR ES SEIN.

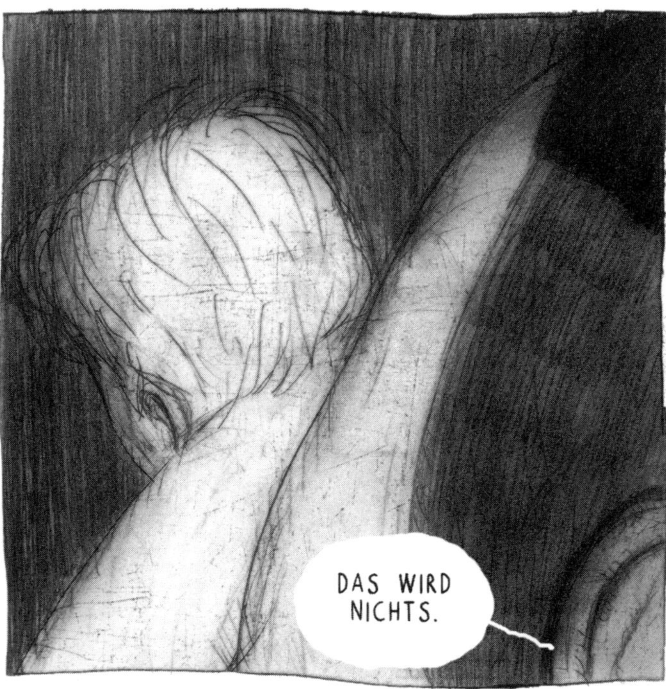
DAS WIRD NICHTS.

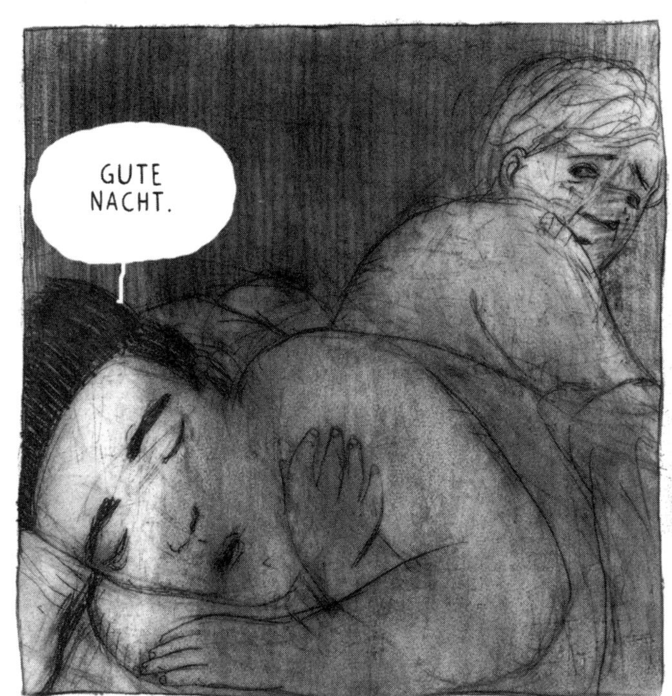
GUTE NACHT.

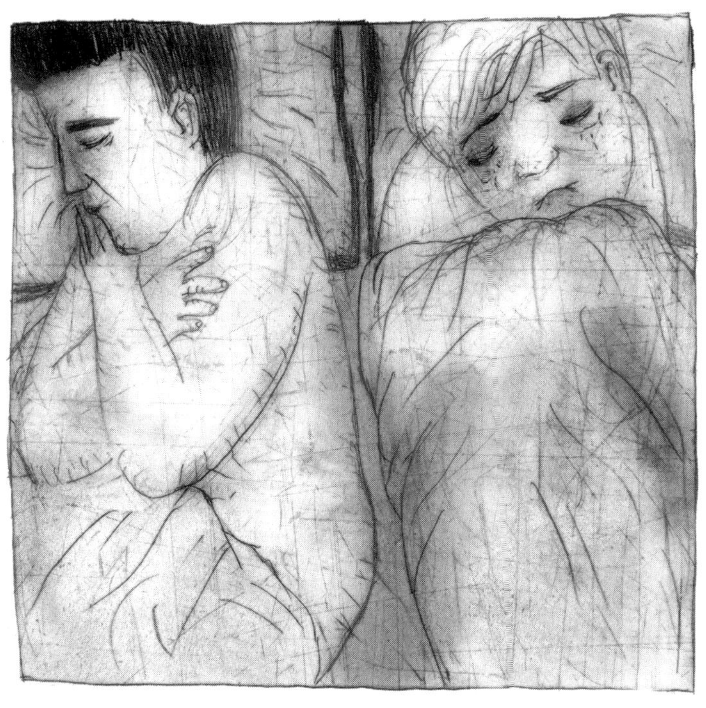

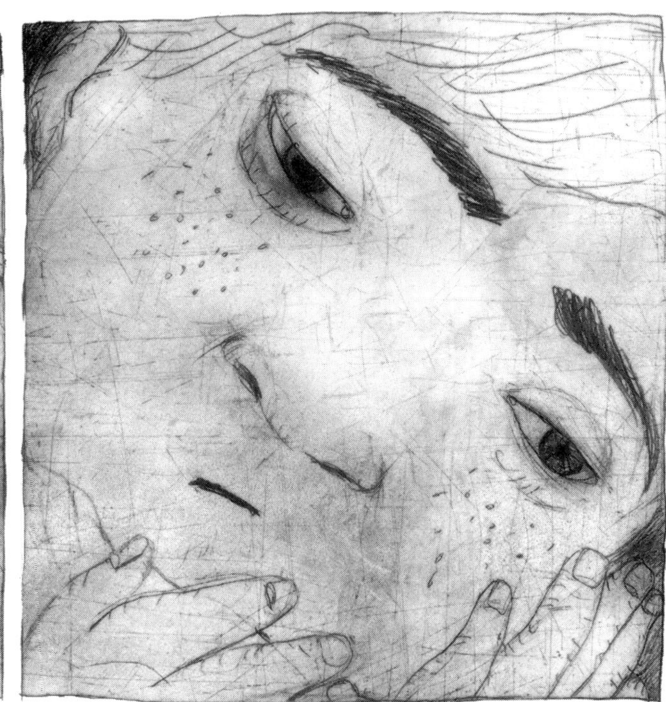

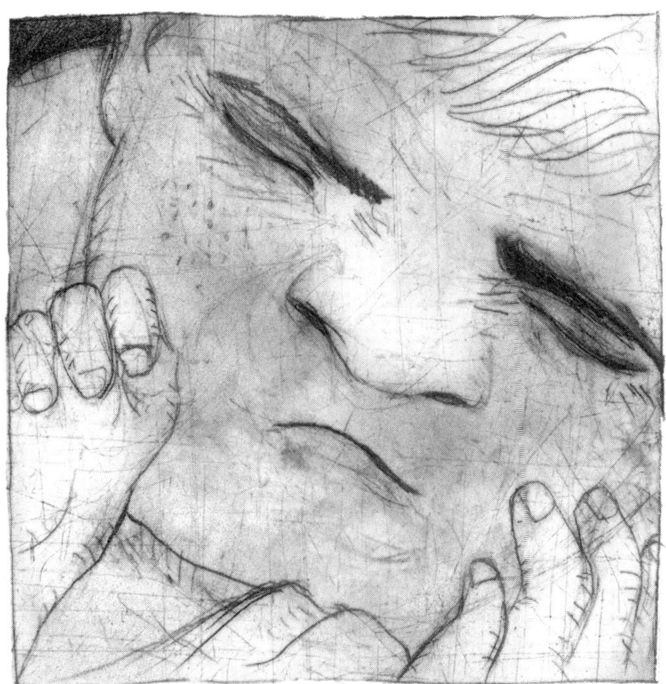

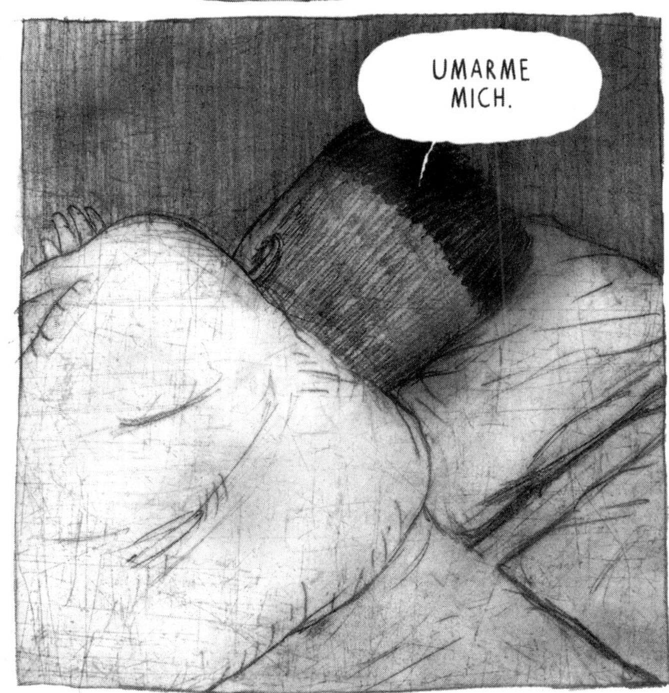
UMARME MICH.

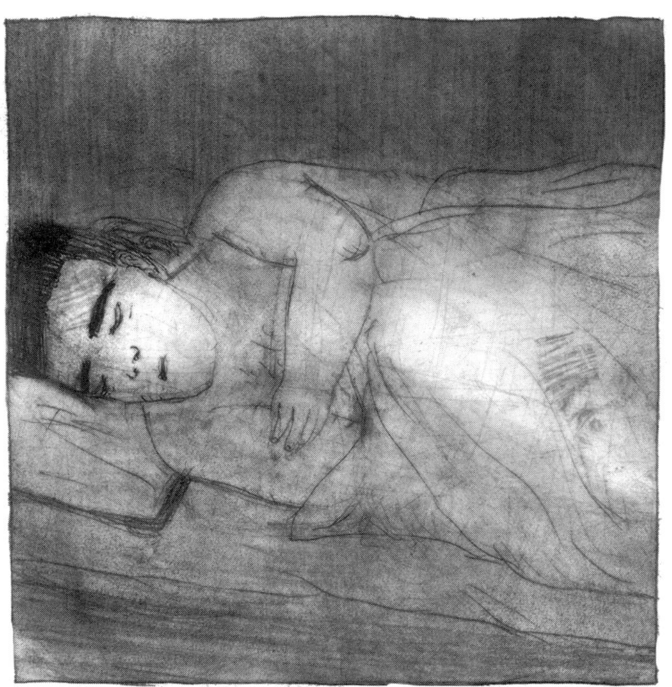

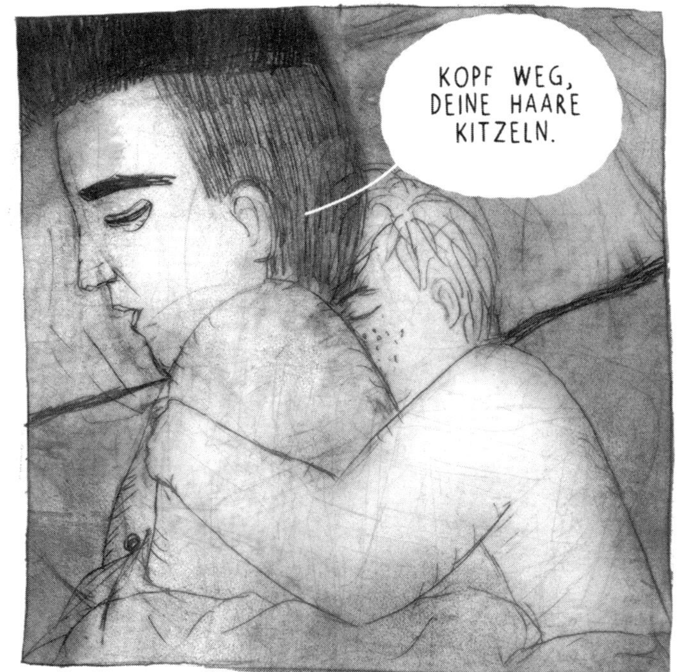
KOPF WEG, DEINE HAARE KITZELN.

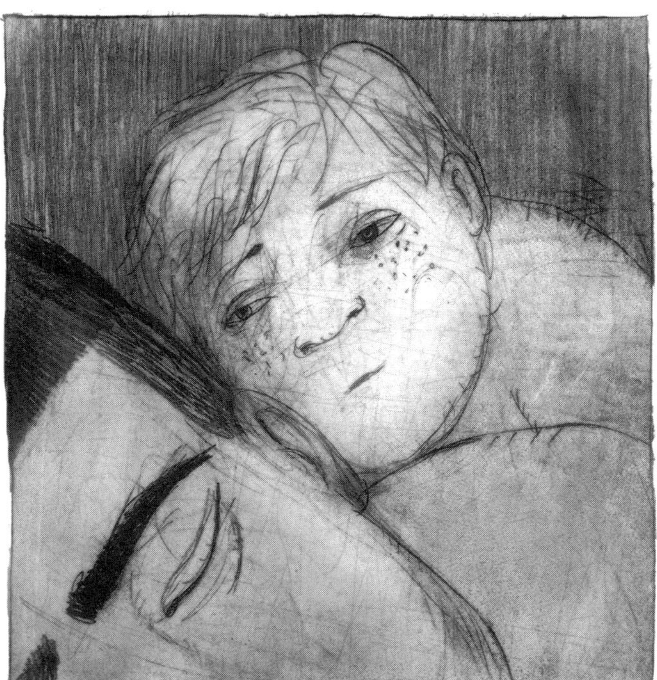

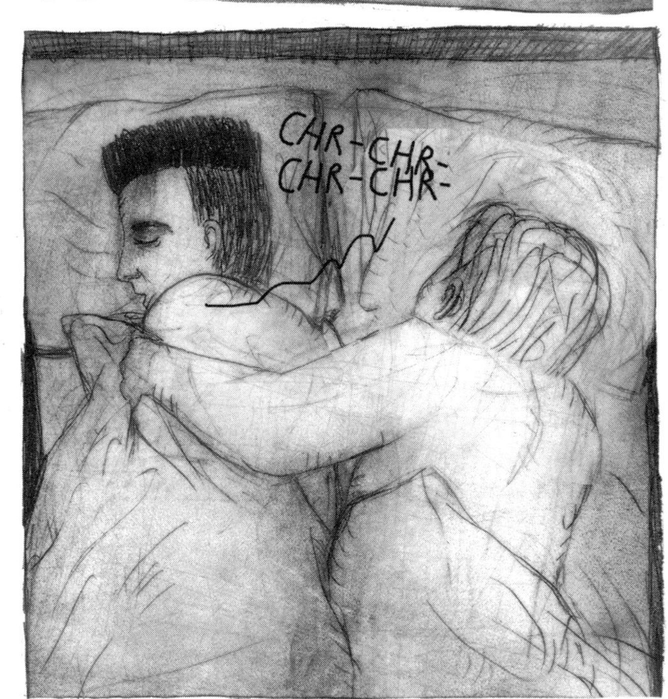
CHR-CHR-
CHR-CHR-

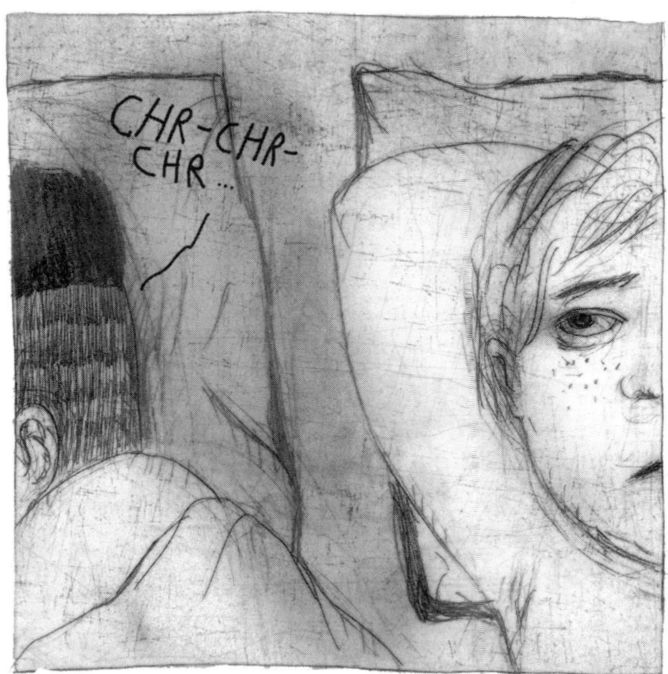
CHR-CHR-
CHR...

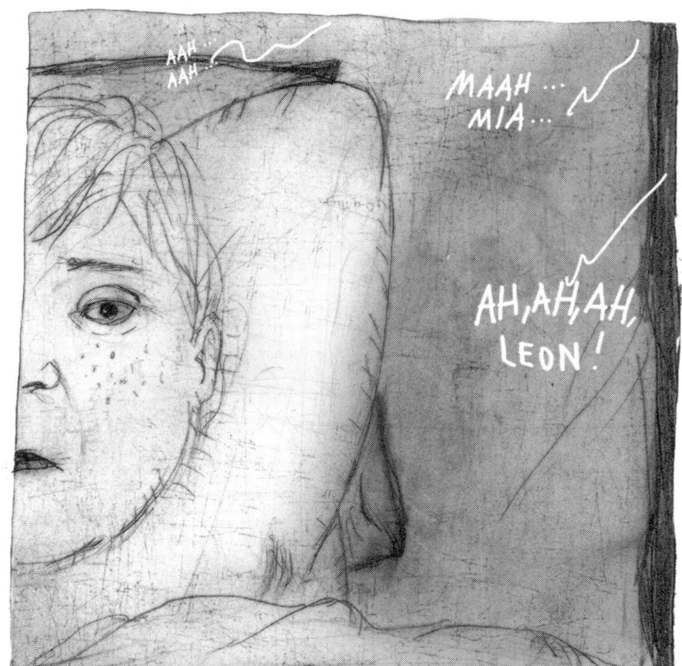
AAH...
AAH...
MAAH...
MIA...
AH, AH, AH,
LEON!

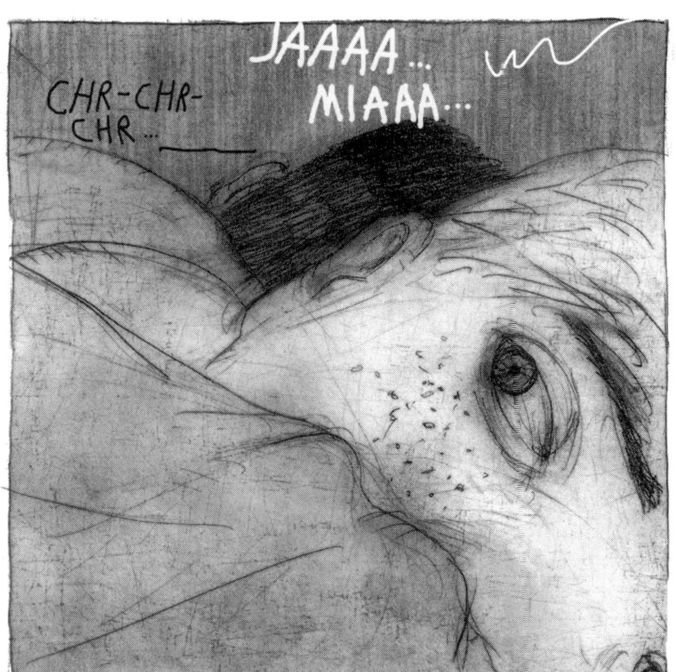
JAAAA...
MIAAA...
CHR-CHR-
CHR...

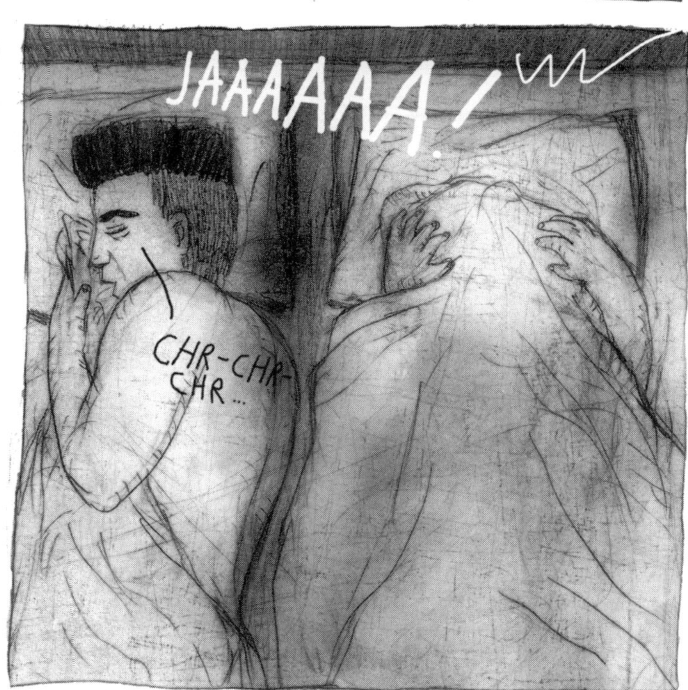
JAAAAAA!
CHR-CHR-
CHR...

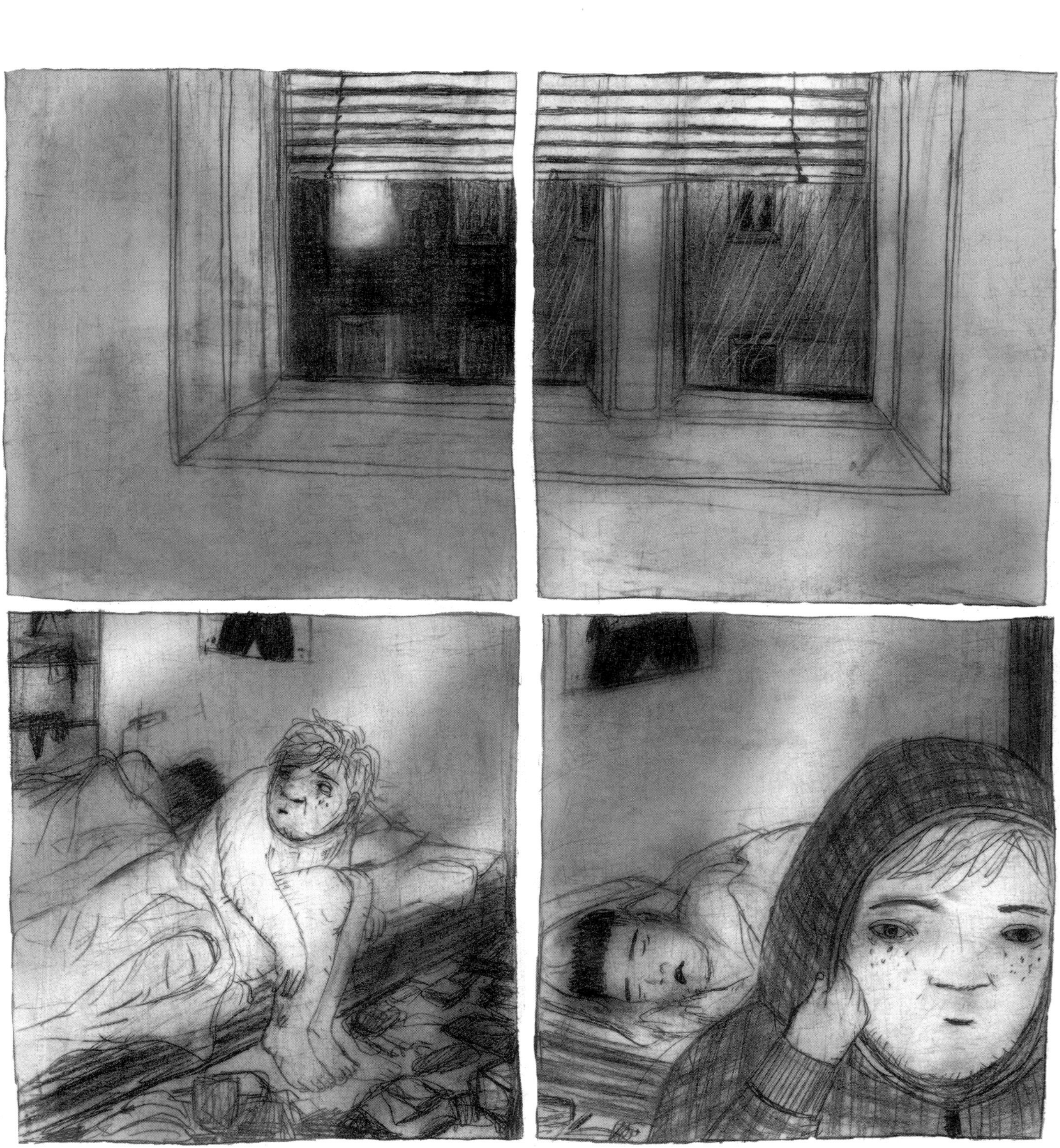

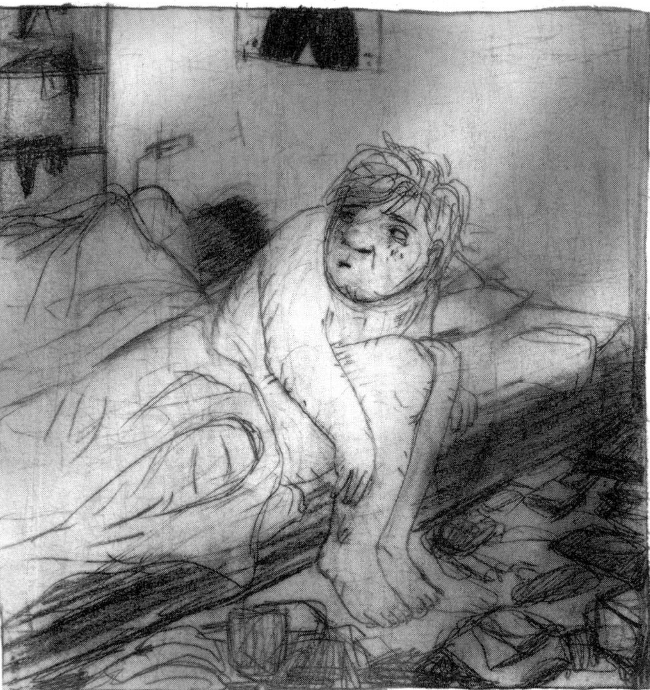

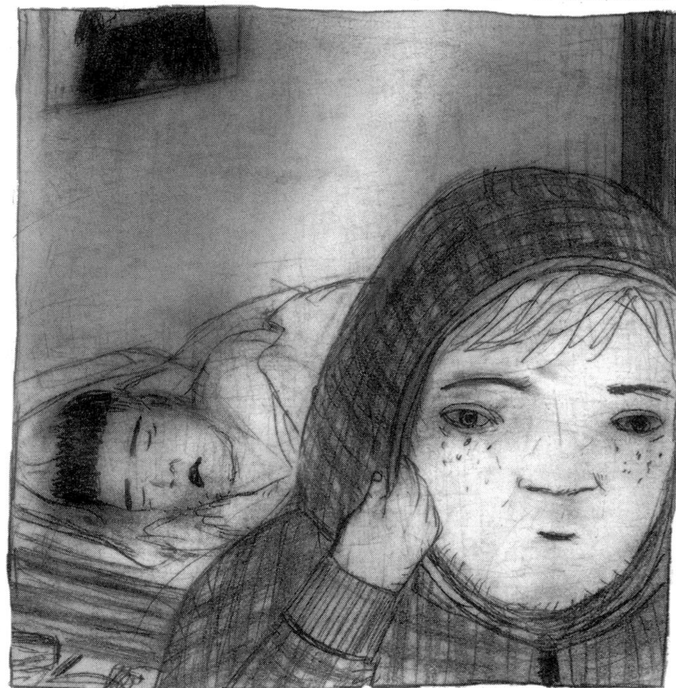

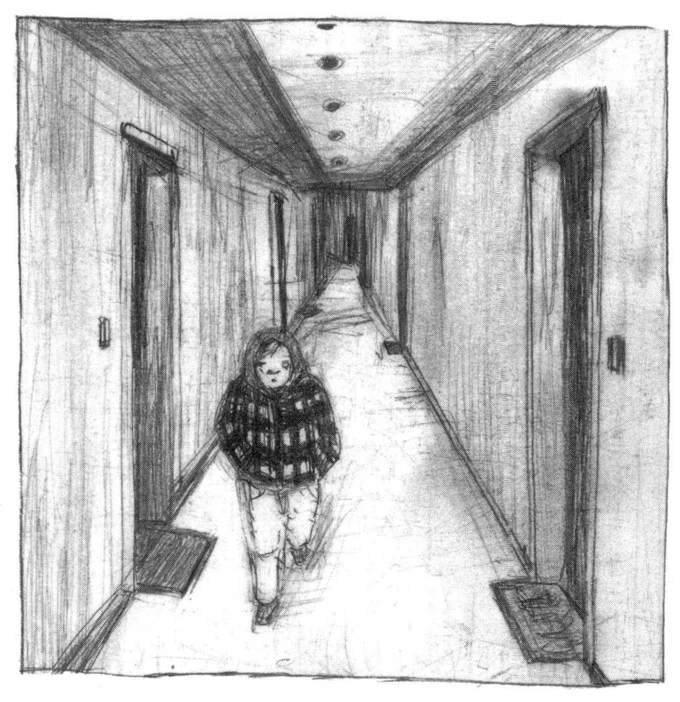

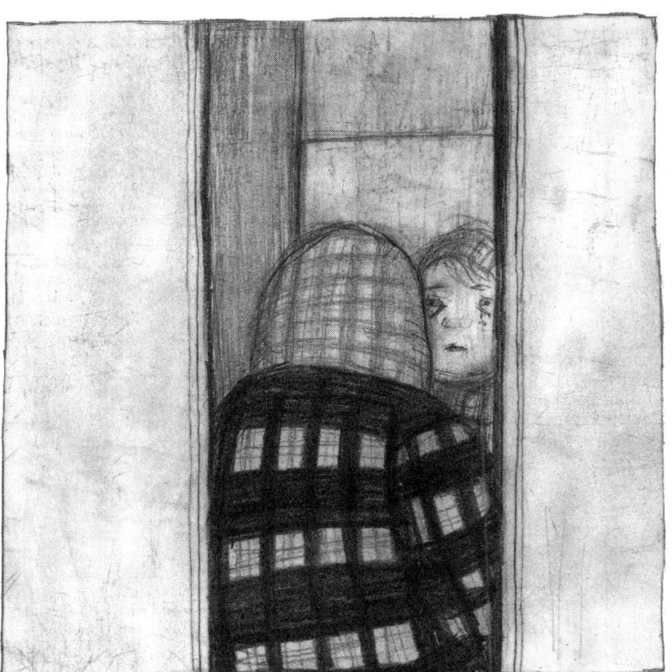

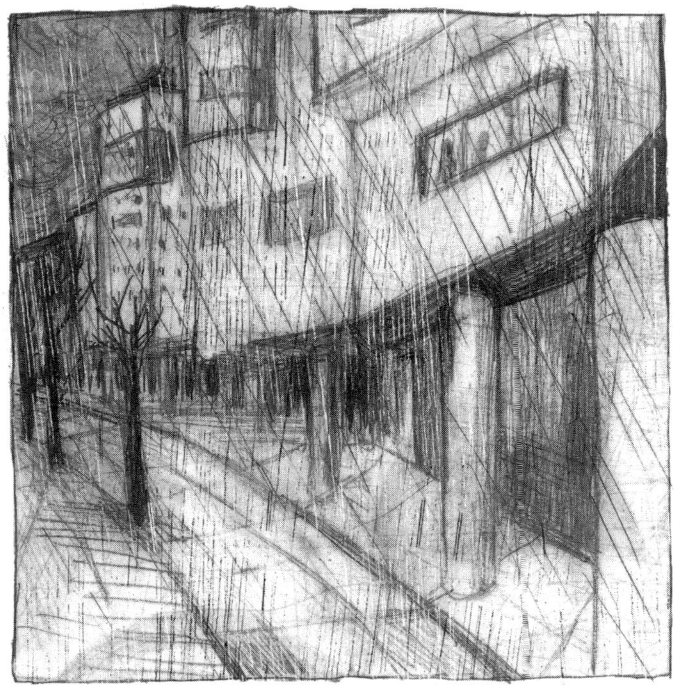

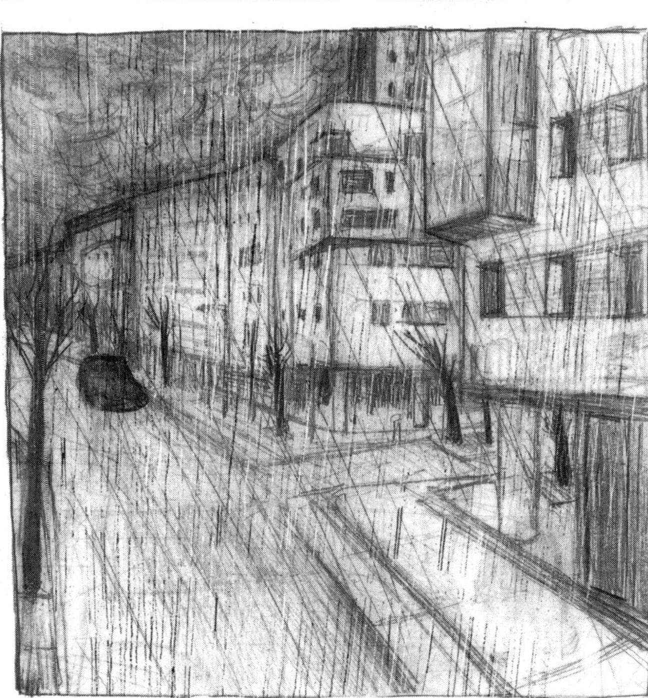

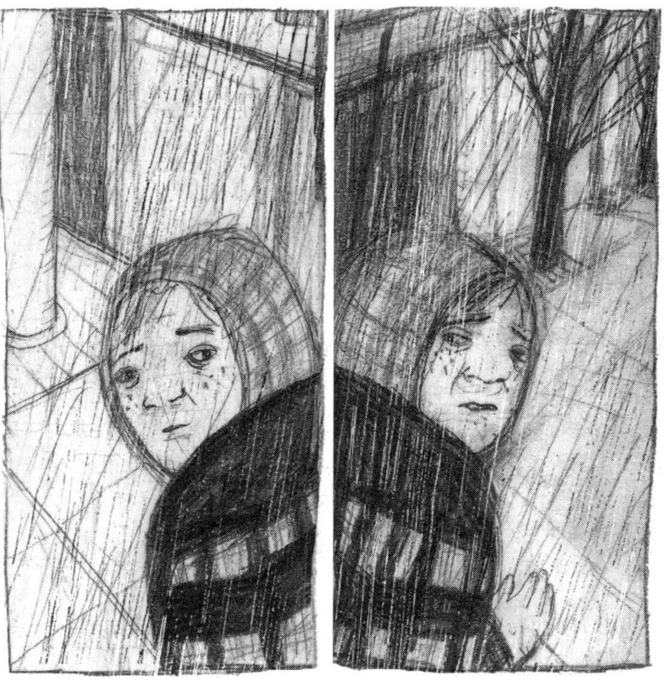

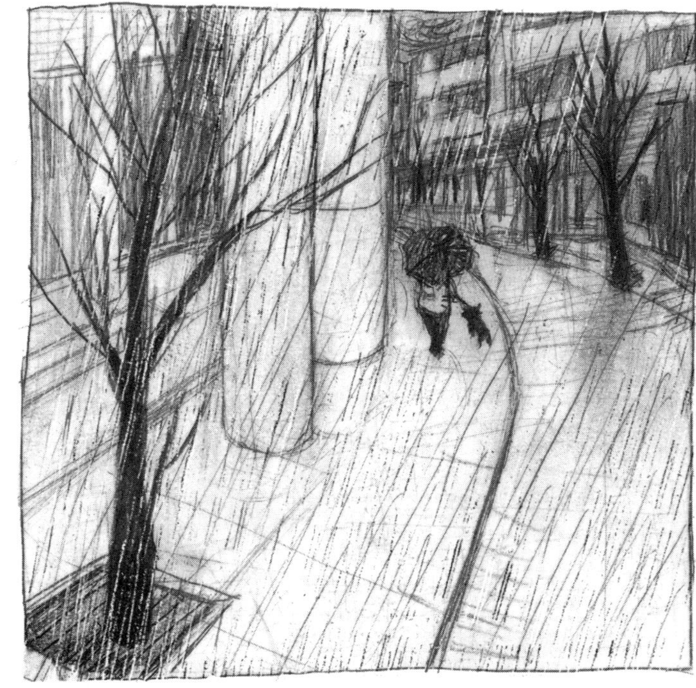

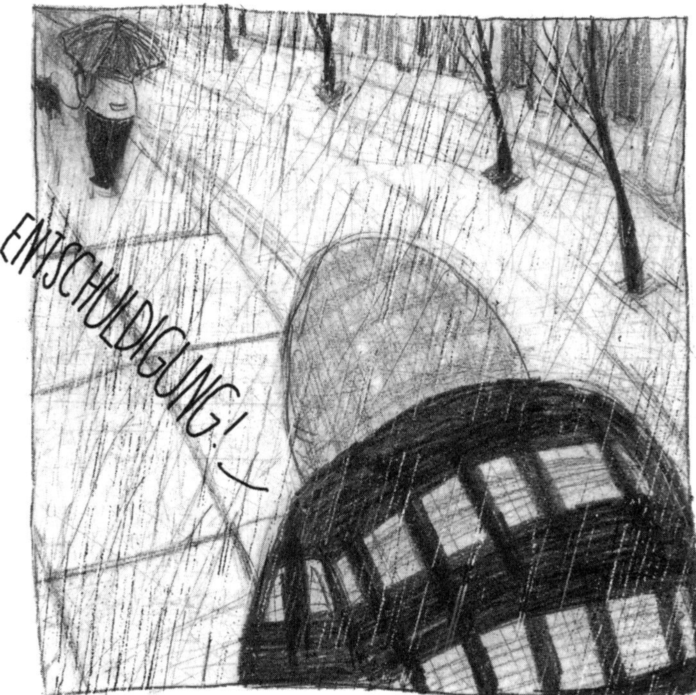
ENTSCHULDIGUNG!

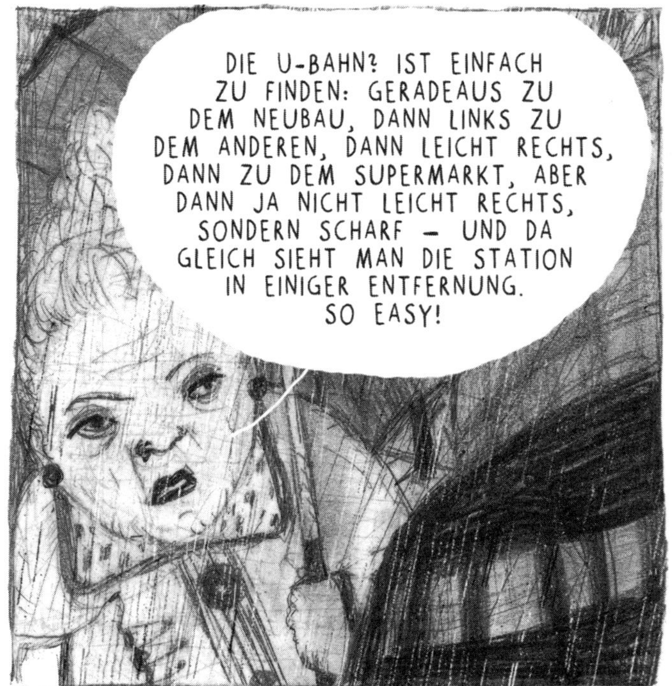
DIE U-BAHN? IST EINFACH ZU FINDEN: GERADEAUS ZU DEM NEUBAU, DANN LINKS ZU DEM ANDEREN, DANN LEICHT RECHTS, DANN ZU DEM SUPERMARKT, ABER DANN JA NICHT LEICHT RECHTS, SONDERN SCHARF – UND DA GLEICH SIEHT MAN DIE STATION IN EINIGER ENTFERNUNG. SO EASY!

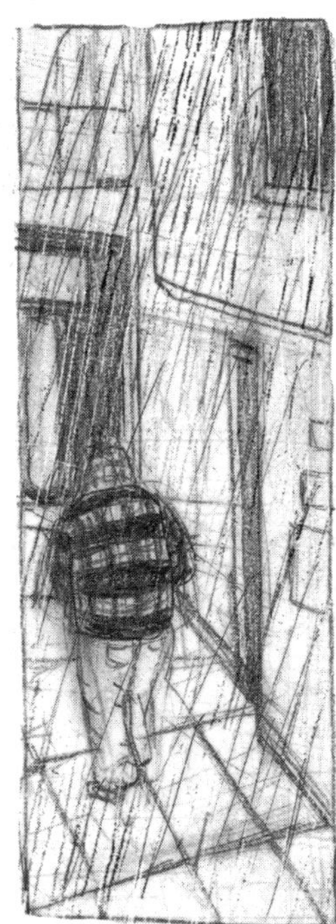
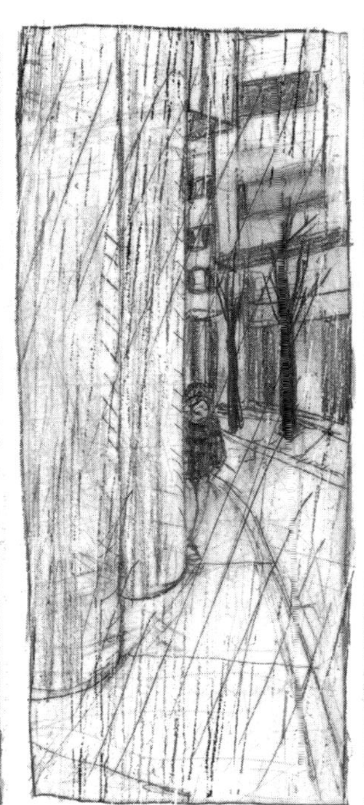
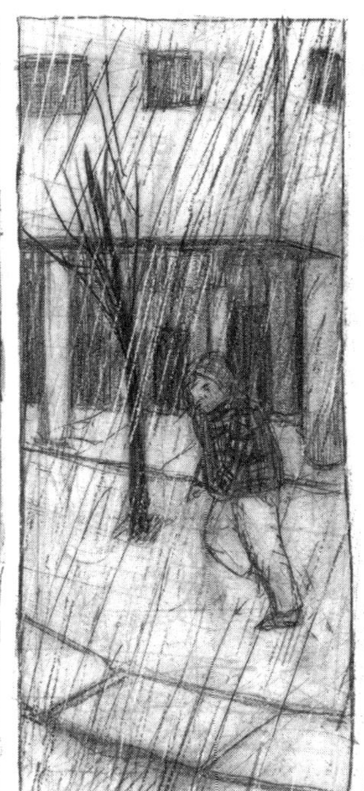
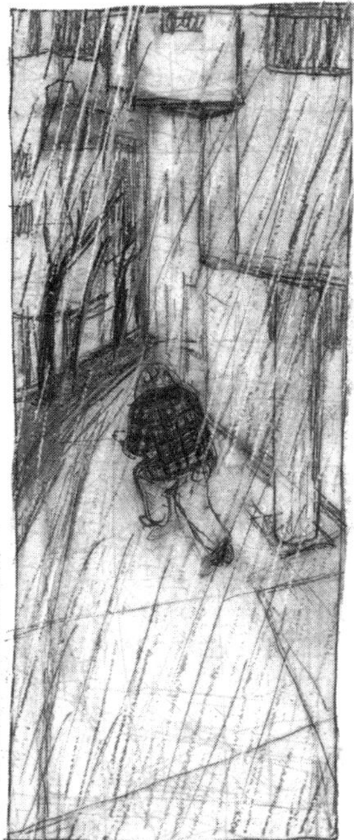
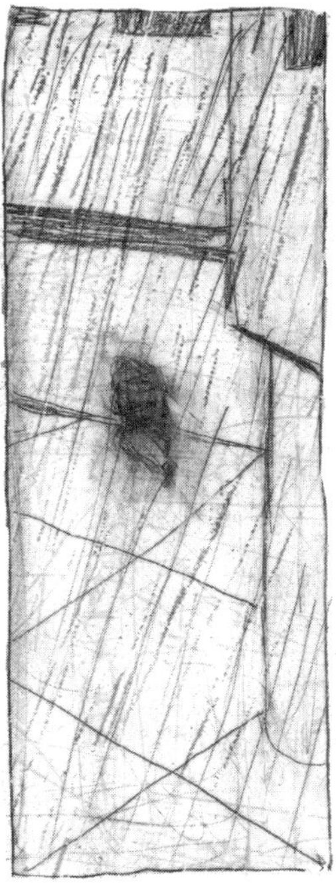
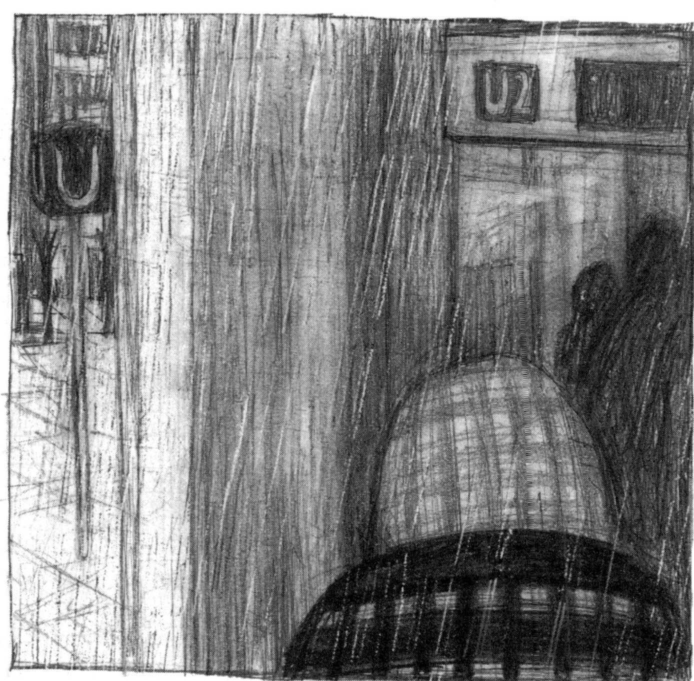
U
U2
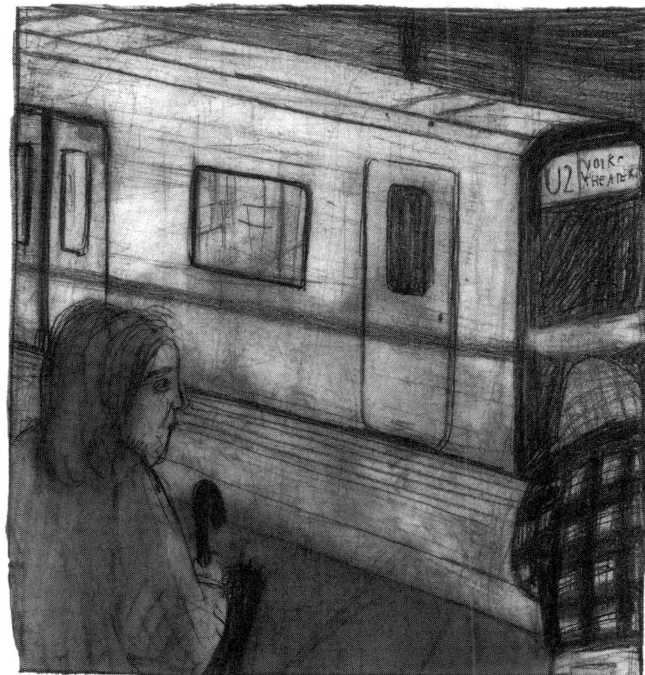
U2

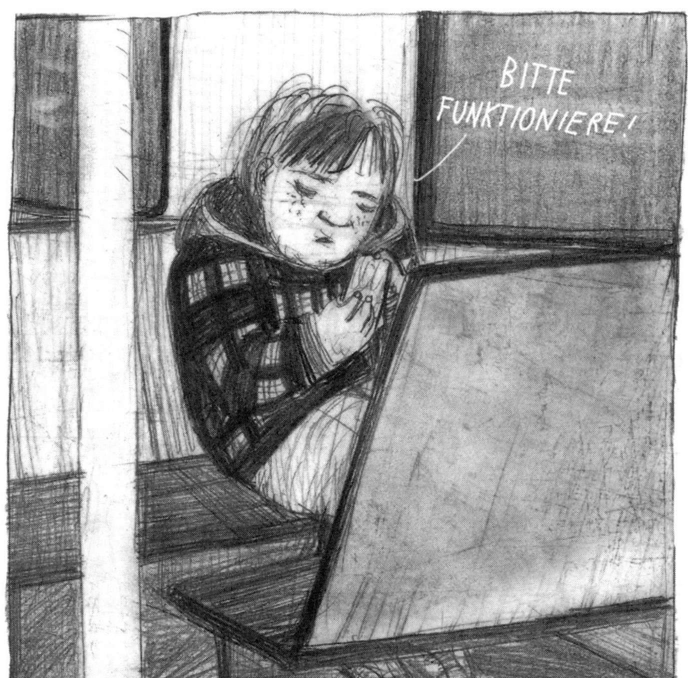
BITTE FUNKTIONIERE!
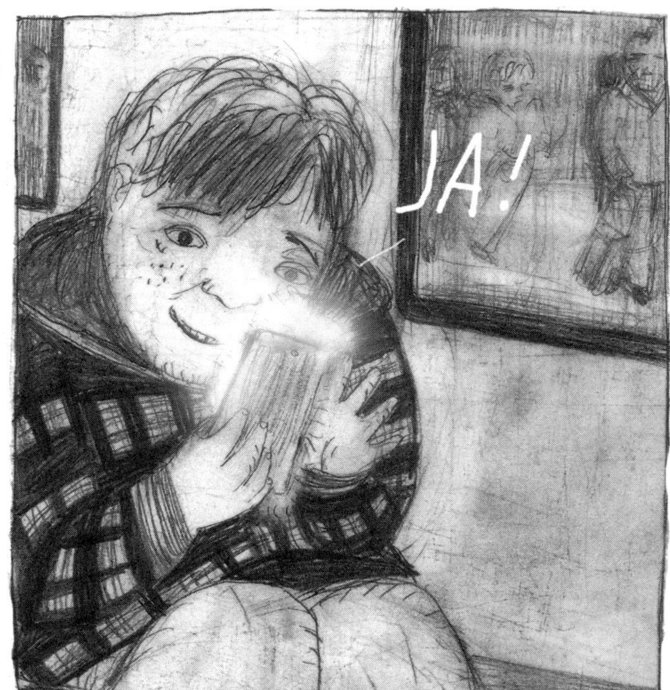
JA!
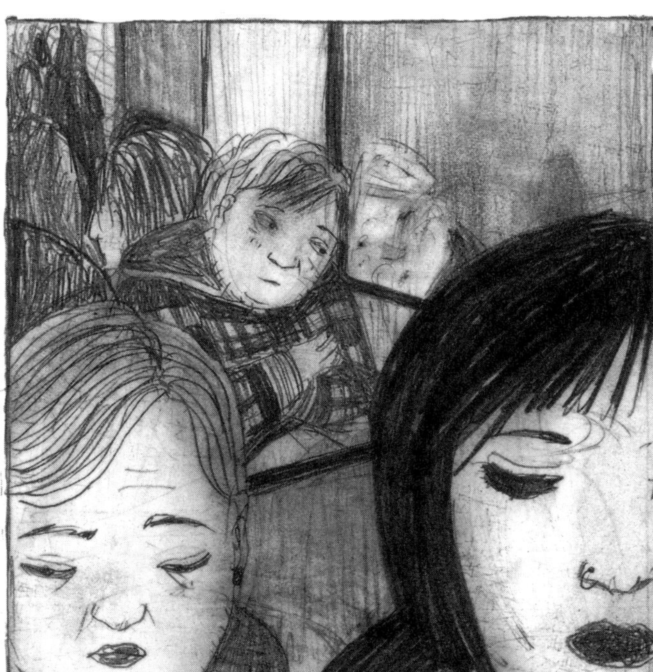
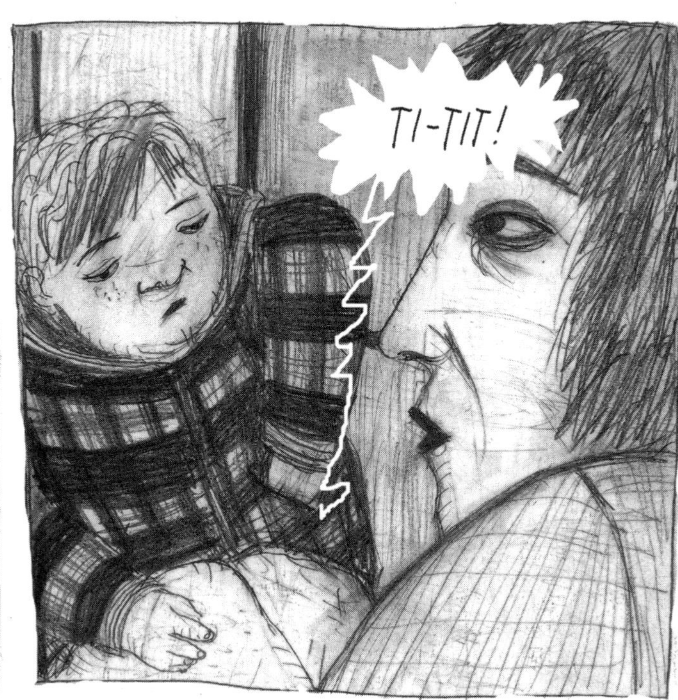
TI-TIT!

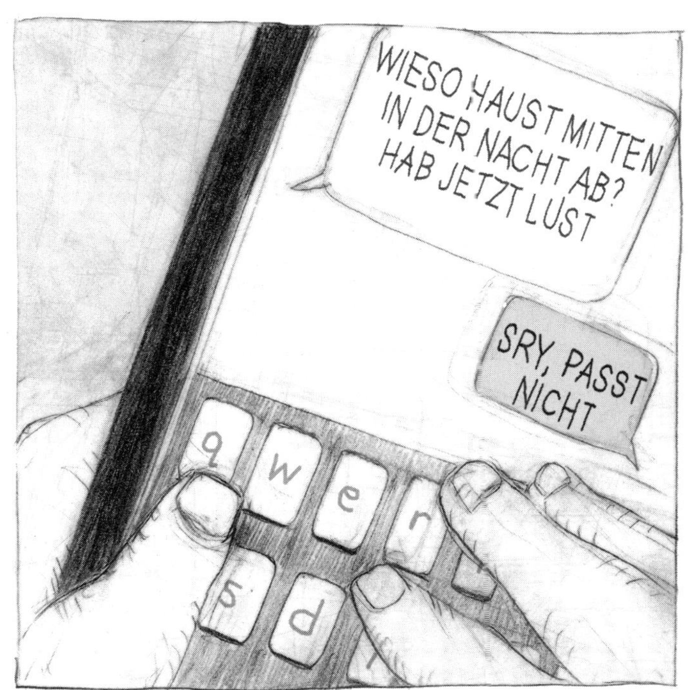
WIESO HAUST MITTEN IN DER NACHT AB? HAB JETZT LUST
SRY, PASST NICHT
q w e r
s d

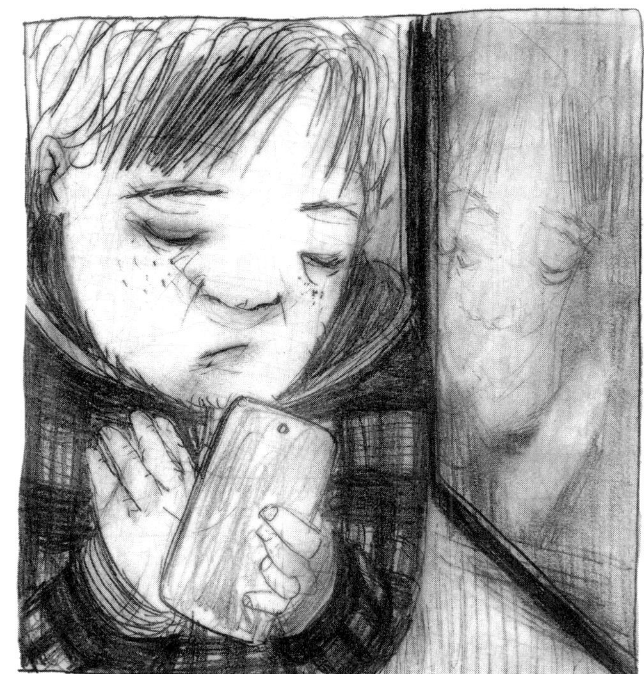

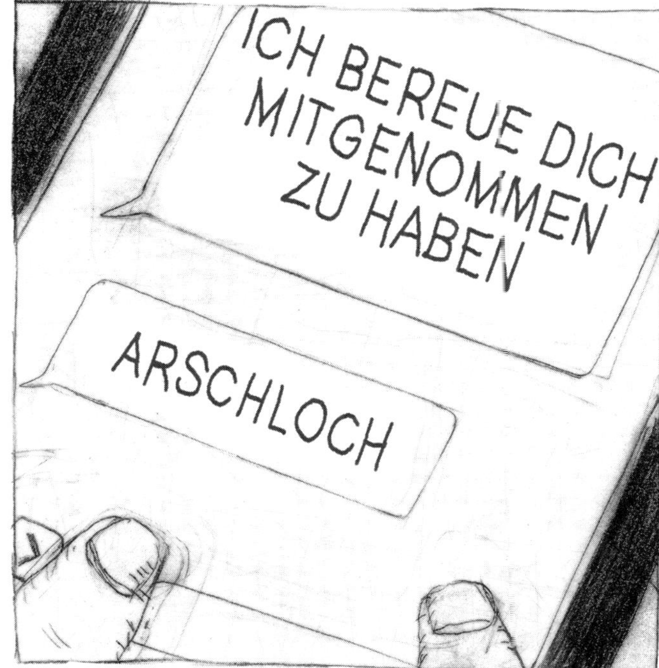
ICH BEREUE DICH MITGENOMMEN ZU HABEN
ARSCHLOCH

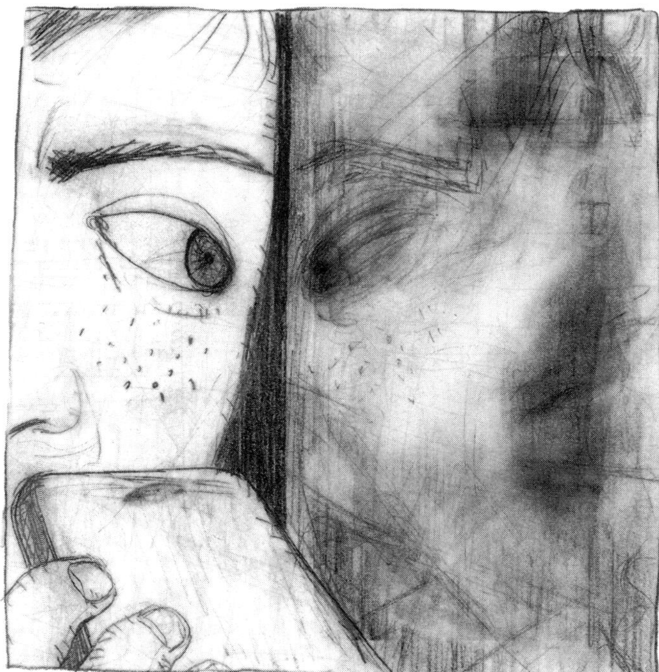

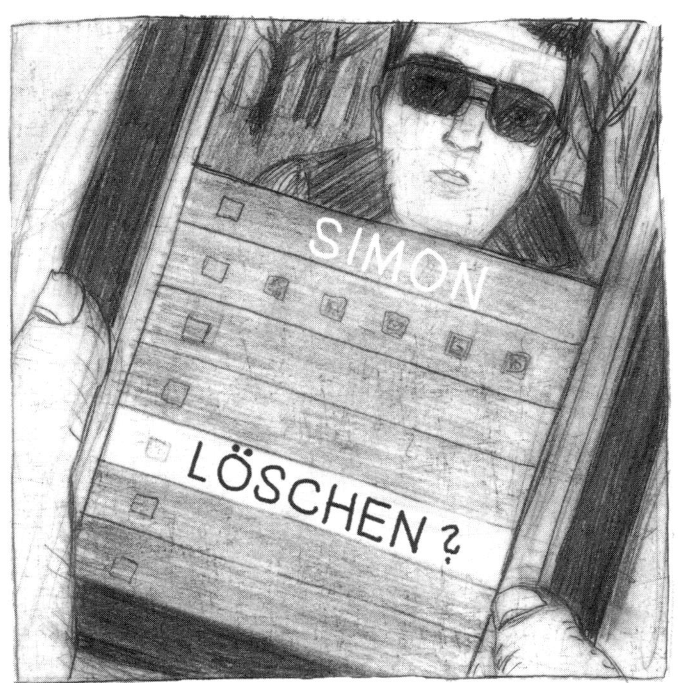
SIMON
LÖSCHEN?

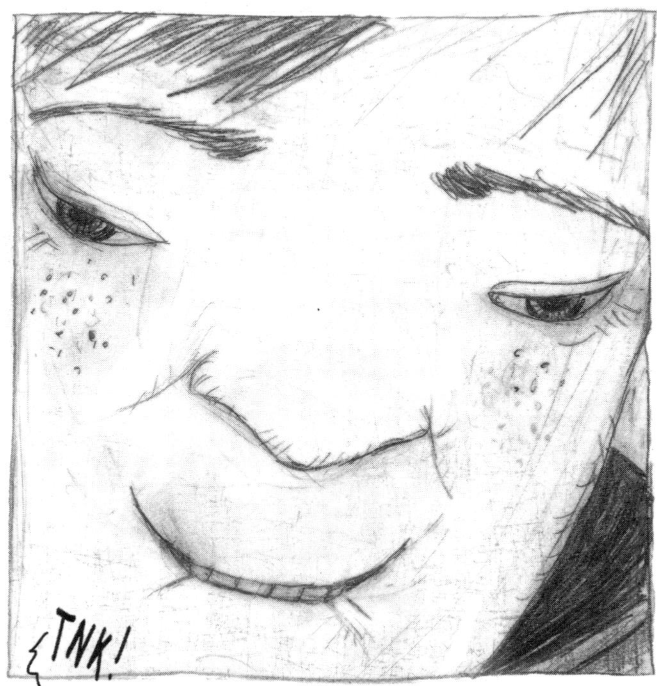
TNK!

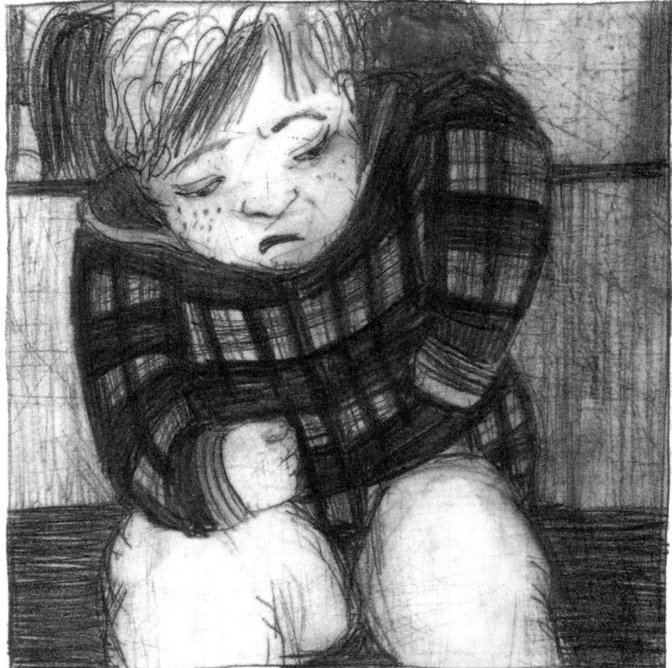

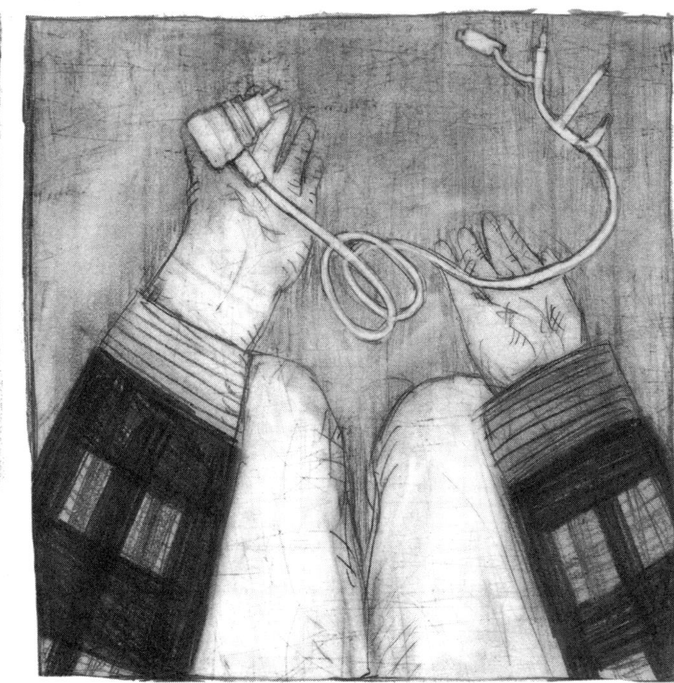

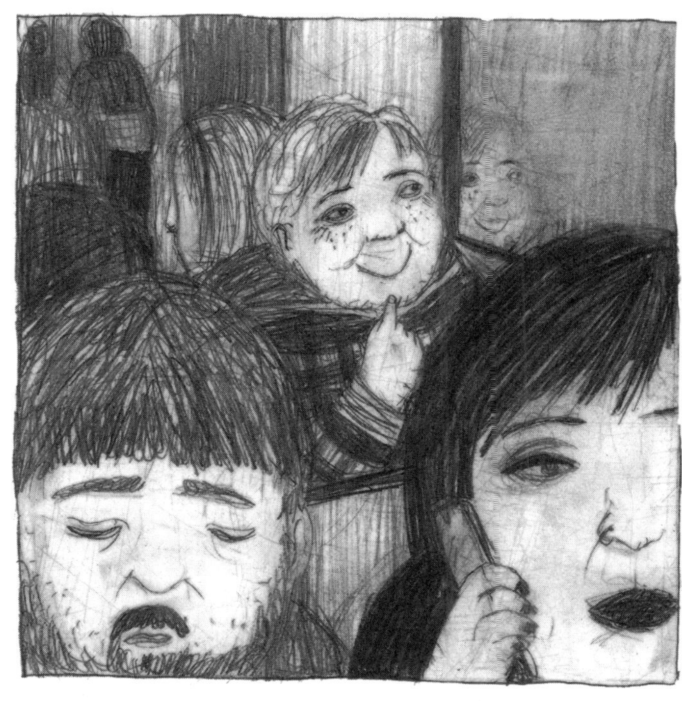
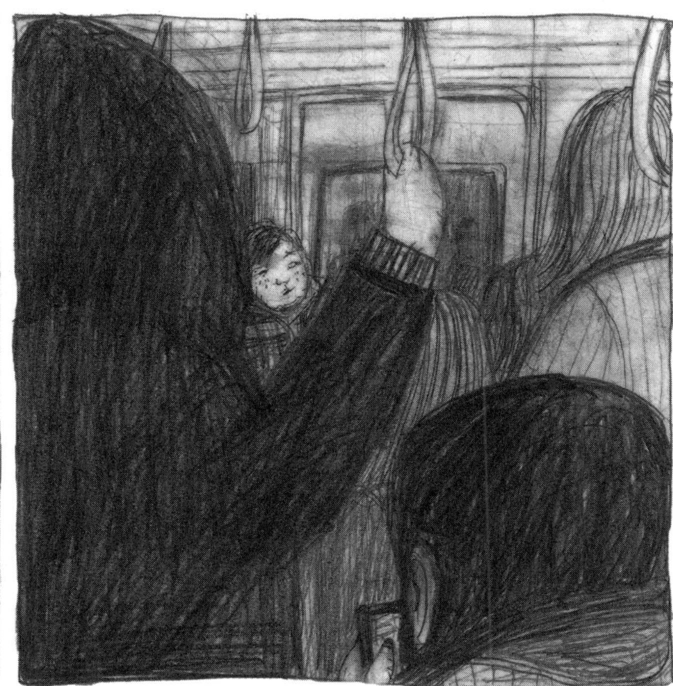
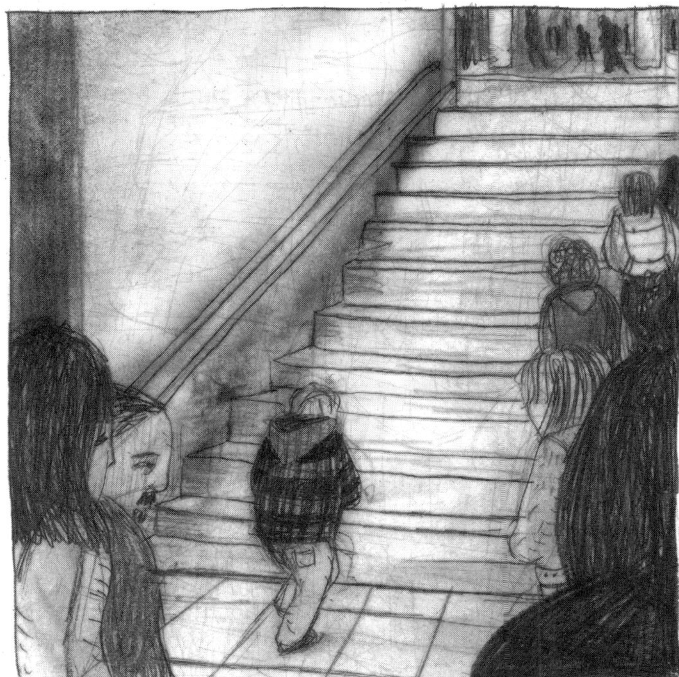
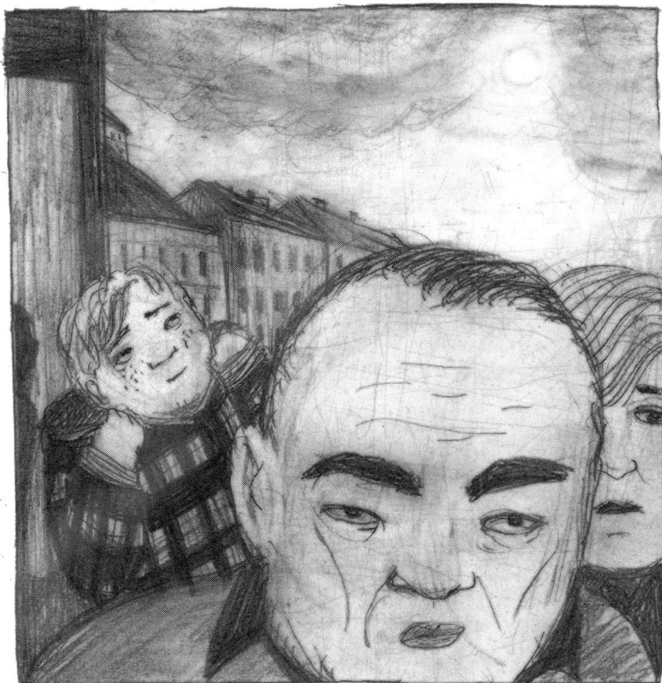

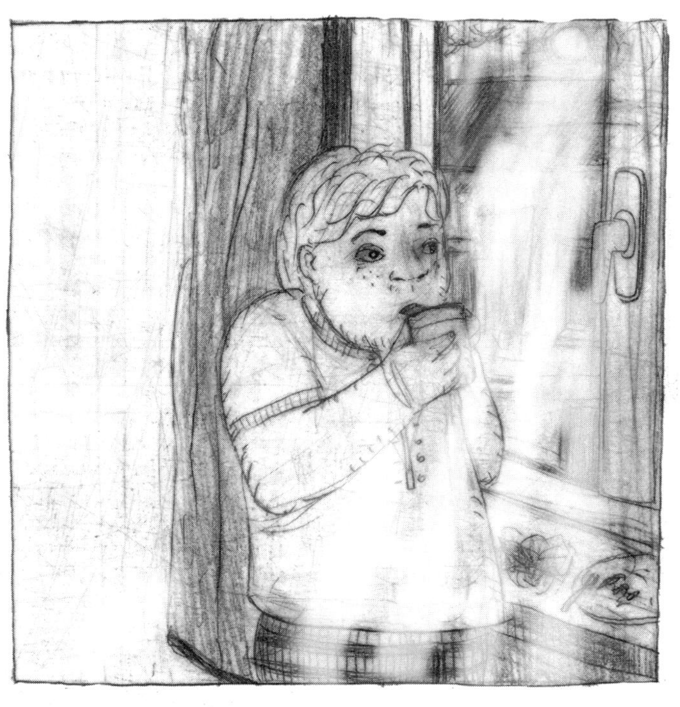

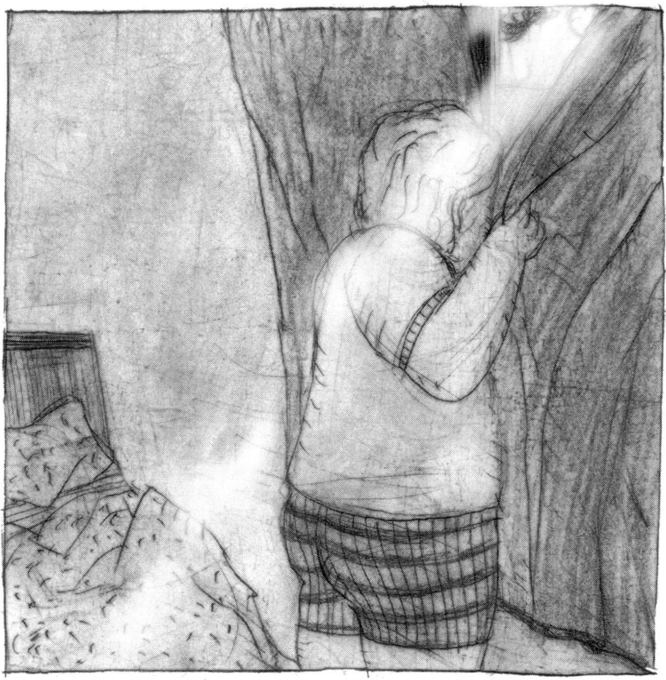

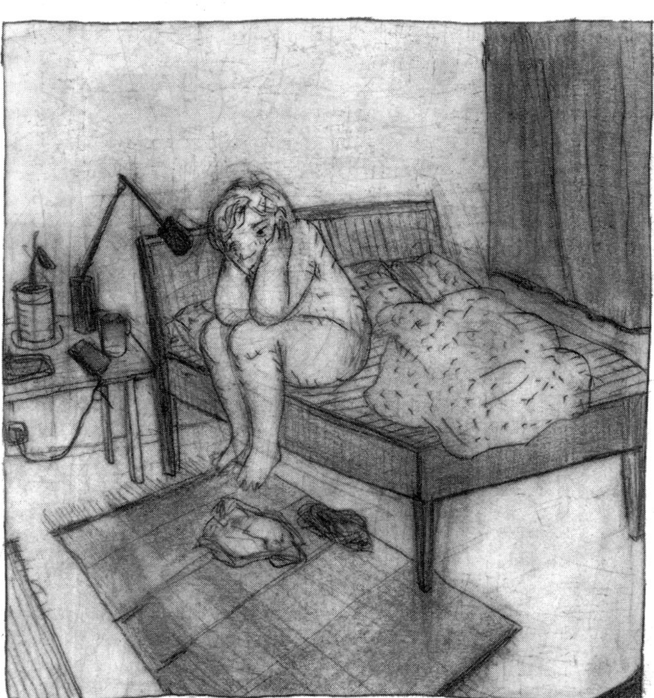

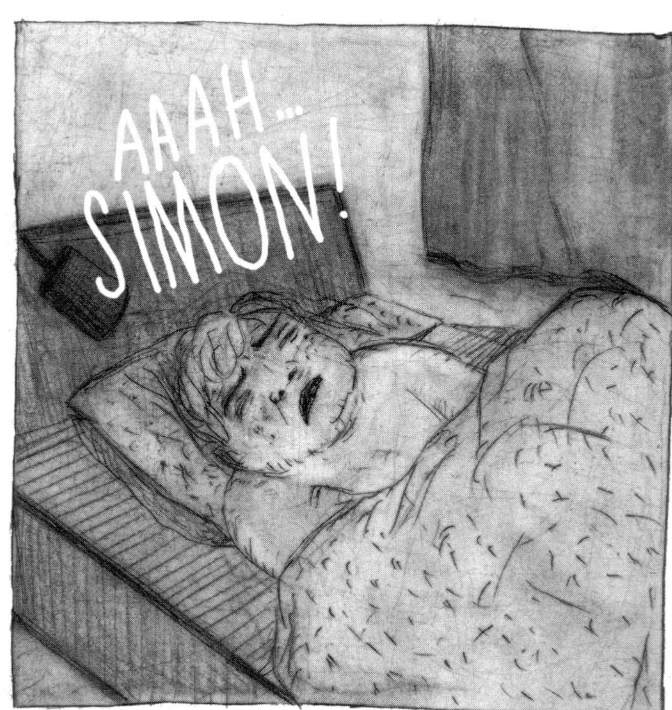
AAAH…
SIMON!

SCHEISSE!

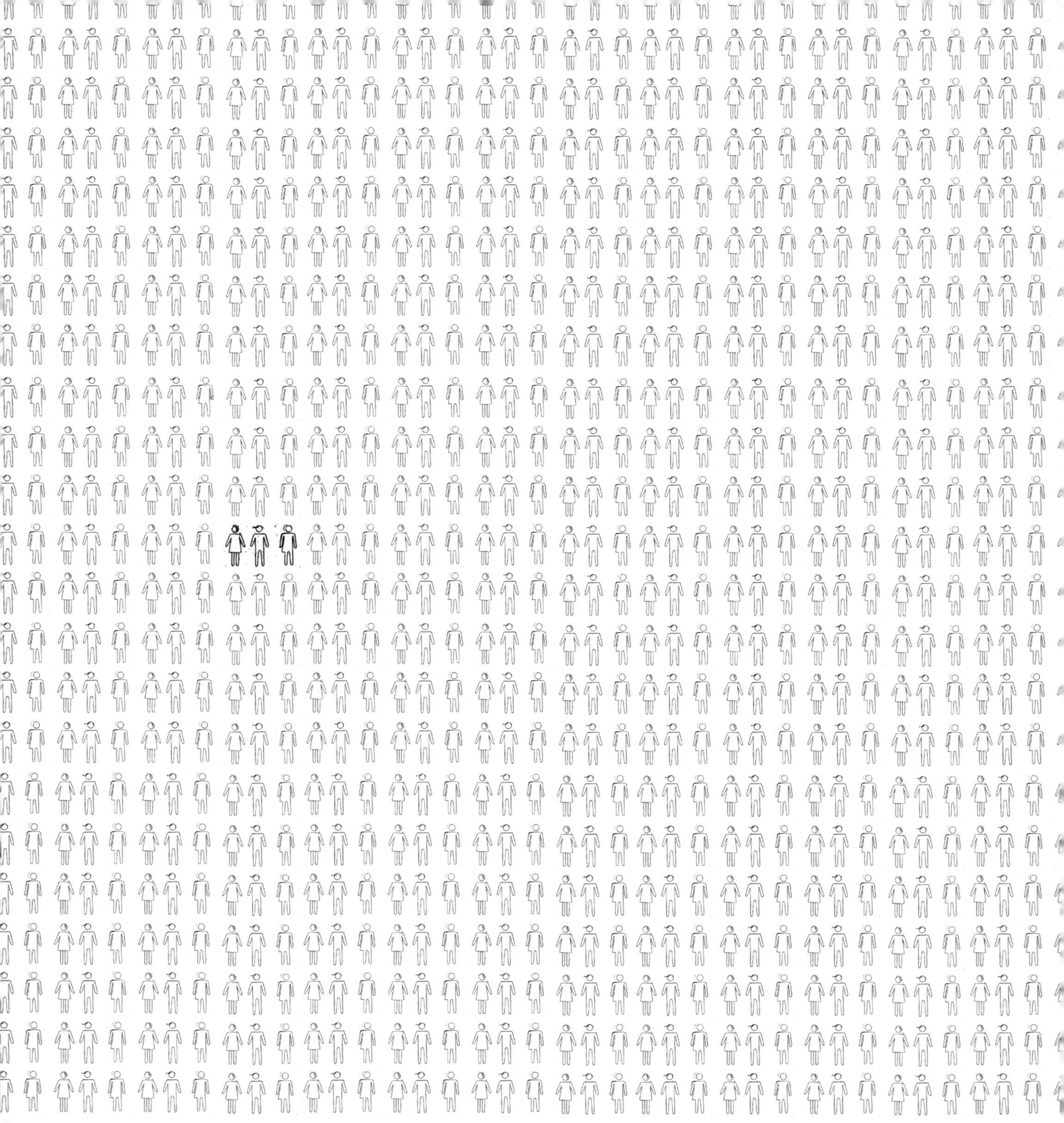